高等职业教育“十三五”规划教材
“互联网+”创新型教材

土木工程材料检测

主　编　王　转　蔚　琪
副主编　龙建旭
参　编　郝增韬　王　懿　栗红霞
主　审　杜　毅

武汉理工大学出版社
·武　汉·

内 容 简 介

本书是以土木工程材料的规范文件为基本框架，依据相应的检测标准、规范、规程、试验方法及相关的施工质量验收规范等，结合土木工程材料检测行业的岗位要求编写而成。全书共分12章，主要内容包括：砂石技术指标检测、水泥主要技术指标检测、混凝土外加剂和掺合料性能检测、普通混凝土性能检测、建筑砂浆性能检测、墙体材料质量检测、建筑钢材及钢筋焊接技术性能检测、防水卷材和涂料性能检测、沥青及沥青混合料技术性能检测、预应力锚具和夹具技术性能检测等。

本书可作为高职高专建筑工程技术、工程造价、土木工程检测技术等土建类相关专业的材料检测教学用书，也可作为工程现场技术人员、建筑材料检测岗位技能培训的教材或参考书。

图书在版编目(CIP)数据

土木工程材料检测 / 王转，蔚琪主编. —武汉：武汉理工大学出版社，2020.11
ISBN 978-7-5629-6311-0

Ⅰ. ①土… Ⅱ. ①王… ②蔚… Ⅲ. ①土木工程-建筑材料-检测 Ⅳ. ①TU5

中国版本图书馆CIP数据核字(2020)第164763号

项目负责人：戴皓华　　**责任编辑**：戴皓华
责任校对：丁　冲　　**版面设计**：正风图文
出版发行：武汉理工大学出版社
地　　址：武汉市洪山区珞狮路122号
邮　　编：430070
网　　址：http://www.wutp.com.cn
经　　销：各地新华书店
印　　刷：荆州市鸿盛印务有限公司
开　　本：787×1092　1/16
印　　张：23
字　　数：574千字
版　　次：2020年11月第1版
印　　次：2020年11月第1次印刷
定　　价：62.00元

高等职业教育“十三五”规划教材
编审委员会

前　言 Preface

《土木工程材料检测》以工程实际应用的土木工程材料最新国家标准、行业标准为依据，坚持工学结合，结合行业技术人员岗位技能要求，突出材料的应用、选择和技术指标检测。

本书得到了贵州道兴建设工程检测有限责任公司等多家企业的大力支持，编者结合工程实际就课程内容基于工作过程进行重构，以职业活动为导向、职业能力为目标、工程项目为载体进行课程开发与设计。全书共分 12 章，力求使读者通过学习，提高对土木工程材料检测的基本知识、材料的基本性能和试验检测方法的掌握和了解。检测技能包括：砂石技术指标检测、水泥主要技术指标检测、混凝土外加剂和掺合料性能检测、普通混凝土性能检测、建筑砂浆性能检测、墙体材料质量检测、建筑钢材及钢筋焊接技术性能检测、防水卷材和涂料性能检测，沥青及沥青混合料技术性能检测、预应力锚具、夹具技术性能检测等。本书理论联系实际，简单实用，每个章节配有自测练习题来帮助学生巩固学习成果。

本书主要为高职高专建筑工程技术、工程造价、土木工程检测技术等土建类相关专业的材料检测教学而编写，也可作为工程现场技术人员、建筑材料检测岗位技能培训的教材或参考书。

本书由王转副教授、蔚琪副教授担任主编，龙建旭副教授担任副主编，郝增韬副教授、王懿副教授、栗红霞（贵州道兴建设工程检测有限责任公司质量负责人）参与编写其中部分章节。贵州道兴建设工程检测有限责任公司董事长杜毅教授担任主审。

教材编写过程中参考了大量现行规范、标准以及同行的相关资料和论著，在此表示衷心的感谢。

因编写水平有限，加之时间仓促，书中疏漏之处在所难免，敬请读者批评指正。

习题库下载

编　者

2020 年 1 月

目 录 Contents

1 土木工程材料的基本知识

1.1 土木工程材料的定义与分类

在建筑物或构筑物中使用的材料统称为土木工程材料。土木工程材料的品种多种多样，性质、用途各不相同，为了便于在工程建设中应用，工程中从不同方面对其做出分类。土木工程材料按用途分可分为结构材料、装饰材料和某些专用材料。结构材料包括木材、竹材、石材、水泥、混凝土、金属、砖瓦、陶瓷、玻璃、工程塑料、复合材料等；装饰材料包括各种涂料、油漆、镀层、贴面、各色瓷砖、具有特殊效果的玻璃等；专用材料指用于防水、防潮、防腐、防火、阻燃、隔音、隔热、保温、密封等的材料。根据化学成分不同，土木工程材料可分为无机材料、有机材料和复合材料，见表 1-1。

扫一扫

土木工程材料概述

表 1-1　土木工程材料按化学成分分类

<table>
<tr><td rowspan="13">土木工程材料</td><td rowspan="9">无机材料</td><td rowspan="7">非金属材料</td><td>天然石材</td><td>毛石、料石、石子、砂</td></tr>
<tr><td>烧土制品</td><td>黏土砖、瓦、空心砖、建筑陶瓷</td></tr>
<tr><td>玻璃</td><td>窗用玻璃、安全玻璃、特种玻璃</td></tr>
<tr><td>胶凝材料</td><td>石灰、石膏、水玻璃、各种水泥</td></tr>
<tr><td>混凝土及砂浆</td><td>普通混凝土、轻混凝土、特种混凝土、各种砂浆</td></tr>
<tr><td>硅酸盐制品</td><td>粉煤灰砖、灰砂砖、硅酸盐砌块</td></tr>
<tr><td>绝热材料</td><td>石棉、矿棉、玻璃棉、膨胀珍珠岩</td></tr>
<tr><td rowspan="2">金属材料</td><td>黑色金属</td><td>生铁、碳素钢、合金钢</td></tr>
<tr><td>有色金属</td><td>铝、锌、铜等及其合金</td></tr>
<tr><td rowspan="3">有机材料</td><td>植物质材料</td><td colspan="2">木材、竹材</td></tr>
<tr><td>沥青材料</td><td colspan="2">石油沥青、煤沥青、沥青防水制品</td></tr>
<tr><td>高分子材料</td><td colspan="2">塑料、橡胶、涂料、胶黏剂</td></tr>
<tr><td>复合材料</td><td>无机非金属材料与有机材料的复合</td><td colspan="2">聚合物混凝土、沥青混凝土、水泥刨花板、玻璃钢</td></tr>
</table>

根据在建筑物和构筑物上的使用功能不同，土木工程材料可分为结构材料、墙体材料和功能材料，见表 1-2。

表 1-2 土木工程材料按使用功能分类

土木工程材料	结构材料	砖混结构	石材、砖、水泥混凝土、钢筋
		钢木结构	钢材、木材
	墙体材料	砖及砌块	普通砖、空心砖、硅酸盐砖及砌块
		墙板	混凝土墙板、石膏板、复合墙板
	功能材料	防水材料	沥青及其制品
		绝热材料	石棉、矿棉、玻璃棉、膨胀珍珠岩
		吸声材料	木丝板、毛毡、泡沫塑料
		采光材料	窗用玻璃
		装饰材料	涂料、装修用塑料、铝材

1.2 土木工程材料的作用与地位

土木工程材料是土木工程事业不可缺少的物质基础。所有建筑物或构筑物都是由土木工程材料构成，土木工程材料的数量、质量、品种、规格、性能、经济性以及纹理、色彩等，都在很大程度上直接影响甚至决定着建筑物和构筑物的结构形式、功能、适用性、坚固性、耐久性、经济性和艺术性，并在一定程度上影响着土木工程材料的运输、存放及使用方式和施工方法。

(1) 土木工程材料是土木工程的物质基础。不论是高达 828m 的阿联酋哈利法塔，还是普通的一幢临时建筑，都是由各种散体材料经过缜密的设计和复杂的施工最终构建而成。土木工程材料的物质性还体现在其使用的巨量性，一幢单体建筑一般重达几百至数千吨甚至可达数万吨、几十万吨，这也是土木工程材料与其他材料不同的地方。且很多土木工程材料都是一次性的，可重复性材料较少。

(2) 土木工程材料占工程总造价比重大。在一般的土木工程中，土木工程材料费用占到50%以上，材料的选择、使用、管理是否合理，对工程的成本影响很大。

(3) 土木工程材料的发展赋予了土木工程以时代的特性和风格。中国古代以木结构为代表的宫廷建筑、西方古典建筑的石材廊柱、当代以钢筋混凝土和钢材为主体材料的超高层建筑，都赋予了建筑不同的风格，呈现了不同的时代特色。

(4) 推动土木工程技术的发展。土木工程设计理论的进步和施工技术的革新不但受到土木工程材料发展的制约，同时亦受到其发展的推动。一种新型土木工程材料的出现，必将促进土木工程结构形式、土木工程施工技术的进步。钢筋和混凝土的出现，使钢筋混凝土结构取代了传统的砌体结构、木结构，成为现代建筑的主要结构形式。轻质高强结构材料的出现，使大跨度预应力结构、薄壳结构、悬索结构、空间网架结构等不断出现。

1.3 土木工程材料的发展趋势

土木工程材料的发展经历了一个很长的历史时期，是随着人类社会生产力进步和科技水平的提高而逐步发展起来的。

现代世界人口急剧增长，土木工程用地日益紧张，高耸入云的摩天大楼不再是幻想。质轻高强材料、高耐久材料等的生产以及性能深化已经刻不容缓，“绿色环保建材”也应运而生。

树立可持续发展的生态建材观，研究环保美观材料、耐火防火材料以及智能化材料，将材料的优良性能与环境协调，构建和谐自然的居住环境，是现代土木工程工作者的努力方向和责任，也是土木工程材料发展的必然趋势。

1.4 建设工程质量检测基本知识

取样是按有关技术标准、规范的规定，从检验(测)对象中抽取试验样品的过程。送样是指取样后将试样从现场移交给有检测资格的单位承检的全过程。取样和送样是工程质量检测的首要环节，其真实性和代表性直接影响检测数据的公正性。

1.4.1 相关法规政策

(1) 根据建设部建监〔1996〕208号《关于加强工程质量检测工作的若干意见》，在建设工程质量检测中实行见证取样和送样制度，即在建设单位或监理单位人员见证下，由施工人员在现场取样，送至实验室进行试验。

(2)《建设工程质量管理条例》第三十一条规定：施工人员对涉及结构安全的试块、试件以及有关材料，应当在建设单位或者工程监理单位监督下现场取样，并送具有相应资质等级的质量检测单位进行检测。

(3)《建设工程质量检测管理办法》(建设部141号令)规定见证取样检测的内容包括：

① 水泥物理力学性能检验；

② 钢筋(含焊接与机械连接)力学性能检验；

③ 砂、石常规检验；

④ 混凝土、砂浆强度检验；

⑤ 简易土工试验；

⑥ 混凝土掺加剂检验；

⑦ 预应力钢绞线、锚夹具检验；

⑧ 沥青、沥青混合料检验。

扫一扫

检测的相关政策要求

(4)《房屋建筑工程和市政基础设施工程实行见证取样和送检的规定》(建建〔2000〕211号)。

拓展知识

房屋建筑工程和市政基础设施工程实行见证取样和送检的规定

第一条　为规范房屋建筑工程和市政基础设施工程中涉及结构安全的试块、试件和材料的见证取样和送检工作，保证工程质量，根据《建设工程质量管理条例》，制定本规定。

第二条　凡从事房屋建筑工程和市政基础设施工程的新建、扩建、改建等有关活动，应当遵守本规定。

第三条　本规定所称见证取样和送检是指在建设单位或工程监理单位人员的见证下，由施工单位的现场试验人员对工程中涉及结构安全的试块、试件和材料在现场取样，并送至经过省级以上建设行政主管部门对其资质认可和质量技术监督部门对其计量认证的质量检测单位(以下称“检测单位”)进行检测。

第四条　国务院建设行政主管部门对全国房屋建筑工程和市政基础设施工程的见证取样和送检工作实施统一监督管理。

县级以上地方人民政府建设行政主管部门对本行政区域内的房屋建筑工程和市政基础设施工程的见证取样和送检工作实施监督管理。

第五条　涉及结构安全的试块、试件和材料见证取样和送检的比例不得低于有关技术标准中规定应取样数量的30%。

第六条　下列试块、试件和材料必须实施见证取样和送检：

(一) 用于承重结构的混凝土试块；

(二) 用于承重墙体的砌筑砂浆试块；

(三) 用于承重结构的钢筋及连接接头试件；

(四) 用于承重墙的砖和混凝土小型砌块；

(五) 用于拌制混凝土和砌筑砂浆的水泥；

(六) 用于承重结构的混凝土中使用的掺加剂；

(七) 地下、屋面、厕浴间使用的防水材料；

(八) 国家规定必须实行见证取样和送检的其他试块、试件和材料。

第七条　见证人员应由建设单位或该工程的监理单位具备施工试验知识的专业技术人员担任，并应由建设单位或该工程的监理单位书面通知施工单位、检测单位和负责该项工程的质量监督机构。

第八条　在施工过程中，见证人员应按照见证取样和送检计划，对施工现场的取样和送检进行见证，取样人员应在试样或其包装上作出标识、封志。标识和封志应标明工程名称、取样部位、取样日期、样品名称和样品数量，并由见证人员和取样人员签字。见证人员应制作见证记录，并将见证记录归入施工技术档案。

见证人员和取样人员应对试样的代表性和真实性负责。

第九条　见证取样的试块、试件和材料送检时，应由送检单位填写委托单，委托单应有见证人员和送检人员签字。检测单位应检查委托单及试样上的标识和封志，确认无误后方可进行检测。

第十条　检测单位应严格按照有关管理规定和技术标准进行检测，出具公正、真实、准确的检测报告。见证取样和送检的检测报告必须加盖见证取样检测的专用章。

第十一条　本规定由国务院建设行政主管部门负责。

第十二条　本规定自发布之日起施行。

(5)《中华人民共和国计量法》。具体内容可查阅相关资料。

拓展知识

中华人民共和国计量法(部分)

第一条　为了加强计量监督管理，保障国家计量单位制的统一和量值的准确可靠，有利于生产、贸易和科学技术的发展，适应社会主义现代化建设的需要，维护国家、人民的利益，制定本法。

第二条　在中华人民共和国境内，建立计量基准器具、计量标准器具，进行计量检定，制造、修理、销售、使用计量器具，必须遵守本法。

第三条　国家实行法定计量单位制度。

国际单位制计量单位和国家选定的其他计量单位，为国家法定计量单位。国家法定计量单位的名称、符号由国务院公布。因特殊需要采用非法定计量单位的管理办法，由国务院计量行政部门另行制定。

第四条　国务院计量行政部门对全国计量工作实施统一监督管理。县级以上地方人民政府计量行政部门对本行政区域内的计量工作实施监督管理。

第五条　国务院计量行政部门负责建立各种计量基准器具，作为统一全国量值的最高依据。

第六条　县级以上地方人民政府计量行政部门根据本地区的需要，建立社会公用计量标准器具，经上级人民政府计量行政部门主持考核合格后使用。

第七条　国务院有关主管部门和省、自治区、直辖市人民政府有关主管部门，根据本部门的特殊需要，可以建立本部门使用的计量标准器具，其各项最高计量标准器具经同级人民政府计量行政部门主持考核合格后使用。

第八条　企业、事业单位根据需要，可以建立本单位使用的计量标准器具，其各项最高计量标准器具经有关人民政府计量行政部门主持考核合格后使用。

第九条　县级以上人民政府计量行政部门对社会公用计量标准器具，部门和企业、事业单位使用的最高计量标准器具，以及用于贸易结算、安全防护、医疗卫生、环境监测方面的列入强制检定目录的工作计量器具，实行强制检定。未按照规定申请检定或者检定不合格的，不得使用。实行强制检定的工作计量器具的目录和管理办法，由国务院制定。对前款规定以外的其他计量标准器具和工作计量器具，使用单位应当自行定期检定或者送其他计量检定机构检定。

第十条　计量检定必须按照国家计量检定系统表进行。国家计量检定系统表由国务院计量行政部门制定。计量检定必须执行计量检定规程。国家计量检定规程由国务院计量行政部门制定。没有国家计量检定规程的，由国务院有关主管部门和省、自治区、直辖市人民政府计量行政部门分别制定部门计量检定规程和地方计量检定规程。

第十一条　计量检定工作应当按照经济合理的原则，就地就近进行。

1.4.2　见证人员的基本要求和职责

1.4.2.1　见证人员的基本要求

(1) 必须具备见证人员资格。见证人员应是本工程建设单位或监理单位人员：

① 必须具备初级以上技术职称或具有土木工程施工专业知识。

② 经培训考核合格，取得“见证员证”。

(2) 必须具有建设单位的见证人书面授权书。

(3) 必须向质监站和检测单位递交见证人书面授权书。

1.4.2.2　见证人员的职责

(1) 单位工程施工前，见证人员应会同施工项目负责人共同制订送检计划。

(2) 取样时，见证人员必须在现场进行见证。

(3) 见证人员必须对试样进行监护。

(4) 见证人员必须和施工人员一起将试样送至检测单位。

(5) 有专用送样工具的工地，见证人员必须亲自封样。

(6) 见证人员必须在检验委托单上签字，并出示“见证员证”。

(7) 见证人员对试样的代表性和真实性负有法律责任。

(8) 发现见证人员有违规行为，发证单位有权吊销其“见证员证”。

1.4.3　实验室资质认定管理办法(部分)

(1) 总则

为规范实验室资质管理工作，提高实验室资质认定的有效性，严格依法行政，规范工作程序，提高行政效能，根据《中华人民共和国计量法》《中华人民共和国标准化法》《中华人民共和国产品质量法》《中华人民共和国认证认可条例》《中华人民共和国行政许可法》《实验室和检查机构资质认定管理办法》等有关法律法规的规定，制定本办法。

(2) 工作内容

① 资质认定的形式包括计量认证、审查验收或依法授权。

② 计量认证是指质量技术监督部门依据计量法律法规的规定，对为社会提供公证数据的实验室的公正性和计量检定、检测能力、可靠性等技术能力进行依法考核合格后，准予其对社会出具公证数据的行政行为。

③ 审查验收是指质量技术监督部门根据有关法律法规的规定，对其依法设置承担产品质量检验工作的实验室进行合理规划、确定检验任务范围，并对其公正性和技术能力进行依法考

核合格后，准予其承担法定产品质量检验工作的行政行为。

④ 依法授权是指质量技术监督部门根据有关法律法规的规定，对其依法授权承担产品质量检验工作的实验室进行合理规划、确定检验任务范围，并对其公正性和技术能力进行考核合格后，准予其承担法定产品质量检验工作的行政行为。

⑤ 有关法律法规对实验室的技术能力和条件有特殊要求的，可利用资质认定的结果仅进行特殊要求的评价。

(3) 组织管理

省质量技术监督局(以下简称省质监局)统一管理、监督和综合协调实验室的资质认定和监督检查工作。各市质量技术监督局按照省质监局年度监督评审计划和本办法规定，组织实施监督评审，并依法负责本辖区内实验室的日常监督。

(4) 实验室基本条件与能力

实验室应当依法设立或注册，保证独立、客观、公正地从事相关技术工作，并对此承担相应的法律责任。实验室应当具有固定的工作场所；应当拥有与其确立了合法劳动关系，且与所开展工作相适应的专业技术、管理人员；应当具有能够独立调配使用的固定或可移动的设备及设施。实验室应当按照规范或准则建立管理体系并有效实施，具备对工作质量进行有效控制的能力。

(5) 工作程序

实验室需向省质监局提出申请，不符合基本条件的，应当向申请单位出具《实验室资质认定不予受理通知书》，申请材料符合要求的或申请单位按要求提交全部补正申请材料的，应当受理申请，并予以登记。同时向申请单位出具《实验室资质认定受理通知书》。

(6) 复查、扩项和变更

实验室应当在资质认定证书有效期满前 6 个月提出复查换证申请。证书有效期满后失效，实验室不得再使用“CMA”、“CWMA”和“CAL”标志向社会提供公证数据。实验室在证书有效期内出现机构性质变更、名称变更、地址变更、人员变更、体系变更、标准变更、环境条件变更情况的，应向省质监局申请办理变更或备案手续。

(7) 监督管理

任何单位和个人对资质认定工作和实验室的违法违规行为，有权向省质监局举报，省质监局应当及时调查处理，并为举报人保密。实验室在证书有效期内，要接受省质监局组织的至少一次监督评审(举报的除外)。

1.5 土木工程材料检测基本知识

土木工程质量与工程设计、施工、管理等各环节密切相关，而土木工程材料的质量是决定工程质量的基础和关键，只有性质或性能合格且同时满足土木工程设计要求的材料方可用于土木工程结构中。

土木工程材料检测的主要任务是：

(1) 原材料进场后进行技术性能检测。

(2) 材料在使用前或工程进展中,对材料性能的跟踪检测或实时检测。

(3) 工程质量验收。

进行工程材料试验检测的目的是评价材料的质量,或进行不同材料间技术性能的比较,为合理使用或选择材料提供理论依据。必须明确的是,检测是在一定条件下进行的,即试验所得的数据是有条件的、相对的。检测结果与材料的取样方法、测试条件和数据处理等因素密切相关,其中任何一项发生改变时,试验结果都将随之发生或大或小的变化。因此,进行工程材料检测时,必须严格执行标准规定的取样方法,确保所取试样具有代表性;严格按技术规范要求选择试验仪器设备、确定合理的试验检测条件;严格按规范要求和数据修约规则,进行试验结果记录和试验数据处理。

1.5.1 土木工程材料技术标准与规范

土木工程材料技术标准是针对原材料、产品以及工程质量、规格、检验方法、评定方法、应用技术等作出的技术规定。它包括如原材料、材料及其产品的质量、规格、等级、性质、要求以及检验方法;材料以及产品的应用技术规范;材料生产以及设计规定;产品质量的评定标准等。

技术标准根据发布单位与使用范围,分为国家标准、行业标准、地方标准和企业标准四级(表 1-3)。

表 1-3 土木工程材料技术标准的分级

技术标准的分级	发布单位	适用范围
国家标准	国家技术监督局	全国
行业标准(部颁标准)	中央部委标准机构	全国性的某行业
企业标准与地方标准	工厂、公司、院所等单位	某地区内,某企业内

标准的表示方法用标准名称、标准代号、标准编号、颁布年份等组成。例如,GB 175—2007《通用硅酸盐水泥》,表示国家标准 175 号,2007 年颁布执行,其内容是通用硅酸盐水泥的定义与分类、组分与材料、强度等级、技术要求、试验方法、检验规则和包装、标志、运输与贮存等。各种标准规定的代号见表 1-4。

表 1-4 土木工程材料技术标准的代号

标准种类	代号	表示顺序	示例
国家标准	GB 国家强制性标准 GB/T 国家推荐性标准	代号、标准编号、颁布年份	GB/T 50082—2009
行业标准(部分)	JC 建材行业强制性标准 JT 交通行业强制性标准 YB 冶金行业强制性标准 YB/T 冶金行业推荐性标准	代号、标准编号、颁布年份	JGJ 52—2006

续表 1-4

标准种类	代号	表示顺序	示例
地方标准	DB 地方强制性标准 DB/T 地方推荐性标准	代号、行政区号、标准编号、颁布年份	DB 11/489—2016
企业标准	QB 企业标准	代号/企业代号、标准编号、颁布年份	QB/203 413—1992

各个国家均有自己的国家标准，如“ASM”代表美国国家标准，“EN”代表欧洲标准，“BS”代表英国标准。在世界范围内统一执行的标准为国际标准，其代号为“ISO”。我国是 ISO 的正式成员，代表中国的组织为中国国家标准化管理委员会。我国将同世界各国一道，深化标准合作，加强交流互鉴，共同完善国际标准体系。

1.5.2 土木工程材料试验检测数据误差

1.5.2.1 误差分类

根据误差产生的原因与性质，常分为检测人员的人为误差、仪器设备误差、方法误差和环境误差。

(1) 人为误差

人为误差也叫过失性误差，主要是指检测人员粗心而造成的检测误差，较为常见的人为误差包括数据错读或者记错数据等。

(2) 仪器设备误差

检测用的试验仪器设备要满足检验标准的要求，仪器设备长期使用有可能出现损坏现象，应及时进行处理，否则会导致试验结果与实际有很大出入。例如，在用负压筛析法测定混凝土细度时，每隔一定时间要对负压筛进行校核，测定其是否满足规范规定的要求。

(3) 方法误差

对同一种材料同一技术指标的测定可以采用不同的方法，测定出来的结果会有一定的差异。例如对水泥细度的测定，可以用负压筛析法，也可采用手筛法、水筛法，试验从取样到操作方法都有很大的差异，因而会导致试验结果有些微小的不同。

(4) 环境误差

环境误差主要体现在试验所处的温度、湿度上，每项试验可能处在不同的试验条件下，而同一材料在不同的试验条件下，会得到不同的试验结果。

1.5.2.2 减小检测误差的措施

(1) 取样

试验检测取样方式包括全样检测和抽样检测两种，常规检测一般都采用抽样检测方式。正确的抽样方法应保证所取试样的代表性和随机性。代表性是指保证抽取的试样应代表母体的质量状况；随机性是指保证抽取的试样应由随机因素决定而并非人为因素决定。例如，对于散粒状的砂石材料，可以采用缩分法取样；对于土木工程用的钢材，先确定取样批量，然后再根据检测项目确定取样量。

（2）制备试件

检测前一般应将取得的试样进行处理、加工或成型，制备成满足检测要求的标准试样或试件。制备方法须考虑检测项目并严格按照试验检测方法的标准进行操作。

（3）选择仪器设备

为了确保检测中称量或测量的准确性，减小试验误差，要求试验前选取满足一定精度要求的仪器设备。如试样称量精度要求为 0.1g 的天平，一般称量精度大致为试样质量的 0.1%。

（4）选择测试条件

试验条件包括温度、湿度、加荷速度、试件形状、尺寸及表面形态等，这些因素都会影响测试效果。

1.5.3 试验数据统计分析与处理

1.5.3.1 平均值

进行观测的目的，是要求得某一物理量的真值。但是，真值是无法测定的，所以要设法找出一个可以用来代表真值的最佳值。

（1）算数平均值

算数平均值主要用于了解该批数据的总体平均水平，度量这些数据的中间位置。

将某一未知量 X 测定 n 次，其观测值分别为 $X_1, X_2, \cdots, X_n$，则其算数平均值为：

$$\overline{X} = \frac{X_1 + X_2 + X_3 + \cdots + X_n}{n} = \frac{\sum X}{n} \tag{1-1}$$

式中 $\overline{X}$—— 算数平均值；

$X_1, X_2, X_3, \cdots, X_n$—— 各试验数据值；

$\sum X$—— 各试验数据的总和；

n—— 试验数据个数。

算数平均值是一个经常用到的数值，当观测数据值越多时，它越接近真值。算数平均值只能用来了解观测值的平均水平，而不能反映其波动情况。

（2）均方根平均值

均方根平均值对数据大小跳动反应较为灵敏，其计算如下：

$$S = \sqrt{\frac{X_1^2 + X_2^2 + \cdots + X_n^2}{n}} = \sqrt{\frac{\sum X^2}{n}} \tag{1-2}$$

式中 S—— 各试验数据的均方根平均值；

$X_1, X_2, X_3, \cdots, X_n$—— 各试验数据值；

$\sum X^2$—— 各试验数据平方的总和；

n——试验数据个数。

（3）加权平均值

加权平均值是各个试验数据和它对应数据的算数平均值。计算公式为：

$$m=\frac{X_1g_1+X_2g_2+\cdots+X_ng_n}{g_1+g_2+\cdots+g_n}=\frac{\sum Xg}{\sum g} \tag{1-3}$$

式中 m—— 加权平均值；

$X_1,X_2,\cdots,X_n$—— 各试验数据值；

$g_1,g_2,\cdots,g_n$—— 各对应数据；

$\sum Xg$—— 各试验数据值和它对应数据乘积的总和；

$\sum g$—— 各对应数据总和。

1.5.3.2 误差计算

(1) 绝对误差和相对误差

由于受测量方法、材料仪器、测量条件以及试验者水平等多种因素的影响，一个测量值 N 与真值 N_0之间一般都会存在一个差值。这种差值称为绝对误差，用 ΔN 表示，即：

$$\Delta N=N-N_0 \tag{1-4}$$

绝对误差 ΔN 与真值 N_0 之比称为相对误差，用 E 表示，即：

$$E=\frac{\Delta N}{N_0}\times 100\% \tag{1-5}$$

值得注意的是，被测量的真值是一个理想的值，一般来说是无法知道的，也不能准确得到。对可以多次测量的物理量，常用已修正过的算数平均值来代替被测量的真值。

(2) 极差

极差又称范围误差，是试验值中最大值和最小值之差。

(3) 算数平均误差

算数平均误差计算公式如下：

$$\delta=\frac{|X_1-\overline{X}|+|X_2-\overline{X}|+\cdots+|X_n-\overline{X}|}{n}=\frac{\sum|X-\overline{X}|}{n} \tag{1-6}$$

式中 δ——算数平均误差；

$X_1,X_2,\cdots,X_n$——各试验数据值；

$\overline{X}$——试验数据的算数平均值；

n——试验数据个数。

(4) 标准差

标准差可以了解数据的波动情况及其带来的危险性，是衡量波动性即离散性大小的重要指标。标准差 σ 越大，说明数据的离散程度越大，材料质量越不稳定。标准差按下式计算：

$$\sigma=\sqrt{\frac{(X_1-\overline{X})^2+(X_2-\overline{X})^2+\cdots+(X_n-\overline{X})^2}{n-1}}=\sqrt{\frac{\sum(X-\overline{X})^2}{n-1}} \tag{1-7}$$

1.5.3.3 变异系数

标准差只能反映数值绝对离散的大小，也可以用来说明绝对误差的大小，而实际工程中更关心其相对离散的程度，这在统计学上用变异系数来表示。变异系数按下式计算：

$$C_V=\frac{\sigma}{\overline{X}}\times 100\% \tag{1-8}$$

变异系数越大，说明数据偏离平均值的程度越大，材料质量越不稳定。

如同一规格的材料经过多次试验得出一批数据后，就可以通过计算平均值、标准差与变异系数来评定其质量或性能的优劣。

扫一扫

数字修约

1.5.4 数据修约

在进行具体的数字运算前，通过省略原数值的最后若干位数字，调整保留的末位数字，使最后所得到的值最接近原数值的过程称为数值修约。指导数字修约的具体规则被称为数值修约规则。数值修约时应首先确定"修约间隔"和"进舍规则"。一经确定，修约值必须是"修约间隔"的整数倍。然后指定表达方式，即选择根据"修约间隔"保留到指定位数。科技工作中测定和计算得到的各种数值，除另有规定者外，修约时应按照国家标准文件《数值修约规则与极限数值的表示和判定》(GB/T 8170—2008)进行。

1.5.4.1 修约基本概念

(1) 修约间隔

修约间隔是修约值的最小数值单位。修约间隔的数值一经确定，修约值即应为该数值的整数倍。

如指定修约间隔为 0.1，修约值即应在 0.1 的整数倍中选取，相当于将数值修约到一位小数。

如指定修约间隔为 100，修约值即应在 100 的整数倍中选取，相当于将数值修约到"百"数位。

(2) 极限数值

极限数值是指标准(或技术规范)中规定考核的以数量形式给出且符合该标准(或技术规范)要求的指标数值范围的界限值。

(3) 0.5 单位修约

0.5 单位修约又称半个单位修约，指修约间隔为指定数位的 0.5 单位，即修约到指定数位的 0.5 单位。

例如，将 60.28 修约到"个"数位的 0.5 单位，得 60.5。

(4) 0.2 单位修约

0.2 单位修约指修约间隔为指定数位的 0.2 单位，即修约到指定数位的 0.2 单位。

例如，将 832 修约到"百"数位的 0.2 单位(即修约间隔为 20)，得 840。

1.5.4.2 确定修约间隔

(1) 指定修约间隔为 10^{-n}(n 为正整数)，或指明将数值修约到 n 位小数；

(2) 指定修约间隔为 1，或指明将数值修约到"个"数位；

(3) 指定修约间隔为 10^n，或指明将数值修约到 10^n 数位(n 为正整数)，或指明将数值修约到"十""百""千"……数位。

1.5.4.3 进舍规则

(1) 拟舍弃数字的最左一位数字小于5时，则舍去，即保留的各位数字不变。

例如将12.1498修约到一位小数，得12.1。

例如将12.1498修约到“个”位，得12。

(2) 拟舍弃数字的最左一位数字大于5，或者是5，而其后跟有并非全部为0的数字时，则进一，即保留的末位数字加1。

例如将1268修约到“百”数位，得13×10^2(特定时可写为1300)。

例如将1268修约到“十”数位，得127×10(特定时可写为1270)。

例如将10.502修约到“个”数位，得11。

(注:“特定时”的含义是指修约间隔明确时。)

(3) 拟舍弃数字的最左一位数字为5，而右面无数字或皆为0时，若所保留的末位数字为奇数(1,3,5,7,9)则进一，为偶数(2,4,6,8,0)则舍弃。

例如修约间隔为0.1(或10^{-1})，则:

拟修约数值	修约值
1.050	1.0
0.350	0.4

例如修约间隔为1000(或10^3)，则:

拟修约数值	修约值
2500	2×10^3(特定时可写为2000)
3500	4×10^3(特定时可写为4000)

(4) 负数修约时，先将它的绝对值按上述(1)～(3)规定进行修约，然后在修约值前面加上负号。

例如将下列数字修约到“十”数位:

拟修约数值	修约值
−355	-36×10(特定时可写为−360)
−325	-32×10(特定时可写为−320)

(5) 不许连续修约。拟修约数字应在确定修约位数后一次修约获得结果，而不得多次按前面的规则连续修约。

例如修约15.4546，修约间隔为1。

正确的做法:15.4546→15。

不正确的做法:15.4546→15.455→15.46→15.5→16。

(6) 在具体实施中，有时测试与计算部门先将获得数值按指定的修约位数多一位或几位报出，而后由其他部门判定。为避免产生连续修约的错误，应按下述步骤进行。

报出数值最右的非零数字为5时，应在数值后面加“(+)”或“(−)”或不加符号，以分别表明已进行过舍、进或未舍、未进。

例如16.50(+)表示实际值大于16.50，经修约舍弃成为16.50;16.50(−)表示实际值小于16.50，经修约进一成为16.50。

如果判定报出值需要进行修约，当拟舍弃数字的最左一位数字为 5 而后面无数字或皆为零时，数值后面有(＋)号者进一，数值后面有(－)号者舍去，其他仍按上述规则进行。

例如将下列数字修约到个数位后进行判定(报出值多留一位到一位小数)：

实测值	报出值	修约值
15.4546	15.5(－)	15
16.5203	16.5(＋)	17
17.5000	17.5	18
－15.4546	－15.5(－)	－15

1.5.4.4 单位修约

必要时，可采用 0.5 单位修约或 0.2 单位修约。

(1) 0.5 单位修约

将拟修约数值乘以 2，按指定数位依规则修约，所得数值再除以 2。

例如将下列数字修约到个数位的 0.5 单位(或修约间隔为 0.5)：

拟修约数值 (A)	乘 2 ($2A$)	$2A$ 修约值 (修约间隔为 1)	A 修约值 (修约间隔为 0.5)
60.25	120.50	120	60.0
60.38	120.76	121	60.5
－60.75	－121.50	－122	－61.0

(2) 0.2 单位修约

将拟修约数值乘以 5，按指定数位依规则修约，所得数值再除以 5。

例如将下列数字修约到“百”数位的 0.2 单位(或修约间隔为 20)：

拟修约数值 (A)	乘 5 ($5A$)	$5A$ 修约值 (修约间隔为 100)	A 修约值 (修约间隔为 20)
830	4150	4.2×10^3	8.4×10^2
842	4210	4.2×10^3	8.4×10^2
－930	－4650	-4.6×10^3	-9.2×10^2

1.5.4.5 四舍五入规则

四舍五入规则是人们习惯采用的一种数值修约规则。四舍五入规则的具体使用方法是：在需要保留数字的位次后一位，逢五就进，逢四就舍。

例如：将数字 2.1875 精确保留到千分位(小数点后第三位)，因小数点后第四位数字为 5，按照此规则应向前一位进一，所以结果为 2.188。同理，将下列数字全部修约到两位小数，结果为：

10.2750→10.28；

18.06501→18.07；

16.4050→16.41；

27.1850→27.19。

按照四舍五入规则进行数值修约时，应一次修约到指定的位数，不可以进行数次修约，否则将有可能得到错误的结果。例如将数字 15.4565 修约到个位时，应一步到位：

15.4565→15(正确)。

如果分步修约将得到错误的结果：

15.4565→15.457→15.46→15.5→16(错误)。

复习思考题

1. 土木工程材料是如何分类的？
2. 土木工程材料的技术标准分为哪几级？标准由哪几部分组成？
3. 简述见证取样的要求和对送检人员的要求。
4. 试将数据 7.36313、7.34562、7.25014、6.25005、750.269 修约为保留三位有效数字。

2 土木工程材料的基本性质

土木工程材料在正常使用状态下，总要承受一定的外力和自重，同时还会受到周围环境介质的侵蚀作用以及各种物理作用(如温度差、湿度差、摩擦等)。为保证土木工程能够正常、长期使用，要求在工程设计和施工中正确合理地使用材料，保证土木工程的安全性、使用性和耐久性。因此，必须熟悉和掌握土木工程材料的基本性质，包括物理性质、化学性质、力学性质及其他一些特殊的性质。

2.1 材料的物理性质

扫一扫

材料的基本性质

2.1.1 材料与质量有关的性质

(1) 密度

密度是指材料在绝对密实状态下单位体积的质量，按下式计算：

$$\rho=\frac{m}{V} \tag{2-1}$$

式中 ρ——材料的密度(kg/m^3)；

m——材料的质量(kg)；

V——材料在绝对密实状态下的体积(m^3)。

材料在绝对密实状态下的体积是指材料体积内固体物质本身的体积，不包括内部孔隙。为了研究问题方便起见，常将密实度较高的材料，如钢材、玻璃和4℃的水看成是绝对密实的。

土木工程材料中绝大部分材料都是存在一定孔隙的，例如石材、砖、混凝土等，为测定有孔隙材料的绝对密实体积，常把这些材料磨细干燥后用李氏瓶(图2-1)测定其体积。材料磨得越细，测得的数值越接近材料的真实体积。一般要求磨细的细粉粒径至少小于0.20mm。

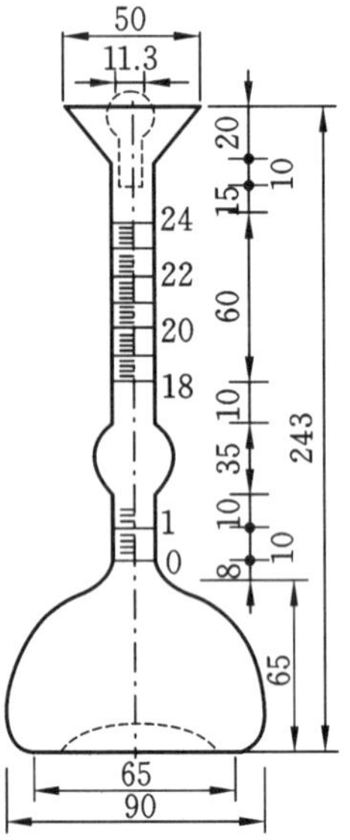

图2-1 李氏瓶示意图

(2) 表观密度

表观密度是指材料在自然状态下单位体积的质量，按下式计算：

$$\rho_0=\frac{m}{V_0} \tag{2-2}$$

式中 ρ_0——材料的表观密度(kg/m^3)；

m——材料的质量(kg)；

V_0——材料在自然状态下的体积(m^3)。

自然状态下的体积是指包括内部孔隙在内的外形体积。在材料内部的孔隙中，有的与外界连通，称为开口孔；有的互相独立，不与外界相通，称为闭口孔（图 2-2）。使用时，一般材料的体积均为自然状态下的体积，如砖、混凝土、石材等。有的材料如砂、石在拌制成混凝土拌合物时，因其开口孔被水填入，因此体积内只有闭口孔。为了区别这两种情况，常将包括所有孔在内的表观密度称为体积密度；把只有闭口孔的表观密度称为视密度。两种密度的计算均可采用表观密度计算公式，但需区分开两者体积的含义。视密度计算砂、石在混凝土中的实际体积时有实用意义。

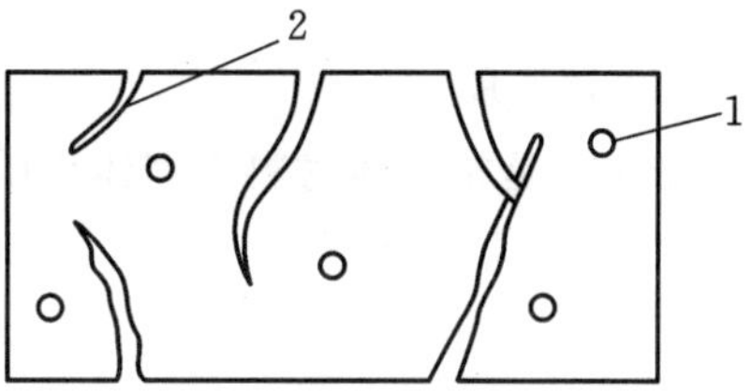

图 2-2　块体材料体积示意图

1—闭口孔；2—开口孔

当材料含有水分时，其质量和体积都会发生变化。一般测定表观密度时，以干燥状态为准，如果在含水状态下测定表观密度，须注明其含水情况。

（3）堆积密度

堆积密度是指粉状、颗粒状及纤维状等材料在自然堆积状态下单位体积的质量，按下式计算：

$$\rho_0' = \frac{m}{V_0'} \tag{2-3}$$

式中　ρ_0'——堆积密度（kg/m^3）；

m——材料的质量（kg）；

V_0'——材料在堆积状态下的体积（m^3）。

材料在自然状态下，堆积体积包括材料的表观体积和颗粒（纤维）间的空隙体积。数值的大小与材料颗粒（纤维）的表观密度和堆积的密实程度有直接关系，同时受材料的含水状态影响。

堆积密度与材料堆积的紧密程度有关，根据材料堆积的紧密程度，堆积密度分为松散堆积密度和紧密堆积密度。松散堆积密度是指自然堆积状态下单位体积的质量；紧密堆积密度是指材料按规定方法颠实后单位体积的质量。

在土木工程中，密度、表观密度和堆积密度常用来计算材料的配料及用量、构件的自重、堆放空间和材料的运输量。常用土木工程材料的密度、表观密度和堆积密度见表 2-1。

表 2-1　常用土木工程材料的密度、表观密度和堆积密度

材料名称	密度（kg/m^3）	表观密度（kg/m^3）	堆积密度（kg/m^3）
钢材	7850	—	—
木材（红松木）	1550	400～800	—
黏土空心砖	2500	900～1450	—
普通混凝土	2600	1950～2900	—
水泥	2800～3200	—	900～1300
砂子	2660	2650	1450～1650
碎石或卵石	2600～2800	2600	1400～1700
花岗岩	2700	2600～2850	—

(4) 密实度

密实度是指固体材料中固体物质的充实程度，即材料的绝对密实体积与其自然状态下的体积之比，按下式计算：

$$D=\frac{V}{V_0}=\frac{\rho_0}{\rho}\times 100\% \tag{2-4}$$

(5) 孔隙率

孔隙率是指固体材料的体积内孔隙体积所占的比例，按下式计算：

$$P=\frac{V_0-V}{V_0}=\left(1-\frac{\rho_0}{\rho}\right)\times 100\% \tag{2-5}$$

材料的密实度与孔隙率之和等于1，即：$D+P=1$。材料的密实度和孔隙率是从两个不同侧面反映材料的密实程度的指标。

材料的孔隙包括开口孔和闭口孔，因而孔隙率包含开口孔隙率和闭口孔隙率。开口孔隙率是指材料中能被水饱和(即被水所充满)的孔隙体积与材料在自然状态下的体积之比的百分率。闭口孔隙率是指材料中闭口孔隙的体积与材料在自然状态下的体积之比的百分率。即闭口孔隙率=孔隙率－开口孔隙率。

孔隙率和孔隙特征反映了材料的致密程度，主要对材料的导热性、吸声性、力学性能、透气性、耐水性、吸湿性、抗渗性、抗冻性等有影响。材料的各项性能除了与材料的孔隙率大小有关，还与孔隙的大小、形状、分布、连通与否有关。通常开口孔能提高材料的吸水性、吸湿性、吸声性、透水性，但会导致抗冻性、抗渗性降低；闭口孔能提高材料的保温隔热性能、抗渗性、抗冻性及抗腐蚀性。

提高材料的密实度、改善材料的孔隙特征，可以改善材料的各项性能。例如，提高混凝土的密实度能够提高混凝土的强度、抗渗性、抗冻性及抗腐蚀性。

(6) 填充率与空隙率

填充率(D')是指散粒状材料在某堆积体积中被其固体颗粒填充的程度，按下式计算：

$$D'=\frac{V_0}{V_0'}=\frac{\rho_0'}{\rho_0}\times 100\% \tag{2-6}$$

空隙率(P')是指在堆积体积中，散粒状材料颗粒之间的空隙体积所占的百分率，按下式计算：

$$P'=\frac{V_0'-V_0}{V_0'}=\left(1-\frac{\rho_0'}{\rho_0}\right)\times 100\% \tag{2-7}$$

空隙率的大小反映了散粒状材料在堆积体积内填充的疏密程度。材料的填充率和空隙率之和等于1，即 $D'+P'=1$。

2.1.2 材料与温度有关的性质

(1) 导热性

材料传导热量的性质称为材料的导热性，可用材料的导热系数 λ 表示其导热能力，即

$$\lambda=\frac{Qd}{(T_1-T_2)At} \tag{2-8}$$

式中 λ——导热系数[W/(m·K)]；

Q——传递的热量(J)；

d——材料的厚度(m)；

T_1-T_2——材料两侧的温差(K)；

A——材料传热面的面积(m^2)；

t——传热的时间(s或h)。

导热系数是评价材料绝热性能的重要指标。材料的导热系数越小，则材料的绝热性能越好。工程中通常把$\lambda<0.175$W/(m·K)的材料称为绝热材料。

(2) 热容量

材料具有受热时吸收热量，冷却时放出热量的性质。材料的热容量是指材料温度变化1K所吸收或放出的热量，其大小可用比热容c表示，按下式计算：

$$c=\frac{Q}{m(T_2-T_1)} \tag{2-9}$$

式中 c——材料的比热容[J/(kg·K)]；

Q——材料吸收(或放出)的热量(J)；

m——材料的质量(kg)；

T_1，T_2——材料受热(或冷却)前后的温度(K)。

导热系数、比热容可以综合表示材料的热工性能，对于土木工程的保温、隔热，实现绿色节能具有重要意义。几种常用土木工程材料的导热系数和比热容见表2-2。

表2-2 几种常用土木工程材料的导热系数和比热容

材料名称	导热系数[W/(m·K)]	比热容[J/(kg·K)]	材料名称	导热系数[W/(m·K)]	比热容[J/(kg·K)]
钢材	58	480	泡沫塑料	0.035	1300
花岗岩	3.489	920	水	0.58	4190
普通混凝土	1.51	840	冰	2.33	2050
普通烧结砖	0.80	880	密闭空气	0.023	1000
松木	0.17(横纹)	2500			

2.1.3 材料与水有关的性质

材料在使用过程中，不可避免地会与水或空气中的水分接触，水的侵蚀作用，会对材料的各项性能产生一定的影响。

(1) 亲水性与憎水性

材料与水接触时，根据其是否能被水润湿，可将材料分为亲水性材料与憎水性材料。在材料、空气和水的交点处，沿水滴表面的切线与水和材料接触面所成的夹角称为润湿边角。润湿边角愈小，材料愈易被水润湿。

材料能被水润湿的性质称为亲水性(润湿边角$\theta\leqslant 90°$)，具有这种性质的材料为亲水性材料[图 2-3(a)]。大多数材料都属于亲水材料，如无机胶凝材料、黏土砖、混凝土、木材、砂、石等，不但表面能够吸附水分，而且还能将水分吸入内部的毛细孔中。

材料不能被水润湿的性质称为憎水性($\theta>90°$)，具有这种性质的材料称为憎水性材料[图 2-3(b)]，大部分有机材料如沥青、油漆、石蜡、有机硅等都属于憎水性材料。这类材料表面不易吸附水分并能阻止水分渗入内部毛细孔。憎水性材料不仅可用作防水材料，还可用于对亲水性材料的表面防水处理。

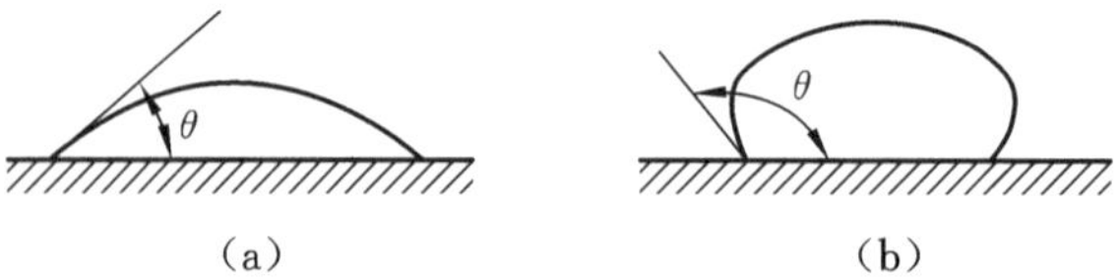

图 2-3　材料的润湿

(a)亲水性材料；(b)憎水性材料

(2) 吸湿性

材料在空气中吸收空气中水分的性质称为吸湿性。吸湿性用含水率表示，即材料所含水的质量与材料干燥状态的质量之比，按下式计算：

$$W'_m=\frac{m_w-m_0}{m_0}\times 100 \tag{2-10}$$

式中　W'_m——材料的含水率(%)；

m_w——材料含水状态的质量(kg)；

m_0——材料干燥状态的质量(kg)。

材料的含水率随空气的温度、湿度的变化而改变，材料在吸收水分的同时还会向空气中释放水分。材料吸收水分与空气的湿度相平衡时的含水率，称为平衡含水率。具有微小开口孔隙的材料，吸湿性特别强。如木材及某些绝热材料，在潮湿空气中能吸收很多水分。这是由于这类材料的内表面积大，吸附水的能力强所致。

(3) 吸水性

材料在水中吸收水分的性质称为吸水性，材料吸水性的大小用吸水率表示。吸水率常用质量吸水率表示，即材料在吸水饱和时，所吸收水分的质量与材料干燥的质量之比，按下式计算：

$$W_w=\frac{m_1-m_0}{m_0}\times 100 \tag{2-11}$$

式中　W_w——材料的质量吸水率(%)；

m_1——材料在吸水饱和状态下的质量(kg)；

m_0——材料干燥状态下的质量(kg)。

对于吸水性强的轻质材料如木材，其吸水率可采用体积吸水率表示。即材料在吸水饱和时，所吸入水分的体积与材料在干燥状态下的体积之比，按下式计算：

$$W_V=\frac{V_1-V_0}{V_0}\times 100=\frac{m_1-m_0}{m_0}\times\frac{\rho_0}{\rho_w}\times 100 \tag{2-12}$$

式中　W_V——材料的体积吸水率(%)；

V_1——材料在吸水饱和状态下的体积(m^3)；

V_0——材料在干燥状态下的体积(m^3)；

ρ_0——材料在干燥状态下的密度(kg/m^3)；

ρ_w——水的密度(kg/m^3)。

质量吸水率与体积吸水率的关系为：

$$W_V = W_w \times \frac{\rho_0}{\rho_w} \tag{2-13}$$

材料的吸水能力主要取决于材料本身的性质、孔隙率及孔隙构造特征。密实材料及具有闭口孔的材料是不吸水的。具有粗大孔的材料因水分不易在孔中留存，其吸水率常会减小。而那些孔隙率较大又具有开口细小孔隙的亲水性材料，则具有较大的吸水能力。

(4) 耐水性

材料长期在水的作用下不被破坏，强度也不显著降低的性质称为耐水性。一般来说，材料含水后将会减弱内部结合力，使其强度有不同程度的降低，即材料被水软化。材料的耐水性用软化系数表示，按下式计算：

$$K_{软} = \frac{f_{饱}}{f_{干}} \tag{2-14}$$

式中 $K_{软}$——材料的软化系数；

$f_{饱}$——材料在吸水饱和状态下的抗压强度(MPa)；

$f_{干}$——材料在干燥状态下的抗压强度(MPa)。

一般材料在吸水后，强度都有不同程度的降低，材料的软化系数在 0～1 之间波动。软化系数越小，说明材料吸水饱和后强度降低得越多，耐水性越差。长期受水浸泡或处于潮湿环境中的重要建筑物，其结构材料的软化系数应大于 0.85；次要建筑物或受潮湿较轻的情况下材料的软化系数不应小于 0.75。通常软化系数大于 0.85 的材料可认为是耐水的，处于干燥环境中的材料可不考虑耐水性问题。

(5) 抗渗性

材料抵抗压力水渗透的性质称为抗渗性(或不透水性)。材料抵抗其他液体渗透的性质也属于抗渗性。在水压力(水位差表示)P 的作用下，水将沿材料内部开口连通孔渗透，透过的水量与试件的面积、水压力、渗透时间成正比，与试件的厚度成反比，材料的渗透系数按下式计算：

$$K = \frac{Qd}{PAt} \tag{2-15}$$

式中 K——材料的渗透系数(cm/h)；

Q——时间 t 内的渗水总量(cm^3)；

d——试件的厚度(cm)；

P——材料两侧的水位差(cm)；

A——材料垂直于渗水方向的渗水面积(cm^2)；

t——渗水时间(h)。

渗透系数 K 反映了材料抗渗性的好坏，K 值愈大，材料的抗渗性愈差。渗透系数主要与材料的孔隙率及孔隙构造的特征有关。绝对密实的或只具有闭口孔的材料是不会发生透水现象的。具有较大孔隙率，且为较大孔径开口连通孔的亲水性材料往往抗渗性较差。

材料的抗渗性也可用抗渗等级表示。地下土木工程及水工构筑物，因常受压力水的作用，所以要求材料具有一定的抗渗性。抗渗等级以符号"P"和材料可承受的水压力值（以0.1MPa为单位）来表示，例如混凝土的抗渗等级为P8，表示能够承受0.8MPa的水压而不渗水。

（6）抗冻性

材料抵抗多次冻融循环而不被破坏的性质称为抗冻性。

抗冻性试验通常是使材料吸水至饱和后，在－15℃温度下冻结几小时，再放入室温的水中融化，经过规定次数的冻融循环后，检测其重量及强度损失是否超出某一限值来衡量材料的抗冻性。如普通黏土砖以反复15次冻融循环后，其重量损失和裂缝长度不超过规定值，即为抗冻性合格。也有的材料（如混凝土）以能经受冻融循环次数来表示材料的抗冻等级。

材料经多次冻融循环作用后，表面将出现裂纹、剥落等现象，造成重量损失或强度降低。这是由于处于材料内部孔隙中的水受冻结冰后，其体积增大约9％，对孔壁产生很大压力（可达100MPa）的结果。材料的抗冻性与本身的组成、构造、强度、吸水性等因素有关。密实的材料及具有较小孔径闭口孔的材料通常具有良好的抗冻性能，具有一定强度的材料对冰冻有一定的抵抗能力。材料的抗冻性还与材料的含水程度和冻融循环次数有关，含水量愈大，循环次数愈多，对材料的破坏作用也愈大。

对冬季室外温度低于－10℃的地区，工程中使用的材料必须进行抗冻性检验。

2.2 材料的力学性质

2.2.1 强度与强度等级

任何材料受到外力（荷载）作用都要产生变形，当外力超过一定限度后材料将被破坏。材料的力学性质就是指材料在外力作用下产生变形和抵抗破坏能力方面的有关性质。

材料在受力时，单位面积上抵抗外力破坏的能力称为强度。图2-4表示了土木工程上常用的几种外力在材料上的施加方式。材料抵抗这些外力破坏的能力，分别称为抗压强度、抗拉

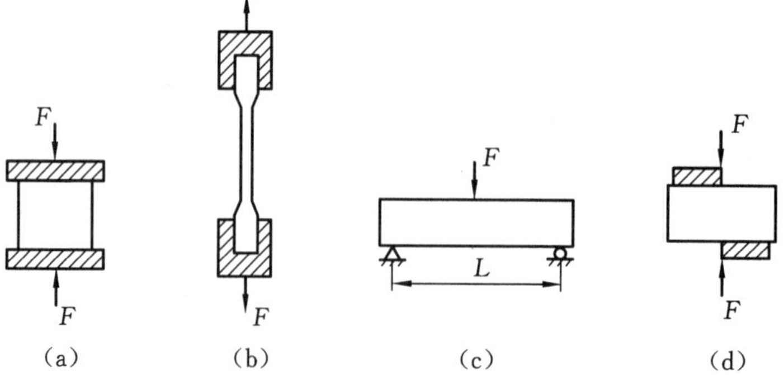

图2-4 力在材料上的集中施加方式

（a）压力；（b）拉力；（c）弯曲；（d）剪切

强度、抗弯强度（亦称抗折强度）及抗剪强度。材料抗拉、抗压、抗剪强度可按下式计算：

$$f=\frac{F}{A} \tag{2-16}$$

式中　f——材料的抗拉、抗压、抗剪强度（MPa）；

F——材料受拉、压、剪切作用产生破坏时的荷载（N）；

A——材料的受力面积（mm^2）。

材料的抗弯强度与材料的受力情况有关。试验时是将矩形截面的条形试件放在两支点上，中间作用一集中力[图 2-4(c)]，对材料进行试验（如水泥、砖的强度试验），其抗弯强度用下式计算：

$$f=\frac{3FL}{2bh^2} \tag{2-17}$$

式中　f——材料的抗弯强度（MPa）；

F——材料受弯时的破坏荷载（N）；

L——两支点的间距（mm）；

b，h——试件横截面的宽和高（mm）。

材料的强度与它的组成和构造特点有关。不同的材料具有不同抵抗外力的能力，同一种材料强度的大小，在一般情况下随其孔隙率的增大而降低。

强度是材料（尤其是结构材料）的一项重要的技术性能，一些材料如砖、石材、水泥、砂浆、混凝土、钢材等都是按其强度大小划分成若干个等级的（称为强度等级）。工程中常用材料的强度见表 2-3。

表 2-3　几种常用土木工程材料的强度

材料	抗压强度（MPa）	抗拉强度（MPa）	抗弯强度（MPa）
花岗岩	100～250	5～8	10～14
普通黏土砖	10～30	—	2.6～5.0
普通混凝土	10～100	1～8	3.0～10
松木（顺纹）	30～50	80～120	60～100
钢材	240～1500	240～1500	—

2.2.2　脆性与韧性

当外力达到一定限度时，材料突然破坏并不出现明显的塑性变形的性质称为脆性，砖、石材、陶瓷、玻璃、混凝土、铸铁等都属于脆性材料。这类材料抵抗冲击和震动的能力差，它们的抗压强度比抗拉强度高得多，因此它们主要用于基础、墙体、柱子等受压的结构部位。

在冲击荷载作用下，材料能够承受较大的变形也不致破坏的性能称为韧性（或冲击韧性）。钢材、木材、沥青混凝土等属于韧性材料。用作路面、桥梁、吊车梁以及有抗震要求的结构材料，应考虑其韧性。

2.2.3 弹性与塑性

材料在外力作用下产生变形，外力取消后能够完全恢复原来形状的性质称为弹性，这种能够完全恢复的变形称为弹性变形。反之，当外力取消后仍保持变形后的形状和大小，并且不产生裂缝及破坏的性质称为塑性，这种不能恢复的变形称为塑性变形。

实际上，单纯的弹性或塑性材料都是不存在的。材料在一定限度荷载作用下表现出弹性，当荷载超出这一限度后就出现塑性，常见材料(如钢材和混凝土)的受力变形都是这样的。

2.2.4 硬度与耐磨性

硬度是材料抵抗其他物体刻划、压入其表面而出现塑性变形的能力。通常，矿物的硬度采用刻划法测定其莫氏硬度，钢材、木材、混凝土等采用钢球压入法测定其布氏硬度(HB)。

耐磨性是材料表面抵抗磨损的能力，通常用磨损率 K_m 表示，即

$$K_m=\frac{m_1-m_2}{A} \tag{2-18}$$

式中 m_1——试件磨损前的质量(kg)；

m_2——试件磨损后的质量(kg)；

A——试件受磨损的表面积(m^2)。

土木工程中，用于地面、楼梯踏步、人行道路等部位的材料均应考虑其硬度和耐磨性。一般来说，强度较高的材料，其硬度较大，耐磨性较好。

2.2.5 材料的耐久性

材料的耐久性是指用于土木工程的材料，在环境的多种因素作用下不变质、不破坏，长久地保持其使用性能的能力。耐久性是材料的一种综合性质，诸如抗冻性、抗风化性、抗老化性、耐化学腐蚀性等均属耐久性的范围。此外，材料的强度、抗渗性、耐磨性等也与材料的耐久性有密切关系。

土木工程材料在使用中逐步变质失效，有其内部因素和外部因素的影响。材料本身组分和结构的不稳定、低密实度、各组分热膨胀的不均匀、固相界面上的化学生成物的膨胀等都是其内部因素。

使用中所处的环境和条件(自然的和人为的)，诸如日光曝晒、介质侵蚀(大气、水、化学介质)、温湿度变化、冻融循环、机械摩擦、荷载作用、疲劳作用、电解、虫菌寄生侵蚀等，都是其外部因素。这些内外因素，最后都归结为机械的、物理的、化学的和生物的作用，单独或复合地作用于材料，抵消了它在使用中可能同时存在的有利因素的作用，使之逐步变质而导致丧失其使用性能。

物理作用有干湿变化、温度变化及冻融变化等，这些作用将使材料发生体积的胀缩，或导致内部裂缝的扩展，时间长久之后即会使材料逐渐被破坏。在寒冷冰冻地区，冻融变化对材料会起着显著的破坏作用。在高温环境下，经常处于高温状态的建筑物或构筑物，选用土木工程材料要具有耐热性能。在民用和公共建筑中，考虑安全防火要求，须选用具有抗火性能的难燃或不燃的材料。

化学作用包括酸、碱、盐等物质的水溶液以及有害气体的侵蚀作用，这些侵蚀作用会使材料逐渐变质而被破坏。

机械作用包括荷载的持续作用，交变荷载对材料引起的疲劳、冲击、磨损、磨耗等。

生物作用包括菌类、昆虫等的侵害作用，导致材料发生腐朽、虫蛀等而被破坏。

各种作用对于材料性能的影响，视材料本身的组分、结构不同而不同。在土木工程材料中，金属材料主要易被电化学腐蚀（见金属材料的耐久性）；水泥砂浆、混凝土、砖瓦等无机非金属材料，主要是通过干湿循环、冻融循环、温度变化等物理作用，以及溶解、溶出、氧化等化学作用而被破坏；高分子材料主要由于紫外线、臭氧等所起的化学作用，使材料变质失效；木材虽主要是由于腐烂菌引起腐朽和昆虫引起蛀蚀而使其失去使用性能，但环境的温度、湿度和空气又为菌类、虫类提供生存与繁殖的条件。在材料的变质失效过程中，其外部因素往往和内部因素结合而起作用；各外部因素之间，也可能互相影响。土木工程材料的耐久性指标，对于传统材料生产中的质量控制、使用条件和新材料能否推广使用都是关键的。

目前，还只能把材料处在比实际使用状况强化得多的模拟环境和条件（一般只突出一两种因素）下，进行加速的或短期的试验，确定一个表征材料受损、变质、失效以至破坏程度的对比性评价指标。如据此预言材料的远期行为，则仍是困难的，还要求助于同类材料的长期使用经验。

由于近代材料科学和统计数学的发展，有可能把材料在使用中的变质失效作为某种随机过程来处理，通过数学模拟，并辅以短期试验，从而预测比较可靠的安全使用年限，作为耐久性指标，进行安全使用年限的预测。事实上，对某些金属材料耐久性的研究试验，已开始向这个方向努力。

从单一破坏因素着手，分析清楚材料变质失效的机理和过程，对于获得和理解近期评价指标，提出有效的防止变质措施，甚至为发展中的理论预测作基础准备等，都是很有价值的。在实际使用环境中，在各种因素综合作用下进行考验的长期数据，则尤为可贵，据此可建立材料在单一因素和复合因素作用下有关行为之间的关系，检验长期性能预测的可靠性。

复习思考题

一、名词解释

1. 材料的空隙率；
2. 堆积密度；
3. 材料的强度；
4. 材料的耐久性。

二、填空题

1. 材料的吸湿性是指材料在________的性质。
2. 材料的抗冻性以材料在吸水饱和状态下所能抵抗的________来表示。
3. 水可以在材料表面展开，即材料表面可以被水浸润，这种性质称为________。
4. 材料的表观密度是指材料在________状态下单位体积的质量。

5. 土木工程材料的基本性质主要包括________、________、________、________和________等五个方面。

6. 材料浸入水中________的能力，称为吸水性。吸水性的大小，常以________表示。吸水率，是指材料吸水饱和时________的百分率。

7. 土木工程材料的热物理性质是指________的性质。它包括________、________、________、________、________等性质。

8. 材料在外力(荷载)作用下________的能力，称为材料的强度。

9. 材料的耐久性是指用于土木工程的材料，在环境中多种因素的作用下，能经久不________、不________，并且尚能保持________的性质。

10. 材料内部的孔隙分为________孔和________孔。一般情况下，材料的孔隙率越大，且连通孔隙越多的材料，则其强度越________，吸水性、吸湿性越________。

三、单项选择题

1. 孔隙率增大，材料的(　　)降低。

A.密度　　B.表观密度　　C.憎水性　　D.抗冻性

2. 材料在水中吸收水分的性质称为(　　)。

A.吸水性　　B.吸湿性　　C.耐水性　　D.渗透性

3. 含水率为10%的湿砂220g，其中水的质量为(　　)。

A.19.8g　　B.22g　　C.20g　　D.20.2g

4. 材料的孔隙率增大时，其性质保持不变的是(　　)。

A.表观密度　　B.堆积密度　　C.密度　　D.强度

四、多项选择题

1. 下列性质属于力学性质的有(　　)。

A.强度　　B.硬度　　C.弹性　　D.脆性

2. 下列材料中，属于复合材料的是(　　)。

A.钢筋混凝土　　B.沥青混凝土

C.土木工程石油沥青　　D.土木工程塑料

五、是非判断题

1. 某些材料虽然在受力初期表现为弹性，达到一定程度后表现出塑性特征，这类材料称为塑性材料。(　　)

2. 材料吸水饱和状态时水占的体积可视为开口孔隙体积。(　　)

3. 在空气中吸收水分的性质称为材料的吸水性。(　　)

4. 材料的软化系数愈大，其耐水性愈好。(　　)

5. 材料的渗透系数愈大，其抗渗性能愈好。(　　)

六、简答题

1. 什么是材料的密度、表观密度？它们如何计算？某种材料的密度与表观密度值不同说明什么问题？若两者相同说明什么问题？

2. 什么是材料的密实度和孔隙率？它们如何计算？两者有什么不同？

3. 亲水性材料与憎水性材料有何区别？这样划分有何实际意义？

4. 什么是材料的吸水性、吸湿性、耐水性、抗渗性、抗冻性？各用什么表示？

5. 材料的孔隙率及孔隙特征与材料的表观密度、吸水率、含水率、耐水性、抗渗性、抗冻性及强度等性质有什么关系？

6. 吸水率与含水率有何关系？什么情况下采用质量吸水率？什么情况下采用体积吸水率？

7. 什么是材料的强度？通常有哪几种？它们如何计算？强度的单位是什么？

8. 材料的强度和强度等级有何不同？

七、计算题

1. 一个质量为 6.2kg、容积为 10L 的容器，按规定方法装入卵石至平满后，称得总质量为 21.3kg，求该卵石的堆积密度。若再向容器中注水至平满，当 24h 后称得总质量为 25.9kg，求此卵石的表观密度及空隙率。

2. 收到含水率 5%的砂子 500t，实为干砂多少吨？若需干砂 500t，应购入含水率 5%的砂子多少吨？

3. 某一块材料的全干质量为 100g，自然状态下的体积为 $40cm^3$，绝对密实状态下的体积为 $33cm^3$，试计算该材料的密度、表观密度、密实度和孔隙率。

3 普通混凝土用砂、石常规性能检验

3.1 砂、石知识概要

3.1.1 定义

扫一扫

砂、石基本概念

(1) 砂:粒径在 0.15～4.75mm 之间的集料称为砂。砂可分为天然砂和人工砂两类。

(2) 粗集料:粒径大于 4.75mm 的集料称为粗集料。常用的粗集料有卵石和碎石两种。

(3) 天然砂:由天然条件作用而形成的,公称粒径小于 5.00mm 的岩石颗粒。按其产源不同,可分为河砂、海砂、山砂。

(4) 人工砂:岩石经除土开采、机械破碎、筛分而成的,公称粒径小于 5.00mm 的岩石颗粒。

(5) 混合砂:由天然砂与人工砂按一定比例组合而成的砂。

(6) 碎石:由天然岩石或卵石经破碎、筛分而得的,公称粒径大于 5.00mm 的岩石颗粒。

(7) 卵石:由自然条件作用形成的,公称粒径大于 5.00mm 的岩石颗粒。

(8) 含泥量:砂、石中公称粒径小于 80μm 颗粒的含量。

(9) 砂的泥块含量:砂中公称粒径大于 1.25mm,经水洗、手捏后变成小于 630μm 的颗粒的含量。

(10) 石的泥块含量:石中公称粒径大于 5.00mm,经水洗、手捏后变成小于 2.50mm 的颗粒的含量。

(11) 石粉含量:人工砂中公称粒径小于 80μm,且其矿物组成和化学成分与被加工母岩相同的颗粒含量。

(12) 针、片状颗粒:凡岩石颗粒的长度大于该颗粒所属粒级的平均粒径 2.4 倍者为针状颗粒;厚度小于平均粒径 0.4 倍者为片状颗粒。平均粒径指该粒级上、下限粒径的平均值。

3.1.2 普通混凝土用砂、石的分类

根据《建设用砂》(GB/T 14684—2011)中规定,砂按成因分为天然砂、机制砂(人工砂)两类;按细度模数分为粗、中、细三种规格;按技术要求分为Ⅰ类、Ⅱ类、Ⅲ类(表 3-1)。

表 3-1 砂分类

按成因		按规格(细度模数)	按技术要求
天然砂	包括:河砂、湖砂、山砂、淡化海砂	粗:3.7～3.1	Ⅰ类:用于强度等级大于 C60 的混凝土

续表 3-1

按成因	按规格(细度模数)	按技术要求
机制砂(含混合砂)	中:3.0～2.3	Ⅱ类:用于强度等级 C30—C60 及有抗冻抗渗要求的混凝土
	细:2.2～1.6	Ⅲ类:用于强度等级小于 C30 的混凝土

根据《建设用卵石、碎石》(GB/T 14685—2011)中规定,石按成因分为卵石、碎石;按技术要求分为Ⅰ类、Ⅱ类、Ⅲ类(表 3-2)。

表 3-2 石分类

按成因		按技术要求
天然	卵石	Ⅰ类:用于强度等级大于 C60 的混凝土
		Ⅱ类:用于强度等级 C30—C60 及有抗渗要求的混凝土
人工	碎石	Ⅲ类:用于强度等级小于 C30 的混凝土

3.1.3 普通混凝土用砂、石的技术指标

3.1.3.1 普通混凝土用砂的技术指标

(1) 砂的粗细程度及颗粒级配

砂的粗细程度是指不同粒径的砂粒,混合在一起后总体的粗细程度。在相同质量条件下,细砂比粗砂具有较大的总表面积。在混凝土中砂的表面由水泥浆包裹,砂的总表面积愈大,需要包裹砂粒表面的水泥浆就愈多。因此,一般说用较粗的砂拌制混凝土比用细砂节省水泥浆。

砂的颗粒级配是指砂中不同颗粒互相搭配的比例情况。从图 3-1 可以看到:粒径相同的砂堆积起来空隙率最大;两种粒径的砂搭配起来,空隙就减小;三种粒径的砂搭配,空隙就更小。在混凝土中砂颗粒间的空隙是由水泥浆来填充的,因此当大小不同粒径的砂搭配很好,即级配良好时可以节省水泥。

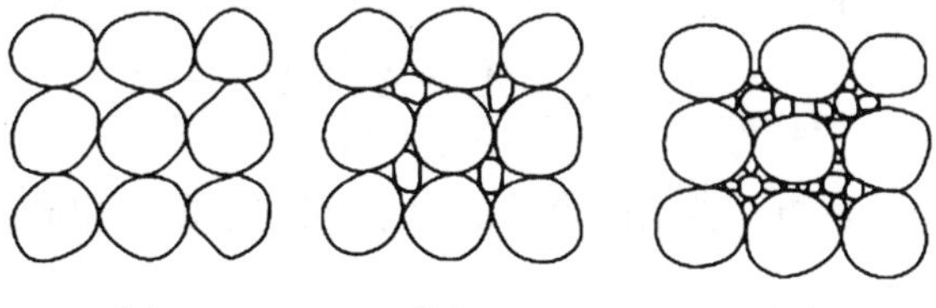

(a) (b) (c)

图 3-1 集料的颗粒级配

(a)一种粒径;(b)两种粒径;(c)三种粒径

在拌制混凝土时,应同时考虑砂的粗细程度和颗粒级配。选择较粗的、级配良好的砂,既能保证混凝土的质量又能节省水泥。

砂的粗细程度和颗粒级配是用筛分析试验的方法来确定的,用细度模数表示砂的粗细,用级配区表示砂的颗粒级配。根据《普通混凝土用砂、石质量检验方法》(JGJ 52—2006)中对砂

的质量要求的规定，砂筛分析试验应采用方孔筛，砂的公称粒径、筛孔的公称直径和方孔筛筛孔边长应符合表 3-3 的规定。

表 3-3　砂的公称粒径、砂筛筛孔的公称直径和方孔筛筛孔边长尺寸

砂的公称粒径	砂筛筛孔的公称直径	方孔筛筛孔边长
5.00mm	5.00mm	4.75mm
2.50mm	2.50mm	2.36mm
1.25mm	1.25mm	1.18mm
630μm	630μm	600μm
315μm	315μm	300μm
160μm	160μm	150μm
80μm	80μm	75μm

砂筛分析试验应称取 500g 烘干砂，用一套孔径(净尺寸)为 0.15mm、0.30mm、0.60mm、1.18mm、2.36mm、4.75mm 的标准筛，由粗到细依次过筛，然后称取余留在各筛上砂的质量，称为各筛上的分计筛余量。各筛上的筛余量除以砂样总质量的百分率称为各筛的分计筛余百分率；各筛及比该筛筛孔大的所有分计筛余百分率之和，称为各筛的累计筛余百分率。累计筛余百分率与分计筛余百分率的关系见表 3-4。

表 3-4　累计筛余百分率与分计筛余百分率的计算关系

筛孔尺寸	分计筛余百分率(%)	累计筛余百分率(%)
4.75mm	a_1	$A_1=a_1$
2.36mm	a_2	$A_2=a_1+a_2$
1.18mm	a_3	$A_3=a_1+a_2+a_3$
600μm	a_4	$A_4=a_1+a_2+a_3+a_4$
300μm	a_5	$A_5=a_1+a_2+a_3+a_4+a_5$
150μm	a_6	$A_6=a_1+a_2+a_3+a_4+a_5+a_6$

砂的细度模数(M_x)按下式计算：

$$M_x=\frac{(A_2+A_3+A_4+A_5+A_6)-5A_1}{100-A_1} \tag{3-1}$$

细度模数愈大，表示砂愈粗。按细度模数的大小，可将混凝土用砂分为：

粗砂：$M_x=3.7\sim3.1$；

中砂：$M_x=3.0\sim2.3$；

细砂：$M_x=2.2\sim1.6$；

特细砂：$M_x=1.5\sim0.7$。

砂的颗粒级配可按公称直径 630μm 筛孔的累计筛余(以质量百分率计，下同)，分成三个级配区，且砂的颗粒级配应处于表 3-5 中的某一区内。

砂的实际颗粒级配与表 3-5 中的累计筛余相比，除公称粒径为 5.00mm 和 630μm 的累计筛余外，其余公称粒径的累计筛余可稍有超出分界线，但总超出量不应大于 5%。

表 3-5 砂颗粒级配

砂的分类	天然砂			机制砂		
级配区	1	2	3	1	2	3
方孔筛	累计筛余(%)					
4.75mm	10～0	10～0	10～0	10～0	10～0	10～0
2.36mm	35～5	25～0	15～0	35～5	25～0	15～0
1.18mm	65～35	50～10	25～0	65～35	50～10	25～0
600μm	85～71	70～41	40～16	85～71	70～41	40～16
300μm	95～80	92～70	85～55	95～80	92～70	85～55
150μm	100～90	100～90	100～90	97～85	94～80	94～75

当天然砂的实际颗粒级配不符合要求时，宜采取相应的技术措施，并经试验证明能确保混凝土质量后，方允许使用。

配制混凝土时宜优先选用 2 区砂。当选择 1 区砂时，应提高砂率，并保持足够的水泥用量，以满足混凝土的和易性；当采用 3 区砂时，宜降低砂率；当采用特细砂时应符合相应的规定。泵送混凝土，宜选择中砂。

为了直观地反映砂的级配情况，可将表 3-5 的规定画出级配区曲线图，见图 3-2。若将筛分析试验所得各筛孔的累计筛余率在图 3-2 中绘成筛分曲线，即可确认砂的级配情况。

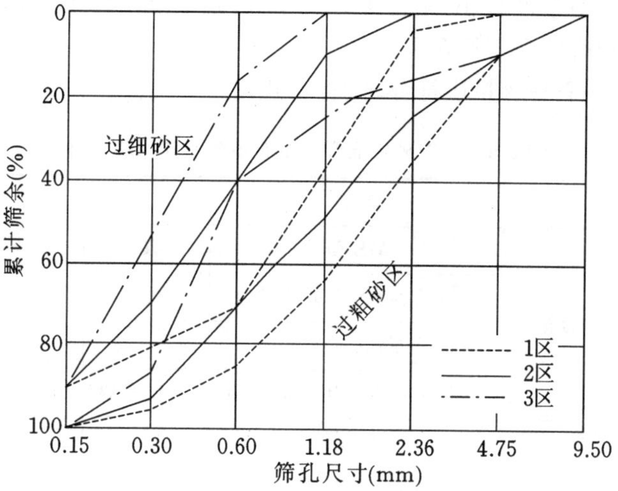

图 3-2 砂的级配区曲线

(2) 砂中含泥量

含泥量对新拌混凝土性能的影响表现在对混凝土用水量、坍落度的影响。含泥量大，混凝土的需水量高，坍落度减少，坍落度损失加大，尤其是对聚羧酸高性能减水剂的影响更大。含泥量超过 3%后，掺聚羧酸外加剂的混凝土坍落度能减少 50～70mm，坍落度半小时损失能达到初始坍落度的一半。这主要是由于砂中的细颗粒吸附水与外加剂的能力较其他颗粒更大。

因此,要限制砂中含泥量。

天然砂中含泥量应符合表 3-6 的规定。对于有抗冻、抗渗或其他特殊要求的强度等级小于或等于 C25 混凝土用砂,其含泥量不应大于 3.0%。

表 3-6　天然砂中含泥量

类别	Ⅰ	Ⅱ	Ⅲ
含泥量(按质量计,%)	≤1.0	≤3.0	≤5.0

(3) 砂中泥块含量

泥块的存在,不仅会影响砂与混凝土的黏结,还会降低混凝土的抗压强度、抗渗性能,增大混凝土的收缩。因此,要控制砂中泥块的含量。

天然砂中泥块含量应符合表 3-7 的规定。对于有抗冻、抗渗或其他特殊要求的强度等级小于或等于 C25 混凝土用砂,其泥块含量不应大于 1.0%。

表 3-7　天然砂中泥块含量

类别	Ⅰ	Ⅱ	Ⅲ
泥块含量(按质量计,%)	0	≤1.0	≤2.0

(4) 人工砂或混合砂石粉含量

砂中石粉含量较少时,对混凝土强度、收缩性能、弹性模量影响不大。但随着石粉含量的提高,新拌混凝土出机坍落度减小,坍落度损失增大,强度呈下降趋势,收缩呈增加趋势。因此,应控制人工砂或混合砂中石粉含量。

人工砂或混合砂中石粉含量应符合表 3-8 的规定。

表 3-8　人工砂或混合砂中石粉含量和泥块含量

<table>
<tr><th>条件</th><th>类别</th><th>Ⅰ</th><th>Ⅱ</th><th>Ⅲ</th></tr>
<tr><td rowspan="4">MB≤1.4 或快速法试验合格</td><td>MB 值</td><td>≤0.5</td><td>≤1.0</td><td>≤1.4 或合格</td></tr>
<tr><td>石粉含量(按质量计,%)</td><td colspan="3">≤10.0</td></tr>
<tr><td>泥块含量(按质量计,%)</td><td>0</td><td>≤1.0</td><td>≤2.0</td></tr>
<tr><td colspan="4">此指标根据使用地区和用途,经试验验证,可由供需双方协商确定。</td></tr>
<tr><td rowspan="3">MB>1.4 或快速法试验不合格</td><td>类别</td><td>Ⅰ</td><td>Ⅱ</td><td>Ⅲ</td></tr>
<tr><td>石粉含量(按质量计,%)</td><td>≤1.0</td><td>≤3.0</td><td>≤5.0</td></tr>
<tr><td>泥块含量(按质量计,%)</td><td>0</td><td>≤1.0</td><td>≤2.0</td></tr>
</table>

(5) 密度及空隙率

表观密度>2500kg/m^3。

松散堆积密度>1350kg/m^3。

空隙率<47%。

3.1.3.2 普通混凝土用石的技术指标

(1)石最大粒径与颗粒级配

公称粒径的上限称为该粒级的最大粒径。粗集料的最大粒径反映了集料的粗细程度,最大粒径愈大,集料的颗粒愈粗。同砂一样,石子愈粗,其总表面积愈小,石子表面包裹水泥浆(或砂浆)的数量也愈少。所以,粗集料的最大粒径应在条件允许时,尽量选择得大些。最大粒径的确定,要受到结构截面尺寸、钢筋净距及施工条件等限制。

扫一扫

普通混凝土用石的技术指标

粗集料的最大粒径不是越大越好,规范规定:

① 不超过结构最小截面尺寸的 1/4;

② 不超过钢筋最小净距的 3/4;

③ 对混凝土实心板,不宜超过板厚 1/3,且不超过 40mm;

④ 对于泵送混凝土,碎石最大粒径与输送管道内径之比不超过 1∶3,卵石不超过 1∶2.5。

粗集料级配与细集料级配的原理基本相同,级配良好的粗集料可实现最密实的堆积。粗集料颗粒级配的好坏,对保证混凝土的流动性、强度和节省水泥等各方面起着重要作用。

粗集料颗粒级配也通过筛分析试验确定,其标准筛的孔径为 2.36mm、4.75mm、9.5mm、16.0mm、19.0mm、26.5mm、31.5mm、37.5mm、53.0mm、63.0mm、75.0mm、90.0mm 等。试验时,试样筛所需筛号应依据《建设用卵石、碎石》(GB/T 14685—2011)按表 3-9 中规定的级配要求选用。计算出的累计筛余百分率符合表 3-9 中规定即说明该粗集料级配良好,累计筛余百分率的计算方法与砂的相同。

表 3-9 碎石或卵石的颗粒级配

级配情况	公称粒级(mm)	累计筛余(按质量计,%)											
		方孔筛筛孔尺寸(mm)											
		2.36	4.75	9.5	16.0	19.0	26.5	31.5	37.5	53.0	63.0	75.0	90
连续粒级	5～10	95～100	80～100	0～15	0	—	—	—	—	—	—	—	—
	5～16	95～100	85～100	30～60	0～10	0	—	—	—	—	—	—	—
	5～20	95～100	90～100	40～80	—	0～10	0	—	—	—	—	—	—
	5～25	95～100	90～100	—	30～70	—	0～5	0	—	—	—	—	—
	5～31.5	95～100	90～100	70～90	—	15～45	—	0～5	0	—	—	—	—
	5～40	—	95～100	70～90	—	30～65	—	—	0～5	0	—	—	—
单粒级	5～10	95～100	80～100	0～15	0	—	—	—	—	—	—	—	—
	10～16	—	95～100	80～100	0～15	—	—	—	—	—	—	—	—
	10～20	—	95～100	85～100	—	0～15	0	—	—	—	—	—	—
	16～31.5	—	95～100	—	85～100	—	—	0～10	0	—	—	—	—
	20～40	—	—	95～100	—	80～100	—	—	0～10	0	—	—	—
	40～80	—	—	—	—	95～100	—	—	70～100	—	30～60	0～10	0

碎石或卵石的颗粒级配,应符合表 3-9 的要求。混凝土用碎石或卵石应采用连续粒级。

单粒级宜用于组合成满足要求级配的连续粒级，也可与连续粒级混合使用，以改善其级配或配成较大粒度的连续粒级。

当卵石的颗粒级配不符合表 3-9 要求时，应采取措施并经试验证实能确保工程质量后，方允许使用。

石筛应采用方孔筛，石的公称粒径、石筛筛孔的公称直径与方孔筛筛孔边长应符合表 3-10 的规定。

表 3-10　石的公称粒径、石筛筛孔的公称直径与方孔筛尺寸(mm)

石的公称粒径	石筛筛孔的公称直径	方孔筛筛孔边长
2.50	2.50	2.36
5.00	5.00	4.75
10.0	10.0	9.5
16.0	16.0	16.0
20.0	20.0	19.0
25.0	25.0	26.5
31.5	31.5	31.5
40.0	40.0	37.5
50.0	50.0	53.0
63.0	63.0	63.0
80.0	80.0	75.0
100.0	100.0	90.0

(2) 碎石或卵石中针、片状颗粒含量

混凝土中针、片状颗粒的存在会使新拌混凝土的和易性变差，且由于针、片状颗粒的坚韧性较差，其压碎指标值随着针、片状颗粒含量的增加而增大，从而导致混凝土的抗压强度降低。

碎石或卵石中针、片状颗粒含量应符合表 3-11 的规定。

表 3-11　针、片状颗粒含量

类别	Ⅰ	Ⅱ	Ⅲ
针、片状颗粒含量(按质量计，%)	≤5	≤10	≤15

(3) 碎石或卵石中的含泥量

碎石或卵石中的含泥量应符合表 3-12 的规定。

表 3-12　碎石或卵石含泥量

类别	Ⅰ	Ⅱ	Ⅲ
含泥量(按质量计，%)	≤0.5	≤1.0	≤1.5

对于有抗冻、抗渗或其他特殊要求的混凝土，其所用碎石或卵石的含泥量不应大于1.0%。当碎石或卵石的含泥是非黏土质的石粉时，其含泥量可由表3-12的0.5%、1.0%、1.5%分别提高到1.0%、1.5%、3.0%。

(4) 碎石或卵石中的泥块含量

碎石或卵石中的泥块含量应符合表3-13的规定。

表3-13　碎石或卵石泥块含量

类别	Ⅰ	Ⅱ	Ⅲ
泥块含量(按质量计,%)	0	≤0.2	≤0.5

对于有抗冻、抗渗和其他特殊要求的强度等级小于C30的混凝土，其所用碎石或卵石的泥块含量应不大于0.5%。

(5) 密度及空隙率

表观密度>2500kg/m^3。

松散堆积密度>1350kg/m^3。

空隙率<47%。

(6) 压碎指标

粗集料在混凝土中起骨架作用，必须有足够的强度和坚固性。碎石和卵石的强度可用岩石抗压强度和压碎指标两种方法表示。岩石的抗压强度应比所配置的混凝土强度至少提高20%。当混凝土强度等级大于或等于C60时，应进行岩石抗压强度检验。岩石强度首先应由生产单位提供，工程中可用压碎指标进行质量控制。

压碎指标是将一定质量气干状态下粒径为10.0～20.0mm的石子装入一定规格的圆桶内，在压力机上均匀加荷到200kN，然后卸荷后称取试验质量(m_0)，用公称直径为2.50mm的方孔筛筛除被压碎的细粒，称量留在筛上的试样质量(m_1)，再按下式计算得到：

$$\delta_a=\frac{m_0-m_1}{m_0}\times 100\% \tag{3-2}$$

压碎指标越小，说明石子的强度越高。不同强度等级的混凝土，所用石子的压碎指标值应满足表3-14的要求。

表3-14　碎石或卵石的压碎指标

类别	Ⅰ	Ⅱ	Ⅲ
碎石压碎指标(%)(石子强度)	≤10	≤20	≤30
卵石压碎指标(%)	≤12	≤14	≤16

(7) 坚固性

石子的坚固性是指石子在气候、环境变化和其他物理力学因素作用下，抵抗破碎的能力。坚固性试验是用硫酸钠溶液浸泡法检验，试样经5次干湿循环后，其质量损失应满足表3-15的要求。

表 3-15　碎石或卵石坚固性指标

类别	Ⅰ	Ⅱ	Ⅲ
质量损失(%)	≤5	≤8	≤12

3.1.4　取样方法及数量

砂、石的取样方法及数量见表 3-16。

表 3-16　砂、石的取样方法及数量

序号	项目	检验或验收依据	检测内容	组批原则或取样频率	取样方法及数量	送样时应提供的信息
1	砂	(1)《建设用砂》(GB/T 14684—2011); (2)《普通混凝土用砂、石质量及检验方法标准》(JGJ 52—2006)	(1)颗粒级配; (2)细度模数; (3)含泥量; (4)泥块含量; (5)表观密度; (6)堆积密度; (7)空隙率	同一分类、规格、适用等级的砂每600t或400m³为一批,每批抽样不少于一次	在料堆上取样时,取样部位应均匀分布。取样前先将取样部位表面铲除,然后由各部位抽取大致相等的砂8份组成一组样品,总量至少为30kg	(1)产地; (2)规格; (3)砂的类别或拟用的混凝土等级; (4)所代表的批量; (5)使用部位
2	石	(1)《建设用卵石、碎石》(GB/T 14685—2011); (2)《普通混凝土用砂、石质量及检验方法标准》(JGJ 52—2006)	(1)颗粒级配; (2)含泥量; (3)泥块含量; (4)表观密度; (5)堆积密度; (6)空隙率; (7)针、片状含量; (8)压碎指标	同一分类、规格、适用等级的石子每600t或400m³为一批,每一批抽样不少于一次	在料堆上取样时,取样部位应均匀分布。取样前先将取样部位表面铲除,然后由各部位抽取大致相等的石16份组成一组样品,总量至少为80kg	(1)产地; (2)规格; (3)石的类别或拟用的混凝土等级; (4)构件的截面最小尺寸、钢筋最小间距; (5)所代表的批量; (6)使用部位

3.2　普通混凝土用砂常规性能试验

扫一扫

砂的筛分试验操作

3.2.1　砂的筛分试验

3.2.1.1　试验目的

测定混凝土用砂的颗粒级配,计算细度模数,评定砂的粗细程度。

3.2.1.2　编制依据

本试验依据《建设用砂》(GB/T 14684—2011)制定。

3.2.1.3　仪器设备

方孔筛：规格为 9.50mm、4.75mm、2.36mm、1.18mm、600μm、300μm、150μm 的方孔筛各一只，筛的底盘和盖各一只。

天平(称量 1000g，感量 1g)、摇筛机、烘箱(温度控制范围 105℃±5℃)、搪瓷盘、硬软毛刷等。

3.2.1.4　试验步骤

(1) 按 3.1.4 节规定取样，筛除大于 9.50mm 的颗粒(并算出其筛余百分率)，并将试样缩分至约 1100g，放在干燥箱中于 105℃±5℃下烘干至恒量，待冷却至室温后，分为大致相等的两份备用。

> **注**：恒量是指试样在烘干 3h 以上的情况下，其前后质量之差不大于该项试验所要求的称量精度(下同)。

(2) 称取试样 500g，精确至 1g。将试样倒入按孔径大小从上到下组合的套筛(附筛底)上，然后进行筛分。

(3) 将套筛置于摇筛机上，摇 10min；取下套筛，按筛孔大小顺序再逐个用手筛，筛至每分钟通过量小于试样总量 0.1%为止。通过的试样并入下一号筛中，并和下一号筛中的试样一起过筛，这样顺序进行，直至各号筛全部筛完为止称出各号筛的筛余量，精确至 1g，试样在各号筛上的筛余量不得超过按式(3-3)计算出的量。

$$G=\frac{A\times\sqrt{d}}{200} \tag{3-3}$$

式中　G——某一筛上的剩留量(g)；

d——筛孔边长(mm)；

A——筛的面积(mm^2)。

(4) 超过时应按下列方法之一处理

①将该粒级试样分成少于按式(3-3)计算出的量，分别筛分，并以筛余量之和作为该号筛的筛余量。

②将该粒级及以下各粒级的筛余混合均匀，称出其质量，精确至 1g。再用四分法缩分为大致相等的两份，取其中一份，称出其质量，精确至 1g，继续筛分。计算该粒级及以下各粒级的分计筛余量时应根据缩分比例进行修正。

3.2.1.5　试验结果

筛分析试验结果应按下列步骤计算：

(1) 计算分计筛余百分率：各号筛的筛余量与试样总量之比，计算精确至 0.1%。

(2) 计算累计筛余百分率：该号筛的分计筛余百分率加上该号筛以上各分计筛余百分率之和，精确至 0.1%。筛分后，如每号筛的筛余量与筛底的剩余量之和同原试样质量之差超过 1%时，应重新试验。

(3) 砂的细度模数按式(3-4)计算，精确至 0.01：

$$M_x=\frac{A_2+A_3+A_4+A_5+A_6-5A_1}{100-A_1} \tag{3-4}$$

式中 M_x——砂的细度模数；

A_1、A_2、A_3、A_4、A_5、A_6——公称直径 4.75mm、2.36mm、1.18mm、600μm、300μm、150μm 方孔筛上的累计筛余百分率。

(4) 试验数据处理及判定。

累计筛余百分率取两次试验结果的算术平均值，精确至 1%。细度模数取两次试验结果的算术平均值，精确至 0.1；如两次试验的细度模数之差超过 0.20 时，应重新试验。

(5) 根据各号筛的累计筛余百分率，采用修约值比较法评定该试样的颗粒级配。

扫一扫

砂的表观密度试验

3.2.2 砂的表观密度试验

3.2.2.1 试验目的

测定砂的表观密度，即砂颗粒自身单位体积(包括内部封闭孔隙)的质量，作为评定砂的质量和混凝土配合比设计的依据。

3.2.2.2 编制依据

本试验依据《建设用砂》(GB/T 14684—2011)制定。

扫一扫

砂的表观密度试验操作

3.2.2.3 仪器设备

托盘天平(称量 1000g，感量 0.1g)，容量瓶(500mL)、烘箱(温度控制范围为 105℃±5℃)、干燥剂、漏斗、滴管、搪瓷盘、铝制料勺、李氏瓶(容量 250mL)和温度计等。

3.2.2.4 试验步骤

(1) 按 3.1.4 节规定取样，并将试样缩分至约 660g，放在干燥箱中于 105℃±5℃下烘干至恒量，待冷却至室温后，分为大致相等的两份备用。

(2) 称取试样 300g，精确至 0.1g。将试样装入容量瓶，注入冷开水至接近 500mL 的刻度处，用手旋转摇动容量瓶，使砂样充分摇动，排除气泡，塞紧瓶盖，静置 24h。然后用滴管小心加水至容量瓶 500mL 刻度处，塞紧瓶塞，擦干瓶外水分，称出其质量，精确至 1g。

(3) 倒出瓶内水和试样，洗净容量瓶，再向容量瓶内注水[应与步骤(2)水温相差不超过 2℃，并在 15～25℃范围内]至 500mL 刻度处，塞紧瓶塞，擦干瓶外水分，称出其质量，精确至 1g。

> **注**：在砂的表观密度试验过程中应测量并控制水的温度，试验的各项称量可在 15～25℃的温度范围内进行。从试样加水静置的最后 2h 起直至试验结束，其温度相差不应超过 2℃。

3.2.2.5 试验数据处理及判定

(1) 表观密度(标准法)应按下式计算，精确至 10kg/m^3。

$$\rho_0=\left(\frac{G_0}{G_0+G_2-G_1}-\alpha_t\right)\times\rho_{水} \tag{3-5}$$

式中 ρ_0——砂的表观密度(kg/m^3)；

$\rho_{水}$——水的密度(kg/m^3)，取 1000kg/m^3；

G_0——试样的烘干质量(g)；

G_1——试样、水及容量瓶总质量(g)；

G_2——水及容量瓶总质量(g)；

α_t——水温对表观密度影响的修正系数，见表 3-17。

表 3-17 不同水温对表观密度影响的修正系数

水温(℃)	15	16	17	18	19	20
α_t	0.002	0.003	0.003	0.004	0.004	0.005
水温(℃)	21	22	23	24	25	—
α_t	0.005	0.006	0.006	0.007	0.008	—

以两次试验结果的算术平均值作为测定值，精确至 $100kg/m^3$。当两次结果之差大于 $20kg/m^3$ 时，应重新取样进行试验。

3.2.3 砂的堆积密度试验

扫一扫

砂的堆积密度试验

3.2.3.1 试验目的

测定砂的堆积密度，用于计算砂的填充率和空隙率，评定砂的品质。

3.2.3.2 编制依据

本试验依据《建设用砂》(GB/T 14684—2011)制定。

3.2.3.3 仪器设备

(1) 台秤：称量 1000g，感量 1g；

(2) 容量筒：圆柱形金属筒，内径 108mm，净高 109mm，壁厚 2mm，筒底厚约 5mm，容积为 1L；

(3) 方孔筛：孔径为 4.75mm 的筛一只；

(4) 垫棒：直径 10mm，长 500mm 的圆钢；

(5) 直尺、漏斗(图 3-3)或料勺、搪瓷盘、毛刷等。

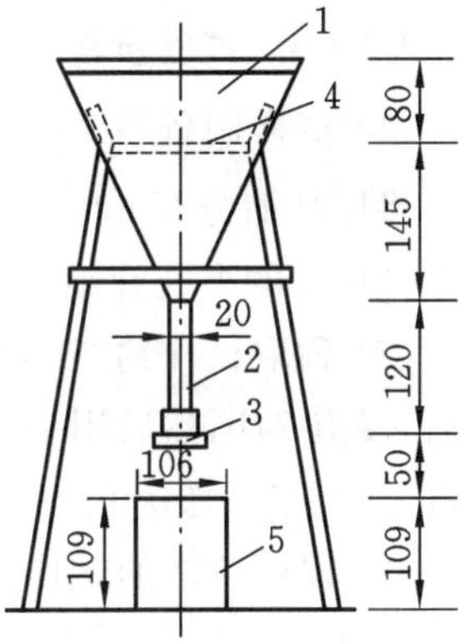

图 3-3 标准漏斗

1—漏斗；2—直径 20mm 管子；3—活动门；4—筛；5—金属量筒

3.2.3.4 试验步骤

(1) 按 3.1.4 节规定取样，用搪瓷盘装取试样约 3L，放在干燥箱中于 105℃±5℃下烘干至恒量，待冷却至室温后，筛除大于 4.75mm 的颗粒，分为大致相等的两份备用。

(2) 松散堆积密度：取试样一份，用漏斗或料勺将试样从容量筒中心上方 50mm 处徐徐倒入，让试样以自由落体落下，当容量筒上部试样呈堆体，且容量筒四周溢满时，即停止加料。然后用直尺沿筒口中心线向两边刮平(试验过程应防止触动容量筒)，称出试样和容量筒总质量，精确至 1g。

(3) 紧密堆积密度：取试样一份分两次装入容量筒。装完第一层后(约计稍高于 1/2)，在筒底垫放一根直径为 10mm 的圆钢，将筒按住，左右交替击地面各 25 下。然后装入第二层，第二层装满后用同样方法振实(但筒底所垫钢筋的方向与第一层时的方向垂直)后，再加试样直至超过筒口，然后用直尺沿筒口中心线向两边刮平，称出试样和容量筒总质量，精确至 1g。

3.2.3.5 试验数据处理及判定

堆积密度应按下式计算，精确至 $10kg/m^3$。

$$\rho_L=\frac{G_1-G_2}{V}\times 1000 \tag{3-6}$$

式中 ρ_L——堆积密度(kg/m^3)；

G_2——容量筒的质量(kg)；

G_1——容量筒和砂的总质量(kg)；

V——容量筒容积(L)。

以两次试验结果的算术平均值作为测定值，精确至 $10kg/m^3$。

扫一扫

砂中泥块含量试验操作

3.2.4 砂中泥块含量试验

3.2.4.1 试验目的

测定砂中泥块的含量。

3.2.4.2 编制依据

本试验依据《建设用砂》(GB/T 14684—2011)制定。

3.2.4.3 仪器设备

主要仪器设备：天平(称量 1000g，感量 0.1g)、烘箱(温度控制范围 105℃±5℃)、试验筛(孔径为 600μm 及 1.18mm 的方孔筛各一只)、洗砂用的容器(深度大于 250mm)及烘干用的浅盘等。

3.2.4.4 试验步骤

(1) 试样制备

将样品缩分至 5000g，置于温度为 105℃±5℃的烘箱中烘干至恒量，冷却至室温后，用孔径 1.18mm 的方孔筛筛分，取筛上的砂分为两份备用。

(2) 称取试样约 200g(m_1)置于容器中，并注入饮用水，使水面高出砂面 150mm。充分拌匀后，浸泡 24h，然后用手在水中碾碎泥块，再把试样放在公称直径 600μm 的方孔筛上，用水淘洗，直至水清澈为止。

(3) 保留下来的试样应小心地从筛里取出来，装入水平浅盘后，置于温度为 105℃±5℃的烘箱中烘干至恒量，冷却后称重(m_2)，精确至 0.1g。

3.2.4.5 试验数据处理及判定

砂中泥块含量按下式计算，精确至 0.1%：

$$\omega_{cL}=\frac{m_1-m_2}{m_1}\times 100 \tag{3-7}$$

式中 ω_{cL}——泥块含量(%)；

m_1——试验前的干燥试样的质量(g)；

m_2——试验后的干燥试样的质量(g)。

以两次试验结果的算术平均值作为测定值，精确至 0.1%。采用修约值比较法进行评定。

扫一扫

砂的石粉及泥块含量试验

3.2.5 人工砂及混合砂中石粉含量试验

3.2.5.1 试验目的

用亚甲蓝法测定细集料(天然砂、石屑、机制砂)中石粉含量。

3.2.5.2 编制依据

本试验依据《建设用砂》(GB/T 14684—2011)制定。

3.2.5.3 仪器设备

(1) 烘箱:温度控制范围105℃±5℃;

(2) 天平:称量1000g、感量1g及称量100g、感量0.01g各一台;

(3) 方孔筛:孔径为75μm及1.18mm和2.36mm的方孔筛各一只;

(4) 容器:要求淘洗试样时,保持试样不溅出(深度大于250mm);

(5) 移液管:5mL、2mL移液管各一个;

(6) 三片或四片叶轮搅拌器:转速可调(最高达600r/min±60r/min),直径75mm±10mm;

(7) 定时装置:精度1s;

(8) 玻璃容量瓶:容量1L;

(9) 温度计:精度1℃;

(10) 玻璃棒:2支,直径8mm,长300mm;

(11) 滤纸、搪瓷盘、毛刷、容量为1000mL的烧杯等。

3.2.5.4 试验步骤

(1) 石粉含量

① 按3.1.4节规定取样,并将试样缩分至约1100g,放在干燥箱中于105℃±5℃下烘干至恒量,待冷却至室温后,分为大致相等的两份备用。

② 称取试样500g,精确至0.1g。将试样倒入淘洗容器中,注入清水,使水面高于试样面约150mm,充分搅拌均匀后,浸泡2h,然后用手在水中淘洗试样,使尘屑、淤泥和黏土与砂粒分离,把浑水缓缓倒入1.18mm及75μm的套筛上(1.18mm筛放在75μm筛上面),滤去小于75μm的颗粒。试验前筛子的两面应先用水润湿,在整个过程中应小心防止砂粒流失。

③ 再向容器中注入清水,重复上述操作,直至容器内的水目测清澈为止。

④ 用水淋洗剩余在筛上的细粒,并将75μm筛放在水中(使水面略高出筛中砂粒的上表面)来回摇动,以充分洗掉小于75μm的颗粒,然后将两只筛的筛余颗粒和清洗容器中已经洗净的试样一并倒入搪瓷盘,放在干燥箱中于105℃±5℃下烘干至恒量,待冷却至室温后,称出其质量,精确至0.1g。

(2) 亚甲蓝 *MB* 值测定

① 按3.1.4节规定取样,并将试样缩分至约400g,放在干燥箱中于105℃±5℃下烘干至恒量,待冷却至室温后,筛除大于2.36mm的颗粒备用。

② 称取试样220g,精确至0.1g。将试样倒入盛有500mL±5mL蒸馏水的烧杯中,用叶轮

搅拌机以 600r/min±60r/min 转速搅拌 5min，使成悬浮液，然后持续以 400r/min±40r/min 转速搅拌，直至试验结束。

③ 悬浮液中加入 5mL 亚甲蓝溶液，以 400r/min±40r/min 转速搅拌至少 1min 后，用玻璃棒蘸取一滴悬浮液(所取悬浮液滴应使沉淀物直径在 8～12mm 内)，滴于滤纸(置于空烧杯或其他合适的支撑物上，以使滤纸表面不与任何固体或液体接触)上。若沉淀物周围未出现色晕，再加入 5mL 亚甲蓝溶液，继续搅拌 1min，再用玻璃棒蘸取一滴悬浮液，滴于滤纸上，若沉淀物周围仍未出现色晕，重复上述步骤，直至沉淀物周围出现约 1mm 的稳定浅蓝色色晕。此时，应继续搅拌，不加亚甲蓝溶液，每 1min 进行一次沾染试验。若色晕在 4min 内消失，再加入 5mL 亚甲蓝溶液；若色晕在第 5min 消失，再加入 2mL 亚甲蓝溶液。两种情况下，均应继续进行搅拌和沾染试验，直至色晕可持续 5min。

④ 记录色晕持续 5min 时所加入的亚甲蓝溶液总体积，精确至 1mL。

(3) 亚甲蓝的快速试验

① 按亚甲蓝 MB 值测定方法制样。

② 按亚甲蓝 MB 值测定方法搅拌。

③ 一次性向烧杯中加入 30mL 亚甲蓝溶液，以 400r/min±40r/min 转速持续搅拌 8min，然后用玻璃棒蘸取一滴悬浮液，滴于滤纸上，观察沉淀物周围是否出现明显色晕。

3.2.5.5 结果计算与评定

(1) 石粉含量计算如下式

$$Q_a=\frac{G_0-G_1}{G_0}\times 100 \tag{3-8}$$

式中 Q_a——石粉含量(%)；

G_0——试验前烘干试样的质量(g)；

G_1——试验后烘干试样的质量(g)。

石粉含量取两个试样的试验结果算术平均值作为测定值，采用修约值比较法进行评定。

(2)亚甲蓝 MB 值计算：

$$MB=\frac{V}{G}\times 10 \tag{3-9}$$

式中 MB——亚甲蓝值(g/kg)，表示每千克 0～2.36mm 粒级试样所消耗的亚甲蓝质量；

G——试样质量(g)；

V——所加入的亚甲蓝溶液的总量(mL)；

10——用于每千克试样消耗的亚甲蓝溶液体积换算成亚甲蓝质量。

(3) 亚甲蓝快速试验结果评定

若沉淀物周围出现明显色晕，则判定亚甲蓝快速试验为合格；若沉淀物周围未出现明显色晕，则判定亚甲蓝快速试验为不合格。

(4) 采用修约值比较法进行评定。

3.2.6 砂的检测记录及报告

砂的检测记录见表 3-18，检测报告见表 3-19。

表 3-18 砂检测记录

受控号：

委托/合同编号		检测日期	
检测编号		试样状态描述	
试样名称		检测依据	

主要仪器设备及环境条件	设备名称	设备型号	温度(℃)	相对湿度(%)

颗粒级配	筛孔尺寸(mm)	筛余量(g) 1	筛余量(g) 2	分计筛余(%) 1	分计筛余(%) 2	累计筛余(%) 1	累计筛余(%) 2	累计筛余(%) 平均值	细度模数 1	细度模数 2	细度模数平均值
	样重(g)										
	9.50										
	4.75										
	2.36										
	1.18										
	0.6										
	0.3										
	0.15										
	<0.15										
	注：试验前后试样质量差超过 1%时，需重新试验										

表观密度	试验次数	水温(℃)	试样质量 G_0(g)	瓶+水+试样质量 G_1(g)	瓶+水质量 G_2(g)	表观密度 ρ_0(kg/m^3)	表观密度平均值(kg/m^3)	空隙率(%)
	1							
	2							

堆积密度	试验次数	容量筒容积 V(L)	容量筒质量 G_2(g)	容量筒+试样质量 G_1(g)	堆积密度 ρ_L(kg/m^3)	堆积密度平均值(kg/m^3)
	1					
	2					

续表 3-18

<table>
<tr><td rowspan="2">亚甲蓝</td><td colspan="3">试样质量
G(g)</td><td colspan="3">所加入亚甲蓝溶液的总量
V(mL)</td><td colspan="2">MB 值</td><td colspan="2">备注</td></tr>
<tr><td colspan="3"></td><td colspan="3"></td><td colspan="2"></td><td colspan="2"></td></tr>
<tr><td rowspan="3">泥块含量</td><td>试验次数</td><td colspan="2">试验前烘干试样的质量 m_1(g)</td><td colspan="3">试验后烘干试样的质量
m_2(g)</td><td colspan="2">泥块含量
ω_{cL}(%)</td><td colspan="2">泥块含量
平均值(%)</td></tr>
<tr><td>1</td><td colspan="2"></td><td colspan="3"></td><td colspan="2"></td><td colspan="2" rowspan="2"></td></tr>
<tr><td>2</td><td colspan="2"></td><td colspan="3"></td><td colspan="2"></td></tr>
<tr><td rowspan="3">石粉含量/含泥量</td><td>试验次数</td><td colspan="2">试验前烘干试样的质量 G_0(g)</td><td colspan="3">试验后烘干试样的质量
G_1(g)</td><td colspan="2">石粉含量/含泥量
Q_a(%)</td><td colspan="2">石粉含量/含泥量
平均值(%)</td></tr>
<tr><td>1</td><td colspan="2"></td><td colspan="3"></td><td colspan="2"></td><td colspan="2" rowspan="2"></td></tr>
<tr><td>2</td><td colspan="2"></td><td colspan="3"></td><td colspan="2"></td></tr>
<tr><td rowspan="6">压碎值</td><td rowspan="2">粒径
(mm)</td><td rowspan="2">样重
(g)</td><td colspan="2">第一次试验</td><td colspan="2">第二次试验</td><td colspan="2">第三次试验</td><td rowspan="2">压碎值
平均值(%)</td><td rowspan="2">总的
压碎值
(%)</td></tr>
<tr><td>通过量
G_2(g)</td><td>压碎值
(%)</td><td>通过量
G_2(g)</td><td>压碎值
(%)</td><td>通过量
G_2(g)</td><td>压碎值
(%)</td></tr>
<tr><td>0.3～0.6</td><td>330</td><td></td><td></td><td></td><td></td><td></td><td></td><td></td><td rowspan="4"></td></tr>
<tr><td>0.6～1.18</td><td>330</td><td></td><td></td><td></td><td></td><td></td><td></td><td></td></tr>
<tr><td>1.18～2.36</td><td>330</td><td></td><td></td><td></td><td></td><td></td><td></td><td></td></tr>
<tr><td>2.36～4.75</td><td>330</td><td></td><td></td><td></td><td></td><td></td><td></td><td></td></tr>
<tr><td colspan="2">备　注：</td><td colspan="9"></td></tr>
</table>

检测：　　　　　　　　　　　　　　复核：　　　　　　　　　　　　　　第　　页共　　页

表 3-19　建设用砂检测报告

检测编号：　　　　　　　　　　　　　　　　　　　　　报告日期：

委托单位		检测类别	
工程名称		委托编号	
监理单位		样品编号	
见证单位		见证人员	
施工单位		收样日期	
生产厂家		检测日期	
取样地点		检测环境	
检测参数			

续表 3-19

<table>
<tr><td>检测设备</td><td colspan="10"></td></tr>
<tr><td>使用部位</td><td colspan="10"></td></tr>
<tr><td>检测依据</td><td colspan="10"></td></tr>
<tr><td>样品数量</td><td colspan="2"></td><td colspan="2">样品名称</td><td colspan="3"></td><td>规格型号</td><td colspan="2"></td></tr>
<tr><td>代表数量</td><td colspan="2"></td><td colspan="2">样品描述</td><td colspan="3"></td><td>生产批号</td><td colspan="2"></td></tr>
<tr><td rowspan="2">物理性能</td><td>检测项目</td><td>表观密度(kg/m^3)</td><td>堆积密度(kg/m^3)</td><td>空隙率(%)</td><td>含水率(%)</td><td>亚甲蓝 MB 值</td><td>石粉含量(%)</td><td>坚固性(%)</td><td>压碎值(%)</td><td>泥块含量(%)</td></tr>
<tr><td>实测值</td><td></td><td></td><td></td><td></td><td></td><td></td><td></td><td></td><td></td></tr>
<tr><td rowspan="11">颗粒级配分析</td><td colspan="2">筛孔尺寸(mm)</td><td colspan="2">累计筛余(%)</td><td>标准要求</td><td colspan="5" rowspan="11">级配曲线图区</td></tr>
<tr><td colspan="2"></td><td colspan="2"></td><td></td></tr>
<tr><td colspan="2"></td><td colspan="2"></td><td></td></tr>
<tr><td colspan="2"></td><td colspan="2"></td><td></td></tr>
<tr><td colspan="2"></td><td colspan="2"></td><td></td></tr>
<tr><td colspan="2"></td><td colspan="2"></td><td></td></tr>
<tr><td colspan="2"></td><td colspan="2"></td><td></td></tr>
<tr><td colspan="2"></td><td colspan="2"></td><td></td></tr>
<tr><td colspan="2"></td><td colspan="2"></td><td></td></tr>
<tr><td colspan="2">细度模数</td><td colspan="3"></td></tr>
<tr><td colspan="2">颗粒级配</td><td colspan="3"></td></tr>
<tr><td>检测结论</td><td colspan="10"></td></tr>
<tr><td>备 注</td><td colspan="10"></td></tr>
<tr><td>声 明</td><td colspan="10">1.报告无“检测专用章”无效；
2.复制报告未重新加盖“检测专用章”无效；
3.报告无检测、审核、批准人签字无效，报告涂改无效；
4.对本报告若有异议，应于收到报告之日起十五日内向检测单位提出，逾期不予受理；
5.委托检测只对来样负责。</td></tr>
<tr><td colspan="11">批准：　　　　审核：　　　　检测：
检测单位地址：　　　　邮编：　　　　电话：
网站：</td></tr>
</table>

3.3 普通混凝土用石常规性能试验

3.3.1 卵石或碎石的筛分试验

扫一扫
碎石的筛分试验

3.3.1.1 试验目的

测定卵石或碎石的颗粒级配及颗粒规格，为混凝土配合比设计提供依据。

3.3.1.2 编制依据

本试验依据《建设用卵石、碎石》(GB/T 14685—2011)制定。

3.3.1.3 仪器设备

扫一扫
碎石的筛分试验操作

(1) 方孔筛：孔径为 90.0mm、75.0mm、63.0mm、53.0mm、37.5mm、31.5mm、26.5mm、19.0mm、16.0mm、9.5mm、4.75mm 和 2.36mm 的方孔筛以及筛的底盘和盖各一只，其规格和质量要求应符合国家标准《试验筛技术要求和检验　第 2 部分：金属穿孔板试验筛》(GB/T 6003.2—2012)的要求，筛框内径为 300mm；

(2) 天平和秤：天平的称量 10kg，感量 1g；秤的称量 20kg，感量 20g；

(3) 烘箱：温度控制范围为 105℃±5℃；

(4) 搪瓷盘、毛刷等。

3.3.1.4 试验步骤

(1) 试样制备。试样制备应符合下列规定：试验前，应将样品缩分至略大于表 3-20 所规定的试样最少质量，并烘干或风干后备用。

表 3-20　筛分析所需试样的最少质量

最大粒径(mm)	9.5	16.0	19.0	26.5	31.5	37.5	63.0	75.0
试样最少质量(kg)	1.9	3.2	3.8	5.0	6.3	7.5	12.6	16.0

(2) 根据试样的最大粒径，按表 3-20 的规定数量称取试样一份，精确到 1g。将试样倒入按孔径大小从上到下组合的套筛(附筛底)上，然后进行筛分。

(3) 将套筛置于摇筛机上，摇 10min；取下套筛，按筛孔大小顺序再逐个用手筛，筛至每分钟通过量小于试样总量 0.1%为止。通过的颗粒并入下一号筛中，并和下一号筛中的试样一起过筛，这样顺序进行，直至各号筛全部筛完为止。当筛余颗粒的粒径大于 19.0mm 时，在筛分过程中，允许用手指拨动颗粒。

(4) 称出各号筛的筛余量，精确至 1g。

3.3.1.5 试验结果计算与评定

(1) 计算分计筛余百分率：各号筛的筛余量与试样总质量之比，精确至 0.1%。

(2) 计算累计筛余百分率：该号筛及以上各筛的分计筛余百分率之和，精确至 1%。筛分后，如每号筛的筛余量与筛底的筛余量之和同原试样质量之差超过 1%时，应重新试验。

(3) 根据各号筛的累计筛余百分率，采用修约值比较法评定该试样的颗粒级配。

3.3.2 卵石或碎石的表观密度试验(液体比重天平法)

扫一扫

碎石的表观密度试验

3.3.2.1 试验环境

试验时各项称量可在15～25℃范围内进行,但从试样加水静止的2h起至试验结束,其温度变化不应超过2℃。

3.3.2.2 编制依据

本试验依据《建设用卵石、碎石》(GB/T 14685—2011)制定。

3.3.2.3 仪器设备

(1) 鼓风干燥箱:能使温度控制在105℃±5℃;

(2) 液体天平:称量5kg,感量5g;其型号及尺寸应能允许在臂上悬挂盛试样的吊篮,并能将吊篮放在水中称量(图3-4);

(3) 吊篮:直径和高度均为150mm,由孔径为1～2mm的筛网或钻有2～3mm孔洞的耐锈蚀金属板制成;

(4) 方孔筛:孔径为4.75mm的筛一只;

(5) 盛水容器:有溢流孔;

(6) 温度计、搪瓷盘、毛巾等。

扫一扫

碎石的表观密度试验操作(标准法)

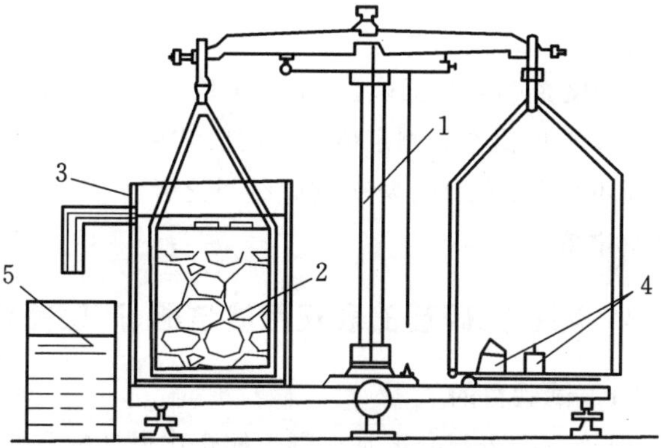

图3-4 液体天平

1—5kg天平;2—吊篮;3—带有溢流孔的金属容器;4—砝码;5—容器

3.3.2.4 试验步骤

(1) 试样制备

按3.1.4节规定取样,并缩分至略大于表3-21规定的数量,风干后筛除小于4.75mm的颗粒,然后洗刷干净,分为大致相等的两份备用。

表3-21 表观密度试验所需的试样最少质量

最大粒径(mm)	<26.5	31.5	37.5	63.0	75.0
试样最少质量(kg)	2.0	3.0	4.0	6.0	6.0

(2) 取试样一份装入吊篮，并浸入盛水的容器中，水面至少高出试样 50mm。浸泡 24h 后，移放到称量用的盛水容器中，并用上下升降吊篮的方法排除气泡(试样不得露出水面)。吊篮每升降一次约 1s，升降高度为 30～50mm。

(3) 测定水温后(此时吊篮应全浸在水中)，准确称出吊篮及试样在水中的质量，精确至 5g。称量时盛水容器中水面的高度由容器的溢流孔控制。

(4) 提起吊篮，将试样倒入浅盘，放在干燥箱中于 105℃±5℃下烘干至恒量，待冷却至室温后称出其质量，精确至 5g。

(5) 称出吊篮在同样温度水中的质量，精确至 5g。称量时盛水容器的水面高度仍由溢流孔控制。

3.3.2.5 试验数据处理及判定

卵石或碎石表观密度应按下式计算，精确至 10kg/m^3：

$$\rho_0=\left(\frac{G_0}{G_0+G_2-G_1}-\alpha_t\right)\times\rho_{水} \tag{3-10}$$

式中 ρ_0——卵石或碎石的表观密度(kg/m^3)；

$\rho_{水}$——水的密度(kg/m^3)，取 1000kg/m^3；

G_0——试样的烘干质量(g)；

G_1——吊篮及试样在水中质量(g)；

G_2——吊篮在水中质量(g)；

α_t——水温对表观密度影响的修正系数，见表 3-17。

以两次试验结果的算术平均值作为测定值。当两次结果之差大于 20kg/m^3 时，应重新取样进行试验。对颗粒材质不均匀的试样，两次试验结果之差大于 20kg/m^3 时，可取四次测定结果的算术平均值作为测定值。

扫一扫

碎石的表观密度试验操作(简易法)

3.3.3 卵石或碎石的表观密度试验(广口瓶法)

3.3.3.1 试验目的

卵石或碎石的表观密度是混凝土配合比设计的重要参数，本方法不宜用于测定最大公称粒径超过 40mm 的碎石或卵石的表观密度。

3.3.3.2 编制依据

本试验依据《建设用卵石、碎石》(GB/T 14685—2011)制定。

3.3.3.3 仪器设备

(1) 鼓风干燥箱：能使温度控制在 105℃±5℃；

(2) 天平：称量 2kg，感量 1g；

(3) 广口瓶：1000mL，磨口；

(4) 方孔筛：孔径为 4.75mm 的筛一只；

(5) 玻璃片(尺寸约 100mm×100mm)、温度计、搪瓷盘、毛巾等。

3.3.3.4 试验步骤

(1) 按 3.1.4 节规定取样，并缩分至略大于表 3-21 规定的数量，风干后筛除小于 4.75mm

的颗粒，然后洗刷干净，分为大致相等的两份备用。

(2) 将试样浸水饱和，然后装入广口瓶中。装试样时，广口瓶应倾斜放置，注入饮用水，用玻璃片覆盖瓶口。以上下左右摇晃的方法排除气泡。

(3) 气泡排尽后，向瓶中添加饮用水，直至水面凸出瓶口边缘。然后用玻璃片沿瓶口迅速滑行，使其紧贴瓶口水面。擦干瓶外水分后，称出试样、水、瓶和玻璃片总质量，精确至 1g。

(4) 将瓶中试样倒入浅盘，放在干燥箱中于 105℃±5℃下烘干至恒量，待冷却至室温后，称出其质量，精确至 5g。

(5) 将瓶洗净并重新注入饮用水，用玻璃片紧贴瓶口水面，擦干瓶外水分后，称出水、瓶和玻璃片总质量，精确至 1g。

3.3.3.5 试验数据处理及判定

(1) 表观密度按式(3-10)计算，精确至 $10kg/m^3$。

(2) 表观密度取两次试验结果的算术平均值，两次试验结果之差大于 $20kg/m^3$，应重新试验。

(3) 对颗粒材质不均匀的试样，如两次试验结果之差超过 $20kg/m^3$，可取四次试验结果的算术平均值。

(4) 采用修约值比较法进行评定。

3.3.4 卵石或碎石中含泥量试验

扫一扫

碎石的含泥量、泥块含量试验

3.3.4.1 试验目的

卵石或碎石是混凝土常用粗集料，其质量好坏，对混凝土性能起到非常重要的作用，由石粉、黏土、淤泥等常见微物质含量决定“含泥量”，含泥量过多会对混凝土的性能产生不利影响。

扫一扫

碎石含泥量试验操作

3.3.4.2 编制依据

本试验依据《建设用卵石、碎石》(GB/T 14685—2011)制定。

3.3.4.3 仪器设备

秤(称量 10kg，感量 1g)、烘箱(温度控制范围为 105℃±5℃)、方孔筛(孔径为 1.18mm 及 75μm 的方孔筛各一只)、容器(要求淘洗试样时，保持试样不溅出)及浅盘。

3.3.4.4 试验步骤

(1) 试样制备。将样品缩分至表 3-22 所规定的量(注意防止细粉丢失)的 2 倍，并置于温度为 105℃±5℃的烘箱内烘干至恒重，冷却至室温后分成两份备用。

表 3-22 含泥量试验所需的试样最少质量

最大公称粒径(mm)	9.5	16.0	19.0	26.5	31.5	37.5	63.0	75.0
试样最少质量(kg)	2	2	6	6	10	10	20	20

(2) 根据试样的最大粒径，按表 3-22 的规定数量称取试样一份，精确到 1g。将试样放入淘洗容器中，注入清水，使水面高于试样上表面 150mm，充分搅拌均匀后，浸泡 2h，然后用手在水中淘洗试样，使尘屑、淤泥和黏土与石子颗粒分离，把浑水缓缓倒入 1.18mm 及 75μm 的

套筛上(1.18mm 筛放在 75μm 筛上面),滤去小于 75μm 的颗粒。试验前筛子的两面应先用水润湿。在整个试验过程中应小心防止大于 75μm 颗粒流失。

(3) 再向容器中注入清水,重复上述操作,直至容器内的水目测清澈为止。

(4) 用水淋洗剩余在筛上的细粒,并将 75μm 筛放在水中(使水面略高出筛中石子颗粒的上表面)来回摇动,以充分洗掉小于 75μm 的颗粒,然后将两只筛上筛余的颗粒和清洗容器中已经洗净的试样一并倒入搪瓷盘中,置于干燥箱中于 105℃±5℃下烘干至恒量,待冷却至室温后,称出其质量,精确至 1g。

3.3.4.5 试验数据处理及判定

碎石含泥量 ω_c 按下式计算,精确至 0.1%:

$$\omega_c = \frac{m_0 - m_1}{m_0} \times 100 \tag{3-11}$$

式中 ω_c——含泥量(%);

m_0——试验前烘干试样的质量(g);

m_1——试验后烘干试样的质量(g)。

以两次试验结果的算术平均值作为测定值。采用修约值比较法进行评定。

扫一扫

碎石中泥块含量试验操作

3.3.5 卵石或碎石中泥块含量试验

3.3.5.1 试验目的

本试验适用于测定碎石或卵石中泥块的含量,用以评定其质量。

3.3.5.2 编制依据

本试验依据《建设用卵石、碎石》(GB/T 14685—2011)制定。

3.3.5.3 仪器设备

秤(称量 10kg,感量 1g)、试验筛(方孔筛孔径为 2.36mm 及 4.75mm 各一只)、烘箱(温度控制范围为 105℃±5℃)、搪瓷盘、毛刷、容器(要求淘洗试样时,保持试样不溅出)。

3.3.5.4 试验步骤

(1) 按 3.1.4 节规定取样,并将试样缩分至略大于表 3-22 规定的量的 2 倍,放在干燥箱中于 105℃±5℃下烘干至恒量,待冷却至室温后,筛除小于 4.75mm 的颗粒,分为大致相等的两份备用。

(2) 根据试样的最大粒径,按表 3-22 的规定数量称取试样一份,精确到 1g。将试样倒入淘洗容器中,注入清水,使水面高于试样上表面。充分搅拌均匀后,浸泡 24h。然后用手在水中碾碎泥块,再把试样放在 2.36mm 筛上,用水淘洗,直至容器内的水目测清澈为止。

(3) 保留下来的试样小心地从筛中取出,装入搪瓷盘后,放在干燥箱中于 105℃±5℃下烘干至恒量,待冷却至室温后,称出其质量,精确到 1g。

3.3.5.5 试验数据处理及判定

碎石泥块含量计算:

$$\omega_{cL} = \frac{m_1 - m_2}{m_1} \times 100 \tag{3-12}$$

式中 ω_{cL}——泥块含量(%)；

m_1——孔径 4.75mm 筛上余量(g)；

m_2——试验后烘干试样的质量(g)。

以两个试验结果的算术平均值作为测定值。采用修约值比较法进行评定。

3.3.6 卵石或碎石中针状和片状颗粒含量试验

扫一扫

碎石的针、片状试验

扫一扫

粗集料的筛分及针、片状试验操作

3.3.6.1 试验目的

测定卵石或碎石针状和片状颗粒的总含量,用以评定石料的质量。

3.3.6.2 编制依据

本试验依据《建设用卵石、碎石》(GB/T 14685—2011)制定。

3.3.6.3 仪器设备

(1) 针状规准仪(图 3-5)和片状规准仪(图 3-6)或游标卡尺；

天平:称量 10kg,感量 1g；

试验筛:筛孔尺寸 4.75mm、9.50mm、16.0mm、19.0mm、26.5mm、31.5mm、37.5mm 方孔筛各一只,根据需要选用。

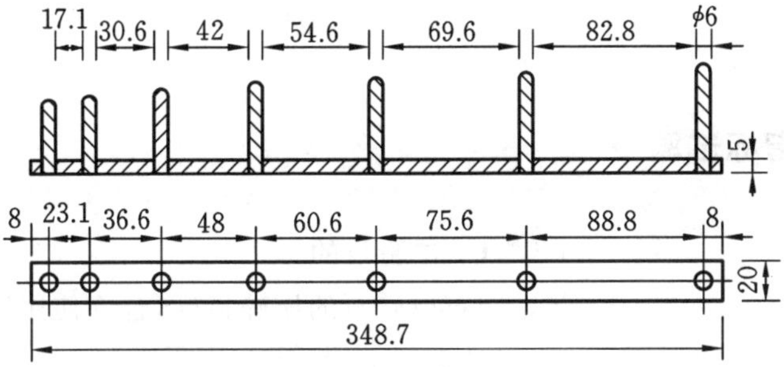

图 3-5 针状规准仪

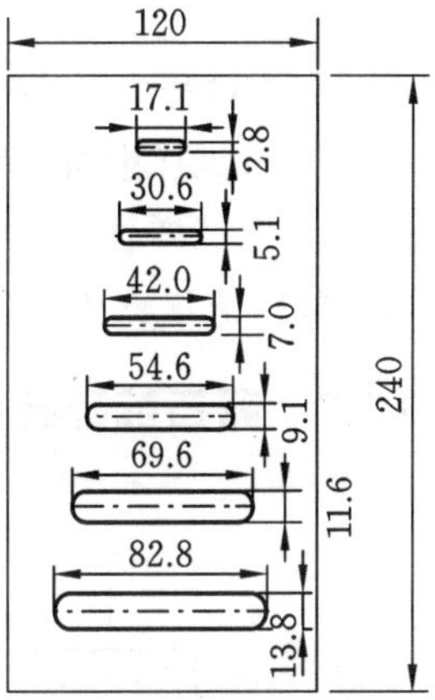

图 3-6 片状规准仪

3.3.6.4 试验步骤

(1) 试样制备。将样品在室内风干至表面干燥,并缩分至略大于表 3-23 规定的量。

表 3-23 针状和片状颗粒的总含量试验所需的试样最少质量

最大粒径(mm)	9.5	16.0	19.0	26.5	31.5	37.5	63.0	75.0
最少试样质量(kg)	0.3	1.0	2.0	3.0	5.0	10.0	10.0	10.0

(2) 根据试样的最大粒径,按表 3-23 的规定数量称取试样一份,精确到 1g。然后按表 3-24 规定的粒级和 3.3.1 节规定步骤进行筛分。

表 3-24 针状和片状颗粒的总含量试验的粒级划分及其相应的规准仪孔宽或间距

石子粒级(mm)	4.75～9.50	9.50～16.0	16.0～19.0	19.0～26.5	26.5～31.5	31.5～37.5
针状规准仪上相对应的间距(mm)	17.1	30.6	42.0	54.6	69.6	82.8
片状规准仪上相对应的间距(mm)	2.8	5.1	7.0	9.1	11.6	13.8

(3) 石子粒径大于 37.5mm 的可用卡尺鉴定其片状颗粒，卡尺口的设定宽度应符合表 3-25 的规定。

表 3-25 石子粒径大于 37.5mm 用卡尺卡口的设定宽度

公称粒级	37.5～53.0	53.0～63.0	63.0～75.0	75.0～90.0
片状颗粒的卡口宽度(mm)	18.1	23.2	27.6	33.0
针状颗粒的卡口宽度(mm)	108.6	139.2	165.6	198.0

3.3.6.5 试验数据处理及判定

卵石或碎石中针状和片状颗粒的总含量 ω_p 应按下式计算，精确至 1%：

$$\omega_p=\frac{m_1}{m_0}\times 100 \tag{3-13}$$

式中 ω_p——试样中所含针状和片状颗粒的总含量(%)；

m_1——试样中所含针状和片状颗粒的总质量(g)；

m_0——试样总质量(g)。

采用修约值比较法进行评定。

3.3.7 卵石或碎石的压碎指标试验

3.3.7.1 试验目的

测定卵石或碎石的压碎指标，合理使用卵石或碎石，保证混凝土的质量。

3.3.7.2 编制依据

本试验依据《建设用卵石、碎石》(GB/T 14685—2011)制定。

3.3.7.3 仪器设备

(1) 压力试验机：荷载 300kN；示值相对误差 2%；

(2) 天平：称量 10kg，感量 1g；

(3) 压碎指标测定仪，如图 3-7 所示；

(4) 试验筛：孔径为 2.36mm、9.5mm 及 19.0mm 的方孔筛各一只；

(5) 垫棒：ϕ10mm，长 500mm 圆钢。

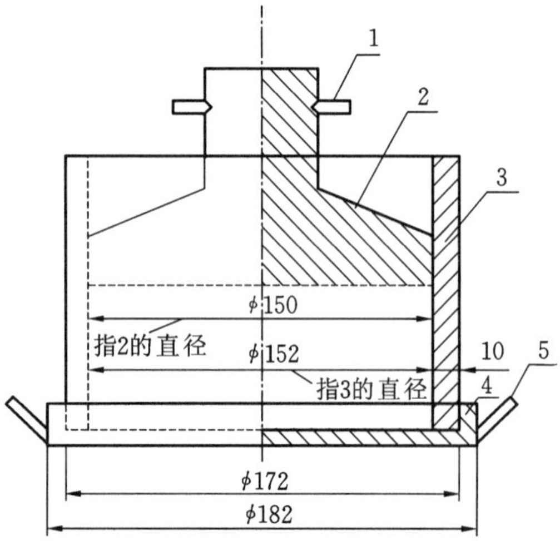

图 3-7 压碎指标测定仪

1,5—把手；2—加压头；3—圆模；4—底盘

3.3.7.4 试验步骤

(1) 按 3.1.4 节规定取样，风干后筛除大于 19.0mm 及小于 9.50mm 的颗粒，并去除针、片状颗粒，分为大致相等的三份备用。当试样中粒径在 9.50～19.0mm 之间的颗粒不足时，允许将粒径大于 19.0mm 的颗粒破碎成粒径在 9.50～19.0mm 之间的颗粒用作压碎指标试验。

(2) 称取试样 3000g，精确至 1g。将试样分两层装入圆模(置于底盘上)内，每装完一层试样后，在底盘下面垫放一直径为 10mm 的圆钢，将筒按住，左右交替颠击地面各 25 下，两层颠实后，平整模内试样表面，盖上压头。当圆模装不下 3000g 试样时，以装至距圆模上口 10mm 为准。

(3) 把装有试样的圆模置于压力试验机上，开动压力试验机，按 1kN/s 速度均匀加荷至 200kN 并稳荷 5s，然后卸荷。取下加压头，倒出试样，用孔径 2.36mm 的筛筛除被压碎的细粒，称出留在筛上的试样质量，精确至 1g。

3.3.7.5 试验数据处理及判定

(1) 碎石或卵石的压碎指标 δ_0，应按下式计算(精确至 0.1%)：

$$\delta_0 = \frac{m_0 - m_1}{m_0} \times 100 \qquad (3\text{-}14)$$

式中 δ_0——压碎指标(%)；

m_0——试样的质量(g)；

m_1——压碎试验后筛余的试样质量(g)。

(2) 压碎指标取三次试验结果的算术平均值，精确至 1%。

(3) 采用修约值比较法进行评定。

3.3.8 卵石或碎石堆积密度

扫一扫

碎石的堆积密度试验

3.3.8.1 编制依据

本试验依据《建设用卵石、碎石》(GB/T 14685—2011)制定。

3.3.8.2 试验设备

(1) 天平：称量 10kg，感量 10g；称量 50kg 或 100kg，感量 50g 各一台；

(2) 容量筒：容量筒规格见表 3-26；

(3) 垫棒：直径 16mm，长 600mm 的圆钢；

(4) 直尺，小铲等。

表 3-26 容量筒规格要求

最大粒径(mm)	容量筒容积(L)	容量筒规格		
		内径(mm)	净高(mm)	壁厚(mm)
9.5,16.0,19.0,26.5	10	208	294	2
31.5,37.5	20	294	294	3
53.0,63.0,75.0	30	360	294	4

3.3.8.3 试验步骤

(1) 按 3.1.4 节规定取样，烘干或风干后，拌匀并把试样分为大致相等的两份备用。

(2) 松散堆积密度。取试样一份，用小铲将试样从容量筒口中心上方 50mm 处徐徐倒入，让试样以自由落体落下，当容量筒上部试样呈堆体，且容量筒四周溢满时，即停止加料。除去凸出容量口表面的颗粒，并以合适的颗粒填入凹陷部分，使表面稍凸起部分和凹陷部分的体积大致相等(试验过程应防止触动容量筒)，称出试样和容量筒总质量。

(3) 紧密堆积密度。取试样一份分三次装入容量筒。装完第一层后，在筒底整放一根直径为 16mm 的圆钢，将筒按住，左右交替颠击地面各 25 次，再装入第二层，第二层装满后用同样方法颠实(但筒底所垫钢筋的方向与第一层时的方向垂直)，然后装入第三层，第三层装满后用同样方法颠实(但筒底所垫钢筋的方向与第一层时的方向平行)。试样装填完毕，再加试样直至超过筒口，用钢尺沿筒口边缘刮去高出的试样，并用适合的颗粒填平凹陷部分，使表面稍凸起部分与凹陷部分的体积大致相等。称取试样和容量筒的总质量，精确至 10g。

3.3.8.4 试验数据处理及判定

卵石或碎石的松散或紧密堆积密度按下式计算：

$$\rho_L = \frac{G_1 - G_2}{V} \tag{3-15}$$

式中 ρ_L——松散或紧密堆积密度(kg/m^3)；

G_1——容量筒和试样的总质量(g)；

G_2——容量筒质量(g)；

V——容量筒的容积(L)。

松散或紧密堆积密度取两次试验结果的算术平均值，精确至 $10kg/m^3$。采用修约值比较法进行评定。

3.3.9 卵石或碎石检测记录及报告

卵石或碎石检测记录见表 3-27，检测报告见表 3-28。

表 3-27 卵石/碎石检测记录

受控号：

<table>
<tr><td colspan="2">委托/合同编号</td><td colspan="4"></td><td colspan="2">检测日期</td><td colspan="6"></td></tr>
<tr><td colspan="2">检测编号</td><td colspan="4"></td><td colspan="2">试样状态描述</td><td colspan="6"></td></tr>
<tr><td colspan="2">试样名称</td><td colspan="4"></td><td colspan="2">检测依据</td><td colspan="6"></td></tr>
<tr><td colspan="2" rowspan="3">主要仪器设备
及环境条件</td><td colspan="4">设备名称</td><td colspan="4">设备型号</td><td colspan="2">温度(℃)</td><td colspan="2">相对湿度(%)</td></tr>
<tr><td colspan="4"></td><td colspan="4"></td><td colspan="2" rowspan="2"></td><td colspan="2" rowspan="2"></td></tr>
<tr><td colspan="4"></td><td colspan="4"></td></tr>
<tr><td rowspan="5">颗
粒
级
配</td><td>样重(g)</td><td colspan="12"></td></tr>
<tr><td>筛孔尺寸(mm)</td><td>90.0</td><td>75.0</td><td>63.0</td><td>53.0</td><td>37.5</td><td>31.5</td><td>26.5</td><td>19.0</td><td>16.0</td><td>9.5</td><td>4.75</td><td>2.36</td></tr>
<tr><td>筛余量(g)</td><td></td><td></td><td></td><td></td><td></td><td></td><td></td><td></td><td></td><td></td><td></td><td></td></tr>
<tr><td>分计筛余(%)</td><td></td><td></td><td></td><td></td><td></td><td></td><td></td><td></td><td></td><td></td><td></td><td></td></tr>
<tr><td>累计筛余(%)</td><td></td><td></td><td></td><td></td><td></td><td></td><td></td><td></td><td></td><td></td><td></td><td></td></tr>
</table>

续表 3-27

<table>
<tr><td rowspan="3">表观密度</td><td>试验次数</td><td>水温(℃)</td><td>试样烘干质量 G_0(g)</td><td>吊篮+试样在水中的质量 G_1(g)</td><td>吊篮在水中的质量 G_2(g)</td><td>表观密度 ρ_0(kg/m^3)</td><td>表观密度平均值(kg/m^3)</td><td>空隙率(%)</td></tr>
<tr><td>1</td><td></td><td></td><td></td><td></td><td></td><td rowspan="2"></td><td rowspan="5"></td></tr>
<tr><td>2</td><td></td><td></td><td></td><td></td><td></td></tr>
<tr><td rowspan="3">堆积密度</td><td>试验次数</td><td>容量筒容积 V(L)</td><td colspan="2">容量筒质量 G_2(g)</td><td>容量筒+试样质量 G_1(g)</td><td>堆积密度 ρ_L(kg/m^3)</td><td>堆积密度平均值(kg/m^3)</td></tr>
<tr><td>1</td><td></td><td colspan="2"></td><td></td><td></td><td rowspan="2"></td></tr>
<tr><td>2</td><td></td><td colspan="2"></td><td></td><td></td></tr>
<tr><td rowspan="3">泥块含量</td><td>试验次数</td><td>孔径 4.75mm 筛上余量 m_1(g)</td><td colspan="3">试验后烘干试样的质量 m_2(g)</td><td colspan="2">泥块含量 ω_{cL}(%)</td><td>泥块含量平均值(%)</td></tr>
<tr><td>1</td><td></td><td colspan="3"></td><td colspan="2"></td><td rowspan="2"></td></tr>
<tr><td>2</td><td></td><td colspan="3"></td><td colspan="2"></td></tr>
<tr><td rowspan="3">含泥量</td><td>试验次数</td><td>试验前烘干试样的质量 m_1(g)</td><td colspan="3">试验后烘干试样的质量 m_2(g)</td><td colspan="2">含泥量 ω_c(%)</td><td>含泥量平均值(%)</td></tr>
<tr><td>1</td><td></td><td colspan="3"></td><td colspan="2"></td><td rowspan="2"></td></tr>
<tr><td>2</td><td></td><td colspan="3"></td><td colspan="2"></td></tr>
<tr><td rowspan="4">压碎指标</td><td>试验次数</td><td>试样质量 m_0(g)</td><td colspan="3">压碎试验后筛余质量 m_1(g)</td><td colspan="2">压碎值 δ_0(%)</td><td>压碎值平均值(%)</td></tr>
<tr><td>1</td><td></td><td colspan="3"></td><td colspan="2"></td><td rowspan="3"></td></tr>
<tr><td>2</td><td></td><td colspan="3"></td><td colspan="2"></td></tr>
<tr><td>3</td><td></td><td colspan="3"></td><td colspan="2"></td></tr>
<tr><td rowspan="3">针、片状颗粒含量</td><td>试验次数</td><td>试样质量 m_0(g)</td><td colspan="3">针、片状颗粒质量 m_1(g)</td><td colspan="3">针、片状颗粒含量 ω_p(%)</td></tr>
<tr><td>1</td><td></td><td colspan="3"></td><td colspan="3"></td></tr>
<tr><td>2</td><td></td><td colspan="3"></td><td colspan="3"></td></tr>
<tr><td colspan="2">备注</td><td colspan="7"></td></tr>
</table>

检测：　　　　　　　　复核：　　　　　　　　第　　页 共　　页

表 3-28　建设用碎石或卵石检测报告

检测编号：　　　　　　　　　　　　　　　　　　　　　　　报告日期：

委托单位		检测类别	
工程名称		委托编号	
监理单位		样品编号	
见证单位		见证人员	
施工单位		收样日期	
生产厂家		检测日期	
取样地点		检测环境	
检测参数			
检测设备			
使用部位			
检测依据			

样品数量		样品名称		规格型号	
代表数量		样品描述		生产批号	

物理性能	堆积密度（kg/m^3）	表观密度（kg/m^3）	空隙率（%）	含泥量（%）	泥块含量（%）	压碎值（%）	坚固性（%）	吸水率（%）	针、片状颗粒含量（%）

颗粒级配分析	筛孔尺寸（mm）												
	累计筛余（%）												

检测结论	
备　注	
声　明	1.报告无“检测专用章”无效； 2.复制报告未重新加盖“检测专用章”无效； 3.报告无检测、审核、批准人签字无效，报告涂改无效； 4.对本报告若有异议，应于收到报告之日起十五日内向检测单位提出，逾期不予受理； 5.委托检测只对来样负责。

批准：　　　　　　　　　　　　审核：　　　　　　　　检测：

检测单位地址：　　　　　　　　邮编：　　　　　　　　电话：

网站：

复习思考题

一、名词解释

1. 砂的颗粒级配；
2. 集料的最大粒径；
3. 人工砂；
4. 含泥量；
5. 石粉含量。

二、填空题

1. 粗集料是指粒径大于________的集料。常用的粗集料有________和________两种。
2. 平均粒径指该粒级________粒径的平均值。
3. 砂按成因分为________ 、________ 两类。
4. 砂的总表面积愈大，需要包裹砂粒表面的水泥浆就愈________ 。

三、单项选择题

1. 在砂的表观密度试验过程中应测量并控制水的温度，试验的各项称量可在(　　)的温度范围内进行。

A. 15～25℃　　B. 10～25℃　　C. 15～30℃　　D. 10～20℃

2. 在砂的表观密度试验过程中以两次试验结果的算术平均值作为测定值，精确至 $100kg/m^3$。当两次结果之差大于(　　)时，应重新取样进行试验。

A. $10kg/m^3$　　B. $20kg/m^3$　　C. $30kg/m^3$　　D. $40kg/m^3$

3. 紧密堆积密度试验取试样一份分(　　)次装入容量筒。

A. 2　　B. 3　　C. 4　　D. 5

4. 紧密堆积密度试验装完量筒的 1/2 时，在筒底垫放一根直径为 10mm 的圆钢，将筒按住，左右交替击地面各(　　)下。

A. 20　　B. 35　　C. 25　　D. 15

四、是非判断题

1. 在混凝土用砂中，级配良好的砂对水泥用量没什么积极作用。　(　　)
2. 用细度模数表示砂的粗细。　(　　)
3. 累计筛余百分率是该号筛及以上各筛的分计筛余百分率之和，精确至1%。　(　　)
4. 吊篮法测卵石表观密度，取试样一份装入吊篮，并浸入盛水的容器中，水面至少高出试样 50mm，无需浸泡直接移放到称量用的盛水容器中。　(　　)
5. 配制混凝土时宜优先选用Ⅰ区砂。　(　　)

五、简答题

1. 什么是砂子的粗细程度和颗粒级配？砂级配良好对混凝土有何意义？
2. 当选择Ⅰ区砂和Ⅲ区砂时，该采取何种措施保证混凝土和易性？

六、计算题

已知某砂在 4.75mm、2.36mm、1.18mm、600μm、300μm、150μm 筛上的分计筛余百分率第一次试验分别为：2.4%、4.8%、8.0%、10.8%、62.6%、9.8%，第二次试验分计筛余百分率分别为：2.0%、4. 4%、8.4%、11.0%、63.4%、9.4%，计算该砂的细度模数 M_x。

4 胶凝材料性能检验

在土木工程中，将两种材料或散粒状材料胶结在一起的材料，称为胶凝胶结材料。通常将无机胶凝材料称为胶凝材料，将有机胶凝材料称为胶结材料。

按凝结硬化条件的不同，胶凝材料可分为气硬性胶凝材料和水硬性胶凝材料。气硬性胶凝材料只能在空气中硬化，保持或继续发展其强度（石膏、石灰、水玻璃和菱苦土等）。水硬性胶凝材料在凝结后，既能在空气中硬化，又能在水中硬化，保持并继续发展其强度（如水泥）。

本章以常用的硅酸盐水泥、石灰、石膏为对象，介绍常见的胶凝材料及其性能。

4.1 水硬性胶凝材料——水泥

扫一扫 水泥的概述

水泥是土木工程中最为重要的材料之一，它和钢材、木材构成了工程建设的三大基本材料。

水泥是无机水硬性胶凝材料，它与水拌和形成的浆体，既能在空气中硬化，又能在水中硬化。因此，水泥不但大量应用于工业与民用建筑工程，还广泛用于农业、交通、海港和国防等工程。

水泥的品种很多，按其主要成分分为硅酸盐水泥、铝酸盐水泥、硫铝酸盐水泥和磷酸盐水泥。按水泥的用途和性能又可分为通用水泥、专用水泥和特种水泥。通用水泥是指用于一般土木工程的水泥；专用水泥是指具有专门用途的水泥，如油井水泥、砌筑水泥、大坝水泥；特种水泥是指具有某种特殊性能的水泥，如膨胀水泥、白色水泥等。

通用硅酸盐水泥按混合材料的品种和掺量分为硅酸盐水泥（P·Ⅰ、P·Ⅱ）、普通硅酸盐水泥（P·O）、矿渣硅酸盐水泥（P·S）、火山灰质硅酸盐水泥（P·P）、粉煤灰硅酸盐水泥（P·F）、复合硅酸盐水泥（P·C）。

4.1.1 硅酸盐水泥

硅酸盐水泥是由硅酸盐水泥熟料、0～5%石灰石或粒化高炉矿渣、适量石膏磨细制成的水硬性胶凝材料，即国外通称的波特兰水泥。硅酸盐水泥分两种类型：不掺混合材料的称Ⅰ型硅酸盐水泥（代号P·Ⅰ），在硅酸盐水泥熟料粉磨时掺加不超过水泥质量5%石灰石或粒化高炉矿渣混合材料的称Ⅱ型硅酸盐水泥（代号P·Ⅱ）。

4.1.1.1 硅酸盐水泥生产

硅酸盐水泥的生产过程是“两磨一烧”，即：

（1）将原料按一定比例配料并磨细成符合成分要求的生料。

（2）将生料煅烧使之部分熔融形成熟料。

(3) 将熟料与适量石膏共同磨细成为硅酸盐水泥。它的主要生产过程如图 4-1 所示。

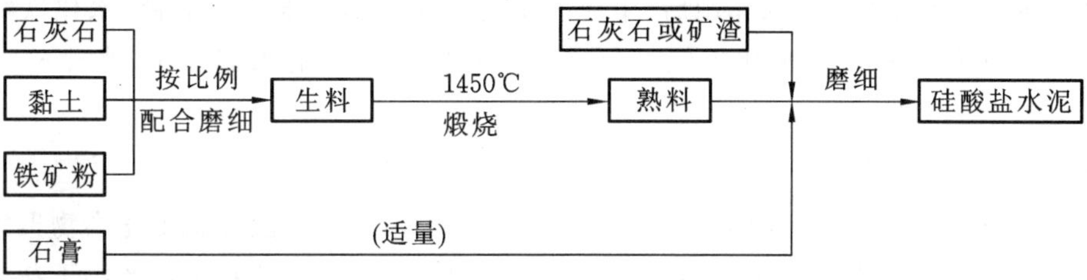

图 4-1 硅酸盐水泥的生产过程示意图

4.1.1.2 熟料矿物组成

在煅烧过程中，配成生料的各种原料首先分解，然后在更高的温度下形成各种新的矿物。

硅酸盐水泥熟料的主要组成矿物有硅酸三钙($3CaO \cdot SiO_2$，简式 C_3S)、硅酸二钙($2CaO \cdot SiO_2$，简式 C_2S)、铝酸三钙($3CaO \cdot Al_2O_3$，简式 C_3A)、铁铝酸四钙($4CaO \cdot Al_2O_3 \cdot Fe_2O_3$，简式 C_4AF)，以上矿物中 C_3S、C_2S 约占 70%以上。水泥熟料是以上四种矿物的混合物，其中每种矿物单独水化都具有一定的特性(表 4-1)。如果改变熟料中矿物成分的比例，水泥的性能也将随之改变。

表 4-1 熟料矿物与水反应特性

矿物名称	反　应	与水作用主要特性
硅酸三钙(C_3S)	$2(3CaO \cdot SiO_2)+6H_2O \longrightarrow$ $3CaO \cdot 2SiO_2 \cdot 3H_2O+3Ca(OH)_2$ (水化硅酸钙凝胶)　(氢氧化钙晶体)	水化速度较快、水化热较高、强度最高，是决定水泥强度高低的主要矿物
硅酸二钙(C_2S)	$2(2CaO \cdot SiO_2)+4H_2O \longrightarrow$ $3CaO \cdot 2SiO_2 \cdot 3H_2O+Ca(OH)_2$	水化速度较慢、水化热最低、早期强度低，后期强度增长较快
铝酸三钙(C_3A)	$3CaO \cdot Al_2O_3+6H_2O \longrightarrow 3CaO \cdot Al_2O_3 \cdot 6H_2O$ (水化铝酸三钙晶体)	水化速度最快、水化热最高，强度发展很快但不高，体积收缩大
铁铝酸四钙(C_4AF)	$4CaO \cdot Al_2O_3 \cdot Fe_2O_3+7H_2O \longrightarrow$ $3CaO \cdot Al_2O_3 \cdot 6H_2O+CaO \cdot Fe_2O_3 \cdot H_2O$ (水化铁酸钙凝胶)	水化速度较快，仅次于 C_3A，水化热及强度均属中等

4.1.1.3 硅酸盐水泥的凝结硬化

水泥用适量的水拌和后，最初形成具有可塑性的浆体，然后逐渐变稠失去可塑性(但尚无强度)，这一过程称为凝结。此后，逐渐产生强度并不断提高，最后变成坚硬的石状物——水泥石，这一过程称为硬化。水泥的凝结和硬化是人为划分的，实际上是一个连续、复杂的物理化学变化过程，这些变化决定了水泥石的某些性质，对水泥的应用有着重要意义。

(1) 水泥水化

水泥加水后，水泥颗粒被水包围，熟料矿物颗粒表面立即与水发生化学反应，生成水化产物，并放出一定的热量。为了调节水泥的凝结时间，在熟料磨细时，应掺有适量石膏(3%左右)，这些石膏与部分水化铝酸钙反应，生成难溶的水化硫铝酸钙的针状晶体包裹在水泥颗粒表面，延缓水泥的水化反应，并伴有明显的体积膨胀。

综上所述，硅酸盐水泥与水作用后，生成的主要水化产物有水化硅酸钙、水化铁酸钙凝胶体，氢氧化钙、水化铝酸钙和水化硫铝酸钙晶体。在完全水化的水泥石中，水化硅酸钙约占50%，氢氧化钙约占25%。

(2) 水泥凝结和硬化

当水泥加水拌和后，在水泥颗粒表面即发生化学反应，生成的胶体状水化产物聚集在颗粒表面，使化学反应减慢，并使水泥浆体具有可塑性。由于生成的胶体状水化产物不断增多并在某些点接触，构成疏松的网状结构，使浆体失去流动性及可塑性，这就是水泥的凝结。此后由于生成的水化硅酸钙凝胶、氢氧化钙和水化硫铝酸钙晶体等水化产物不断增多，它们相互接触连生，到一定程度，建立起较紧密的网状结晶结构，并在网状结构内部不断充实水化产物，使水泥具有初步的强度，此后随着水化产物不断增加，强度不断提高，最后形成具有较高强度的水泥石，这就是水泥的硬化。

硬化后的水泥石是由水泥水化产物、未水化完的水泥熟料颗粒、水及大小不等的孔隙所组成。

4.1.2 掺混合材料的硅酸盐水泥

掺混合材料的硅酸盐水泥，是用硅酸盐熟料加入一定比例的混合材料和适量石膏，经共同磨细而制成的。加入混合材料后，可以改善水泥性能，调节水泥强度，增加品种，提高产量和降低成本，同时可以综合利用工业废料和地方材料。这类水泥根据掺入混合材料的数量和品种不同有：普通硅酸盐水泥、矿渣硅酸盐水泥、火山灰质硅酸盐水泥和粉煤灰硅酸盐水泥。

混合材料一般为天然矿物材料或工业废料，根据其性能分为活性混合材料和非活性混合材料。

(1) 活性混合材料

这类混合材料掺入硅酸盐水泥后，能与水泥水化产物氢氧化钙起化学反应，生成水硬性胶凝材料，凝结硬化后具有强度并能改善硅酸盐水泥的某些性质，常用的有粒化高炉矿渣、火山灰质混合材料和粉煤灰。

(2) 非活性材料

这类材料又被称作填充材料，它不能与水泥起化学作用或化学作用很小，仅能起调节水泥强度、增加产量、降低水化热等作用。常用的有磨细石英砂、石灰石、黏土等。

窑灰也是一种混合材料，它是从水泥回转窑窑尾废气中收集的粉尘，其性能介于活性和非活性混合材料之间。

凡由硅酸盐水泥熟料、6%～15%混合材料、适量石膏磨细制成的水硬性胶凝材料，称为普通硅酸盐水泥(简称普通水泥)，代号为P·O。

凡由硅酸盐水泥熟料和粒化高炉矿渣、适量石膏磨细制成的水硬性胶凝材料称为矿渣硅酸盐水泥(简称矿渣水泥)，代号为P·S。水泥中粒化高炉矿渣的掺量按质量百分比计为20%～70%，允许用石灰石、窑灰、粉煤灰和火山灰质混合材料中的一种材料代替矿渣，代替数量不得超过水泥质量的8%，替代后水泥中粒化高炉矿渣不得少于20%，它比普通硅酸盐水泥中混合材料的掺量要大得多。

凡由硅酸盐水泥熟料和火山灰质混合材料、适量石膏磨细制成的水硬性胶凝材料称为火山灰质硅酸盐水泥(简称火山灰水泥),代号为 P·P。水泥中火山灰质混合材料掺量按质量百分比计为 20%～50%。

凡由硅酸盐水泥熟料和粉煤灰、适量石膏磨细制成的水硬性胶凝材料,称为粉煤灰硅酸盐水泥(简称粉煤灰水泥),代号为 P·F。水泥中粉煤灰掺量按质量百分比计为 20%～40%。

4.1.3 通用硅酸盐水泥的强度等级

通用硅酸盐水泥的强度等级见表 4-2。

表 4-2 通用硅酸盐水泥强度等级

<table>
<tr><th>水泥名称</th><th>代号</th><th>强度等级</th></tr>
<tr><td>硅酸盐水泥</td><td>P·Ⅰ、P·Ⅱ</td><td>42.5、42.5R、52.5、52.5R、62.5、62.5R</td></tr>
<tr><td>普通硅酸盐水泥</td><td>P·O·A、P·O·B</td><td>42.5、42.5R、52.5、52.5R</td></tr>
<tr><td>矿渣硅酸盐水泥</td><td>P·S</td><td rowspan="4">32.5、32.5R、42.5、42.5R、52.5、52.5R</td></tr>
<tr><td>火山灰质硅酸盐水泥</td><td>P·P</td></tr>
<tr><td>粉煤灰硅酸盐水泥</td><td>P·F</td></tr>
<tr><td>复合硅酸盐水泥</td><td>P·C</td></tr>
</table>

4.1.4 通用硅酸盐水泥的技术标准

通用硅酸盐水泥的技术标准可分为:化学指标、碱含量(选择性指标)、物理指标三项;其中物理指标又分为凝结时间、安定性、强度、细度(选择性指标)四项。

4.1.4.1 化学指标

通用硅酸盐水泥化学指标见表 4-3。

表 4-3 通用硅酸盐水泥化学指标(GB 175—2007)

<table>
<tr><th>品种</th><th>代号</th><th>不溶物质
(质量分数,%)</th><th>烧失量
(质量分数,%)</th><th>三氧化硫
(质量分数,%)</th><th>氧化镁
(质量分数,%)</th><th>氯离子
(质量分数,%)</th></tr>
<tr><td rowspan="2">硅酸盐水泥</td><td>P·Ⅰ</td><td>≤0.75</td><td>≤3.0</td><td rowspan="3">≤3.5</td><td rowspan="3">≤5.0①</td><td rowspan="8">≤0.06③</td></tr>
<tr><td>P·Ⅱ</td><td>≤1.50</td><td>≤3.5</td></tr>
<tr><td>普通硅酸盐水泥</td><td>P·O</td><td>—</td><td>≤5.0</td></tr>
<tr><td rowspan="2">矿渣硅酸盐水泥</td><td>P·S·A</td><td>—</td><td>—</td><td rowspan="2">≤4.0</td><td>≤6.0②</td></tr>
<tr><td>P·S·B</td><td>—</td><td>—</td><td>—</td></tr>
<tr><td>火山灰质硅酸盐水泥</td><td>P·P</td><td>—</td><td>—</td><td rowspan="3">≤3.5</td><td rowspan="3">≤6.0②</td></tr>
<tr><td>粉煤灰硅酸盐水泥</td><td>P·F</td><td>—</td><td>—</td></tr>
<tr><td>复合硅酸盐水泥</td><td>P·C</td><td>—</td><td>—</td></tr>
</table>

注:① 如果水泥压蒸安定性合格,则水泥中氧化镁的含量(质量分数)允许放宽至 6.0%。

② 如果水泥中氧化镁的含量(质量分数)大于 6.0%时,需进行水泥压蒸安定性试验并合格。

③ 当有更低要求时,该指标由买卖双方协商确定。

4.1.4.2 物理指标

(1) 强度

水泥强度是评定水泥质量的重要指标，水泥的强度是指水泥胶砂硬化试体所能承受外力破坏的能力，通常把28d以前的强度称为早期强度，28d及其后的强度则称为后期强度。按早期强度大小又分为两种类型，普通型和早强型(R型)。不同品种、不同强度等级的通用硅酸盐水泥，其不同龄期的强度应符合表4-4的规定。

表 4-4 通用硅酸盐水泥的强度等级(GB 175—2007)

品种	强度等级	抗压强度(MPa)		抗折强度(MPa)	
		3d	28d	3d	28d
硅酸盐水泥	42.5	≥17.0	≥42.5	≥3.5	≥6.5
	42.5R	≥22.0		≥4.0	
	52.5	≥23.0	≥52.5	≥4.0	≥7.0
	52.5R	≥27.0		≥5.0	
	62.5	≥28.0	≥62.5	≥5.0	≥8.0
	62.5R	≥32.0		≥5.5	
普通硅酸盐水泥	42.5	≥17.0	≥42.5	≥3.5	≥6.5
	42.5R	≥22.0		≥4.0	
	52.5	≥23.0	≥52.5	≥4.0	≥7.0
	52.5R	≥27.0		≥5.0	
矿渣硅酸盐水泥 火山灰质硅酸盐水泥 粉煤灰硅酸盐水泥 复合硅酸盐水泥	32.5	≥10.0	≥32.5	≥2.5	≥5.5
	32.5R	≥15.0		≥3.5	
	42.5	≥15.0	≥42.5	≥3.5	≥6.5
	42.5R	≥19.0		≥4.0	
	52.5	≥21.0	≥52.5	≥4.0	≥7.0
	52.5R	≥23.0		≥4.5	

(2) 细度(选择性指标)

细度是指水泥颗粒总体的粗细程度。

硅酸盐水泥和普通硅酸盐水泥的细度以比表面积表示，其比表面积不小于300m^2/kg。矿渣硅酸盐水泥、火山灰质硅酸盐水泥、粉煤灰硅酸盐水泥和复合硅酸盐水泥的细度以筛余质量百分数表示，其80μm方孔筛筛余不大于10%或45μm方孔筛筛余不大于30%。

(3) 凝结时间

水泥的凝结时间有初凝与终凝之分。自加水起至水泥浆开始失去塑性、流动性减小所需的时间，称为初凝时间。自加水时起至水泥浆完全失去塑性、开始有一定结构强度所需的时间，称为终凝时间。

硅酸盐水泥初凝时间不小于 45min，终凝时间不大于 390min。

普通硅酸盐水泥、矿渣硅酸盐水泥、火山灰质硅酸盐水泥、粉煤灰硅酸盐水泥和复合硅酸盐水泥初凝时间不小于 45min，终凝时间不大于 600min。

(4) 安定性

水泥的安定性是反应水泥浆体在硬化过程中或硬化后体积是否均匀的性能。安定性不良的水泥，在浆体硬化过程中或硬化后产生不均的体积膨胀并引起开裂。国家规定用沸煮法检验水泥的体积安定性。具体测试时可用试饼法、雷氏法，当试验结果有争议时以雷氏法为准。

4.1.5 通用硅酸盐水泥的特性及适用范围

通用硅酸盐水泥的特性及适用范围见表 4-5。

表 4-5 通用硅酸盐水泥的特性及适用范围

<table>
<tr><th colspan="2">项目</th><th>硅酸盐水泥</th><th>普通水泥</th><th>矿渣水泥</th><th>火山灰质水泥</th><th>粉煤灰水泥</th><th>复合水泥</th></tr>
<tr><td rowspan="8">应用</td><td rowspan="2">优先使用</td><td colspan="2">早期强度要求的，有耐磨要求的，严寒地区反复受冻融作用的，抗碳化要求高的，掺混合料的</td><td colspan="4">水下、海港、大体积、耐腐蚀性要求的，高温下养护的</td></tr>
<tr><td>高强度</td><td>普通气候及干燥环境中，有抗渗要求的，受干湿交替作用的</td><td>有耐热要求</td><td>有抗渗要求</td><td>受载较晚</td><td>—</td></tr>
<tr><td rowspan="2">可以使用</td><td rowspan="2">一般工程</td><td rowspan="2">高强度，水下，高温养护的，耐热的</td><td colspan="4">普通气候环境中</td></tr>
<tr><td>有抗冻性要求的，有耐磨要求的</td><td>—</td><td>—</td><td>早期强度要求较高的</td></tr>
<tr><td rowspan="4">不宜或不得使用</td><td colspan="2" rowspan="2">大体积，耐腐蚀性要求高的</td><td colspan="3">早期强度要求较高的</td><td>—</td></tr>
<tr><td colspan="4">抗冻性要求高的，掺混合料的，低温或冬季施工的，抗碳化要求高的</td></tr>
<tr><td rowspan="2">耐热、高温养护的</td><td rowspan="2">—</td><td rowspan="2">抗渗要求高的</td><td colspan="2">干燥环境中的，有耐磨要求的</td><td>—</td></tr>
<tr><td>—</td><td>有抗渗要求的</td><td>—</td></tr>
</table>

4.1.6 其他品种水泥

在实际土木工程施工过程中，往往会遇到一些有特殊要求的工程，如紧急抢修工程、具有鲜艳色彩的工程、耐热耐酸工程、新旧混凝土搭接工程等，就需要用到特殊品种的水泥。

4.1.6.1 专用水泥

专用水泥是指有专门用途的水泥，如砌筑水泥、道路硅酸盐水泥、大坝水泥、油井水泥等。

(1) 砌筑水泥(GB/T 3183—2017)

凡由活性混合材料或具有水硬性的工业废料为主要原料，加入少量硅酸盐水泥熟料和石膏，经磨细制成的工作性较好的水硬性胶凝材料，称为砌筑水泥，代号 M。

应用：砌筑水泥适用于工业与民用建筑工程的砌筑砂浆和内墙抹面砂浆，不得用于结构混凝土。

(2) 道路硅酸盐水泥(GB/T 13693—2017)

以适当成分生料烧至部分熔融，得到以硅酸钙为主要成分和较多量的铁铝酸盐的硅酸盐水泥熟料，加入规定的混合材料和适量石膏磨细制成的水硬性胶凝材料，称为道路硅酸盐水泥(简称道路水泥)。C_4AF 含量大于 16.0%。

矿物组成：高铁(铁铝酸四钙)低铝(铝酸三钙)。

特性与应用：道路硅酸盐水泥强度高，特别是抗折强度高，耐磨性好，干缩小，抗冲击性好，抗冻性好，抗硫酸盐腐蚀性能好，适用于道路路面、机场跑道道面、城市广场等工程。随着我国高等级道路的迅速发展，水泥混凝土路面已成为主要路面类型之一。

(3) 大坝水泥(中热硅酸盐水泥、低热硅酸盐水泥，GB/T 200—2017)

中热硅酸盐水泥适用于要求水化热较低的大体积混凝土，如大坝、大体积建筑工程和厚大基础等工程中，可以克服因水化热引起的温差应力而导致混凝土的破坏；低热硅酸盐水泥主要适用于大坝或大体积混凝土及水下等要求低水化热的工程。

4.1.6.2 特性水泥

特性水泥是指某种性能比较突出的一类水泥。如抗硫酸盐硅酸盐水泥、铝酸盐水泥、膨胀水泥、白色硅酸盐水泥等。

(1) 抗硫酸盐硅酸盐水泥

抗硫酸盐硅酸盐水泥按其抗硫酸盐侵蚀程度分为中抗硫酸盐硅酸盐水泥和高抗硫酸盐硅酸盐水泥两类。以适当成分的硅酸盐水泥熟料，加入适量石膏，磨细制成的具有抵抗中等浓度硫酸根离子侵蚀的水硬性胶凝材料，称为中抗硫酸盐硅酸盐水泥，简称中抗硫水泥，代号 P·MSR。以适当成分的硅酸盐水泥熟料，加入适量石膏，磨细制成的具有抵抗较高浓度硫酸根离子侵蚀的水硬性胶凝材料，称为高抗硫酸盐硅酸盐水泥，简称高抗硫水泥，代号 P·HSR。

(2) 铝酸盐水泥

凡以铝酸钙为主的铝酸盐水泥熟料，磨细制成的水硬性胶凝材料称为铝酸盐水泥，代号为 CA。根据国家标准《铝酸盐水泥》(GB/T 201—2015)的规定：铝酸盐水泥的密度和堆积密度与普通硅酸盐水泥相近。其细度为比表面积≥300m^2/kg 或 45μm 筛筛余≤20%。铝酸盐水泥分为 CA-50、CA-60、CA-70、CA-80 四个类型，各类型水泥的凝结时间和各龄期强度不得低于标准的规定。

铝酸盐水泥凝结硬化速度快，1d 强度可达最高强度的 80%以上，主要用于工期紧急的工程，如国防、道路和特殊抢修工程等。铝酸盐水泥水化热大，且放热量集中。1d 内放出的水化热为总量的 70%～80%，使混凝土内部温度上升较高，即使在 −10℃下施工，铝酸盐水泥也能很快凝结硬化，可用于冬季施工的工程。

铝酸盐水泥在普通硬化条件下，由于水泥石中不含铝酸三钙和氢氧化钙，且密实度较大，因此具有很强的抗硫酸盐腐蚀作用。

铝酸盐水泥具有较高的耐热性，如采用耐火集料(如铬铁矿等)可制成使用温度达 1300～1400℃的耐热混凝土。

但铝酸盐水泥的长期强度及其他性能有降低的趋势，长期强度约降低 40%～50%，因此铝酸盐水泥不宜用于长期承重的结构及处在高温高湿环境的工程中，它只适用于紧急军事工程(筑路、修桥)、抢修工程(堵漏等)、临时性工程，以及配制耐热混凝土等。

另外，铝酸盐水泥与硅酸盐水泥或石灰相混不但产生闪凝，而且由于生成高碱性的水化铝酸钙，使混凝土开裂，甚至破坏。因此，施工时除不得与石灰或硅酸盐水泥混合外，也不得与未硬化的硅酸盐水泥接触使用。

(3) 膨胀水泥

膨胀水泥是指硬化过程中不产生收缩而具有一定膨胀性能的水泥。按膨胀值的大小，膨胀水泥可分为补偿收缩水泥和自应力水泥两大类。

补偿收缩水泥膨胀率较小，因此又叫作无收缩水泥，这种水泥可防止混凝土产生收缩裂缝；自应力水泥的膨胀值较大，这种靠水泥自身水化产生膨胀来张拉钢筋达到的预应力称为自应力。

在路桥工程中，膨胀水泥常用于水泥混凝土路面、机场道面或桥梁结构中修补混凝土。

(4) 白色硅酸盐水泥

白色硅酸盐水泥是以白色硅酸盐水泥熟料加入适量石膏磨细制成的水硬性胶凝材料，适用于装饰及装修工程。白色硅酸盐水泥与硅酸盐水泥的区别在于氧化铁含量少，白水泥白度分为特级、一级、二级、三级，各等级白度不得低于 75%，各龄期强度见表 4-6。

表 4-6 白色硅酸盐水泥各龄期强度

强度等级	抗压强度(MPa)			抗折强度(MPa)		
	3d	7d	28d	3d	7d	28d
32.5	14.0	20.5	32.5	2.5	3.5	5.5
42.5	18.0	26.5	42.5	3.5	4.5	6.5
52.5	23.0	33.5	52.5	4.0	5.5	7.0
62.5	28.0	42.0	62.5	5.0	6.0	8.0

白色硅酸盐水泥主要用于配制白色或彩色灰浆、砂浆及混凝土，来满足装饰装修工程的需要。

4.1.7 水泥石腐蚀及防止方法

已经硬化的水泥制品在一般条件下，具有较好的耐久性，但在某些腐蚀性液体和气体（统称侵蚀介质）的作用下，有时也会逐渐遭到破坏，引起强度降低甚至造成土木工程结构破坏，这种现象叫作侵蚀介质对水泥石的腐蚀。

产生水泥石腐蚀的主要原因常有以下几种：

4.1.7.1 淡水腐蚀

水泥石中氢氧化钙等易溶于水的成分，在淡水中有较大的溶解度，水质愈纯，溶解度愈大。特别是在流动水的冲刷或压力水的渗透作用下会加速其溶解，致使水泥石孔隙增大，强度降低，逐渐被破坏。

4.1.7.2 酸性腐蚀

在工业废水、地下水、沼泽水中常含有不同种类的酸，这些酸与水泥石中的氢氧化钙作用，生成的化合物有的易溶于水，有的体积膨胀，使水泥石受到腐蚀以致破坏。

（1）碳酸的腐蚀

雨水及地下水中常溶有较多的二氧化碳，形成了碳酸。碳酸水先与水泥石中的氢氧化钙反应，中和后使水泥石碳化，形成了碳酸钙，碳酸钙再与碳酸反应生成可溶性的碳酸氢钙，并随水流失，从而破坏了水泥石的结构。其腐蚀反应过程为：

$$Ca(OH)_2+CO_2+H_2O \longrightarrow CaCO_3+2H_2O$$

$$CO_2+H_2O+CaCO_3 \longrightarrow Ca(HCO_3)_2$$

（2）其他酸的腐蚀

工程结构处于各种酸性介质中时，酸性介质易与水泥石中的氢氧化钙反应，其反应产物可能溶于水中而流失，或发生体积膨胀造成结构物的局部被胀裂，破坏了水泥石的结构。其基本化学反应式为：

$$Ca(OH)_2+2H^+ \longrightarrow Ca^{2+}+2H_2O$$

4.1.7.3 盐类腐蚀

在海水、地下水或某些工业废水中常含有钠、钾、铵等硫酸盐，它们与水泥石中的氢氧化钙起置换作用，在水泥石的孔隙中形成石膏，石膏进一步与水泥石中的水化铝酸钙起作用，生成针状结晶的水化硫铝酸钙，体积增大 2～2.5 倍，从而对水泥石产生巨大的破坏作用。因水化硫铝酸钙的针状结晶与细菌中的杆菌外形相似，所以被称为“水泥杆菌”。

（1）硫酸盐的腐蚀

当环境中含有硫酸盐的水渗入到水泥石结构中时，会与水泥石中的氢氧化钙反应生成石膏，石膏再与水泥石中的水化铝酸钙反应生成钙矾石，产生 1.5 倍的体积膨胀，这种膨胀必然导致脆性水泥石结构的开裂，甚至崩溃。其基本化学反应式为：

$$Na_2SO_4+Ca(OH)_2+2H_2O \longrightarrow CaSO_4 \cdot 2H_2O+2NaOH$$

（2）镁盐的腐蚀

氯化镁、硫酸镁与氢氧化钙反应生成氢氧化镁和易溶于水的物质，氢氧化镁是一种松软又无胶凝能力的物质。硫酸镁反应生成的硫酸钙又具有腐蚀作用，其基本化学反应式为：

$$MgSO_4+Ca(OH)_2+2H_2O \longrightarrow CaSO_4 \cdot 2H_2O+Mg(OH)_2$$
$$MgCl_2+Ca(OH)_2+H_2O \longrightarrow CaCl_2+Mg(OH)_2+H_2O$$

4.1.7.4 强碱腐蚀

碱类溶液浓度不大时一般对水泥石是无害的。但铝酸盐(C_3A)含量较高的硅酸盐水泥遇到强碱也会产生破坏作用。如氢氧化钠可与水泥石中未水化的铝酸三钙作用,生成易溶于水的铝酸钠。

当水泥石受到干湿交替作用时,进入水泥石内部的 NaOH 与空气中的二氧化碳作用生成碳酸钠,碳酸钠在水泥石毛细孔中结晶沉积,可使水泥石涨裂。

4.1.7.5 防止水泥石腐蚀的措施

(1) 根据环境侵蚀特点,合理选用水泥品种

水泥石中引起腐蚀的组分主要是氢氧化钙和水化铝酸钙。当水泥石遭受软水侵蚀时,可选用水化产物中氢氧化钙含量少的水泥。水泥石如处在硫酸盐的腐蚀环境中,可采用铝酸三钙含量较低的抗硫酸盐水泥。在硅酸水泥熟料中掺入某些人工或天然矿物材料(混合材料)可提高水泥的抗腐蚀能力。

(2) 提高水泥石的密实度

水泥石中的毛细管、孔隙是引起水泥石腐蚀加剧的内在原因之一。因此,采取适当技术措施,如强制搅拌、振动成型、真空吸水、掺外加剂等,在满足施工操作的前提下,努力降低水灰比,提高水泥石的密实度,都将使水泥石的耐侵蚀性得到改善。

(3) 表面加保护层

当侵蚀作用比较强烈时,可在水泥制品表面加做保护层。保护层的材料常采用耐酸石料(石英岩、辉绿岩)、耐酸陶瓷、玻璃、塑料、沥青等。

4.2 水泥试验检测

通用硅酸盐水泥取样依据及方法见表 4-7。

表 4-7 通用硅酸盐水泥取样依据及方法

项目	检验或验收依据	检测内容	组批原则或取样频率	取样方法及数量	送样时应提供的信息
水泥	《通用硅酸盐水泥》(GB 175—2007) 《水泥取样方法》(GB/T 12573—2008) 《混凝土结构工程施工质量验收规范》(GB 50204—2015)	凝结时间; 安定性; 强度	按同一生产厂家、同一等级、同一品种、同一批号且连续进场的水泥,袋装不超过 200t 为一批,散装不超过 500t 为一批,每批抽样不少于一次。当使用中对水泥质量有怀疑或水泥出厂超过三个月(快硬硅酸盐水泥超过一个月)时,应进行复验,并按复验结果使用	应从同一批的 20 袋或 20 个不同部位的水泥中尽量取等量,总量至少为 12kg	生产单位; 品种和强度等级; 牌号; 生产日期; 批号; 使用部位

扫一扫
水泥细度试验

扫一扫
水泥细度
试验操作

4.2.1 水泥细度试验

4.2.1.1 试验目的

水泥的物理力学性能都与细度有关，因此必须进行细度测定。水泥细度常用筛余百分数和比表面积两种方法表示。

采用 45μm 方孔筛或 80μm 方孔筛对水泥试样进行筛析试验，用筛上筛余物的质量百分数来表示水泥样品的细度。

4.2.1.2 试验方法

本试验依据《水泥细度检验方法　筛析法》(GB /T 1345—2005)制定。

水泥细度试验筛析法主要有负压筛析法、水筛析法、手工筛析法。当三种方法测定的结果发生争议时，以负压筛析为准。

4.2.1.3 主要仪器设备

(1) 试验筛。

试验筛由圆形框和筛网组成，筛网符合《试验筛　金属丝编织网、穿孔板和电成型薄板筛孔的基本尺寸》(GB/T 6005—2008)*R*20/3 80μm，*R*20/3 45μm 的要求，分负压筛、水筛和手工筛三种，负压筛和水筛结构尺寸见图 4-2 和图 4-3。

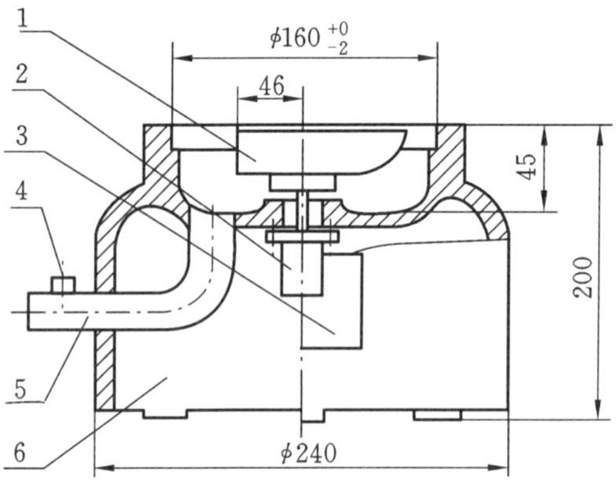

图 4-2　负压筛

1—喷气嘴；2—微电机；3—控制板开口；
4—负压表接口；5—负压源及收尘器接口；6—壳体

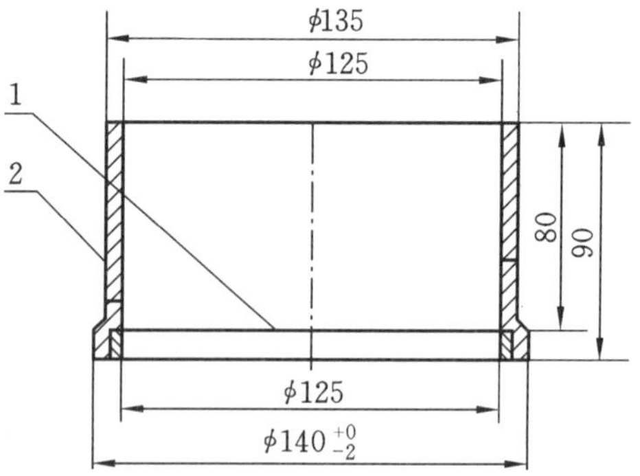

图 4-3　水筛

1—筛网；2—筛框

负压筛析仪由筛座、负压筛、负压源及收尘器组成，其中筛座由转速为 30r/min±2r/min 的喷气嘴、负压表、控制板、微电机及壳体构成。筛析仪负压可调范围为 4000～6000Pa。负压筛应有透明筛盖，筛盖与筛上口应具有良好的密封性。

手工筛结构符合《试验筛　技术要求和检验　第 1 部分》(GB/T 6003.1—2012)，其中筛框高度为 50mm，筛子的直径为 150mm。

(2) 水筛架、喷头和天平等。

4.2.1.4 试验步骤

(1) 试验准备

试验前所用的试验筛应保持清洁，负压筛和手工筛应保持干燥，试验时，80μm 筛析试验称取试样 25g，45μm 筛析试验称取试样 10g。

(2) 负压筛析法

① 筛析试验前应把负压筛放在筛座上，盖上筛盖，接通电源，检查控制系统，调节负压至 4000～6000Pa 范围内。

② 称取试样 25g，精确至 0.01g，置于洁净的负压筛中，放在筛座上，盖上筛盖，接通电源，开动筛析仪连续筛析 2min，在此期间如有试样附着在筛盖上，可轻轻地敲击筛盖使试样落下。筛毕，用天平称量全部筛余物。

(3) 水筛法

① 筛析试验前，应检查水中无泥、砂，调整好水压及水筛架的位置，使其能正常运转，并控制喷头底面和筛网之间距离为 35～75mm。

② 称取试样 50g，精确至 0.01g，置于洁净的水筛中，立即用淡水洗至大部分细粉通过后，放在水筛架上，用水压为 0.05MPa±0.02MPa 的喷头连续冲洗 3min。筛毕，用少量水把筛余物冲至蒸发皿中，等水泥颗粒全部沉底后，小心倒出清水，烘干并用天平称量全部筛余物。

(4) 手工筛析法

① 称取水泥试样 50g，精确至 0.01g，倒入手工筛内。

② 用一只手持筛往复摇动，另一只手轻轻拍打，往复摇动和拍打的过程应保持近于水平。拍打速度每分钟 120 次，每 40 次向同一方向转动 60°，使试样均匀分布在筛网上，直至每分钟通过的试样量不超过 0.03g 为止，称量全部筛余物。

(5) 试验筛清洗

试验筛必须经常保持清洁，筛孔通畅，使用 10 次后要进行清洗。金属筛框、铜丝网筛清洗时应用专门的清洗剂，不可用弱酸浸泡。

4.2.1.5 试验数据处理及判定

(1) 计算与判定

水泥试样筛余百分数按下式计算：

$$F=\frac{R_S}{W}\times 100 \tag{4-1}$$

式中 F——水泥试样的筛余百分数(%)；

W——水泥试样的质量(g)；

R_S——水泥筛余物的质量(g)。

结果计算至 0.1%。

合格评定时，每个样品应称取两个试样分别筛析，取筛余平均值为筛析结果。若两次筛余结果绝对误差大于 0.5%(筛余值大于 5.0%时可放至 1.0%)，应再做一次试验，取两次相近结果的算术平均值，作为最终结果。

(2) 筛余结果的修正

试验筛的筛网会在试验中磨损，因此筛余结果应进行修正。修正方法是将下式计算的修正系数乘以筛余百分数。

$$C=\frac{F_S}{F_T} \tag{4-2}$$

式中　F_S——标准样品的筛余标准值(%)；

F_T——标准样品在试验筛上的筛余值(%)；

C——试验筛修正系数。

计算至0.01。

当C值在0.80～1.20范围内时，试验筛可继续使用，C值可作为修正系数。

当C值超出0.80～1.20范围时，试验筛应予淘汰。

扫一扫

水泥稠度试验

扫一扫

水泥稠度试验操作

4.2.2 水泥标准稠度试验

4.2.2.1 试验目的

水泥标准稠度净浆对标准试杆(或试锥)的沉入具有一定阻力。通过试验不同含水量水泥净浆的穿透性，以确定水泥标准稠度净浆中所需加入的水量。

水泥的凝结时间和安定性都与用水量有关，为了消除试验条件的差异而有利于比较，水泥净浆必须有一个标准的稠度。本试验的目的就是测定水泥净浆达到标准稠度时的用水量，以便为进行凝结时间和安定性试验做好准备。

4.2.2.2 编制依据

本试验依据《水泥标准稠度用水量、凝结时间、安定性检验方法》(GB/T 1346—2011)制定。

4.2.2.3 主要仪器设备

(1) 水泥净浆搅拌机，应符合《水泥净浆搅拌机》(JC/T 729—2005)的要求。

(2) 标准法维卡仪。测定水泥标准稠度和凝结时间用维卡仪及配件如图4-4所示。

标准稠度试杆由有效长度为50mm±1mm，直径为10mm±0.05mm的圆柱形耐腐蚀金属制成。试针由钢制成，其有效长度初凝针为50mm±1mm、终凝针为30mm±1mm，直径为1.13mm±0.05mm。滑动部分的总质量为300g±1g。与试杆、试针连接的滑动杆表面应光滑，能靠重力自由下落，不得有紧涩和松动现象。

盛装水泥净浆的试模由耐腐蚀、有足够硬度的金属制成。试模为深40mm±0.2mm、顶内径65mm±0.5mm、底内径75mm±0.5mm的截顶圆锥体。每个试模应配备一个边长或直径约100mm、厚度4～5mm的平板玻璃底板或金属底板。

(3) 代用法维卡仪、量筒和天平等。

4.2.2.4 试样材料和试验条件

(1) 材料

试验用水应是洁净的饮用水，如有争议时应以蒸馏水为准。

(2) 试验条件

实验室温度应为20℃±2℃，相对湿度应不低于50%；水泥试样、拌和水、仪器和用具的温度应与实验室一致。

湿气养护箱的温度为20℃±1℃，相对湿度不低于90%。

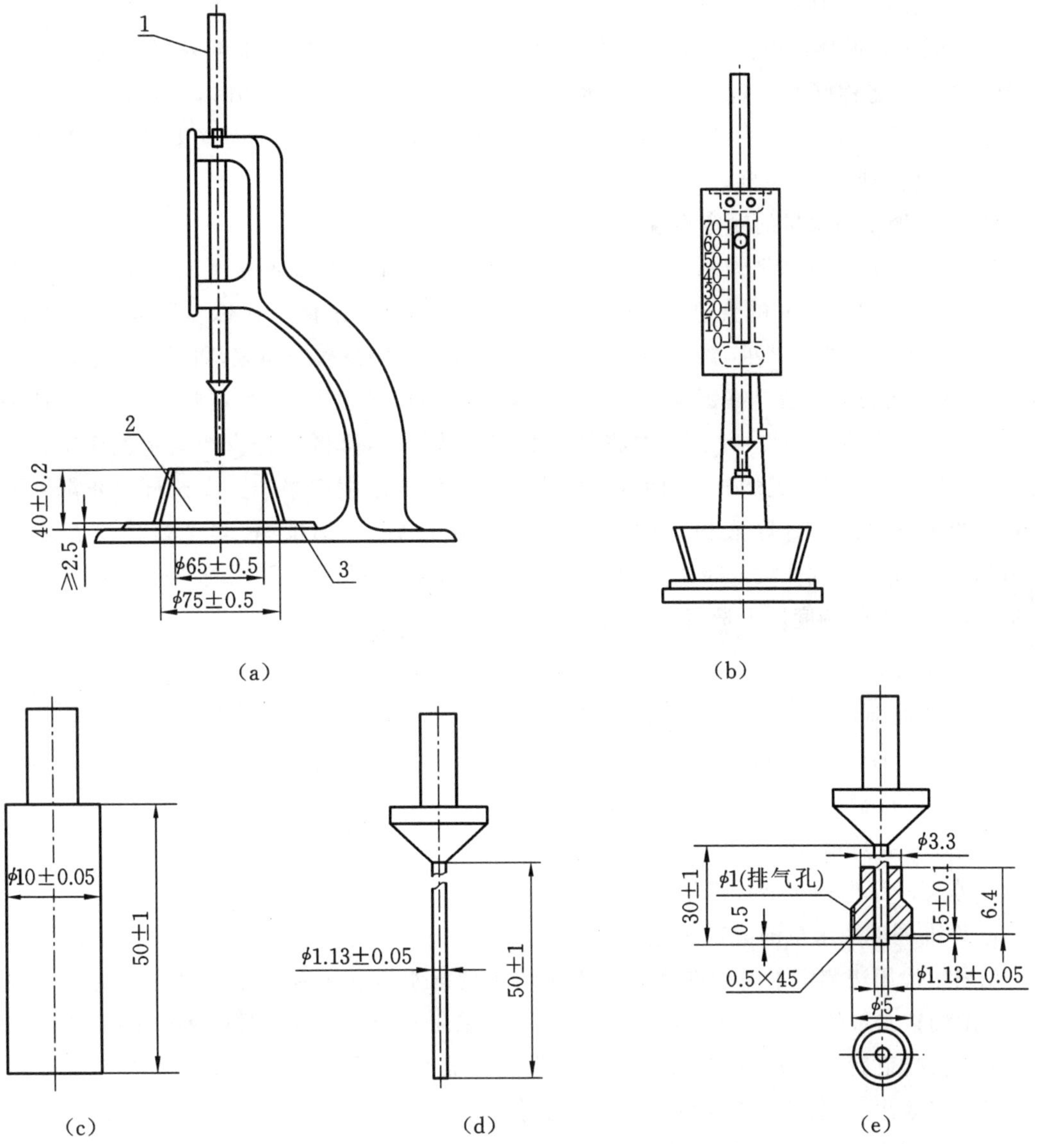

图 4-4 测定水泥标准稠度和凝结时间用维卡仪及配件示意图

(a)初凝时间测定用立式试模的侧视图;(b)终凝时间测定用反转试模的前视图;

(c)标准稠度试杆;(d)初凝用试针;(e)终凝用试针

1—滑动杆;2—试模;3—玻璃板

4.2.2.5 试验步骤

(1) 标准法

① 试验准备

A.维卡仪的滑动杆能自由滑动。试模和玻璃底板用湿布擦拭,将试模放在底板上。

B.至试杆接触玻璃时调整指针对准零点。

C.搅拌机运行正常。

② 水泥净浆的拌制

用水泥净浆搅拌机搅拌，搅拌锅和搅拌叶片用湿布擦过，将拌和水倒入搅拌锅内，然后在5～10s内小心将称好的500g水泥加入水中，防止水和水泥溅出；拌和时，先将锅放在搅拌机的锅座上，升至搅拌位置，启动搅拌机，低速搅拌120s，同时将叶片和锅壁上的水泥刮入锅中间，接着高速搅拌120s停机。

③ 标准稠度用水量的测定步骤

拌和结束后，立即取适量水泥净浆一次性将其装入已置于玻璃底板上的试模中，浆体超过试模上端，用宽约25mm的直边刀轻轻拍打超出试模部分的浆体5次以排除浆体中的空隙，然后在试模上表面约1/3处，略倾斜于试模分别向外轻轻锯掉多余净浆，再从试模边沿轻抹顶部一次，使净浆表面光滑。在锯掉多余净浆和抹平的操作过程中，注意不要压实净浆；抹平后迅速将试模和底板移到维卡仪上，并将其中心定在试杆下，降低试杆直至与水泥净浆表面接触，拧紧螺丝1～2s后，突然放松，使试杆垂直自由地沉入水泥净浆中。在试杆停止沉入或释放试杆30s时记录试杆距底板之间的距离，升起试杆后，立即擦净；整个操作应在搅拌后1.5min内完成。以试杆沉入净浆并距底板6mm±1mm的水泥净浆为标准稠度净浆。其拌和水量为该水泥的稠度用水量(P)，按水泥质量的百分比计。

(2) 代用法

① 试验前准备：

A.维卡仪的金属棒能自由滑动。

B.至试锥接触锥模顶面时调整指针对准零点。

C.搅拌机运行正常。

② 水泥净浆的拌制同标准法。

③ 标准稠度用水量的测定步骤：

A.采用代用法测定水泥标准稠度用水量可用调整水量和不变水量两种方法的任一种测定。采用调整水量的方法时拌和水量按经验找水，采用不变水量方法时拌和水量用142.5mL。

B.拌和结束后，立即将拌制好的水泥净浆装入锥模中，用宽约25mm的直边刀在浆体表面轻轻插捣5次，再轻振5次，刮去多余的净浆；抹平后迅速放到试锥下面固定的位置上，将试锥降至净浆表面，拧紧螺丝1～2s后，突然放松，让试锥垂直自由地沉入水泥净浆中。到试锥停止下沉或释放试锥30s时记录试锥下沉深度。整个操作应在搅拌后1.5min内完成。

C.用调整水量方法测定时，以试锥下沉深度30mm±1mm时的净浆为标准稠度净浆。其拌和水量为该水泥的标准稠度用水量(P)，按水泥质量的百分比计。如下沉深度超出范围需另称试样，调整水量，重新试验，直至达到30mm±1mm为止。

D.用不变水量方法测定时，根据下式(或仪器上对应标尺)计算得到标准稠度用水量P。当试锥下沉深度小于13mm时，应改用调整水量法测定。

$$P = 33.4 - 0.185S \qquad (4\text{-}3)$$

式中 P——标准稠度用水量(%)；

S——试锥下沉深度(mm)。

4.2.3 水泥凝结时间试验

扫一扫

水泥凝结时间试验

扫一扫

水泥凝结时间试验操作

4.2.3.1 试验目的

试针沉入水泥标准稠度净浆至一定深度所需的时间称为凝结时间。

测定水泥加水后至开始凝结(初凝)以及凝结终了(终凝)所用的时间,用以评定水泥性质。

4.2.3.2 编制依据

本试验依据《水泥标准稠度用水量、凝结时间、安定性检验方法》(GB/T 1346—2011)制定。

4.2.3.3 主要仪器设备

(1) 标准维卡仪:与测定标准稠度用水量时的测定仪相同,只是将试锥换成试针,装水泥净浆的锥模换成圆模。

(2) 水泥净浆搅拌机、人工拌和圆形钵、拌和铲、量水器及天平等。

4.2.3.4 试验步骤

(1) 试验准备

调整凝结时间测定仪的试针接触玻璃板时指针对准零点。

(2) 试件的制备

以标准稠度用水量制成标准稠度净浆,装模和刮平后,立即放入湿气养护箱中。记录水泥全部加入水中的时间作为凝结时间的起始时间。

(3) 初凝时间的测定

试件在湿气养护箱中养护至加水后30min时进行第一次测定。测定时,从湿气养护箱中取出试模放到试针下,降低试针与水泥净浆表面接触。拧紧螺丝1~2s后,突然放松,试针垂直自由地沉入水泥净浆。观察试针停止下沉或释放试针30s时指针的读数。临近初凝时间时每隔5min(或更短时间)测定一次,当试针沉至底板4mm±1mm时,为水泥达到初凝状态;由水泥全部加入水中至初凝状态的时间为水泥的初凝时间,用min来表示。

(4) 终凝时间的测定

为了准确观测试针沉入的状况,在终凝针上安装了一个环形的附件。在完成初凝时间测定后,立即将试模连同浆体以平移的方式从玻璃板取下,翻转180°,直径大端向上,小端向下放在玻璃板上,再放入湿气养护箱中继续养护。临近终凝时间时每隔15min(或更短时间)测定一次,当试针沉入试体0.5mm时,即环形附件开始不能在试体上留下痕迹时,为水泥达到终凝状态。由水泥全部加入水中至终凝状态的时间为水泥的终凝时间,用min来表示。

(5) 测定注意事项

测定时应注意,在最初测定的操作时应轻轻扶持金属柱,使其徐徐下降,以防止试针撞弯,但结果以自由下落为准;在整个测试过程中试针沉入的位置至少要距试模内壁10mm。临近初凝时间时,每隔5min(或更短时间)测定一次,临近终凝时每隔15min(或更短时间)测定一次,达到初凝时应立即重复测一次,当两次结论相同时才能确定达到初凝状态;达到终凝时,需要在试体另外两个不同点测试,确认结论相同才能确定达到终凝状态。每次测定不能让试针落入原针孔,每次测试完毕须将试针擦净并将试模放回湿气养护箱内,整个测试过程要防止试模受振。

4.2.3.5 试验数据处理及判定

《通用硅酸盐水泥》(GB 175—2007)规定：

硅酸盐水泥初凝时间不小于 45min，终凝时间不大于 390min；

普通硅酸盐水泥、矿渣硅酸盐水泥、火山灰质硅酸盐水泥、粉煤灰硅酸盐水泥和复合硅酸盐水泥初凝时间不小于 45min，终凝时间不大于 600min。

扫一扫

水泥安定性试验

扫一扫

水泥安定性试验操作

4.2.4 水泥安定性试验

4.2.4.1 试验目的

检验水泥硬化后体积变化是否均匀，是否因体积变化而引起膨胀、裂缝或翘曲。

雷氏法是通过测定水泥标准稠度净浆在雷氏夹中煮沸后试针的相对位移表征其体积膨胀的程度。

试饼法是通过观测水泥标准稠度净浆试饼煮沸后的外形变化情况表征其体积安定性。

两种方法均可用，有争议时以雷氏法为准。

4.2.4.2 试验依据

本试验依据《水泥标准稠度用水量、凝结时间、安定性检验方法》(GB/T 1346—2011)制定。

4.2.4.3 主要仪器设备

(1) 雷氏夹。由铜质材料制成，其结构如图 4-5 所示。当一根指针的根部先悬挂在一根金属丝或尼龙丝上，另一根指针的根部再挂上 300g 的砝码时，两根指针针尖的距离增加应在 17.5mm±2.5mm 范围内，即 $2x=17.5\text{mm}\pm2.5\text{mm}$(图 4-6)，当去掉砝码后针尖的距离能恢复至挂砝码前的状态。

(2) 雷氏夹膨胀测定仪。如图 4-7 所示，标尺最小刻度为 0.5mm。

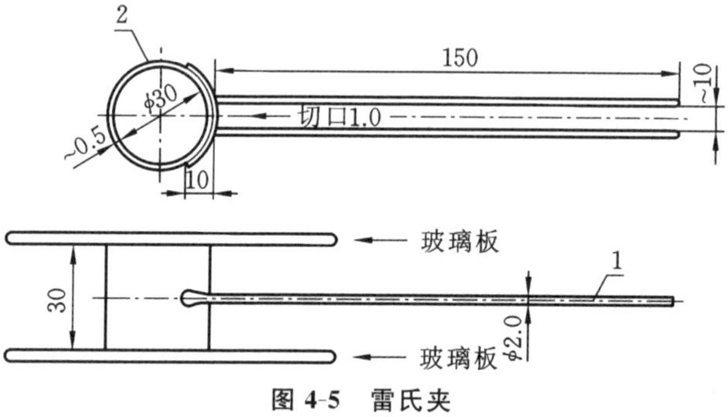

图 4-5 雷氏夹

1—指针；2—环模

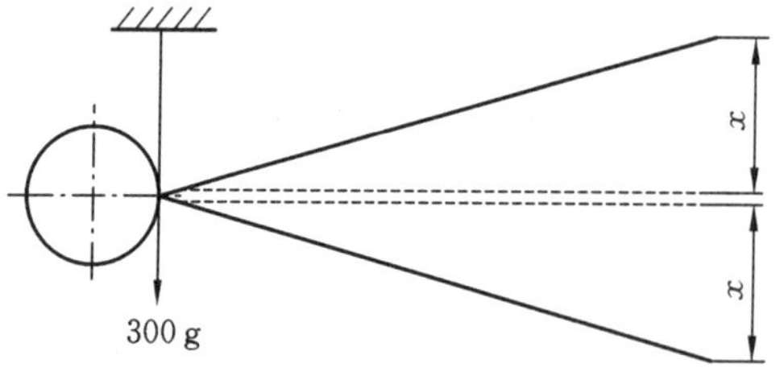

图 4-6 雷氏夹受力示意图

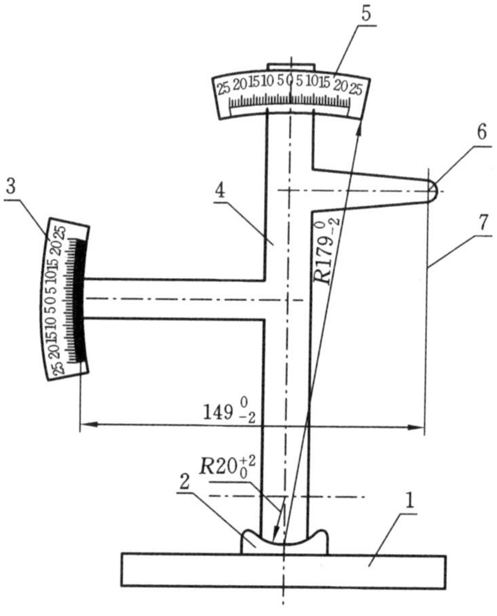

图 4-7 雷氏夹膨胀测定仪

1—底座；2—模子座；3—测弹性标尺；4—立柱；5—测膨胀值标尺；6—悬臂；7—悬丝

(3) 水泥净浆搅拌机、煮沸箱、直尺、小刀等。

4.2.4.4 试验步骤

(1) 标准法(雷氏法)

① 试验前准备

每个试样需成型两个试件，每个雷氏夹配备两个边长或直径约 80mm、厚度 4～5mm 的玻璃板，凡与水泥净浆接触的玻璃板和雷氏夹表面都要稍稍涂上一层油。

② 雷氏夹试件的成型

将预先准备好的雷氏夹放在已稍涂油的玻璃板上，并立即将已制好的标准稠度净浆一次装满雷氏夹，装浆时一只手轻轻扶持雷氏夹，另一只手用宽约 25mm 的直边刀在浆体表面轻轻插捣 3 次，然后抹平，盖上稍涂油的玻璃板，接着立即将试件移至湿气养护箱内养护 24h±2h。

③ 煮沸

A.调整好煮沸箱内的水位，使能保证在整个煮沸过程中都不超过试件，不需中途添补试验用水，同时又能保证在 30min±5min 内升至沸腾。

B.脱去玻璃板取下试件，先测量雷氏夹指针尖端间的距离(A)，精确到 0.5mm，接着将试件放入煮沸箱水中的试件架上，指针朝上，然后在 30min±5min 内加热至沸并恒沸 180min±5min。

④ 试验结果判别

煮沸结束后，立即放掉沸煮箱中的热水，打开箱盖，待箱体冷却至室温，取出试件进行判别。测量雷氏夹指针尖端的距离(C)，精确至 0.5mm，当两个试件煮后增加距离($C-A$)的平均值不大于 5.0mm 时，即认为该水泥安定性合格；当两个试件煮后增加距离($C-A$)的平均值大于 5.0mm 时，应用同一样品立即重做一次试验，以复检结果为准。

(2) 代用法(试饼法)

① 测定前的准备工作

每个试件准备两块约 100mm×100mm 的玻璃板，并将与水泥净浆接触的玻璃板面稍稍涂上一层油。

将已制好的标准稠度净浆取出一部分，分成两等份，使之呈球形，并放在玻璃板上；轻轻振动玻璃板并用湿布擦过的小刀由边缘向中间抹，做成直径 70～80mm、中心厚约 10mm、边缘渐薄、表面光滑的试饼，然后将试饼移至湿气养护箱中养护 24h±2h。

② 沸煮

将养护好的试饼，从玻璃板上取下并编号，在试饼无缺陷的情况下将试饼放在煮沸箱水中的箆板上，然后在 30min±5min 内加热至沸并恒沸 180min±5min。

③ 判别

沸煮结束后，立即放掉沸煮箱中的热水，打开箱盖，待箱体冷却到室温，取出试件进行判别。目测试饼未发现裂缝，用钢直尺检查也没有弯曲(使钢直尺和试饼底部紧靠，以两者间不透光为不弯曲)，则认为该水泥安定性合格，反之为不合格。当两个试饼判别结果有矛盾时，该水泥的安定性为不合格。

4.2.5 水泥胶砂强度（成型、养护）试验

扫一扫
水泥胶砂成型试验

4.2.5.1 试验目的

根据《水泥胶砂强度检验方法（ISO 法）》（GB/T 17671—1999）规定的方法来制成 40mm×40mm×160mm 试样，为检验并确定水泥的强度等级做准备。

扫一扫
水泥胶砂成型试验操作

4.2.5.2 实验室和主要仪器设备

（1）实验室

试体成型实验室的温度应保持在 20℃±2℃，相对湿度应不低于 50%。

试体带模养护的养护箱或雾室温度保持在 20℃±1℃，相对湿度不低于 90%。

试体养护池水温度应在 20℃±1℃范围内。

实验室空气温度和相对湿度及养护池水温在工作期间每天至少记录一次。

养护箱或雾室的温度与相对湿度至少每 4h 记录一次，在自动控制的情况下记录次数可以酌减至一天记录两次。在温度给定范围内，控制所设定的温度应为此范围中值。

（2）主要仪器设备

① 试验筛。金属丝网试验筛应符合《试验筛　技术要求和检验　第 2 部分：金属穿孔板试验筛》（GB/T 6003.2—2012）要求，其筛网孔尺寸如表 4-8 所示。

② 搅拌机。搅拌机（图 4-8）属行星式，应符合《行星式水泥胶砂搅拌机》（JC/T 681—2005）要求。

用多台搅拌机工作时，搅拌锅和搅拌叶应保持配对使用。叶片与锅之间的间隙，是指叶片与锅壁最近距离，应每月检查一次。

表 4-8　试验筛

系列	网眼尺寸（mm）
R20	2.0
	1.6
	1.0
	0.5
	0.16
	0.08

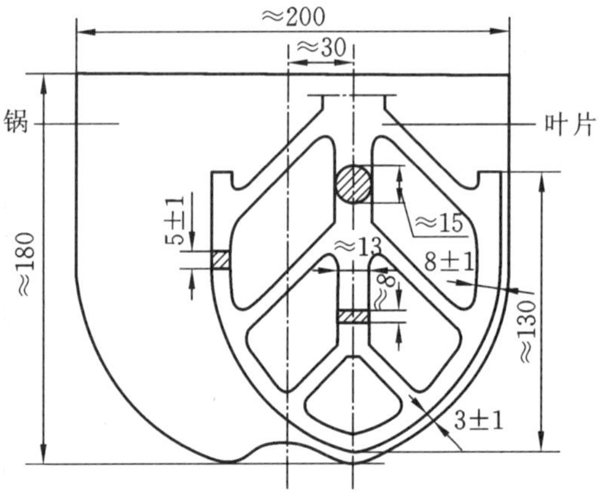

图 4-8　搅拌机

③ 试模。试模由三个水平的模槽组成（图 4-9），可同时成型三条截面为 40mm×40mm，长 160mm 的菱形试体，其材质和制造尺寸应满足《水泥胶砂试模》（JC/T 726—2005）要求。

当试模的任何一个公差超过规定的要求时，应更换。在组装备用的干净模型时，应用黄油等密封材料涂覆模型的外接缝。试模的内表面应涂上一薄层模型油或机油。

成型操作时，应在试模上面加上一个壁高 20mm 的金属模套，当从上往下看时，模套壁与模型内壁应该重叠，超过内壁不应大于 1mm。

为控制料层厚度和刮平胶砂，应备有图 4-10 所示的两个播料器和一把金属刮平直尺。

④ 振实台。振实台（图 4-11）应符合《水泥胶砂试体成型振实台》（JC/T 682—2005）要求。振实台应安装在高度约 400mm 的混凝土基座上。混凝土体积约为 $0.25m^3$ 时，重约 600kg。需防外部振动影响振实效果时，可在整个混凝土基座下放一层厚约 5mm 天然橡胶弹性衬垫。

将仪器用地脚螺栓固定在基座上，安装后设备成水平状态，仪器底座与基座之间要铺一层砂浆以保证它们的完全接触。

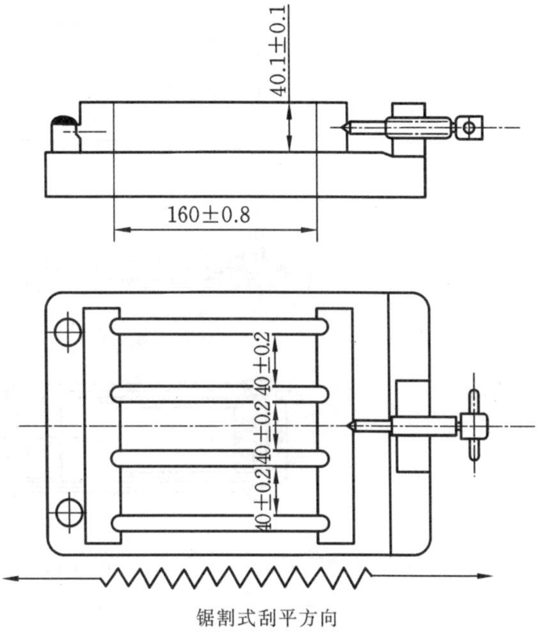

图 4-9 典型的试模

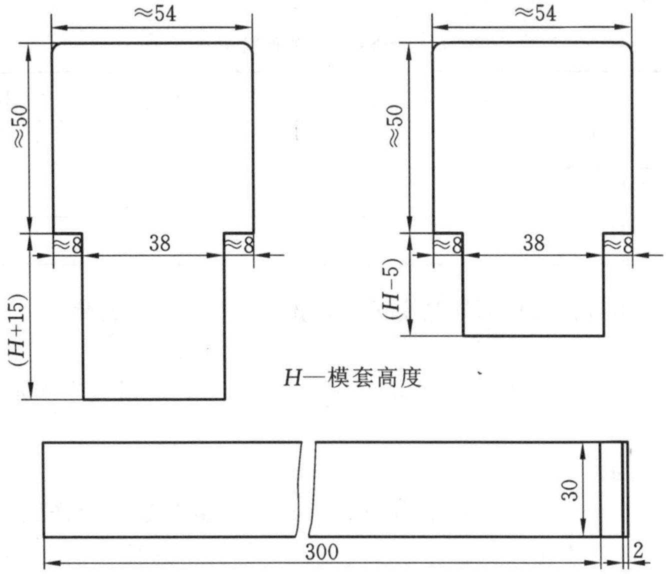

图 4-10 典型的播料器和金属刮平直尺

4.2.5.3 胶砂组成

(1) 砂

各国生产的 ISO 标准砂都可以用来按本试验测定水泥强度。中国 ISO 标准砂符合 ISO 679 中 5.1.3 条的要求。对标准砂作全面地和明确地规定是困难的，因此在鉴定和质量控制时使砂子与 ISO 基准砂比对标准化是必要的。

① ISO 基准砂

ISO 基准砂是由德国标准砂公司制备的 SiO_2 含量不低于 98% 的天然的圆形硅质砂组

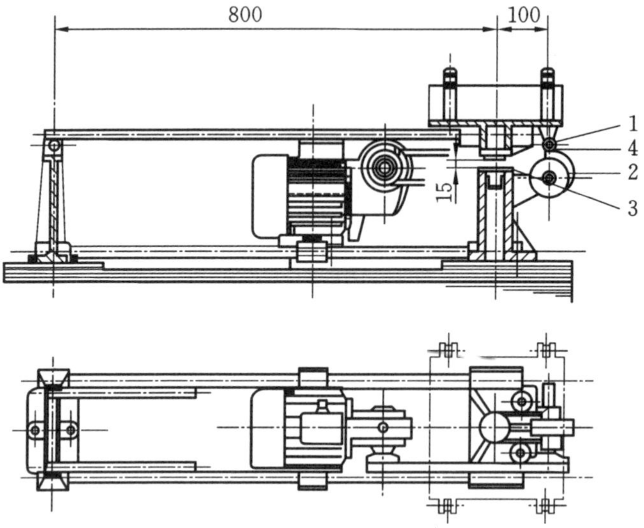

图 4-11　典型的振实台

1—突头；2—凸轮；3—止动器；4—随动轮

成，其颗粒分布在表 4-9 规定的范围内。

表 4-9　ISO 基准砂颗粒分布

方孔边长(mm)	累计筛余(%)	方孔边长(mm)	累计筛余(%)
2.0	0	0.5	67±5
1.6	7±5	0.16	87±5
1.0	33±5	0.08	99±1

砂的筛析试验应用有代表性的样品来进行，每个筛子的筛析试验应进行至每分钟通过量小于 0.5g 为止。

砂的湿含量是在 105～110℃下用代表性砂样烘 2h 的质量损失来测定，以干基的质量百分数表示，应小于 0.2%。

② 中国 ISO 标准砂

中国 ISO 标准砂完全符合上述①颗粒分布和湿含量的规定。生产期间这种测定每天应至少进行一次。这些要求不足以保证标准砂与基准砂等同。这种等效性是通过标准砂和基准砂比对检验程序来保持的。

中国 ISO 标准砂可以单级分包装，也可以各级预配合以 1350g±5g 量的塑料袋混合包装，但所用塑料袋材料不得影响强度试验结果。

(2) 水泥

当试验水泥从取样至试验要保持 24h 以上时，应把它贮存在基本装满和气密的容器里，这个容器应不与水泥起反应。

(3) 水

仲裁试验或其他重要试验用蒸馏水，其他试验可用饮用水。

4.2.5.4 胶砂的制备

(1) 配合比

胶砂的质量配合比应为一份水泥、三份标准砂和半份水(水灰比为 0.5)。

一锅胶砂成三条试体,每锅材料需要量如表 4-10 所示。

表 4-10 每锅胶砂的材料数量(g)

水泥品种	材料量		
	水泥	标准砂	水
硅酸盐水泥	450±2	1350±5	225±1
普通硅酸盐水泥			
矿渣硅酸盐水泥			
粉煤灰硅酸盐水泥			
复合硅酸盐水泥			
石灰石硅酸盐水泥			

(2) 配料

水泥、砂、水和试验用具的温度与实验室相同,称量用的天平精度应为±1g。当用自动滴管加 225mL 水时,滴管精度应达到±1mL。

(3) 搅拌

每锅胶砂用搅拌机进行机械搅拌。先使搅拌机处于待工作状态,然后按以下的程序进行操作:

把水加入锅里,再加入水泥,把锅放在固定架上,上升至固定位置。

然后立即开动机器,低速搅拌 30s 后,在第二个 30s 开始的同时均匀地将砂子加入。当各级砂是分装时,从最粗料级开始,依次将所需的每级砂量加完。把机器转至高速再拌 30s。停拌 90s,在第 1 个 15s 内用一胶皮刮具将叶片和锅壁上的胶砂,刮入锅中间。在高速下继续搅拌 60s。各个搅拌阶段,时间误差应在±1s 以内。

4.2.5.5 试件的制备

(1) 试件尺寸

试件应是 40mm×40mm×160mm 的棱柱体。

(2) 成型

① 用振实台成型

胶砂制备后立即进行成型。将空试模和模套固定在振实台上,用一个适当勺子直接从搅拌锅里将胶砂分两层装入试模。装第一层时,每个槽里约放 300g 胶砂,用大播料器垂直架在模套顶部沿每个模槽来回一次将料层播平,接着振实 60 次。再装入第二层胶砂,用小播料器播平,再振实 60 次。移走模套,从振实台上取下试模,用一金属直尺以近似 90°的角度架在试模模顶的一端，然后沿试模长度方向以横向锯割动作慢慢向另一端移动，一次将超过试模部分的胶砂刮去，并用同一直尺以近乎水平的情况下将试体表面抹平。

在试模上作标记或加字条标明试件编号和试件相对于振实台的位置。

② 用振动台成型

当使用代用的振动台成型时，操作如下：

在搅拌胶砂的同时将试模和下料漏斗卡紧在振动台的中心。将搅拌好的全部胶砂均匀地装入下料漏斗中，开动振动台，胶砂通过漏斗流入试模。振动 120s±5s 停车。振动完毕，取下试模，用刮平尺按上述规定的刮平手法刮去其高出试模的胶砂并抹平。接着在试模上作标记或用字条表明试件编号。

4.2.5.6 试件的养护

(1) 脱模前的处理和养护

去掉留在模子四周的胶砂。立即将作好标记的试模放入雾室或湿箱的水平架子上养护，湿空气应能与试模各边接触。养护时不应将试模放在其他试模上，一直养护到规定的脱模时间时取出脱模。脱模前，用防水墨汁或颜料笔对试体进行编号和作其他标记。两个龄期以上的试体，在编号时应将同一试模中的三条试体分在两个以上龄期内。

(2) 脱模

脱模应非常小心。对于 24h 龄期的，应在破型试验前 20min 内脱模。对于 24h 以上龄期的，应在成型后 20～24h 之间脱模。如经 24h 养护，会因脱模对强度造成损害时，可以延迟到 24h 以后脱模，但在试验报告中应予说明。

已确定作为 24h 龄期试验(或其他不下水直接做试验)的已脱模试体，应用湿布覆盖至做试验时为止。

(3) 水中养护

将做好标记的试件立即水平或竖直放在 20℃±1℃水中养护，水平放置时刮平面应朝上。

试件放在不易腐烂的篦子上，并彼此间保持一定间距，以让水与试件的六个面接触。养护期间试件之间间隔或试体上表面的水深不得小于 5mm。

每个养护池只养护同类型的水泥试件。

最初用自来水装满养护池(或容器)，随后随时加水保持适当的恒定水位，不允许在养护期间全部换水。

除 24h 龄期或延迟至 48h 脱模的试体外，任何到龄期的试体应在试验(破型)前 15min 从水中取出。擦去试体表面沉积物，并用湿布覆盖至试验开始。

(4) 强度试验试体的龄期

试体龄期是从水泥加水搅拌开始试验时算起，至强度测定所经历的时间。不同龄期的试件，必须相应地在 24h±15min、48h±30min、72h±45min、7d±2h、>28d±8h 的试件内进行强度试验。到龄期的试件应在强度试验前 15min 从水中取出，擦去试件表面沉积物，并用湿布覆盖至试验开始。

4.2.6 水泥胶砂强度(力学性能)试验

扫一扫
水泥胶砂强度试验

4.2.6.1 试验目的

本试验通过规范规定的检验程序来检验并确定水泥的强度等级。

本试验为 40mm×40mm×160mm 棱柱试体的水泥抗压强度和抗折强度测定。

4.2.6.2 编制依据

本试验根据《水泥胶砂强度检验方法(ISO 法)》(GB/T 17671—1999)制定。

4.2.6.3 试验设备

主要仪器设备有抗折强度试验机、抗压强度试验机和抗压强度试验机用夹具等。

(1) 抗折强度试验机

抗折强度试验机应符合《水泥胶砂电动抗折试验机》(JC/T 724—2005)的要求。试件在夹具中受力状态如图 4-12 所示。

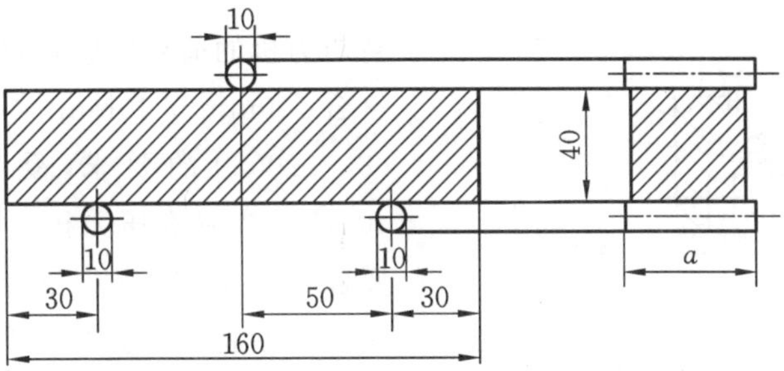

图 4-12 抗折强度测定加荷图

通过三根圆柱轴的三个竖向平面应该平行,并在试验时继续保持平行和等距离垂直试体的方向,其中一根支撑圆柱和加荷圆柱能轻微地倾斜使圆柱与试体完全接触,以便荷载沿试体宽度方向均匀分布,同时不产生任何扭转应力。

抗折强度也可用抗压强度试验机来测定,此时应使用符合上述规定的夹具。

(2) 抗压强度试验机

抗压强度试验机,在较大的五分之四量程范围内使用时记录的荷载应有±1%精度,并具有按 2400N/s±200N/s 速率的加荷能力。应有一个能指示试件破坏时荷载并把它保持到试验机卸荷以后的指示器,可以用表盘里的峰值指针或显示器来达到。人工操纵的试验机应配有一个速度动态装置以便于控制荷载增加。

压力机的活塞竖向轴应与压力机的竖向轴重合,在加荷时也不例外,而且活塞作用的合力要通过试件中心。压力机的下压板表面应与该机的轴线垂直并在加荷过程中一直保持不变。

压力机上压板球座中心应在该机竖向轴线与上压板下表面相交点上,其公差为±1mm。上压板在与试体接触时能自动调整,但在加荷期间上下压板的位置应固定不变。

试验机压板应由维氏硬度不低于 HV600 的硬质钢制成,最好为碳化钨,厚度不小于 10mm,宽为 40mm±0.1mm,长不小于 40mm。压板和试件接触的表面平面度公差应为 0.01mm,表面粗糙度(R_a)应在 0.1～0.8 之间。

当试验机没有球座，或球座已不灵活或直径大于 120mm 时，应采用下述(3)规定的夹具。

注意事项：

① 试验机的最大荷载以 200～300kN 为佳，可以有两个以上的荷载范围，其中最低荷载范围的最高值大致为最高范围里的最大值的五分之一。

② 采用具有加荷速度自动调节方法和具有记录结果装置的压力机是合适的。

③ 可以润滑球座以便使其与试件接触更好，但在加荷期间不致因此而发生压板的位移。在高压下有效的润滑剂不适宜使用，以免导致压板的移动。

④ “竖向”、“上”、“下”等术语是对传统的试验机而言。此外，按规定和其他要求接受为代用试验方法时，轴线不呈竖向的压力机也可以使用。

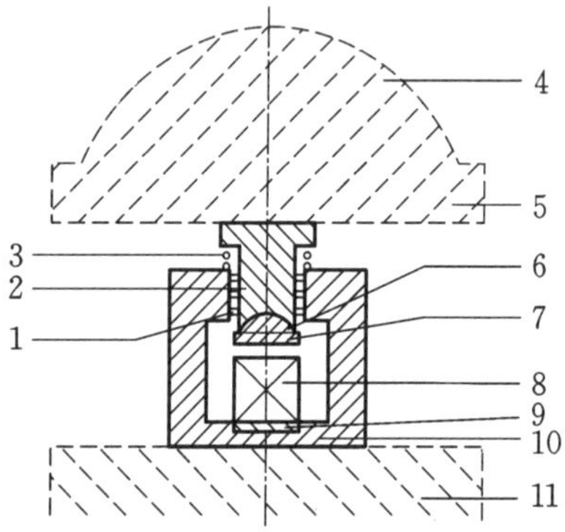

图 4-13　典型的抗压强度试验夹具

1—滚珠轴承；2—滑块；3—复位弹簧；4—压力机球座；5—压力机压板；6—夹具球座；7—夹具上压板；8—试体；9—底板；10—夹具下垫板；11—压力机下压板

(3) 抗压强度试验机用夹具

当需要使用夹具时，应把它放在压力机的上下压板之间并与压力机处于同一轴线，以便将压力机的荷载传递至胶砂试件表面。夹具应符合《40mm × 40mm 水泥抗压夹具》(JC/T 683—2005) 的要求，受压面积为 40mm × 40mm。夹具在压力机上位置见图 4-13，夹具要保持清洁，球座应能转动以使其上压板能从一开始就适应试体的形状并在试验中保持不变。使用中夹具应满足 JC/T 683 的全部要求。

4.2.6.4　试验步骤

扫一扫

水泥胶砂抗折强度试验操作

用抗折强度试验机以中心加荷法测定抗折强度。

在折断后的棱柱体上进行抗压试验，受压面是试体成型时的两个侧面，面积为 40mm×40mm。

当不需要抗折强度数值时，抗折强度试验可以省去。但抗压强度试验应在不使试件受有害应力情况下折断的两截棱柱体上进行。

(1) 抗折强度测定

将试体一个侧面放在试验机支撑圆柱上，试体长轴垂直于支撑圆柱，通过加荷圆柱以 50N/s±10N/s 的速率均匀地将荷载垂直地加在棱柱体相对侧面上，直至折断。

保持两个半截棱柱体处于潮湿状态直至抗压试验开始。

抗折强度 R_f 以牛顿每平方毫米(MPa)表示，按式(4-4)进行计算：

$$R_f = \frac{1.5F_fL}{b^3} \tag{4-4}$$

式中　F_f——折断时施加于棱柱体中部的荷载(N)；

L——支撑圆柱之间的距离(mm)；

b——棱柱体正方形截面的边长(mm)。

扫一扫

水泥胶砂抗压强度试验操作

(2) 抗压强度测定

抗压强度试验通过抗压强度试验机和抗压强度试验机用夹具，在半截棱柱体的侧面上进行。半截棱柱体中心与压力机压板受压中心差应在±0.5mm 内，棱柱体露在压板外的部分约有 10mm。在整个加荷过程中以 2400N/s±200N/s 的速率均匀地加荷直至破坏。抗压强度 R_c 以牛顿每平方毫米(MPa)为单位，按式(4-5)进行计算：

$$R_c=\frac{F_c}{A} \tag{4-5}$$

式中 F_c——破坏时的最大荷载(N)；

A——受压部分面积($40\text{mm}\times40\text{mm}=1600\text{mm}^2$)。

4.2.6.5 水泥的合格检验

强度测定方法有两种主要用途，即合格检验和验收检验。本文叙述了合格检验，即用它确定水泥是否符合规定的强度要求。

(1) 抗折强度

以一组三个棱柱体抗折结果的平均值作为试验结果。当三个强度值中有一个超出平均值±10%时，应剔除后再取平均值作为抗折强度试验结果。

(2) 抗压强度

以一组三个棱柱体上得到的六个抗压强度测定值的算术平均值为试验结果。

如六个测定值中有一个超出六个测定值的平均值的±10%，就应剔除这个结果，而以剩下五个测定值的平均数为结果。如果五个测定值中再有超过它们平均数±10%的，则此组结果作废。

(3) 试验结果的计算

各试体的抗折强度记录至 0.1MPa，按规定计算平均值，计算精确至 0.1MPa。

各个半棱柱体得到的单个抗压强度结果计算至 0.1MPa，按规定计算平均值，计算精确至 0.1MPa。

(4) 再现性

抗压强度测量方法的再现性，是同一个水泥样品在不同实验室工作的不同操作人员，在不同的时间，用不同来源的标准砂和不同套设备所获得试验结果误差的定量表达。

对于 28d 抗压强度的测定，在合格实验室之间的再现性，用变异系数表示，可要求不超过 6%。这意味着不同实验室之间获得的两个相应试验结果的差可要求(概率 95%)小于约 15%。

4.2.7 水泥检测记录及报告

水泥检测记录见表 4-11，检测报告见表 4-12。

表 4-11　水泥检测记录

受控号：

委托/合同编号			试样名称		水泥标号	检测日期	
检测编号			试样状态描述			样品数量	
使用部位			检测依据			水泥批号	
主要仪器设备及环境条件	设备名称			设备型号		温度(℃)	相对湿度(%)
细度（负压筛法，45μm）	次数	试样质量 W(g)	筛余物质量 R_S(g)	筛余百分数 F(%)	平均筛余百分数(%)	修正系数 C	修正筛余百分数(%)
	1						
	2						
比表面积	水泥密度(kg/m^3)			水泥质量(g)		结果	
胶砂流动度	开始时间			结束时间		结果(mm)	平均值

续表 4-11

<table>
<tr><td rowspan="2">标准稠度用水量</td><td colspan="3">开始时间</td><td colspan="5">试杆距底板之间的距离(6mm±1mm)</td><td colspan="4">拌和水量(g)</td><td colspan="4">水泥质量(g)</td><td colspan="4">标准稠度用水量(%)</td></tr>
<tr><td colspan="3"></td><td colspan="5"></td><td colspan="4"></td><td colspan="4"></td><td colspan="4"></td></tr>
<tr><td rowspan="5">凝结时间</td><td colspan="3">测定时间</td><td></td><td></td><td></td><td></td><td></td><td></td><td></td><td></td><td></td><td></td><td></td><td></td><td></td><td></td><td></td><td colspan="2"></td></tr>
<tr><td colspan="3">试针距底板距离(mm)</td><td></td><td></td><td></td><td></td><td></td><td></td><td></td><td></td><td></td><td></td><td></td><td></td><td></td><td></td><td></td><td colspan="2"></td></tr>
<tr><td colspan="3">初凝计时</td><td colspan="8"></td><td colspan="4">初凝时间(min)</td><td colspan="5"></td></tr>
<tr><td colspan="3">终凝计时</td><td colspan="8"></td><td colspan="4">终凝时间(min)</td><td colspan="5"></td></tr>
<tr><td colspan="3">凝结时间评定</td><td colspan="17">物理指标：</td></tr>
<tr><td rowspan="4">安定性</td><td colspan="15">雷氏法</td><td colspan="5">试饼法(试件蒸煮/压蒸前后情况)</td></tr>
<tr><td colspan="3">次数</td><td colspan="3">A 值(mm)</td><td colspan="3">C 值(mm)</td><td colspan="3">$C-A$ 值(mm)</td><td colspan="3">平均值(mm)</td><td colspan="2">1# 饼</td><td colspan="2">2# 饼</td><td>评定</td></tr>
<tr><td>1</td><td>成型时间</td><td></td><td colspan="3"></td><td colspan="3"></td><td colspan="3"></td><td colspan="3" rowspan="2"></td><td colspan="2" rowspan="2"></td><td colspan="2" rowspan="2"></td><td rowspan="2"></td></tr>
<tr><td>2</td><td>沸煮时间</td><td></td><td colspan="3"></td><td colspan="3"></td><td colspan="3"></td></tr>
<tr><td rowspan="4">强度</td><td rowspan="2">试验编号</td><td rowspan="2">试验日期</td><td rowspan="2">龄期(d)</td><td colspan="3">抗折强度(MPa)</td><td rowspan="2">平均抗折强度(MPa)</td><td colspan="6">抗压荷载(kN)</td><td colspan="6">抗压强度(MPa)</td><td rowspan="2">平均抗压强度(MPa)</td></tr>
<tr><td>1</td><td>2</td><td>3</td><td>1</td><td>2</td><td>3</td><td>4</td><td>5</td><td>6</td><td>1</td><td>2</td><td>3</td><td>4</td><td>5</td><td>6</td></tr>
<tr><td></td><td></td><td></td><td></td><td></td><td></td><td></td><td></td><td></td><td></td><td></td><td></td><td></td><td></td><td></td><td></td><td></td><td></td><td></td><td></td></tr>
<tr><td></td><td></td><td></td><td></td><td></td><td></td><td></td><td></td><td></td><td></td><td></td><td></td><td></td><td></td><td></td><td></td><td></td><td></td><td></td><td></td></tr>
</table>

检测：　　　　　　　　　　复核：　　　　　　　　　　第　　页 共　　页

表 4-12　水泥检测报告

检测编号：　　　　　　　　　　　　　　　　　　　　　　报告日期：

委托单位					检测类别	
工程名称					委托编号	
监理单位					样品编号	
见证单位					见证人员	
施工单位					收样日期	
生产厂家					检测日期	
取样地点					检测环境	
检测参数						
检测设备						
使用部位						
检测依据						
样品数量		样品名称			规格型号	
代表数量		样品描述			生产批号	

序号	检测参数		单位	标准值	检测结果	单项结论
1	凝结时间	初凝时间	min	≥45		
		终凝时间	min	≤600		
2	安定性	试饼法	—	无裂缝，无弯曲		
		雷氏法	mm	≤5.0		
3	抗折强度	3d	MPa	≥3.5		
		28d	MPa	≥5.5		
4	抗压强度	3d	MPa	≥15.0		
		28d	MPa	≥32.5		
5	细度	比表面积法	m^2/kg	—		
		筛析法	%	≤10		
6	标准稠度用水量		%	—		
检测结论						
备　注						
声　明	1.报告无"检测专用章"无效； 2.复制报告未重新加盖"检测专用章"无效； 3.报告无检测、审核、批准人签字无效，报告涂改无效； 4.对本报告若有异议，应于收到报告之日起十五日内向检测单位提出，逾期不予受理； 5.委托检测只对来样负责。					

批准：　　　　　　　　　　　　审核：　　　　　　　　　　　　检测：

检测单位地址：　　　　　　　　邮编：　　　　　　　　　　　　电话：

网站：

4.3 气硬性胶凝材料

4.3.1 石膏

气硬性胶凝材料

建筑石膏及制品具有轻质、高强、隔热、吸声、美观及易加工等优点，因此用途广泛，是一种有发展前途的新型土木工程材料。

自然界中存在有天然的无水石膏($CaSO_4$)和二水石膏($CaSO_4 \cdot 2H_2O$)。

在土木工程中所使用的石膏是由天然二水石膏经加工而成的半水石膏($CaSO_4 \cdot \frac{1}{2}H_2O$)，亦称熟石膏。天然二水石膏在加工时随温度和压力等条件的不同，会得到结构和性能不相同的产物，即

$$\text{二水石膏}(CaSO_4 \cdot 2H_2O) \xrightarrow{125℃、0.13MPa} \alpha\text{型半水石膏}(CaSO_4 \cdot \frac{1}{2}H_2O) + \frac{3}{2}H_2O$$

$$\text{二水石膏}(CaSO_4 \cdot 2H_2O) \xrightarrow{107 \sim 170℃} \beta\text{型半水石膏}(CaSO_4 \cdot \frac{1}{2}H_2O) + \frac{3}{2}H_2O$$

α型半水石膏也称高强度石膏，高强度石膏硬化后，密实度大，强度高，可用于土木工程抹灰或制成石膏制品，但成本高；β型半水石膏也称建筑石膏，其生产简便，成本低，可在土木工程中大量使用。

4.3.1.1 建筑石膏的凝结与硬化

建筑石膏加水拌和后，很快由半水石膏变成二水石膏：

$$CaSO_4 \cdot \frac{1}{2}H_2O + \frac{3}{2}H_2O \longrightarrow CaSO_4 \cdot 2H_2O$$

半水石膏加水后先溶于水，然后与水结合成二水石膏，并不断地从溶液中析出晶体，随着二水石膏晶体析出，浆体中自由水分不断减少，使浆体逐渐变稠、变干而失去可塑性，这个过程称为凝结。随后晶体继续增多，彼此紧密结合，并使浆体强度不断增加，这个过程称为硬化。

4.3.1.2 建筑石膏的技术标准

建筑石膏的密度为2.5～2.8g/cm^3，表观密度为800～1000kg/m^3，建筑石膏的技术要求主要有细度、凝结时间和强度。按2h抗折强度分为3.0、2.0、1.6三个等级(表4-13)。

表4-13 建筑石膏的技术要求(GB/T 9776—2008)

等级	细度(0.2mm方孔筛筛余)(%)	凝结时间(min)		2h强度(MPa)	
		初凝	终凝	抗折	抗压
3.0				≥3.0	≥6.0
2.0	≤10	≥3	≤30	≥2.0	≥4.0
1.6				≥1.6	≥3.0

4.3.1.3 建筑石膏的特性

建筑石膏与其他胶凝材料相比，具有以下特性：

(1) 凝结硬化快。建筑石膏一般在加水后5～15min即凝结。为施工方便，往往要掺适量的缓凝剂，如动物胶及亚硫酸盐酒精废液等。建筑石膏硬化快，大约一周时间即可达到最高强度(可达15MPa)。

(2) 微膨胀。建筑石膏硬化过程中体积略有膨胀(约1%)，这使得建筑石膏可以单独使用。用石膏制作的各种装饰制品形体饱满充实，表面光滑细腻，干燥时不开裂。

(3) 孔隙率大。石膏硬化后孔隙率可达50%～60%，因此建筑石膏制品质轻、隔热、吸声性好，是一种良好的室内装饰材料。但孔隙率大会使石膏制品强度降低、吸水率增大。

(4) 耐水性差。建筑石膏制品的软化系数小、耐水性差，若吸水后受冻，将因水分结冰而崩裂，故建筑石膏的耐水性和抗冻性都较差，不宜用于室外。

(5) 抗火性好。建筑石膏硬化后的主要成分是$CaSO_4 \cdot 2H_2O$，遇火时其中的结晶水脱出能吸收热量，生成无水石膏而成为良好的热绝缘体。建筑石膏的制品愈厚，抗火性愈好。

4.3.1.4 建筑石膏的应用

(1) 室内抹灰及粉刷

建筑石膏加水、砂拌和成石膏砂浆可用于室内抹灰。这种抹灰墙面具有绝热、阻火、隔音、舒适、美观等特点。抹灰后的墙面和天棚还可以直接涂刷涂料、油漆及粘贴墙纸。

(2) 装饰制品

以石膏为主要原料，掺加少量的纤维增强材料和胶料，加水搅拌成石膏浆体，利用石膏硬化时体积微膨胀的性能，可制成各种石膏雕塑、饰面板及各种装饰品。

(3) 石膏板

我国目前生产的石膏板，主要有纸面石膏板、石膏空心条板、石膏装饰板、纤维石膏板等。

4.3.1.5 建筑石膏的储存

在储存建筑石膏时应注意防潮，储存期一般不要超过3个月(自生产之日算起)。石膏制品表面如未作防潮处理，则只能在干燥环境中使用，其储存期也不宜超过3个月，在储存运输及施工过程中，要严格注意防潮、防水。

4.3.2 石灰

石灰是人类在土木工程中最早使用的胶凝材料之一。它的原料是石灰石，主要成分为碳酸钙($CaCO_3$)，常含有一定的碳酸镁($MgCO_3$)。因其原料分布广泛，生产工艺简单，使用方便，成本低廉，所以目前仍广泛用于土木工程中。

石灰石经过煅烧生成石灰(亦称生石灰)，其化学反应式如下：

$$CaCO_3 \xrightarrow{900℃} CaO + CO_2$$

$$MgCO_3 \xrightarrow{700℃} MgO + CO_2$$

生石灰加水后，发生反应生成氢氧化钙[$Ca(OH)_2$]，称为熟石灰。

4.3.2.1 生石灰和熟石灰

(1) 生石灰

生石灰的主要成分是氧化钙(CaO),其次是氧化镁(MgO)。当生石灰中的氧化镁含量≤5%时,称为钙质石灰;当氧化镁的含量>5%时,称为镁质石灰。在生石灰的生产过程中,煅烧石灰石的温度一般应控制在1000～1200℃。

(2) 熟石灰

生石灰是块状的,除了加工磨细成生石灰粉在一定条件下直接使用外,通常是被熟化成熟石灰粉(消石灰粉)和石灰膏。

生石灰加水生成氢氧化钙,这一过程称为生石灰的"熟化"(或称消解),其化学反应式如下:

$$\underset{\text{生石灰}}{CaO} + H_2O \longrightarrow \underset{\text{熟石灰}}{Ca(OH)_2} + 64.9\text{kJ}$$

生石灰具有强烈的水化能力,水化时放出大量的热,同时其体积也增大1～2.5倍。一般煅烧良好、氧化钙含量高、杂质含量少的生石灰,其熟化速度快、放热量大、体积膨胀大。

① 熟石灰粉。生石灰中均匀加入适量的水,就得到分散的颗粒细小的熟石灰粉。工程施工调制熟石灰粉时常用淋灰方法。

② 石灰膏。生石灰加入过量的水(约为块灰质量的2.5～3倍),得到的浆体则为石灰乳。石灰乳沉淀后除去表层多余水分,得到的膏状物称为石灰膏。施工中调制石灰膏是在化灰池和储灰池中进行的。

由于生石灰中的过火灰的结构紧密,所以熟化速度极慢。若熟化不充分,使用后过火灰在抹灰层中仍能熟化,并产生体积膨胀,使抹灰层表面隆起和开裂。为了避免这种事故发生,在储灰池中应陈伏(即存放)两周以上。在陈伏期间应使浆体表面留有一层水,以防石灰碳化。

4.3.2.2 石灰的硬化

熟化后石灰浆体的硬化过程主要是由干燥硬化和碳化硬化两个过程同时进行的。

(1) 干燥硬化过程

石灰浆体中的水分蒸发,使氢氧化钙达到饱和,从溶液中析出晶体,同时干燥可使浆体紧缩而产生强度。

(2) 碳化硬化过程

氢氧化钙与空气中的CO_2在有水存在的情况下生成碳酸钙,析出水分被蒸发,这个过程称为碳化。由于空气中二氧化碳的含量非常稀薄,故上述反应极慢。

表面的石灰一旦碳化后,所生成的碳酸钙就形成了坚硬的外壳,既阻碍了二氧化碳进一步的透入,也阻碍了内部水分的蒸发,因此石灰浆在较长时间内可处于湿润状态。

4.3.2.3 石灰的技术标准

生石灰可分为建筑生石灰和建筑生石灰粉两种。按生石灰的化学成分分为钙质石灰和镁质石灰两类。根据化学成分含量每类分为几个等级，见表 4-14。建筑生石灰的技术指标应符合表 4-15 的要求。

表 4-14　建筑生石灰的分类(JC/T 479—2013)

类　　别	名　　称	代　　号
钙质石灰	钙质石灰 90	CL 90
	钙质石灰 85	CL 85
	钙质石灰 75	CL 75
镁质石灰	镁质石灰 85	ML 85
	镁质石灰 80	ML 80

表 4-15　建筑生石灰的技术标准(JC/T 479—2013)

名称	产浆量 (dm^3/10kg)	细度	
		0.2mm 筛余量(%)	90μm 筛余量(%)
CL 90-Q	≥26	—	—
CL 90-QP	—	≤2	≤7
CL 85-Q	≥26	—	—
CL 85-QP	—	≤2	≤7
CL 75-Q	≥26	—	—
CL 75-QP	—	≤2	≤7
ML 85-Q	—	—	—
ML 85-QP		≤2	≤7
ML 80-Q	—	—	—
ML 80-QP		≤7	≤2

建筑消石灰粉按扣除游离水和结合水后 CaO+MgO 的百分含量加以分类，分为钙质消石灰粉和镁质消石灰粉，见表 4-16，其技术指标见表 4-17。

表 4-16　建筑消石灰的分类(JC/T 481—2013)

类　　别	名　　称	代　　号
钙质消石灰	钙质消石灰 90	HCL 90
	钙质消石灰 85	HCL 85
	钙质消石灰 75	HCL 75
镁质消石灰	镁质消石灰 85	HML 85
	镁质消石灰 80	HML 80

表 4-17 建筑消石灰的技术标准(JC/T 481—2013)

名称	游离水(%)	细度		安定性
		0.2mm 筛余量(%)	90μm 筛余量(%)	
HCL 90 HCL 85 HCL 75 HML 85 HML 80	≤2	≤2	≤7	合格

4.3.2.4 石灰的特性

(1) 良好的保水性。生石灰熟化成的熟石灰膏具有良好的保水性能,因此可掺入水泥砂浆中,提高砂浆的保水能力,便于施工。

(2) 凝结硬化慢、强度低。由于石灰浆在空气中的碳化过程十分缓慢,所以导致氢氧化钙和碳酸钙结晶的生成量少,且缓慢,其最终的强度也不高。根据试验 1∶3石灰砂浆 28d 的抗压强度通常只有 0.2～0.5MPa。

(3) 耐水性差。氢氧化钙易溶于水,若长期受潮或被水浸泡会使已硬化的石灰溃散。如果石灰浆体在完全硬化之前就处于潮湿的环境中,由于石灰中水分不能蒸发出去,则其硬化就会被阻止,所以石灰不宜在潮湿的环境中使用。

(4) 体积收缩大。石灰浆体硬化过程中,由于蒸发出大量的水分而引起体积收缩,则会使石灰制品开裂,因此石灰除调成石灰乳作粉刷外不宜单独使用。在使用石灰时,常在其中掺加砂、麻刀、纸筋等以抵抗收缩而引起的开裂。

4.3.2.5 石灰的应用

生石灰经加工处理后可得到很多品种的石灰,如磨细生石灰、熟石灰粉、石灰乳、石灰膏等,不同品种的石灰具有不同的应用。

(1) 磨细生石灰

块状生石灰经破碎、磨细而成的细粉,称为磨细生石灰。磨细生石灰可与含硅材料一起制成硅酸盐制品。磨细生石灰还可以与纤维填料(如玻璃纤维)或轻质料加水拌和成型,然后再经过 12～24h 的人工碳化,生成碳化石灰板。碳化石灰板加工性能好,适合用作非承重的内隔墙板、天花板。

(2) 熟石灰粉

熟石灰粉主要用来配制石灰土和三合土。配制时,熟石灰粉必须充分熟化。石灰土和三合土主要用在一些建筑物的基础、地面的垫层和公路的路基上。

(3) 石灰膏

熟化并陈伏后的石灰膏稀释成石灰乳,可用作内、外墙及天棚粉刷的涂料。石灰膏还可掺入砂和水拌成砂浆,用于砌筑墙面及天棚等大面积暴露在空气中的抹灰层,也可以与水泥一起配制成混合砂浆用于砌筑墙体。

4.3.2.6 石灰的储存

生石灰会吸收空气中的水分和二氧化碳，生成白色粉末状的碳酸钙，从而失去黏结力。所以，在工地上储存生石灰时要防止受潮，而且不宜放置太多、太久。另外，由于生石灰熟化时有大量的热放出，因此应将生石灰与可燃物分开保管，以免引起火灾。通常运进工地后应立即陈伏，将储存期变为熟化期。

4.3.3 水玻璃

水玻璃又称泡花碱，是一种气硬性胶凝材料。在土木工程中常用来配制水玻璃胶泥、水玻璃砂浆、水玻璃混凝土，水玻璃在防酸和耐热工程中应用广泛。

(1) 水玻璃的组成

水玻璃是一种无色或淡黄、青灰色的透明或半透明的黏稠液体，是一种能溶于水的碱金属硅酸盐，具有不燃、不朽、耐酸等多种特性。

(2) 水玻璃的应用

硬化后的水玻璃具有很高的耐酸性，因此常用作耐酸材料，配制耐酸混凝土及耐酸砂浆等。由于水玻璃的耐火性良好，还常用于防火涂层、耐热砂浆和耐火混凝土的胶结材料。将水玻璃溶液涂刷或浸渍在含有石灰质材料的表面，能够提高材料表层的密实度，加强其抗风化能力。若把水玻璃溶液与氯化钙溶液交替灌入土壤内，则可加固建筑地基。

水玻璃不耐氢氟酸、热磷酸及碱的腐蚀，不宜用于长期受水浸润的工程。水玻璃在存储中应注意防潮、防水，不得露天长期存放。

复习思考题

一、填空题

1. 土木工程中通用水泥主要包括________、________、________、________、________和________六大品种。

2. 矿渣水泥与普通水泥相比，其早期强度较________，后期强度的增长较________，抗冻性较________，抗硫酸盐腐蚀性较________，水化热较________，耐热性较________。

3. 硅酸盐水泥是由________、________、________经磨细制成的水硬性胶凝材料。按是否掺入混合材料分为________和________，代号分别为(P·Ⅰ)和(P·Ⅱ)。

4. 硅酸盐水泥熟料的矿物主要有________、________、________和________。其中决定水泥强度的主要矿物是________和________。

5. 水泥的细度是指________，对于硅酸盐水泥，其细度的标准规定是其比表面积应大于________；对于其他通用水泥，细度的标准规定是________。

6. 硅酸盐水泥中 MgO 含量不得超过________。如果水泥经蒸压安定性试验合格，则允许放宽到________。SO_3 的含量不超过________。

7. 国家标准规定，硅酸盐水泥的初凝时间不早于________ min，终凝时间不迟于________ min。

8. 硅酸盐水泥的强度等级有________、________、________、________、________和

________六个。其中R型为________，主要是其________d强度较高。

9. 水泥石的腐蚀主要包括________________、________________、________________和________________四种。

10. 混合材料按其性能分为________________和________________两类。

11. 普通硅酸盐水泥是由________________、________________和________________磨细制成的水硬性胶凝材料。

12. 普通水泥、矿渣水泥、粉煤灰水泥和火山灰水泥的性能，国家标准规定：

(1) 细度：通过________________的方孔筛筛余量不超过________________；

(2) 凝结时间：初凝不早于________ min，终凝不迟于________ h；

(3) 体积安定性：经过________法检验必须________。

13. 建筑石膏按________分为________、________和________三个等级。

14. 生石灰的熟化是指________。熟化过程的特点：一是________，二是________。

15. 石灰浆体的硬化过程，包含了________、________和________三个交错进行的过程。

二、名词解释

1. 水泥的凝结和硬化；
2. 水泥的体积安定性；
3. 混合材料；
4. 水泥标准稠度用水量；
5. 水泥的初凝时间和终凝时间。

三、单项选择题

1. 有硫酸盐腐蚀的混凝土工程应优先选择(　　)水泥。

A.硅酸盐　　B.普通　　C.矿渣　　D.高铝

2. 有耐热要求的混凝土工程，应优先选择(　　)水泥。

A.硅酸盐　　B.矿渣　　C.火山灰　　D.粉煤灰

3. 有抗渗要求的混凝土工程，应优先选择(　　)水泥。

A.硅酸盐　　B.矿渣　　C.火山灰　　D.粉煤灰

4. 下列材料中，属于非活性混合材料的是(　　)。

A.石灰石粉　　B.矿渣　　C.火山灰　　D.粉煤灰

5. 为了延缓水泥的凝结时间，在生产水泥时必须掺入适量(　　)。

A.石灰　　B.石膏　　C.助磨剂　　D.水玻璃

6. 对于通用水泥，下列性能中(　　)不符合标准规定为废品。

A.终凝时间　　B.混合材料掺量　　C.体积安定性　　D.包装标志

7. 通用水泥的储存期不宜过长，一般不超过(　)。

A.一年　　B.六个月　　C.一个月　　D.三个月

8. 对于大体积混凝土工程，应选择(　　)水泥。

A.硅酸盐　　B.普通　　C.矿渣　　D.高铝

9. 硅酸盐水泥熟料矿物中，水化热最高的是(　　)。

A.C_3S　　B.C_2S　　C.C_3A　　D.C_4AF

10. 有抗冻要求的混凝土工程，在下列水泥中应优先选择(　　)硅酸盐水泥。

A.矿渣　　B.火山灰　　C.粉煤灰　　D.普通

11. 石灰在消解(熟化)过程中(　　)。

A.体积明显缩小　　B.放出大量热量

C.体积不变　　D.与 $Ca(OH)_2$ 作用形成 $CaCO_3$

12. (　　)浆体在凝结硬化过程中，其体积发生微小膨胀。

A.石灰　　B.石膏　　C.菱苦土　　D.水玻璃

13. 为了保持石灰的质量，应使石灰储存在(　　)。

A.潮湿的空气中　　B.干燥的环境中　　C.水中　　D.蒸汽环境中

14. 石膏制品具有较好的(　　)。

A.耐水性　　B.抗冻性　　C.加工性　　D.导热性

15. 石灰硬化过程实际上是(　　)过程。

A.结晶　　B.碳化　　C.结晶与碳化

16. 生石灰的分子式是(　　)。

A.$CaCO_3$　　B.$Ca(OH)_2$　　C.CaO

17. 石灰在硬化过程中，体积产生(　　)。

A.微小收缩　　B.不收缩也不膨胀　　C.膨胀　　D.较大收缩

18. 石灰熟化过程中的“陈伏”是为了(　　)。

A.有利于结晶　　B.蒸发多余水分　　C.消除过火石灰的危害　　D.降低发热量

19. 高强石膏的强度较高，这是因其调制浆体时的需水量(　　)。

A.大　　B.小　　C.中等　　D.可大可小

20. 建筑石灰分为钙质石灰和镁质石灰，是根据(　　)成分含量划分的。

A.氧化钙　　B.氧化镁　　C.氢氧化钙　　D.碳酸钙

四、简述题

1. 通用水泥的哪些技术性质不符合标准规定为废品？哪些技术性质不符合标准规定为不合格品？

2. 矿渣水泥、粉煤灰水泥、火山灰水泥与硅酸盐水泥和普通水泥相比，三种水泥的共同特性是什么？

3. 水泥在储存和保管时应注意哪些方面？

4. 防止水泥石腐蚀的措施有哪些？

5. 仓库内有三种白色胶凝材料，它们是生石灰粉、建筑石膏和白水泥，用什么简易方法可以辨别？

6. 水泥的验收包括哪几个方面？过期受潮的水泥如何处理？

7. 建筑的内墙使用石灰砂浆抹面，数月后墙面上出现了许多不规则的网状裂纹，同时在个别部位还有一部分凸出的呈放射状裂纹，试分析上述现象产生的原因。

8. 简述石灰的熟化和硬化过程和特点，石灰在工程中有哪些应用？

9. 石灰使用前为什么要进行陈伏？

10. 水玻璃的成分是什么？简述水玻璃的特性和它在工程中的应用。

五、计算题

1. 称取 25g 某普通水泥作细度试验，称得筛余量为 2.0g。问该水泥的细度是否达到标准要求？

2. 某普通水泥，储存期超过三个月。已测得其 3d 强度达到强度等级为 32.5MPa 的要求。现又测得其 28d 抗折、抗压破坏荷载见表 4-18。

表 4-18　某普通水泥 28d 抗折、抗压破坏荷载

试件编号	1		2		3	
抗折破坏荷载(kN)	2.9		2.6		2.8	
抗压破坏荷载(kN)	65	64	64	53	66	70

试判定该水泥是否能按原强度等级使用。

5 混凝土性能检验

5.1 混凝土知识概要

扫一扫

混凝土检验相关知识

5.1.1 定义

(1) 混凝土

混凝土,简称为“砼”,是指由胶凝材料将集料胶结成整体的工程复合材料的统称。通常讲的混凝土一词是指用水泥作胶凝材料,砂、石作集料,与水(可含外加剂和掺合料)按一定比例配合,经搅拌而得的水泥混凝土,也称普通混凝土,它广泛应用于土木工程中。

(2) 配合比

普通混凝土的配合比是指混凝土的各组成材料数量之间的质量比例关系。确定比例关系的过程叫配合比设计。普通混凝土配合比,应根据原材料性能及对混凝土的技术要求进行计算,并经实验室试配、调整后确定。普通混凝土的组成材料主要包括水泥、粗集料、细集料和水,随着混凝土技术的发展,外加剂和掺合料的应用日益普遍,因此,其掺量也是配合比设计时需选定的。

混凝土配合比常用的表示方法有两种:一种以 $1m^3$ 混凝土中各项材料的质量表示,混凝土中的水泥、水、粗集料、细集料的实际用量按顺序表达,如水泥 300kg、水 182kg、砂 680kg、石子 1310kg;另一种表示方法是以水泥、砂、石之间的相对质量比及水灰比表达,如前例可表示为水泥∶砂∶石=1∶2.26∶4.37,水灰比(W/C)=0.61。混凝土配合比设计的基本流程如图 5-1 所示。

5.1.2 混凝土分类

(1) 按胶凝材料分类

按胶凝材料不同,分为水泥混凝土(在土木工程中应用最广泛)、石膏混凝土、沥青混凝土(在公路工程中应用较多)、聚合物混凝土等。

(2) 按表观密度分类

按表观密度不同,分为特重混凝土(>2500kg/m^3)、普通混凝土(1900~2500kg/m^3)、轻混凝土(600~1900kg/m^3)。

(3) 按用途分类

按用途不同,可分为结构用混凝土、道路混凝土、水工混凝土、海洋混凝土、防水混凝土、装

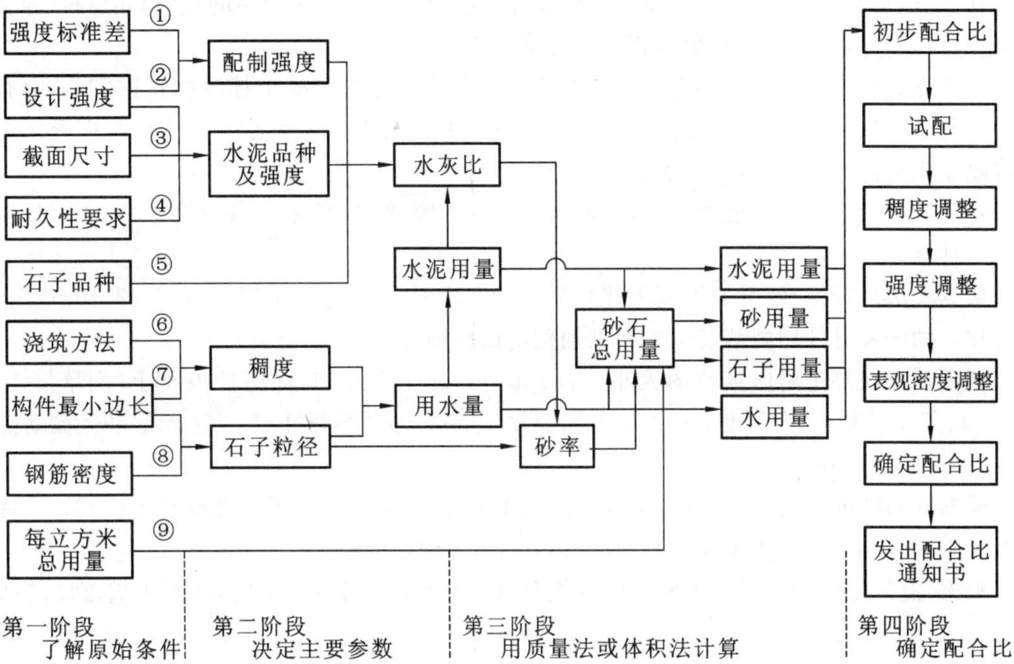

图 5-1　配合比设计的基本流程

饰混凝土、特种混凝土、耐热混凝土、耐酸混凝土、防辐射混凝土等。

(4) 按掺合料分类

按掺合料不同，可分为粉煤灰混凝土、硅灰混凝土、矿渣混凝土、纤维混凝土等。

(5) 混凝土按抗压强度分类

按强度等级不同，可分为低强混凝土(抗压强度小于 30MPa)、中强度混凝土(抗压强度 30～60MPa)和高强度混凝土(抗压强度大于 60MPa)。

(6) 按施工工艺分类

按施工工艺不同，可分为泵送混凝土、喷射混凝土、压力灌浆混凝土、挤压混凝土、离心混凝土、真空吸水混凝土、碾压混凝土等。

5.1.3　混凝土技术指标

5.1.3.1　混凝土拌合物的和易性

(1) 混凝土拌合物的和易性测定

混凝土拌合物的和易性又称工作性，是指混凝土拌合物在一定的施工条件下，便于各种施工工序的操作，以保证获得均匀密实的混凝土的性能。和易性是一项综合技术指标，包括流动性(稠度)、黏聚性和保水性三个主要方面。

流动性是指混凝土拌合物在自重或施工机械振捣作用下，产生流动并均匀密实地填满模具的性能。流动性的大小将影响施工浇灌、振捣的难易和混凝土的质量。

黏聚性是指混凝土拌合物各组成材料间有一定的黏聚力，在施工过程中不致产生分层(拌合物在停放、运输、成型过程中受重力或外力作用各组分出现层状分离的现象）和离析（拌合物中某组分产生分离、析出的现象），仍能保持整体均匀的性质。

保水性是指混凝土拌合物保持水分的能力。保水性差的混凝土拌合物在振实后，会有水分泌出，并在混凝土内形成贯通的孔隙。这不但影响混凝土的密实性，降低强度，而且还会影响混凝土的抗渗、抗冻等耐久性能。

和易性是上述三种性能的综合，它们有各自的内容，既互相联系，又存在矛盾，不可片面强调某一性能。

根据我国现行标准《普通混凝土拌合物性能试验方法标准》(GB/T 50080—2016)规定，混凝土拌合物的和易性用坍落度试验和维勃稠度试验测定。

根据新拌混凝土坍落度值的大小，可将其划分为 4 个级别：低塑性混凝土（坍落度 10～40mm）、塑性混凝土（坍落度 50～90mm）、流动性混凝土（坍落度 100～150mm）和大流动性混凝土（坍落度≥150mm）。

根据维勃稠度值的大小，可将干硬性混凝土分为 4 个等级：超干硬性混凝土（≥31s）、特硬性混凝土（21～30s）、干硬性混凝土（11～20s）和半干硬性混凝土（5～10s）。

根据《混凝土结构工程施工质量验收规范》(GB 50204—2015)规定，混凝土坍落度的选用参考表 5-1 的要求。

表 5-1　混凝土坍落度适用范围

项目	结构种类	坍落度(mm)
1	基础或地面等的垫层，无筋的厚大结构或配筋稀疏的结构构件	10～30
2	板、梁和大型及中型截面的柱子等	30～50
3	配筋较密的结构（薄壁、斗仓、筒仓、细柱等）	50～70
4	配筋特密的结构	70～90

(2) 影响和易性的因素

影响混凝土拌合物和易性的因素主要有各组成材料的品种、规格（水泥品种、集料的种类、规格）及各组成材料间的比例关系（水灰比、砂率、浆集比）。

① 水泥品种

不同品种水泥，因其需水量不同，在相同配合比时，混凝土拌合物的和易性也有所不同。一般采用火山灰水泥、矿渣水泥时，拌合物的坍落度较普通水泥要小些。

② 集料种类及规格

河卵石及河砂表面光滑，多呈卵球状，采用级配良好的河卵石及河砂制得的混凝土拌合物，其流动性要比用山卵石和山砂及用碎石拌制的流动性好。在相同配合比时，采用最大粒径较大的、级配良好的石子也会使拌合物流动性提高。

③ 水灰比

水灰比的大小决定了水泥浆的稠度。当水泥浆与集料的比例不变时，水灰比愈小，水泥浆愈稠，拌制的拌合物的流动性便愈小。当水灰比过小时，水泥浆干稠，制得的拌合物流动性过低，就会使施工困难，不易保证混凝土质量。若水灰比过大，又会造成拌合物黏聚性和保水性不良，产生流浆、离析现象，降低混凝土强度。因此在施工中不得随意增大水灰比。

④ 砂率

砂率是指混凝土中砂的质量占砂、石总质量的百分率。在混凝土中，砂比石子的粒径要小得多，具有很大的总表面积，主要用来填充粗集料的空隙。砂率的改变会使集料的空隙率及总表面积有显著变化，故对拌合物的和易性有显著的影响。

砂率过大，集料的总表面积及空隙率都会增大，在水泥浆不变的情况下，集料表面的水泥浆层厚度会减小，水泥浆的润滑作用减弱，使拌合物的流动性差。若砂率过小，砂填充石子空隙后，不能保证粗集料间有足够的砂浆层，也会降低拌合物的流动性，而且会影响黏聚性和保水性。因此，砂率有一个合理值，称为合理砂率。当采用合理砂率时，在用水量及水泥用量一定的情况下，能使混凝土拌合物获得最大的流动性，且保持良好的黏聚性和保水性。或者说在保证拌合物获得所要求的流动性及良好的黏聚性与保水性时，水泥用量最少(图 5-2)。合理砂率可通过试验求得。

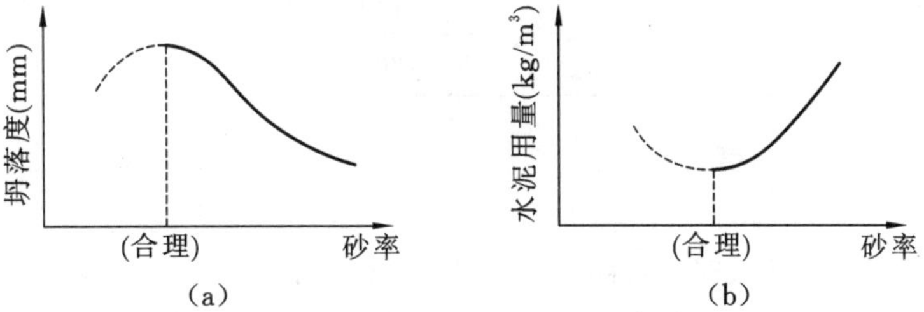

图 5-2 合理砂率与坍落度及水泥用量的关系

(a)砂率与坍落度的关系(水与水泥用量为一定)；(b)砂率与水泥用量的关系(达到相同的坍落度)

⑤ 浆集比

浆集比即水泥浆与集料的数量比。在集料一定的情况下，水泥浆数量的多少，反映了浆集比的大小。混凝土拌合物中，水泥浆赋予拌合物以一定的流动性，它是影响和易性的主要因素。在水泥浆稠度(水灰比)一定时，增加水泥浆量，拌合物的流动性就随之增加。如水泥浆过多，不仅浪费水泥，而且会使黏聚性变差，出现流浆现象；如水泥浆过少，也会使黏聚性变差，产生崩坍现象。在施工中为了保证要求的强度，其水灰比不能任意改动，因此通常是在保证一定水灰比条件下，用增减水泥浆数量的方法使拌合物达到施工要求的流动性。

⑥ 外加剂

在拌制混凝土时，加入适量的外加剂(减水剂、塑化剂等)能使混凝土拌合物在不增加水泥和水用量的情况下获得很好的和易性，使流动性显著增加，且具有较好的黏聚性和保水性。

此外，混凝土拌合物的流动性还随时间的增长而不断的降低。降低的速度，随温度的提高而显著加快。

5.1.3.2 混凝土的强度

强度是混凝土硬化后的主要力学性能，反映混凝土抵抗荷载的能力。混凝土强度包括抗压、抗拉、抗剪、抗弯、抗折及握裹强度。其中以抗压强度最大，抗拉强度最小。

抗压强度与其他强度之间有一定的关系，因此可由抗压强度的大小来估计其他强度。抗压强度是混凝土最重要的性能指标，它常作为结构设计的主要参数，也是评定混凝土质量的指标。

(1) 混凝土立方体抗压强度

《混凝土物理力学性能试验方法标准》(GB/T 50081—2019)规定,制作 150mm×150mm×150 mm 的标准立方体试件(在特殊情况下,可采用 ϕ150mm×300mm 的圆柱体标准试件),在标准条件(温度 20℃±2℃,相对湿度 95%以上)下或在温度为 20℃±2℃的不流动的$Ca(OH)_2$饱和溶液中养护到 28d,所测得的抗压强度值为混凝土立方体抗压强度,以 f_{cu}表示。

当采用非标准尺寸(边长为 100mm、200mm)试件时,应换算成标准试件的强度。换算方法是将所测得的强度乘以相应的换算系数(表 5-2)。

表 5-2 强度换算系数

集料最大粒径(mm)	试件尺寸(mm×mm×mm)	换算系数
≤31.5	100×100×100	0.95
≤37.5	150×150×150	1
≤63	200×200×200	1.05

(2) 混凝土轴心抗压强度

《混凝土物理力学性能试验方法标准》(GB/T 50081—2019)规定,采用 150mm×150mm×300mm 的棱柱体作为标准试件,测得的抗压强度为轴心抗压强度 f_{cp}。

混凝土的轴心抗压强度 f_{cp}与立方体抗压强度 f_{cu}之间具有一定关系,通过大量试验表明:在立方体抗压强度 f_{cu}为 10~55MPa 的范围内,$f_{cp}=(0.7\sim0.8)f_{cu}$。

(3) 混凝土立方体抗压强度标准值

《混凝土物理力学性能试验方法标准》(GB/T 50081—2019)规定,制作 150mm×150mm×150mm 的标准立方体试件,在标准条件(温度 20℃±2℃,相对湿度 95%以上)下养护到 28d,所测得的具有 95%保证率的抗压强度值为混凝土立方体抗压强度标准值,以 $f_{cu,k}$表示。根据立方体抗压强度标准值,普通混凝土通常划分为 C15、C20、C25、C30、C35、C40、C45、C50、C55、C60、C65、C70、C75、C80 等 14 个强度等级(C60 以上的混凝土称为高强混凝土)。

(4) 影响混凝土强度的主要因素

① 水泥强度等级和水灰比

水灰比相同时,水泥强度等级越高,混凝土强度也越大。

水灰比即用水量与水泥用量之比。在配制混凝土时,为了使拌合物具有良好的和易性,往往要加入较多的水(约为水泥重的 40%~70%),而水泥完全水化需要的结合水大约为水泥重的 23%,多余的水在混凝土硬化后,或残留于混凝土中,或蒸发,使得混凝土内形成各种不同尺寸的孔隙。这些孔隙的存在,减小了混凝土抵抗荷载作用的有效面积。因此,在水泥强度等级及其他条件相同的情况下,混凝土的强度主要取决于水灰比,水灰比愈小,混凝土的强度愈大(图 5-3)。它们之间的关系见下式:

$$f_{cu}=\alpha_a f_{ce}\left(\frac{C}{W}-\alpha_b\right) \tag{5-1}$$

式中 f_{ce}——水泥 28d 胶砂抗压强度的实测值(MPa);

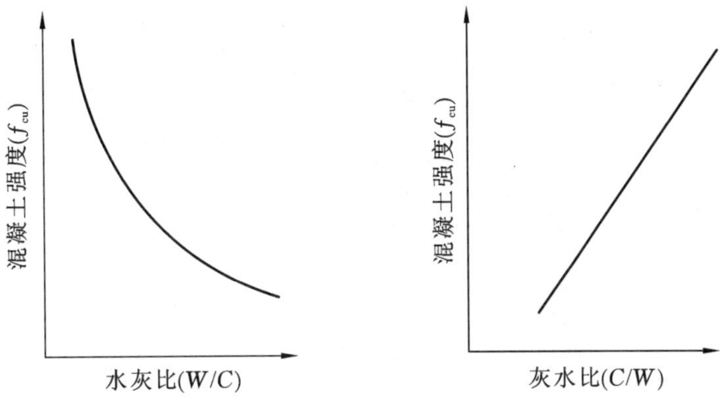

图 5-3 混凝土强度与水灰比(灰水比)的关系

C/W——灰水比；

α_a,α_b——与粗集料的种类有关,无试验资料时:碎石 α_a、α_b 分别取 0.53、0.20;卵石 α_a、α_b 分别取 0.49、0.13。

② 粗集料

水泥浆体与集料的黏结力还与集料(特别是粗集料,它是硬化后混凝土的骨架)的表面状况有关。碎石表面粗糙,黏结力就比较大;卵石表面光滑,黏结力就相对较小。因而在水泥强度等级和水灰比相同的条件下,碎石混凝土的强度往往高于卵石混凝土的强度。

③ 养护条件(温度和湿度)

混凝土强度的产生与发展是通过水泥的水化而实现的。周围环境的温度对水化作用的进行有显著的影响:温度升高,水泥水化速度加快,混凝土强度发展也加快;反之,温度降低,水泥水化速度降低,混凝土强度发展也相应迟缓。当温度降至冰点以下时,由于混凝土中水分结冰,水泥不能与冰发生化学反应,则混凝土强度停止发展,而且由于孔隙中的水结冰后体积膨胀(约膨胀 9%),使混凝土内部结构遭受损坏,强度降低。

周围环境的湿度对水泥水化作用能否正常进行也有显著影响:湿度适当,水泥水化便能顺利进行;若湿度不够,混凝土表面水分蒸发,内部水分将不断地向表面迁移,这样会影响水泥的正常水化,使表面干裂,内部疏松,严重地影响强度和耐久性。所以,为了使混凝土正常硬化,必须在成型后的一定时间内使周围环境有一定的温度和湿度。

常见的自然养护是将成型后的混凝土置于自然环境中,随气温变化,用覆盖或浇水等措施使混凝土保持潮湿状态。当使用硅酸盐水泥、普通水泥和矿渣水泥时,浇水保湿应不少于 7d;使用火山灰水泥或在施工中掺用缓凝剂时,应不少于 14d。混凝土强度与保持潮湿时间的关系见图 5-4。

为了加速混凝土强度的发展,提高混凝土的早期强度,还可以采用蒸汽养护和压蒸养护的方法来实现。

④ 龄期

龄期是指混凝土拌和、成型后所经过的养护时间。混凝土的强度随龄期的增长而逐步提高。在正常养护条件下,强度在最初几天内发展较快,以后发展渐慢,28d 可达到设计强度,28d 以后发展缓慢,增长过程可延续数十年之久。

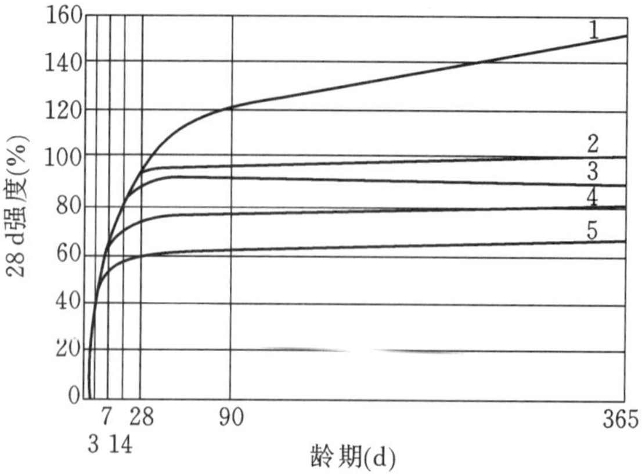

图 5-4　混凝土强度与保持潮湿时间的关系

1—长期保持潮湿；2—保持潮湿 14d；3—保持潮湿 7d；4—保持潮湿 3d；5—保持潮湿 1d

除上述影响混凝土强度的因素外，施工条件(搅拌与振捣)、掺入外加剂(减水剂或早强剂)等也会影响混凝土强度的发展。

(5) 提高混凝土强度的主要措施

根据影响混凝土强度的因素分析，提高混凝土强度可以从以下几个方面采取措施：

① 尽可能降低水灰比，为使混凝土拌合物中的游离水分减少，采用较小的水灰比，用水量小的干硬性混凝土，或在混凝土中掺入减水剂。

② 改善粗细集料的颗粒级配，级配良好的砂，空隙率较小，不仅可以节省水泥，而且可以改善混凝土拌合物的和易性，提高混凝土的密实度、强度和耐久性。

③ 掺入外加剂以改善抗冻性、抗渗性。混凝土外加剂是在拌制混凝土的过程中掺入用以改善混凝土性能的物质，掺量不大于水泥质量的百分之五，外加剂的掺量很小，却能够显著地改善混凝土的性能，提高技术经济效果，使用方便。因此，外加剂的掺入已受到国内外的重视，而且已成为混凝土中除水泥、砂、石、水以外的第五组分。

④ 采用湿热处理，进行蒸汽养护和蒸压养护。

5.1.3.3　混凝土的耐久性

混凝土除应具有结构设计所要求满足的强度外，还应具有与工程所处环境条件相适应的特殊性能。如有压力水作用下的混凝土工程(水池、水坝等)要具有一定的抗渗性能；处于严寒环境下的外部工程，要具有一定的抗冻性能及其他环境中需要的抗蚀性、耐热性、耐酸性、耐磨性等。混凝土的耐久性是指混凝土长期在使用条件作用下，具有经久耐用的性质。

(1) 抗渗性

抗渗性是指混凝土抵抗压力水(或其他液体)渗透的性能，它主要与密实度及内部孔隙的大小和构造有关。混凝土内部互相连通的孔以及成型时由于振捣不实而产生的蜂窝、孔洞都会造成混凝土渗水。因此，施工中加强捣固、提高混凝土的密实度或引入引气剂、减水剂、密实剂等都会有效地提高抗渗性。

抗渗性用抗渗等级表示，抗渗等级是以 28d 龄期的标准试件按规定方法进行试验，以其所能承受的最大水压力(单位为 MPa)来确定的。抗渗混凝土的等级用 P 表示，按抗渗压力不同分为 P2、P4、P6、P8、P10、P12，表示能抵抗 0.2MPa、0.4MPa、0.6MPa、0.8MPa、1.0MPa、1.2MPa 的液体压力而不被渗透。

(2) 抗冻性

混凝土抗冻性是指混凝土抵抗冻融循环作用的能力。混凝土受冻遭损是由于其内部孔隙中水的冻结膨胀引起孔隙破坏而致，因此密实的混凝土和具有封闭孔隙的混凝土都具有较好的抗冻性能。

混凝土的抗冻性用抗冻等级表示。抗冻等级是以龄期为 28d 的试块在吸水饱和后，承受反复冻融，以抗压强度下降不超过 25%且质量损失不超过 5%时所能承受的最大冻融循环次数来确定的。混凝土的抗冻等级分为 F300、F250、F200、F150、F100、F50、F25 等 7 个等级，如 F100 表示混凝土能够承受反复冻融循环次数为 100 次，强度下降不超过 25%，质量损失不超过 5%。

(3) 抗侵蚀性

混凝土的抗侵蚀性与所用水泥品种、混凝土的密实程度和孔隙特征有关。密实和有封闭孔的混凝土，环境水不易侵入，故其抗侵蚀性较强。

(4) 抗碳化性

混凝土的碳化是指空气中的二氧化碳及水通过混凝土的裂隙与水泥石中的氢氧化钙反应生成碳酸钙，从而使混凝土的碱度降低的过程。

混凝土的碱度降低，减弱了混凝土对钢筋的保护作用，可能导致钢筋腐蚀；碳化还会引起混凝土收缩，并可能导致产生微细裂缝。

(5) 提高耐久性的主要措施

混凝土的耐久性主要取决于组成材料的品种与质量、混凝土本身的密实度、施工质量、孔隙率和孔隙特征等，其中最关键的是混凝土的密实度。提高混凝土耐久性的主要措施有：

① 根据工程所处的环境及要求，合理选用水泥品种。

② 改善集料级配，控制有害杂质含量。

③ 控制水胶比不得过大和最小水泥用量。

胶凝材料是混凝土原材料中具有胶结作用的硅酸盐水泥和粉煤灰、硅灰、磨细矿渣等矿物掺合料与混合料的总称。混凝土拌合物中用水量与胶凝材料总量的质量比称为水胶比(普通混凝土中胶凝材料常仅用水泥，因此也称水灰比)。在一定的施工工艺条件下，混凝土的密实度与水胶比有直接关系，与胶凝材料用量有间接关系。混凝土中胶凝材料用量和水胶比不仅要满足混凝土对强度的要求，还必须满足耐久性的要求。

④ 掺入减水剂、引气剂，提高混凝土的抗冻性、抗渗性。

⑤ 严格控制施工质量，做到搅拌均匀、浇捣密实、加强养护。

⑥ 用涂料、防水砂浆、瓷砖、沥青等进行表面防护，防止混凝土的腐蚀和碳化。

5.1.4 混凝土取样频率、数量及试件制作与养护

混凝土取样频率、数量及试件制作与养护见表 5-3。

表 5-3　混凝土取样频率、数量及试件制作与养护

序号	项目	检验或验收依据	检测内容	组批原则或取样频率	取样方法及数量	送样时应提供的信息
1	混凝土取样	《混凝土物理力学性能试验方法标准》(GB/T 50081—2019) 《混凝土结构工程施工质量验收规范》(GB 50204—2015) 《地下防水工程质量验收规范》(GB 50208—2011)	(1)抗压强度; (2)抗渗性能	(1)每拌制 100 盘且不超过 $100m^3$ 的同配合比的混凝土,取样不得少于一次。 (2)每工作班拌制的同一配合比的混凝土不足 100 盘时,取样不得少于一次。 (3)当一次连续浇筑超过 $1000m^3$ 时,同一配合比的混凝土每 $200m^3$ 取样不得少于一次。 (4)每一楼层,同一配合比的混凝土,取样不得少于一次。 (5)每次取样应至少留置一组标准试件。 (6)对有抗渗要求的混凝土结构,连续浇筑混凝土 $500m^3$ 应留置一组 6 个抗渗试件,且每项工程不得少于两组;采用预拌混凝土的抗渗试件,留置组数应视结构的规模和要求而定。 (7)防水混凝土分项工程检验批的抽样检验数量,应按混凝土外露面积每 $100m^2$ 抽 1 处,每处 $10m^2$,且不得少于 3 处	(1)用于检查结构构件混凝土强度的试件,应在混凝土浇筑地点随机抽取,每组试件应在同一盘混凝土中取样制作。 (2)立方体抗压强度:标准试块尺寸为 150mm×150mm×150mm,3 块/组。 (3)抗渗试件尺寸:一般采用顶面直径为 175mm,底面直径为 185mm,高度为 150mm 的圆台体试件,6 块/组	(1)强度等级或抗渗等级。 (2)养护条件(标准养护龄期为 28d,从搅拌加水开始计时)。 (3)抗压试件的目的,如进行混凝土强度评定、拆模强度评定、结构实体混凝土强度评定。如用于结构实体混凝土强度评定,则应统计等效龄期,当统计日平均温度累计达到 600℃时送样。等效龄期不应小于 14d,也不宜大于 60d
2	混凝土试件的制作	用人工插捣制作试件应按下述方法进行: (1)混凝土拌合物应分两层装入模内,每层的装料厚度大致相等。 (2)插捣应按螺旋方向从边缘向中心均匀进行。在插捣底层混凝土时,捣棒应达到试模底部;插捣上层时,捣棒应贯穿上层后插入下层 20～30mm;插捣时捣棒应保持垂直,不得倾斜。然后应用抹灰刀沿试模内壁插拔数次。每层插捣次数按在 $10000mm^2$ 截面面积内不得少于 12 次,150mm×150mm×150mm 的试模不少于 27 次。 (3)插捣后应用橡皮锤轻轻敲击试模四周,直至插捣棒留下的空洞消失为止				
3	养护条件	用于混凝土强度评定的试块应采用标准养护。应放入温度为 20℃±2℃,相对湿度为 95%以上的标准养护室中养护。标准养护室内的试件应放在支架上,彼此间隔 10～20mm,试件表面应保持潮湿,并不得被水直接冲淋。 用于拆模或评定结构实体混凝土强度的试块应采用同条件养护				

5.2 混凝土常规性能试验

5.2.1 混凝土拌合物和易性试验

扫一扫
混凝土拌合物工作性试验

5.2.1.1 试验目的

测定混凝土拌合物的坍落度和维勃稠度，用以评定混凝土拌合物的和易性。必要时，也可用于评定混凝土拌合物和易性随拌合物停置时间的变化。

坍落度测定试验适用于集料最大粒径不超过 40mm，坍落度不小于 10mm 的混凝土拌合物稠度测定。

维勃稠度测定试验适用于集料最大粒径不大于 40mm，维勃稠度在 5～30s 之间的混凝土拌合物稠度测定。

5.2.1.2 编制依据

本试验依据《普通混凝土拌合物性能试验方法标准》(GB/T 50080—2016)制定。

5.2.1.3 仪器设备

(1) 坍落度试验仪器设备

坍落度仪见图 5-5，其中坍落度筒为金属制截头圆锥形，上下截面必须平行并与锥体轴心垂直，筒外两侧焊把手两只，近下端两侧焊脚踏板，圆锥筒内表面必须十分光滑，圆锥筒尺寸为：

底部内径：200mm±2mm；

顶部内径：100mm±2mm；

高度：300mm±2mm；

捣棒：直径 16mm、长 650mm，一端为弹头形的金属棒。

其他用具：300mm 钢尺 2 把，装料漏斗、镘刀、小铁铲、拌板和温度计等。

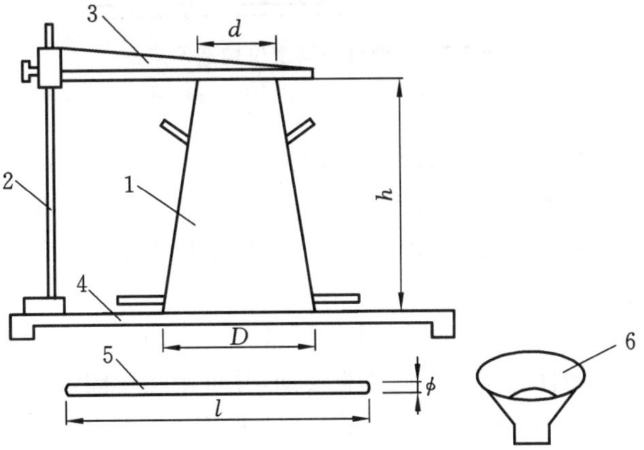

图 5-5 坍落度仪

1—坍落度筒；2—测量标尺；3—平尺；4—底板；5—捣棒；6—漏斗

(2) 维勃稠度试验仪器设备

维勃稠度仪由容器、滑杆、圆盘、旋转架、振动台和控制系统组成，其构造见图5-6和图5-7。

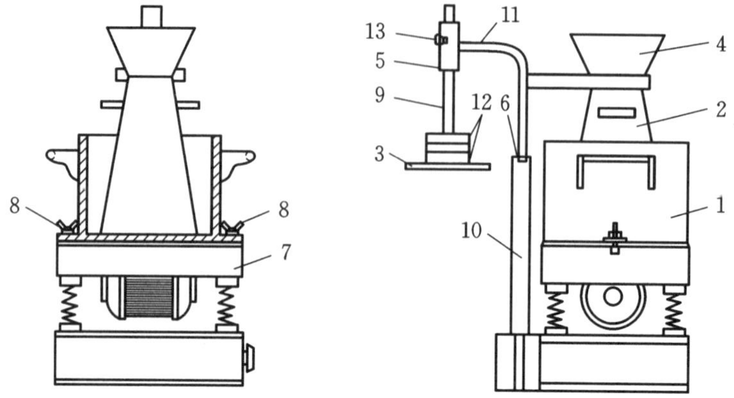

图5-6　A型维勃稠度仪构造示意图

1—容量筒；2—坍落度筒；3—圆盘；4—漏斗；5—套筒；6—定位螺丝；7—振动台；8—固定螺丝；9—滑杆；10—支柱；11—旋转架；12—砝码；13—测杆螺丝

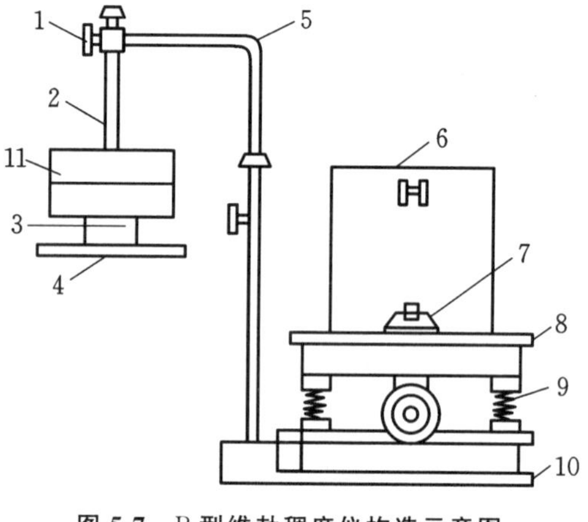

图5-7　B型维勃稠度仪构造示意图

1—螺栓；2—滑杆；3—砝码；4—圆盘；5—旋转架；6—容器；7—固定螺栓；8—振动台面；9—弹簧；10—底座；11—配重砝码

① 振动台台面长度应为380mm±3mm，宽应为260mm±2mm。钢制容器的内径应为240mm±2mm，高应为200mm±2mm，壁厚应不小于3mm，底厚不应小于7.5mm，容器的内壁与底面垂直，其垂直误差应不大于1.0mm。坍落度筒无踏脚板，其他规格与“混凝土拌合物坍落度试验”有关规定相同。

旋转架安装在支柱上，用十字凹槽或其他可靠方法来固定方向，旋转架的一侧应安装套筒、测杆、砝码和圆盘等，测杆应穿过套筒垂直滑动，并可用螺丝固定位置。当旋转架转动到漏斗就位后，测杆的轴线与容器的轴线应重合，其同轴度误差应不大于1.0mm。

圆盘直径应为230mm±2mm，厚度为10mm±2mm。圆盘应透明、平整，其平面度误差应不大于0.3mm。

② 其他用具：捣棒、秒表、镘刀、小铁铲等。

5.2.1.4 试验步骤

(1) 坍落度试验步骤

① 湿润坍落度筒及底板,在坍落度筒内壁和底板上应无明水。底板应放置在坚实水平面上,并把筒放在底板中心,然后用脚踩住两边的脚踏板,坍落度筒在装料时应保持固定的位置。

② 把按要求取得的混凝土试样用小铲分三层均匀地装入筒内,使捣实后每层高度为筒高的三分之一左右,每层用捣棒插捣 25 次。插捣应沿螺旋方向由外向中心进行,各次插捣应在截面上均匀分布。插捣筒边混凝土时,捣棒可以稍稍倾斜。插捣底层时,捣棒应贯穿整个深度;插捣第二层和顶层时,捣棒应插透本层至下一层的表面。浇灌顶层时,混凝土应灌到高出筒口。插捣过程中,如混凝土沉落到低于筒口,则应随时添加。顶层插捣完后,刮去多余的混凝土,并用抹刀抹平。

③ 清除筒边底板上的混凝土后,垂直平稳地提起坍落度筒。坍落度筒的提离过程应在 5～10s 内完成;从开始装料到提坍落度筒的整个过程应不间断地进行,并应在 150s 内完成。

④ 提起坍落度筒后,测量筒高与坍落后混凝土试体最高点之间的高度差,即为该混凝土拌合物的坍落度值;坍落度筒提离后,如混凝土发生崩坍或一边剪坏现象,则应重新取样另行测定;如第二次试验仍出现上述现象,则表示该混凝土和易性不好,应予记录备查。

⑤ 坍落度筒提起后如有较多的稀浆从底部析出,锥体部分的混凝土也因失浆而集料外露,则表明此混凝土拌合物的保水性能不好;如坍落度筒提起后无稀浆或仅有少量稀浆自底部析出,则表示此混凝土拌合物保水性良好。

⑥ 当混凝土拌合物的坍落度大于 220mm 时,用钢尺测量混凝土扩展后最终的最大直径和最小直径,在这两个直径之差小于 50mm 的条件下,用其算术平均值作为坍落扩展度值;否则,此次试验无效。

如果发现粗集料在中央堆集或边缘有水泥浆析出,表示此混凝土拌合物抗离析性不好,应予记录。

(2) 维勃稠度试验步骤

① 维勃稠度仪应放置在坚实水平面上,用湿布把容器、坍落度筒、喂料斗内壁及其他用具润湿。

② 将喂料斗提到坍落度筒上方扣紧,校正容器位置,使其中心与喂料中心重合,然后拧紧固定螺丝。

③ 把按要求取样或制作的混凝土拌合物试样用小铲分三层经喂料斗均匀地装入筒内,装料及插捣的方法应符合坍落度试验中第②条的规定。

④ 把喂料斗转离,垂直地提起坍落度筒,此时应注意不使混凝土试体产生横向的扭动。

⑤ 拧紧定位螺钉,并检查测杆螺钉是否已经完全放松。

⑥ 在开启振动台的同时用秒表计时,当振动到透明圆盘的底面被水泥浆布满的瞬间停止计时,并关闭振动台。

5.2.1.5 试验数据处理及判定

(1) 坍落度试验结果处理

① 混凝土拌合物坍落度和坍落扩展度值以毫米为单位,测量精确至 1mm,结果表达修约至 5mm。

② 在测定坍落度的同时,可目测评定混凝土拌合物的下列性质:

A.棍度。根据测坍落度时插捣混凝土的难易程度分为上、中、下三级。

上:表示容易插捣;

中:表示插捣时稍有阻滞感觉;

下:表示很难插捣。

B.黏聚性。用捣棒在做完坍落度试验的试样一侧轻打,如试样保持原状而渐渐下沉,表示黏聚性较好。若试样突然坍倒、部分崩裂或发生石子离析现象,表示黏聚性不好。

C.含砂情况。根据镘刀抹平程度分多、中、少三级。

多:用镘刀抹混凝土拌合物表面时,抹 1～2 次就可使混凝土表面平整无蜂窝;

中:抹 4～5 次就可使混凝土表面平整无蜂窝;

少:抹平困难,抹 8～9 次后混凝土表面仍不能消除蜂窝。

D.析水情况。根据水分从混凝土拌合物中析出的情况分多量、少量、无三级。

多量:表示在插捣时及提起坍落度筒后就有很多水分从底部析出;

少量:表示有少量水分析出;

无:表示没有明显的析水现象。

(2) 维勃稠度试验数据处理及判定

由秒表读出的时间(s)即为混凝土拌合物的维勃稠度。若测得的维勃稠度小于 5s 或大于 30s,则该拌合物具有的稠度已超出本仪器的使用范围。

扫一扫

混凝土拌合物表观密度试验

5.2.2 混凝土表观密度试验

5.2.2.1 试验目的

测定混凝土拌合物单位体积的质量,为配合比计算提供依据。当已知所用原材料密度时,还可以用以计算拌合物近似含气量。

扫一扫

混凝土拌合物表观密度试验操作

5.2.2.2 编制依据

本试验依据《普通混凝土拌合物性能试验方法标准》(GB/T 50080—2016)制定。

5.2.2.3 仪器设备

容量筒:金属制圆筒,筒壁应具有足够的刚度,使之不易变形,规格见表 5-4。

磅秤:根据容量筒容积的大小,选择适宜称量的磅秤(称量 50～250kg,感量 50～100g)。

振动台、捣棒、玻璃板、金属直尺等。

表 5-4 容量筒规格

集料最大粒径(mm)	容量筒容积(L)	容量筒内部尺寸(mm)	
		直径	高度
40	5	186	186
80	15	267	267
150(120)	80	467	467

5.2.2.4 试验步骤

(1) 用湿布把容量筒内外壁擦干净，称出容量筒质量，精确至10g。

(2) 混凝土的装料及捣实方法应根据拌合物的稠度而定。坍落度不大于90mm的混凝土，用振动台振实为宜；大于90mm的用捣棒捣实为宜。采用捣棒捣实时，应根据容量筒的大小决定分层与插捣次数。用5L容量筒时，混凝土拌合物应分两层装入，每层的插捣次数应为25次；用大于5L的容量筒时，每层混凝土的高度不应大于100mm，每层插捣次数应按每10000mm^{2}截面不小于12次计算。各次插捣应由边缘向中心均匀地插捣，插捣底层时捣棒应贯穿整个深度，插捣第二层时，捣棒应插透本层至下一层的表面；每一层捣完后用橡皮锤轻轻沿容器外壁敲打5～10次，进行振实，直至拌合物表面插捣孔消失并不见大气泡为止。

采用振动台振实时，应一次将混凝土拌合物灌到高出容量筒口。装料时可用捣棒稍加插捣，振动过程中如混凝土低于筒口，应随时添加混凝土，振动直至表面出浆为止。

(3) 用刮尺将筒口多余的混凝土拌合物刮去，表面如有凹陷应填平；将容量筒外壁擦净，称出混凝土试样与容量筒总质量，精确至10g。

5.2.2.5 试验数据处理及判定

混凝土拌合物表观密度应按下式计算：

$$\rho=\frac{m_2-m_1}{V}\times 1000 \tag{5-2}$$

式中 ρ——表观密度(kg/m^3)；

m_1——容量筒质量(kg)；

m_2——容量筒和试样总质量(kg)；

V——容量筒容积(L)。

试验结果的计算精确至10kg/m^3。

5.2.3 混凝土成型试验

扫一扫

混凝土成型试验

5.2.3.1 试验目的

熟悉混凝土的技术性质和成型养护方法，掌握混凝土拌合物工作性的测定和评定方法，为混凝土抗压、抗折试验提供试验试样。

5.2.3.2 编制依据

本试验依据《混凝土物理力学性能试验方法标准》(GB/T 50081—2019)制定。

5.2.3.3 仪器设备

搅拌机(容量75～100L，转速18～22r/min)、磅秤(称量50kg，感量50g)、天平(称量5kg，感量1g)、量筒(200mL、100mL)、拌板(1.5m×2m左右)、板铲、盛器、抹布等。

5.2.3.4 混凝土试件的制作要求

(1) 混凝土试件成型前，应检查试模尺寸并符合有关规定，试模内表面应涂一薄层矿物油或其他不与混凝土发生反应的脱模剂。

(2) 在实验室搅拌混凝土时，其材料用量应以质量计，称取的精度：水泥、掺合料、水和外加剂为±0.5%;集料为±1%。

(3) 实验室拌制的混凝土应在拌制后尽量短的时间内成型,一般不宜超过15min。

(4) 根据混凝土拌合物的稠度确定混凝土成型方法,坍落度不大于70mm的混凝土宜振动振实;坍落度大于70mm的宜用捣棒人工捣实;检验现浇混凝土或预制构件的混凝土,试件成型方法宜与实际采用的方法相同。

5.2.3.5 混凝土试件的制作步骤

(1) 取样或拌制好的混凝土拌合物应至少用铁锹再来回拌和三次,在入模前以保证拌合物的均匀性。

(2) 按上述第(4)条规定,选择成型方法成型。

① 用振动台振实制作试件应按下述方法进行:

A.将混凝土拌合物一次装入试模,装料时应用抹刀沿各试模壁插捣,并使混凝土拌合物高出试模口。

B.试模应附着或固定在振动台上,振动时试模不得有任何跳动,振动应持续到表面出浆为止;不得过振。

② 用人工插捣制作试件应按下述方法进行:

A.混凝土拌合物应分两层装入模内,每层的装料厚度大致相等。

B.插捣应按螺旋方向从边缘向中心均匀进行。在插捣底层混凝土时,捣棒应达到试模底部;插捣上层时,捣棒应贯穿上层后插入下层20~30mm;插捣时捣棒应保持垂直,不得倾斜。然后应用抹刀沿试模内壁插拔数次。

C.每层插捣次数在10000mm^2截面积内不得少于12次。

D.插捣后应用橡皮锤轻轻敲击试模四周,直至插捣棒留下的空洞消失为止。

③ 用插入式振捣棒振实制作试件应按下述方法进行:

A.将混凝土拌合物一次装入试模,装料时,应用抹刀沿各试模壁插捣,并使混凝土拌合物高出试模口。

B.宜用直径为25mm的插入式振捣棒,插入试模振捣时,振捣棒距试模底板10~20mm且不得触及试模底板,振动应持续到表面出浆为止,且应避免过振,以防止混凝土离析;一般振捣试件为20s。振捣棒拔出时要缓慢,拔出后不得留有孔洞。

C.刮除试模上口多余的混凝土,待混凝土临近初凝时,用抹刀抹平。

5.2.3.6 试件的养护

(1) 试件成型后应立即用不透水的薄膜覆盖表面。

(2) 采用标准养护的试件,应在温度为20℃±5℃、相对湿度大于50%的室内环境中静置一至两昼夜,然后编号、拆模。拆模后应立即放入温度为20℃±2℃、相对湿度为95%以上的标准养护室中养护,或在温度为20℃±2℃的不流动的$Ca(OH)_2$饱和溶液中养护。标准养护室内的试件应放在支架上,彼此间隔10~20mm,试件表面应保持潮湿,并不得被水直接冲淋。

(3) 同条件养护试件的拆模时间可与实际构件的拆模时间相同,拆模后,试件需保持同条件养护。

(4) 标准养护龄期为28d(从搅拌加水开始计时)。

5.2.4 混凝土抗压、抗折强度试验

扫一扫

混凝土力学性能试验

5.2.4.1 试验目的

掌握混凝土抗压强度和抗折强度的测定和评定方法，作为混凝土质量评定的主要依据。

5.2.4.2 编制依据

本试验依据《混凝土物理力学性能试验方法标准》(GB/T 50081—2019)制定。

5.2.4.3 仪器设备

(1) 抗压强度试验仪器设备

① 压力试验机除应符合《液压式万能试验机》(GB/T 3159—2008)及《试验机通用技术要求》(GB/T 2611—2007)中技术要求外，其测量精度为±1%，试件破坏荷载应大于压力试验机全量程的20%且小于压力试验机全量程的80%。

压力试验机应具有加荷速度指示装置或加荷速度控制装置，并应能均匀、连续地加荷。压力机还应具有有效期内的计量检定证书。

② 混凝土强度等级≥C60时，试件周围应设防崩裂网罩。当压力试验机上、下压板不符合规定时，压力试验机上、下压板与试件之间各垫符合要求的钢垫板。

(2) 抗折强度试验仪器设备

① 对压力试验机的要求与抗压强度试验机要求相同。

② 试验机应能施加均匀、连续、速度可控的荷载，并带有能使两个相等荷载同时作用在试件跨度三分点的抗折试验装置，如图5-8所示。

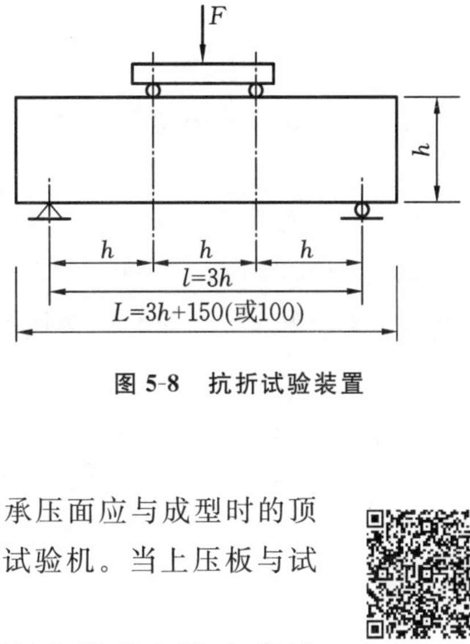

图 5-8 抗折试验装置

③ 试件的支座和加荷头应采用直径为20～40mm、长度不小于 $b+10$mm(b 为试件截面宽度)的硬钢圆柱，支座立脚点应为固定铰支，其他应为滚动支点。

5.2.4.4 试验步骤

(1) 立方体抗压强度试验步骤

① 试件从养护地点取出后应及时进行试验，将试件表面与上下承压板面擦干净。

② 将试件安放在试验机的下压板或垫板上，试件的承压面应与成型时的顶面垂直。试件的中心应与试验机下压板中心对准，开动试验机。当上压板与试件或钢垫板接近时，调整球座，使接触均衡。

扫一扫

立方体抗压强度试验操作

③ 在试验过程中应连续均匀地加荷，混凝土强度等级小于C30时，加荷速度取每秒钟0.3～0.5MPa；混凝土强度等级大于或等于C30且小于C60时，取每秒钟0.5～0.8MPa；混凝土强度等级大于或等于C60时，取每秒钟0.8～1.0MPa。

④ 当试件接近破坏开始急剧变形时，应停止调整试验机油门，直至破坏，然后记录破坏荷载。

（2）抗折强度试验步骤

① 试件从养护地取出后应及时进行试验，将试件表面擦干净。

② 按图 5-8 装置试件，安装尺寸偏差不得大于 1mm。试件的承压面应为试件成型时的侧面。支座及承压面与圆柱的接触面应平稳、均匀，否则应垫平。

③ 施加荷载应保持均匀、连续。当混凝土强度等级小于 C30 时，加荷速度取每秒 0.02～0.05MPa；当混凝土强度等级大于或等于 C30 且小于 C60 时，取每秒 0.05～0.08MPa；当混凝土强度等级大于或等于 C60 时，取每秒 0.08～0.10MPa，至试件接近破坏时，应停止调整试验机油门，直至试件破坏，然后记录破坏荷载及试件下边缘断裂位置。

5.2.4.5 试验数据处理及判定

（1）立方体抗压强度试验数据处理

① 混凝土立方体抗压强度按下式计算：

$$f_{cu}=\frac{F}{A} \tag{5-3}$$

式中 f_{cu}——混凝土立方体试件抗压强度（MPa）；

F——试件破坏荷载（N）；

A——试件承压面积（mm^2）。

② 强度值的确定应符合下列规定：

A.三个试件测值的算术平均值作为该组试件的强度值（精确至 0.1MPa）。

B.三个测值的最大值或最小值中如有一个与中间值的差值超过中间值的 15％时，则把最大及最小值一并舍去，取中间值作为该组试件的抗压强度值。

C.当最大值和最小值与中间值的差值均超过中间值 15％时，则该组试件的试验结果无效。

③ 混凝土强度等级小于 C60 时，用非标准试件测定的强度值均应乘以尺寸换算系数，其值对 200mm×200mm×200mm 试件为 1.05；对 100mm×100mm×100mm 试件为 0.95。当混凝土强度等级大于或等于 C60 时，宜采用标准试件；使用非标准试件时，尺寸换算系数应由试验确定。

（2）抗折强度试验数据处理

① 若试件下边缘断裂位置处于两个集中荷载作用线之间，则试件的抗折强度 f_f（MPa）按下式计算：

$$f_f=\frac{Fl}{bh^2} \tag{5-4}$$

式中 F——试件破坏荷载（N）；

l——支座间跨度（mm）；

h——试件截面高度（mm）；

b——试件截面宽度（mm）。

抗折强度计算精确至 0.1MPa。

② 抗折强度值应符合上述立方体抗压强度试验结果处理的第②条的规定。

③ 三个试件中若有一个折断面位于两个集中荷载之外，则混凝土抗折强度值按另外两个试件的试验结果计算。若这两个测值的差值不大于这两个测值的较小值的15%时，则该试件的抗折强度值按这两个测值的平均值计算，否则该组试件的试验无效。若有两个试件的下边缘断裂位置位于两个集中荷载作用线之外，则该组试件试验无效。

④ 当试件为尺寸100mm×100mm×400mm的非标准试件时，应乘以尺寸换算系数0.85；当混凝土强度等级大于或等于C60时，宜采用标准试件；使用非标准试件时，尺寸换算系数应由试验确定。

5.2.4.6 检测记录及报告

混凝土试件抗压强度检测记录见表5-5，检测报告见表5-6。

表5-5 混凝土试件抗压强度检测记录

受控号：

<table>
<tr><td colspan="2">委托/合同编号</td><td colspan="2"></td><td colspan="2">试样名称</td><td colspan="4"></td></tr>
<tr><td colspan="2">检测编号</td><td colspan="2"></td><td colspan="2">试样状态描述</td><td colspan="4"></td></tr>
<tr><td colspan="2">取样部位</td><td colspan="2"></td><td colspan="2">检测依据</td><td colspan="4"></td></tr>
<tr><td colspan="2" rowspan="2">主要仪器设备
及环境条件</td><td colspan="2">设备名称</td><td colspan="2">设备型号</td><td colspan="2">设备运行情况</td><td>温度(℃)</td><td>相对湿度(%)</td></tr>
<tr><td colspan="2"></td><td colspan="2"></td><td colspan="2"></td><td></td><td></td></tr>
<tr><td>试件
编号</td><td>设计强度
等级</td><td>试件规格
尺寸(mm)</td><td>成型
日期</td><td>试验
日期</td><td>养护
方法</td><td>龄期
(d)</td><td>破坏荷载
(kN)</td><td>抗压强度
(MPa)</td><td>备注</td></tr>
<tr><td rowspan="3"></td><td rowspan="3"></td><td rowspan="3"></td><td rowspan="3"></td><td rowspan="3"></td><td rowspan="3"></td><td rowspan="3"></td><td></td><td></td><td rowspan="9"></td></tr>
<tr><td></td><td></td></tr>
<tr><td></td><td></td></tr>
<tr><td rowspan="3"></td><td rowspan="3"></td><td rowspan="3"></td><td rowspan="3"></td><td rowspan="3"></td><td rowspan="3"></td><td rowspan="3"></td><td></td><td></td></tr>
<tr><td></td><td></td></tr>
<tr><td></td><td></td></tr>
<tr><td rowspan="3"></td><td rowspan="3"></td><td rowspan="3"></td><td rowspan="3"></td><td rowspan="3"></td><td rowspan="3"></td><td rowspan="3"></td><td></td><td></td></tr>
<tr><td></td><td></td></tr>
<tr><td></td><td></td></tr>
</table>

检测：　　　　　　　　复核：　　　　　　　　第　　页共　　页

表 5-6　混凝土试件抗压强度检测报告

检测编号：　　　　　　　　　　　　　　　　　　　　　　　报告日期：

<table>
<tr><td>委托单位</td><td colspan="3"></td><td>检测类别</td><td></td></tr>
<tr><td>工程名称</td><td colspan="3"></td><td>委托编号</td><td></td></tr>
<tr><td>监理单位</td><td colspan="3"></td><td>样品编号</td><td></td></tr>
<tr><td>见证单位</td><td colspan="3"></td><td>见证人员</td><td></td></tr>
<tr><td>施工单位</td><td colspan="3"></td><td>收样日期</td><td></td></tr>
<tr><td>生产厂家</td><td colspan="3"></td><td>检测日期</td><td></td></tr>
<tr><td>取样地点</td><td colspan="3"></td><td>检测环境</td><td></td></tr>
<tr><td>检测参数</td><td colspan="5"></td></tr>
<tr><td>检测设备</td><td colspan="5"></td></tr>
<tr><td>使用部位</td><td colspan="5"></td></tr>
<tr><td>检测依据</td><td colspan="5"></td></tr>
<tr><td>样品数量</td><td></td><td>设计强度</td><td></td><td>样品规格</td><td></td></tr>
<tr><td>代表数量</td><td></td><td>样品描述</td><td></td><td>养护方法</td><td></td></tr>
<tr><td>编号</td><td>破坏荷载(kN)</td><td>标准强度(MPa)</td><td>强度代表值(MPa)</td><td colspan="2">达到设计强度百分数(%)</td></tr>
<tr><td>1</td><td></td><td></td><td rowspan="3"></td><td colspan="2" rowspan="3"></td></tr>
<tr><td>2</td><td></td><td></td></tr>
<tr><td>3</td><td></td><td></td></tr>
<tr><td>检测结论</td><td colspan="5"></td></tr>
<tr><td>备　注</td><td colspan="5"></td></tr>
<tr><td>声　明</td><td colspan="5">1.报告无“检测专用章”无效；
2.复制报告未重新加盖“检测专用章”无效；
3.报告无检测、审核、批准人签字无效，报告涂改无效；
4.对本报告若有异议，应于收到报告之日起十五日内向检测单位提出，逾期不予受理；
5.委托检测只对来样负责。</td></tr>
<tr><td colspan="6">批准：　　　　　　　　　　审核：　　　　　　　　检测：
检测单位地址：　　　　　　邮编：　　　　　　　　电话：
网站：</td></tr>
</table>

5.2.5 混凝土抗渗性能试验

扫一扫
混凝土抗渗性能试验

5.2.5.1 试验目的

抗渗性是指混凝土抵抗压力水(或油)渗透的能力。它直接影响混凝土的抗冻性和抗侵蚀性。因为渗透性控制着水分渗入的速率,这些水可能含有侵蚀性的物质,同时也控制混凝土受热或冰冻时水的移动。

本试验用以测定混凝土拌合物的抗渗性能,确定混凝土的抗渗等级。

5.2.5.2 编制依据

本试验依据《普通混凝土长期性能和耐久性试验方法标准》(GB/T 50082—2009)制定。

5.2.5.3 仪器设备

混凝土抗渗仪应符合现行行业标准《混凝土抗渗仪》(JG/T 249—2009)的规定,并应能使水压按规定的制度稳定地作用在试件上。抗渗仪施加水压范围应为0.1～2.0MPa。

试模:规格为上口直径175mm、下口直径185mm、高150mm的截头圆台体。

密封材料宜用石蜡加松香或水泥加黄油等材料,也可采用胶套等其他有效密封材料。

梯形板应采用尺寸为200mm×200mm透明材料制成,并应画有十条等间距、垂直于梯形底线的直线,如图5-9所示。

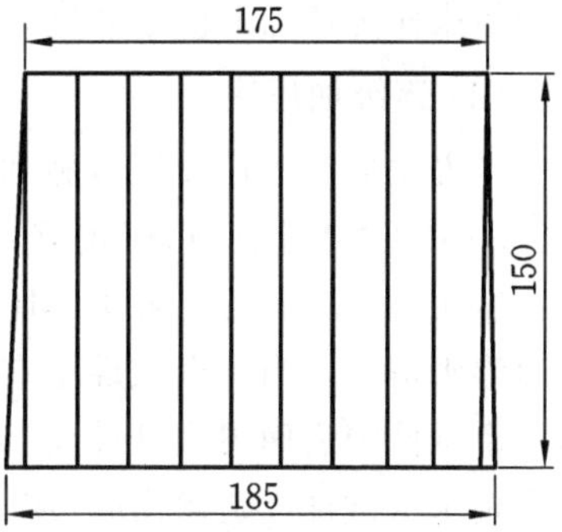

图5-9 梯形板示意图

钢尺(分度值应为1mm)、钟表(分度值应为1min)。

辅助设备应包括螺旋加压器、烘箱、电炉、浅盘、铁锅和钢丝刷等。

安装试件的加压设备可为螺旋加压或其他加压形式,其压力应能保证将试件压入试件套内。

5.2.5.4 试验步骤

(1) 渗水高度法

本方法适用于测定以硬化混凝土在恒定水压下的平均渗水高度来表示的混凝土抗水渗透性能。

① 按“混凝土拌合物室内拌和方法”和“混凝土试件成型与养护方法”进行试件制作和养护,六个试件为一组。

② 试件拆模后,用钢丝刷刷去两端面的水泥浆膜,然后送入养护室养护。

③ 抗水渗透试验的龄期宜为28d。应在到达试验龄期前一天,从养护室取出试件,并擦拭干净。待试件表面晾干后,应按下列方法进行试件密封:

A.当用石蜡密封时,应在试件侧面裹涂一层熔化的内加少量松香的石蜡。然后应用螺旋加压器将试件压入经过烘箱或电炉预热过的试模中,使试件与试模底齐平,并以石蜡接触试模即缓慢熔化但不流淌为准。

B.用水泥加黄油密封时,其质量比应为(2.5～3)∶1。应用三角刀将密封材料均匀地刮涂在试件侧面上,厚度应为1～2mm。应套上试模并将试件压入,使试件与试模底齐平。

C.试件密封也可采用其他更为可靠的密封方式。

④ 试件准备好之后，启动抗渗仪，并开通 6 个试位下的阀门，使水从 6 个孔中渗出，水应充满试位坑，在关闭 6 个试位下的阀门后应将密封好的试件安装在抗渗仪上。

⑤ 试件安装好以后，应立即开通 6 个试位下的阀门，使水压在 24h 内恒定控制在 1.2MPa ±0.05MPa，且加压过程不应大于 5min，应以达到稳定压力的时间作为试验记录起始时间(精确至 1min)。在稳压过程中随时观察试件端面的渗水情况，当有某一个试件端面出现渗水时，应停止该试件的试验并记录时间，并以试件的高度作为该试件的渗水高度。对于试件端面未出现渗水的情况，应在试验 24h 后停止试验，并及时取出试件。在试验过程中，当发现水从试件周边渗出时，应重新按前述规定进行密封。

⑥ 将从抗渗仪上取出来的试件放在压力机上，并应在试件上下两端面中心处沿直径方向各放一根直径为 6mm 的钢垫条，并应确保它们在同一竖直平面内。然后开动压力机，将试件沿纵断面劈裂为两半。试件劈裂后，应用防水笔描出水痕。

⑦ 应将梯形板放在试件劈裂面上，并用钢尺沿水痕等间距量测 10 个测点的渗水高度值，读数应精确至 1mm。读数时若遇到某测点被集料阻挡，可以用靠近集料两端的渗水高度算术平均值来作为该点的渗水高度。

(2) 逐级加压法

本方法适用于通过逐级施加水压力来测定以抗渗等级来表示的混凝土的抗水渗透性能。

① 按照“渗水高度法”的规定进行试件的密封和安装。

② 试验时，水压应从 0.1MPa 开始，以后应每隔 8h 增加 0.1MPa 水压，并应随时观察试件端面渗水情况。当 6 个试件中有 3 个试件表面出现渗水时，或加至规定压力(抗渗等级)在 8h 内 6 个试件中表面渗水试件少于 3 个时，可停止试验，并记下此时的水压力。在试验过程中，当发现水从试件周边渗出时，应重新对试件进行密封。

5.2.5.5 试验结果处理

(1) 渗水高度法试验结果处理

① 试件渗水高度应按下式进行计算：

$$\bar{h}_i = \frac{1}{10}\sum_{j=1}^{10} h_j \tag{5-5}$$

式中 h_j—— 第 i 个试件第 j 个测点处的渗水高度(mm)；

$\bar{h}_i$—— 第 i 个试件的平均渗水高度(mm)。

应以 10 个测点渗水高度的平均值作为该试件渗水高度的测定值。

② 一组试件的平均渗水高度应按下式进行计算：

$$\bar{h} = \frac{1}{6}\sum_{i=1}^{6} \bar{h}_i \tag{5-6}$$

式中 $\bar{h}$—— 一组 6 个试件的平均渗水高度(mm)。

应以一组 6 个试件渗水高度的算术平均值作为该组试件渗水高度的测定值。

(2) 逐级加压法试验结果处理

混凝土的抗渗等级应以每组 6 个试件中有 4 个试件未出现渗水时的最大水压力乘以 10 来确定。混凝土的抗渗等级应按下式计算：

$$P=10H-1 \tag{5-7}$$

式中 P——混凝土抗渗等级；

H——6 个试件中有 3 个试件渗水时的水压力(MPa)。

5.2.5.6 试验记录及报告

混凝土抗渗性能检测记录见表 5-7，检测报告见表 5-8。

表 5-7 混凝土抗渗性能检测记录

受控号：

<table>
<tr><td colspan="2">委托/合同编号</td><td colspan="3"></td><td>试样名称</td><td colspan="2"></td></tr>
<tr><td colspan="2">检测编号</td><td colspan="3"></td><td>抗渗强度等级</td><td colspan="2"></td></tr>
<tr><td colspan="2">试样状态描述</td><td colspan="3"></td><td>检测依据</td><td colspan="2"></td></tr>
<tr><td colspan="2" rowspan="2">主要仪器设备及环境条件</td><td colspan="2">设备名称</td><td>设备型号</td><td>设备运行状况</td><td>温度(℃)</td><td>相对湿度(%)</td></tr>
<tr><td colspan="2"></td><td></td><td></td><td></td><td></td></tr>
<tr><td colspan="2">制作日期</td><td></td><td colspan="2">检测开始及结束日期</td><td></td><td>龄期(d)</td><td></td></tr>
<tr><td rowspan="2">加压时间</td><td rowspan="2">水压 H(MPa)</td><td colspan="6">试件渗水情况记录</td></tr>
<tr><td>1#</td><td>2#</td><td>3#</td><td>4#</td><td>5#</td><td>6#</td></tr>
<tr><td></td><td></td><td></td><td></td><td></td><td></td><td></td><td></td></tr>
<tr><td></td><td></td><td></td><td></td><td></td><td></td><td></td><td></td></tr>
<tr><td></td><td></td><td></td><td></td><td></td><td></td><td></td><td></td></tr>
<tr><td></td><td></td><td></td><td></td><td></td><td></td><td></td><td></td></tr>
<tr><td></td><td></td><td></td><td></td><td></td><td></td><td></td><td></td></tr>
<tr><td></td><td></td><td></td><td></td><td></td><td></td><td></td><td></td></tr>
<tr><td></td><td></td><td></td><td></td><td></td><td></td><td></td><td></td></tr>
<tr><td></td><td></td><td></td><td></td><td></td><td></td><td></td><td></td></tr>
<tr><td></td><td></td><td></td><td></td><td></td><td></td><td></td><td></td></tr>
<tr><td></td><td></td><td></td><td></td><td></td><td></td><td></td><td></td></tr>
<tr><td></td><td></td><td></td><td></td><td></td><td></td><td></td><td></td></tr>
<tr><td></td><td></td><td></td><td></td><td></td><td></td><td></td><td></td></tr>
<tr><td></td><td></td><td></td><td></td><td></td><td></td><td></td><td></td></tr>
<tr><td></td><td></td><td></td><td></td><td></td><td></td><td></td><td></td></tr>
<tr><td>备注</td><td colspan="7"></td></tr>
</table>

检测： 复核： 第 页共 页

表 5-8　混凝土抗渗性能检测报告

检测编号：　　　　　　　　　　　　　　　　　　　　　　　　报告日期：

<table>
<tr><td>委托单位</td><td colspan="3"></td><td>检测类别</td><td></td></tr>
<tr><td>工程名称</td><td colspan="3"></td><td>委托编号</td><td></td></tr>
<tr><td>监理单位</td><td colspan="3"></td><td>样品编号</td><td></td></tr>
<tr><td>见证单位</td><td colspan="3"></td><td>见证人员</td><td></td></tr>
<tr><td>施工单位</td><td colspan="3"></td><td>收样日期</td><td></td></tr>
<tr><td>生产厂家</td><td colspan="3"></td><td>检测日期</td><td></td></tr>
<tr><td>取样地点</td><td colspan="3"></td><td>检测环境</td><td></td></tr>
<tr><td>检测参数</td><td colspan="5"></td></tr>
<tr><td>检测设备</td><td colspan="5"></td></tr>
<tr><td>使用部位</td><td colspan="5"></td></tr>
<tr><td>检测依据</td><td colspan="5"></td></tr>
<tr><td>样品数量</td><td></td><td>设计强度</td><td></td><td>样品规格</td><td></td></tr>
<tr><td>代表数量</td><td></td><td>样品描述</td><td></td><td>养护方法</td><td></td></tr>
<tr><td>编号</td><td colspan="2">渗水或终止水压试验时间(h)</td><td>渗水压力或终止试验水压力(MPa)</td><td colspan="2">有无渗水现象</td></tr>
<tr><td>1</td><td colspan="2"></td><td></td><td colspan="2"></td></tr>
<tr><td>2</td><td colspan="2"></td><td></td><td colspan="2"></td></tr>
<tr><td>3</td><td colspan="2"></td><td></td><td colspan="2"></td></tr>
<tr><td>4</td><td colspan="2"></td><td></td><td colspan="2"></td></tr>
<tr><td>5</td><td colspan="2"></td><td></td><td colspan="2"></td></tr>
<tr><td>6</td><td colspan="2"></td><td></td><td colspan="2"></td></tr>
<tr><td>检测结论</td><td colspan="5"></td></tr>
<tr><td>备 注</td><td colspan="5"></td></tr>
<tr><td>声 明</td><td colspan="5">1.报告无“检测专用章”无效；
2.复制报告未重新加盖“检测专用章”无效；
3.报告无检测、审核、批准人签字无效，报告涂改无效；
4.对本报告若有异议，应于收到报告之日起十五日内向检测单位提出，逾期不予受理；
5.委托检测只对来样负责。</td></tr>
<tr><td colspan="6">批准：　　　　　　　　　　　审核：　　　　　　　　　检测：
检测单位地址：　　　　　　　邮编：　　　　　　　　　电话：
网站：</td></tr>
</table>

5.2.6 混凝土的配合比试验

扫一扫
普通混凝土配合比设计(1)

扫一扫
普通混凝土配合比设计(2)

扫一扫
普通混凝土配合比设计(3)

5.2.6.1 普通混凝土配合比设计

(1) 混凝土配合比设计的基本要求

配合比设计的任务，就是根据原材料的技术性能及施工条件，确定出能满足工程所要求的技术经济指标的各项组成材料的用量。其基本要求是：

① 达到混凝土结构设计要求的强度等级。

② 满足混凝土施工所要求的和易性。

③ 满足工程所处环境和使用条件对混凝土耐久性的要求。

④ 符合经济原则，节约水泥，降低成本。

(2) 混凝土配合比设计的步骤

混凝土的配合比设计是一个计算、试配、调整的复杂过程，大致可分为初步计算配合比、基准配合比、实验室配合比、施工配合比 4 个设计阶段。首先按照已选择的原材料性能及对混凝土的技术要求进行初步计算，得出“初步计算配合比”。基准配合比是在初步计算配合比的基础上，通过试配、检测、进行工作性的调整、修正得到；实验室配合比是通过对水灰比的微量调整，在满足设计强度的前提下，进一步调整配合比以确定水泥用量最小的方案；而施工配合比考虑砂、石的实际含水率对配合比的影响，对配合比做最后的修正，是实际应用的配合比。配合比设计的过程是逐一满足混凝土的强度、工作性、耐久性、节约水泥等要求的过程。

(3) 混凝土配合比设计的基本资料

在进行混凝土的配合比设计前，需确定和了解的基本资料，即设计的前提条件，主要有以下几个方面：

① 混凝土设计强度等级和强度的标准差。

② 材料的基本情况：包括水泥品种、强度等级、实际强度、密度；砂的种类、表观密度、细度模数、含水率；石子种类、表观密度、含水率；是否掺外加剂，外加剂种类。

③ 混凝土的工作性要求，如坍落度指标。

④ 与耐久性有关的环境条件：如冻融状况、地下水情况等。

⑤ 工程特点及施工工艺：如构件几何尺寸、钢筋的疏密、浇筑振捣的方法等。

(4) 混凝土配合比设计中三个基本参数的确定

混凝土的配合比设计，实质上就是确定单位体积混凝土拌合物中水、水泥、粗集料(石子)、细集料(砂)这四项组成材料之间的三个参数。即水和水泥之间的比例——水灰比；砂和石子之间的比例——砂率；集料与水泥浆之间的比例——单位用水量。在配合比设计中能正确确定这三个基本参数，就能使混凝土满足配合比设计的四项基本要求。

确定这三个参数的基本原则是：在混凝土的强度和耐久性的基础上，确定水灰比；在满足混凝土施工和易性要求的基础上确定混凝土的单位用水量；砂的用量应以填充石子空隙后略有富余为原则。

具体确定水灰比时，从强度角度看，水灰比应小些；从耐久性角度看，水灰比小些，水泥用量多些，混凝土的密度就高，耐久性则优良，这可通过控制最大水灰比和最小水泥用量来满足。由强度和耐久性分别决定的水灰比往往是不同的，此时应取较小值。但在强度和耐久性都已确定的前提下，水灰比应取较大值，以获得较高的流动性。

确定砂率主要应从满足工作性和节约水泥两个方面考虑。在水灰比和水泥用量(即水泥浆用量)不变的前提下，砂率应取坍落度最大而黏聚性和保水性又好的砂率，即合理砂率。在工作性满足的情况下，砂率尽可能取小值以达到节约水泥的目的。

单位用水量是在水灰比和水泥用量不变的情况下，实际反映水泥浆量与集料间的比例关系。水泥浆量要满足包裹粗、细集料表面并保持足够流动性的要求，但用水量过大，会降低混凝土的耐久性。水灰比在0.40～0.80范围内时，根据粗集料的品种、粒径确定单位用水量。

5.2.6.2 配合比试验

(1) 初步计算配合比

① 确定混凝土配制强度 $f_{cu,o}$

A.当混凝土的设计强度等级小于C60时，混凝土配制强度应按下式确定：

$$f_{cu,o} \geqslant f_{cu,k} + 1.654\sigma \tag{5-8}$$

式中 $f_{cu,o}$——混凝土配制强度(MPa)；

$f_{cu,k}$——混凝土立方体抗压强度标准值(MPa)；

σ——混凝土强度标准差(MPa)。

B.当混凝土的设计强度等级不小于C60时，配制强度应按下式确定：

$$f_{cu,o} \geqslant 1.15 f_{cu,k}$$

C.混凝土强度标准差应按下列规定确定：

a.当具有近1～3个月的同一品种、同一强度等级混凝土的强度资料，且试件组数不小于30时，其混凝土强度标准差 σ 应按下式计算：

$$\sigma = \sqrt{\frac{\sum_{i=1}^{n} f_{cu,i}^2 - n m_{f_{cu}}^2}{n-1}} \tag{5-9}$$

式中 σ——混凝土强度标准差(MPa)；

$f_{cu,i}$——第 i 组的试件强度(MPa)；

$m_{f_{cu}}$——n 组试件的强度平均值(MPa)；

n——试件组数。

对于强度等级不大于C30的混凝土，当混凝土强度标准差计算值不小于3.0MPa时，应按上式计算结果取值；当混凝土强度标准差计算值小于3.0MPa时，应取3.0MPa。

对于强度等级大于C30且小于C60的混凝土，当混凝土强度标准差计算值不小于4.0MPa时，应按上式计算结果取值；当混凝土强度标准差计算值小于4.0MPa时，应取4.0MPa。

b.当没有近期的同一品种、同一强度等级混凝土强度资料时，其强度标准差可按表5-9取值。

表5-9 混凝土强度标准差

混凝土的强度等级	≤C20	C25～C45	C50～C55
σ(MPa)	4.0	5.0	6.0

② 确定水灰比 W/C

当混凝土强度等级小于 C60 级时，混凝土水灰比按下式计算：

$$\frac{W}{C}=\frac{\alpha_a f_{ce}}{f_{cu,o}+\alpha_a\alpha_b f_{ce}} \tag{5-10}$$

式中 α_a，α_b——回归系数，取值见表 5-10；

f_{ce}——水泥 28d 胶砂抗压强度实测值(MPa)。

表 5-10　回归系数选用

系数	石子品种		系数	石子品种	
	碎石	卵石		碎石	卵石
α_a	0.53	0.49	α_b	0.20	0.13

当水泥 28d 胶砂抗压强度值(f_{ce})无实测值时，可按下式计算：

$$f_{ce}=\gamma_c f_{ce,g} \tag{5-11}$$

式中 γ_c——水泥强度等级值富余系数，按实际统计资料确定；当缺乏实际统计资料时按表 5-11 选用；

$f_{ce,g}$——水泥强度等级值(MPa)。

表 5-11　水泥强度等级值富余系数

水泥强度等级值	32.5	42.5	52.5
富余系数 γ_c	1.12	1.16	1.10

由上式计算出的水灰比应小于表 5-12 中规定的最大水灰比。若计算而得的水灰比大于最大水灰比，应取最大水灰比以保证混凝土的耐久性。

表 5-12　混凝土的最大水灰比和最小水泥用量

环境条件		结构物类别	最大水灰比			最小水泥用量(kg/m³)		
			素混凝土	钢筋混凝土	预应力混凝土	素混凝土	钢筋混凝土	预应力混凝土
干燥环境		正常的居住或办公用房屋内部件	不作规定	0.65	0.60	200	260	300
潮湿环境	无冻害	高湿度的室内部件； 室外部件； 在非侵蚀性土和(或)水中的部件	0.70	0.60	0.60	225	280	300
	有冻害	经受冻害的室外部件； 在非侵蚀性土和(或)水中且经受冻害的部件； 高湿度且经受冻害的室内部件	0.55	0.55	0.55	250	280	300
有冻害和除冰剂的潮湿环境		经受冻害和除冰剂作用的室内和室外部件	0.50	0.50	0.50	300	300	300

注：①当用活性掺合料取代部分水泥时，表中的最大水灰比及最小水泥用量即为替代前的水灰比和水泥用量。

②配制 C15 级及其以下等级的混凝土，可不受本表限制。

③ 确定用水量

根据施工要求的混凝土拌合物的坍落度、所用集料的种类及最大粒径查表5-13得到每立方米混凝土用水量。水灰比小于0.40的混凝土及采用特殊成型工艺的混凝土的用水量应通过试验确定。流动性和大流动性混凝土的用水量以表5-13中坍落度为90mm的用水量为基础，按坍落度每增大20mm，用水量增加5kg，计算出用水量。

表5-13 塑性混凝土用水量(kg/m^3)

拌合物稠度		卵石最大粒径(mm)				碎石最大粒径(mm)			
项目	指标	10	20	31.5	40	16	20	31.5	40
坍落度(mm)	10～30	190	170	160	150	200	185	175	165
	35～50	200	180	170	160	210	195	185	175
	55～70	210	190	180	170	220	205	195	185
	75～90	215	195	185	175	230	215	205	195

注：①本表用水量是采用中砂时的平均取值。采用细砂时，每立方米混凝土用水量增加5～10kg，采用粗砂时，则可减少5～10kg。

②采用各种外加剂或掺合料时，用水量应相应调整。

掺外加剂时的用水量可按下式计算：

$$m_{wo}=m'_{wo}(1-\beta) \tag{5-12}$$

式中 m_{wo}——掺外加剂时每立方米混凝土的用水量(kg)；

m'_{wo}——未掺外加剂时每立方米混凝土的用水量(kg)；

β——外加剂的减水率(%)，经试验确定。

④ 确定水泥用量

由已求得的水灰比W/C和用水量可计算出水泥用量。

$$m_{co}=m_{wo}\times\frac{C}{W} \tag{5-13}$$

由上计算出的水泥用量应大于表5-12中规定的最小水泥用量，若计算而得的水泥用量小于最小水泥用量时，应选取最小水泥用量，以保证混凝土的耐久性。

⑤ 确定砂率

砂率可由试验或历史经验资料选取。如无历史资料，坍落度为10～60mm的混凝土的砂率可根据粗集料品种，最大粒径及水灰比按表5-14选取。坍落度大于60mm的混凝土的砂率，可经试验确定，也可在表5-14的基础上，按坍落度每增大20mm，砂率增大1%的幅度予以调整。坍落度小于10mm的混凝土，其砂率应经试验确定。

表5-14 混凝土的砂率(%)

水灰比(W/C)	卵石最大粒径(mm)			碎石最大粒径(mm)		
	10	20	40	16	20	40
0.40	26～32	25～31	24～30	30～35	29～34	37～42

续表 5-14

水灰比(W/C)	卵石最大粒径(mm)			碎石最大粒径(mm)		
	10	20	40	16	20	40
0.50	30～35	29～34	28～33	33～38	32～37	30～35
0.60	33～38	32～37	31～36	36～41	35～40	33～38
0.70	36～41	35～40	34～39	39～44	38～43	36～41

注：①本表数值是中砂的选用砂率，对细砂或粗砂，可相应地减小或增大砂率。

②只用一个单粒级粗集料配制混凝土时，砂率应适当增大。

③对薄壁构件，砂率取偏大值。

⑥ 计算砂、石用量

A.体积法

该方法假定混凝土拌合物的体积等于各组成材料的体积与拌合物中所含空气的体积之和。如取混凝土拌合物的体积为 $1m^3$，则可得以下关于 m_{so}、m_{go} 的二元方程组。

$$\left.\begin{aligned} &\frac{m_{co}}{\rho_c}+\frac{m_{go}}{\rho_g}+\frac{m_{so}}{\rho_s}+\frac{m_{wo}}{\rho_w}+0.01\alpha=1 \\ &\beta_s=\frac{m_{so}}{m_{so}+m_{go}}\times 100 \end{aligned}\right\} \tag{5-14}$$

式中 m_{co}，m_{so}，m_{go}，m_{wo}——每立方米混凝土中的水泥、细集料(砂)、粗集料(石子)、水的质量(kg)；

ρ_g，ρ_s——粗集料、细集料的表观密度(kg/m³)；

ρ_c，ρ_w——水泥、水的密度(kg/m³)；

β_s——砂率(%)；

α——混凝土中的含气量百分数，在不使用引气型外加剂时，可取 1。

B.质量法

该方法假定 $1m^3$ 混凝土拌合物质量，等于其各种组成材料质量之和，据此可得以下方程组。

$$\left.\begin{aligned} &m_{co}+m_{so}+m_{go}+m_{wo}=m_{cp} \\ &\beta_s=\frac{m_{so}}{m_{so}+m_{go}}\times 100 \end{aligned}\right\} \tag{5-15}$$

式中 m_{cp}——每立方米混凝土拌合物的假定质量，可根据实际经验在 2350～2450kg 之间选取。

同以上关于 m_{so} 和 m_{go} 的二元方程组，可解出 m_{so} 和 m_{go}。

则混凝土的初步计算配合比(初步满足强度和耐久性要求)为 m_{co}∶m_{so}∶m_{go}∶m_{wo}。

(2) 基准配合比

按初步计算配合比进行混凝土配合比的试配和调整。试配时，混凝土的搅拌量可按表 5-15 选取。当采用机械搅拌时，其搅拌不应小于搅拌机额定搅拌量的 1/4。

表 5-15 混凝土试拌的最小搅拌量

集料最大粒径(mm)	拌合物数量(L)	集料最大粒径(mm)	拌合物数量(L)
31.5 及以下	15	40	25

试拌后立即测定混凝土的工作性能。当试拌得出的拌合物坍落度比要求值小时，应在水灰比不变前提下，增加水泥浆用量；当拌合物坍落度比要求值大时，应在砂率不变的前提下，增加砂、石用量；当黏聚性、保水性差时，可适当加大砂率。调整时，应即时记录调整后的各材料用量（m_{cb}，m_{wb}，m_{sb}，m_{gb}），并实测调整后混凝土拌合物的体积密度为 ρ_{ob}（kg/m³）。令调整后的混凝土试样总质量为：

$$m_{Qb}=m_{cb}+m_{wb}+m_{sb}+m_{gb} \tag{5-16}$$

由此得出基准配合比（调整后的 1m³ 混凝土中各材料用量）：

$$\left.\begin{aligned} m_{cj}&=\frac{m_{cb}}{m_{Qb}}\times\rho_{ob}\\ m_{wj}&=\frac{m_{wb}}{m_{Qb}}\times\rho_{ob}\\ m_{sj}&=\frac{m_{sb}}{m_{Qb}}\times\rho_{ob}\\ m_{gj}&=\frac{m_{gb}}{m_{Qb}}\times\rho_{ob}\end{aligned}\right\} \tag{5-17}$$

式中　ρ_{ob}——实测试拌混凝土的体积密度。

（3）实验室配合比

经调整后的基准配合比虽工作性已满足要求，但经计算而得出的水灰比是否真正满足强度的要求需要通过强度试验检验。在基准配合比的基础上做强度试验时，就采用三个不同的配合比，其中一个为基准配合比的水灰比，另外两个较基准配合比的水灰比分别增加和减少0.05。其用水量应与基准配合比的用水量相同，砂率可分别增加和减少 1%。

制作混凝土强度试验试件时，应检验混凝土拌合物的坍落度和维勃稠度、黏聚性、保水性及拌合物的体积密度，并以此结果作为代表相应配合比的混凝土拌合物的性能。进行混凝土强度试验时，每种配合比至少应制作一组（三块）试件，标准养护 28d 时试压。需要时可同时制作几组试件，供快速检验或早龄试压，以便提前定出混凝土配合比供施工使用，但应以标准养护 28d 的强度的检验结果为依据调整配合比。

根据试验得出的混凝土强度与其相对应的灰水比（C/W）关系，用作图法或计算法求出与混凝土配制强度（$f_{cu,o}$）相对应的灰水比，并应按下列原则确定每立方米混凝土的材料用量：

① 用水量（m_w）应在基准配合比用水量的基础上，根据制作强度试件时测得的坍落度或维勃稠度进行调整确定。

② 水泥用量（m_c）应以用水量乘以选定出来的灰水比计算确定。

③ 粗集料和细集料用量（m_g和 m_s）应在基准配合比的粗集料和细集料用量的基础上，按选定的灰水比进行调整后确定。

经试配确定配合比后，尚应按下列步骤进行校正：

据前述已确定的材料用量按下式计算混凝土的表观密度计算值：

$$\rho_{cc}=m_c+m_s+m_g+m_w \tag{5-18}$$

再按下式计算混凝土配合比校正系数：

$$\delta=\frac{\rho_{ct}}{\rho_{cc}} \tag{5-19}$$

式中 ρ_{ct}——混凝土表观密度实测值(kg/m^3)；

ρ_{cc}——混凝土表观密度计算值(kg/m^3)。

当混凝土表观密度实测值与计算值之差的绝对值不超过计算值的2%时，按以前的配合比即为确定的实验室配合比；当两者之差超过2%时，应将配合比中每项材料用量均乘以校正系数，即为最终确定的实验室配合比。

实验室配合比在使用过程中应根据原材料情况及混凝土质量检验的结果予以调整。但遇有下列情况之一时，应重新进行配合比设计：

① 对混凝土性能指标有特殊要求时；

② 水泥、外加剂或矿物掺合料品种、质量有显著变化时；

③ 该配合比的混凝土生产间断半年以上时。

(4) 施工配合比

设计配合比是以干燥材料为基准的，而工地存放的砂石都含有一定的水分，且随着气候的变化而经常变化。所以，现场材料的实际称量应按施工现场砂、石的含水情况进行修正，修正后的配合比称为施工配合比。

假定工地存放的砂的含水率为$a\%$，石子的含水率为$b\%$，则将上述实验室配合比换算为施工配合比，其材料称量为：

水泥用量：$m_c'=m_c$

砂用量：$m_s'=m_s(1+a\%)$

石子用量：$m_g'=m_g(1+b\%)$

用水量：$m_w'=m_w-m_s\times a\%-m_g\times b\%$

m_c、m_s、m_g、m_w为调整后的实验室配合比中每立方米混凝土中的水泥、砂、石子和水的用量(kg)。应注意，进行混凝土配合比计算时，其计算公式中有关参数和表格中的数值均系以干燥状态集料(含水率小于0.05%的粗集料或含水率小于0.2%的细集料)为基准。当以饱和面干集料为基准进行计算时，则应做相应的调整，即施工配合比公式中的a、b分别表示现场砂、石含水率与其饱和面干含水率之差。

【例5-1】 某多层钢筋混凝土框架结构房屋，柱、梁、板混凝土设计强度为C25级，施工单位无历史统计资料，请计算其标准差及混凝土的配制强度。

【解】

① 没有近期的同一品种、同一强度等级混凝土强度资料时，查表5-9，得$\sigma=5.0$MPa。

② 计算配制强度。

按题意，混凝土的设计强度$f_{cu,o}=25$MPa；施工单位混凝土强度标准差$\sigma=5.0$MPa。将上述两值代入公式，得

$$f_{cu,o}=25+1.645\times5.0=33.23(\text{MPa})$$

【例5-2】 某教学楼现浇钢筋混凝土梁(室内干燥环境)，混凝土设计强度等级为C30，强度保证率为95%，施工要求坍落度为30～50mm。采用42.5级硅酸盐水泥，水泥密度为

3.10g/cm³；砂子为中砂，表观密度为2.65g/cm³，施工现场含水率为3%；石子为碎石（最大粒径40mm），表观密度为2.70g/cm³，施工现场含水率为1%；混凝土采用机械搅拌、振捣，施工单位无历史统计资料。试设计混凝土的初步配合比；假如初步配合比满足和易性和强度的要求，计算施工配合比。

【解】

(1) 初步配合比计算

① 确定配制强度

由于施工单位无历史资料，查表5-9得：$\sigma=5.0$MPa。

$$f_{cu,o}=30+1.645\times5.0=38.23\text{MPa}$$

② 确定水灰比(W/C)

水泥28d胶砂实际强度 $f_{ce}=1.16f_{ce,g}=1.16\times42.5=49.3$MPa，碎石：$\alpha_a=0.53$，$\alpha_b=0.20$。

则：
$$\frac{W}{C}=\frac{\alpha_a f_{ce}}{f_{cu,o}+\alpha_a\alpha_b f_{ce}}=\frac{0.53\times49.3}{38.23+0.53\times0.20\times49.3}=0.60$$

查表5-12得，满足耐久性要求的最大水灰比为0.65，故取设计水灰比为0.60。

③ 确定1m³混凝土的用水量(m_{wo})

查表5-13，根据石子最大粒径及施工所需的坍落度，选用 $m_{wo}=175$kg。

④ 确定1m³混凝土水泥用量(m_{co})

$$m_{co}=\frac{m_{wo}}{W/C}=\frac{175}{0.60}=292(\text{kg})$$

查表5-12，本工程要求的最小水泥用量为260kg，故水泥用量 $m_{co}=292$kg。

⑤ 选取合理的砂率(β_s)

查表5-14，合理砂率范围为 $\beta_s=31\%\sim36\%$，取 $\beta_s=35\%$。

⑥ 计算1m³混凝土中砂子(m_{so})、石子(m_{go})的用量

采用体积法计算：

$$\frac{292}{3100}+\frac{m_{so}}{2650}+\frac{m_{go}}{2700}+\frac{175}{1000}+0.01=1$$

$$\frac{m_{so}}{m_{so}+m_{go}}\times100\%=35\%$$

解得：砂子 $m_{so}=667$kg，石子 $m_{go}=1239$kg

混凝土初步配合比为：292∶667∶1239∶175=1∶2.28∶4.24∶0.60

(2) 施工配合比

水泥：$m_c=292$kg

砂子：$m_s=667\times(1+3\%)=687.1$kg

石子：$m_g=1239\times(1+1\%)=1251.4$kg

水：$m_w=175-667\times3\%-1239\times1\%=142.6$kg

施工配合比为：1∶2.35∶4.29∶0.49

5.2.6.3 试验记录及报告

混凝土配合比试验记录见表5-16，报告见表5-17。

表 5-16 混凝土配合比试验记录

受控号：

<table>
<tr><td>委托/合同编号</td><td colspan="3"></td><td>检测编号</td><td colspan="5"></td></tr>
<tr><td>试样名称</td><td></td><td>试样状态描述</td><td></td><td>强度等级</td><td></td><td>坍落度要求
（mm）</td><td></td><td>检测日期</td><td></td></tr>
<tr><td>抗渗等级</td><td></td><td>抗冻等级</td><td></td><td>检测依据</td><td></td><td>使用部位</td><td colspan="3"></td></tr>
<tr><td>成型环境</td><td>温度____℃
相对湿度____%</td><td>试件规格
（mm）</td><td></td><td>主要设备</td><td colspan="5"></td></tr>
<tr><td colspan="10">原 材 料 情 况</td></tr>
<tr><td colspan="2">水泥</td><td colspan="2">砂</td><td colspan="2">石</td><td colspan="2">掺合料</td><td colspan="2">外加剂</td></tr>
<tr><td>材料检测编号</td><td>强度等级</td><td>材料检测编号</td><td>规格</td><td>材料检测编号</td><td>规格</td><td>材料检测编号</td><td>规格或等级</td><td>材料检测编号</td><td>掺量（%）</td></tr>
<tr><td></td><td></td><td></td><td></td><td></td><td></td><td></td><td></td><td></td><td></td></tr>
<tr><td colspan="10">计算配合比的试拌与配合比调整</td></tr>
<tr><td rowspan="2">试配号</td><td colspan="9">每立方米材料用量</td></tr>
<tr><td>水泥（kg）</td><td>砂（kg）</td><td>石（kg）</td><td>水（kg）</td><td>掺合料（kg）</td><td>外加剂（kg）</td><td>水灰比</td><td>砂率（%）</td><td>实测坍落度（mm）</td></tr>
<tr><td></td><td></td><td></td><td></td><td></td><td></td><td></td><td></td><td></td><td></td></tr>
<tr><td></td><td></td><td></td><td></td><td></td><td></td><td></td><td></td><td></td><td></td></tr>
<tr><td></td><td></td><td></td><td></td><td></td><td></td><td></td><td></td><td></td><td></td></tr>
<tr><td></td><td></td><td></td><td></td><td></td><td></td><td></td><td></td><td></td><td></td></tr>
<tr><td></td><td></td><td></td><td></td><td></td><td></td><td></td><td></td><td></td><td></td></tr>
<tr><td></td><td></td><td></td><td></td><td></td><td></td><td></td><td></td><td></td><td></td></tr>
<tr><td></td><td></td><td></td><td></td><td></td><td></td><td></td><td></td><td></td><td></td></tr>
<tr><td></td><td></td><td></td><td></td><td></td><td></td><td></td><td></td><td></td><td></td></tr>
</table>

续表 5-16

试配号	水泥 (kg)	砂 (kg)	石 (kg)	水 (kg)	掺合料 (kg)	外加剂 (kg)	水灰比	坍落度 (mm)	体积密度 (kg/m^3)	7d 抗压强度(kN)		28d 抗压强度(kN)	
										单块值	代表值	单块值	代表值
1 基准配合比 (____ L 用量)													
2 调整后配合比 (____ L 用量)													
3 调整后配合比 (____ L 用量)													

确定配合比												备注：
材料名称	水泥		砂		石		水		掺合料	外加剂		
每立方米用量 (kg)												
坍落度(mm)		体积密度(kg/m^3)		水灰比		砂率(%)		拌和方式				

检测：　　　　复核：　　　　检测开始及结束时间：　年　月　日～　年　月　日　　　　第　页　共　页

表 5-17 混凝土配合比试验报告

<table>
<tr><td>检测类别</td><td colspan="3"></td><td>委托/合同编号</td><td></td></tr>
<tr><td>委托单位</td><td colspan="3"></td><td>强度等级</td><td></td></tr>
<tr><td>监理单位</td><td colspan="3"></td><td>检测依据</td><td></td></tr>
<tr><td>施工单位</td><td colspan="3"></td><td>检测日期</td><td></td></tr>
<tr><td>工程名称</td><td colspan="3"></td><td>报告日期</td><td></td></tr>
<tr><td>使用部位</td><td colspan="3"></td><td>检测编号</td><td></td></tr>
<tr><td>材料</td><td>名称</td><td>种类及规格</td><td>1m³ 用量
（干料计）(kg)</td><td>原材料说明</td><td>原材料试验报告
检测编号</td></tr>
<tr><td rowspan="2">胶凝材料</td><td></td><td></td><td></td><td></td><td></td></tr>
<tr><td></td><td></td><td></td><td></td><td></td></tr>
<tr><td rowspan="2">砂子</td><td></td><td></td><td></td><td></td><td></td></tr>
<tr><td></td><td></td><td></td><td></td><td></td></tr>
<tr><td rowspan="2">石子</td><td></td><td></td><td></td><td></td><td></td></tr>
<tr><td></td><td></td><td></td><td></td><td></td></tr>
<tr><td colspan="2">水</td><td></td><td></td><td></td><td></td></tr>
<tr><td colspan="2">外加剂</td><td></td><td></td><td></td><td></td></tr>
<tr><td rowspan="3">混凝土
质量指标</td><td>单位用水量(kg/m³)</td><td></td><td colspan="3" rowspan="2">质量配合比
（胶凝材料：砂：石：水：外加剂）</td></tr>
<tr><td>水灰比</td><td></td></tr>
<tr><td>砂率(%)</td><td></td><td colspan="3"></td></tr>
<tr><td>新拌
混凝土性能</td><td>和易性</td><td></td><td>坍落度(mm)</td><td></td><td>维勃稠度(s)</td><td></td></tr>
<tr><td>结论</td><td colspan="5"></td></tr>
<tr><td>备注</td><td colspan="5">1.报告无“检测专用章”无效；
2.复制报告未重新加盖“检测专用章”无效；
3.报告无检测、审核、批准人签字无效；报告涂改无效；
4.一份报告含有多页的，无骑缝章无效；
5.对本报告若有异议，应于收到报告之日起十五日内向检测单位提出，逾期不予受理；
6.委托检测仅对来样负责。</td></tr>
<tr><td colspan="6">批准：　　　　审核：　　　　检测：
检测单位地址：　　　　邮编：　　　　电话：
检测单位网址：</td></tr>
</table>

复习思考题

一、填空题

1. 混凝土拌合物的和易性包括________、________和________三个方面的含义。

2. 测定混凝土拌合物和易性的方法有________法或________法。

3. 水泥混凝土的基本组成材料有________、________、________和________。

4. 混凝土配合比设计的基本要求是满足________、________、________和________。

5. 混凝土配合比设计的三大参数是________、________和________。

6. 混凝土按其强度的大小进行分类，包括________混凝土、________混凝土和________混凝土。

7. 混凝土的流动性大小用________指标来表示。

二、单项选择题

1. 混凝土配合比设计中，水灰比的值是根据混凝土的(　　)要求来确定的。

A.强度及耐久性　　B.强度

C.耐久性　　D.和易性与强度

2. 混凝土的(　　)强度最大。

A.抗拉　　B.抗压　　C.抗弯　　D.抗剪

3. 防止混凝土中钢筋腐蚀的主要措施有(　　)。

A.提高混凝土的密实度　　B.钢筋表面刷漆

C.钢筋表面用碱处理　　D.混凝土中加阻锈剂

4. 选择混凝土集料时，应使其(　　)。

A.总表面积大，空隙率大　　B.总表面积小，空隙率大

C.总表面积小，空隙率小　　D.总表面积大，空隙率小

5. 普通混凝土立方体强度测试，采用100mm×100mm×100mm的试件，其强度换算系数为(　　)。

A.0.90　　B.0.95　　C.1.05　　D.1.00

6. 在原材料质量不变的情况下，决定混凝土强度的主要因素是(　　)。

A.水泥用量　　B.砂率　　C.单位用水量　　D.水灰比

7. 厚大体积混凝土工程适宜选用(　　)。

A.高铝水泥　　B.矿渣水泥　　C.硅酸盐水泥　　D.普通硅酸盐水泥

8.混凝土施工质量验收规范规定，粗集料的最大粒径不得大于钢筋最小间距的(　　)。

A.1/2　　B.1/3　　C.3/4　　D.1/4

三、多项选择题

1. 在混凝土拌合物中，如果水灰比过大，会造成(　　)。

A.拌合物的黏聚性和保水性不良　　B.产生流浆
C.有离析现象　　D.严重影响混凝土的强度

2. 以下哪些属于混凝土的耐久性(　　)。
A.抗冻性　　B.抗渗性　　C.和易性　　D.抗腐蚀性

3. 混凝土中水泥的品种是根据(　　)来选择的。
A.施工要求的和易性　　B.粗集料的种类
C.工程的特点　　D.工程所处的环境

4. 影响混凝土和易性的主要因素有(　　)。
A.水泥浆的数量　　B.集料的种类和性质
C.砂率　　D.水灰比

5. 在混凝土中加入引气剂,可以提高混凝土的(　　)。
A. 抗冻性　　B.耐水性　　C.抗渗性　　D.抗化学侵蚀性

四、名词解释

1. 砂率;
2. 混凝土的和易性;
3. 混凝土的立方体抗压强度;
4. 活性混合材料。

五、判断题

1. 在拌制混凝土时砂越细越好。(　　)
2. 混凝土拌合物的水泥浆越多和易性就越好。(　　)
3. 混凝土中掺入引气剂后,会引起强度降低。(　　)
4. 级配好的集料空隙率小,其总表面积也小。(　　)
5. 混凝土强度随水灰比的增大而降低,呈直线关系。(　　)
6. 用高强度等级水泥配制混凝土时,混凝土的强度能得到保证,但混凝土的和易性不好。(　　)
7. 混凝土强度试验,试件尺寸愈大,强度愈低。(　　)
8. 当采用合理砂率时,能使混凝土获得所要求的流动性、良好的黏聚性和保水性,而水泥用量最大。(　　)

六、简答题

1. 普通混凝土的基本组成材料有哪几种?在混凝土中各起什么作用?
2. 配制混凝土应满足哪些要求?
3. 影响混凝土和易性主要因素是什么?
4. 改善混凝土和易性的主要措施有哪些?哪种措施效果最好?
5. 影响混凝土强度的主要因素有哪些?
6. 混凝土水灰比的大小对混凝土哪些性质有影响?确定水灰比大小的因素有哪些?

七、计算题

1. 某混凝土的实验室配合比为 1∶2.1∶4.0，$W/C=0.60$，混凝土的体积密度为 2410kg/m^3。求 1m^3 混凝土各材料用量。

2. 已知混凝土经试拌调整后，各项材料用量为：水泥 3.10kg，水 1.86kg，砂 6.24kg ，碎石 12.8kg，并测得拌合物的表观密度为 2500kg/m^3，试计算：

（1）每方混凝土各项材料的用量为多少？

（2）如工地现场砂子含水率为 2.5%，石子含水率为 0.5%，求施工配合比。

6 砂浆检验

6.1 砂浆知识概要

6.1.1 定义及分类

扫一扫

砂浆检验相关知识

砂浆是由胶凝材料（水泥、石灰、黏土等）、细集料（砂）、水以及根据性能确定的各种组分按适当比例配合、拌制并经硬化而成的工程材料。

6.1.1.1 砂浆的组成材料

胶凝材料在砂浆中起着胶结作用，它是影响砂浆和易性、强度等技术性质的主要组成部分。土木工程砂浆常用的胶凝材料有水泥、石灰等。

水泥品种的选择与混凝土相同。水泥标号应为砂浆强度等级的4～5倍，水泥标号过高，将使水泥用量不足而导致保水性不良。石灰膏和熟石灰不仅是作为胶凝材料，更主要的是使砂浆具有良好的保水性。

为了改善水泥砂浆的和易性，可以在砂浆中添加适量的石灰配置成水泥石灰砂浆。为了保证砂浆质量，除磨细生石灰外，石灰需经充分熟化成石灰膏，陈伏两周以上再掺入到砂浆中搅拌均匀。

砂浆中所用的砂子应符合混凝土用砂的技术要求，优先选用优质河砂。由于砂浆层较薄，对砂子的最大粒径应有所限制，用于砌筑石材的砂浆，砂子的最大粒径不应大于砂浆层厚度的1/5～1/4；砖砌体所用的砂浆宜采用中砂或细砂，且砂子粒径不应大于2.5mm；各种构件表面的抹面砂浆及勾缝砂浆，宜采用细砂，且砂子的粒径不应大于1.2mm；用于装饰的砂浆，可采用彩砂、石渣等。

在砂浆中掺入石灰膏、粉煤灰、沸石粉等可改善砂浆的和易性，节约水泥，降低成本。还可以掺入外加剂如防水剂、增塑剂、早强剂等改善砂浆的某些性能。

6.1.1.2 砂浆的分类

(1) 按组成材料分类

① 石灰砂浆

由石灰膏、砂和水按一定配比制成，一般用于强度要求不高、不受潮湿的砌体和抹灰层。石灰砂浆仅用于强度要求低、干燥的环境中，成本比较低。

② 水泥砂浆

由水泥、砂和水按一定配比制成，一般用于潮湿环境或水中的砌体、墙面或地面等。

③ 混合砂浆

在水泥或石灰砂浆中掺加适当掺合料如粉煤灰、硅藻土等制成，以节约水泥或石灰用量，并改善砂浆的和易性。

常用的混合砂浆有水泥石灰砂浆、水泥黏土砂浆和石灰黏土砂浆等。

水泥砂浆强度较高，但和易性较差，适用于潮湿环境、水中以及要求砂浆强度等级较高的工程。石灰砂浆和易性较好，但强度很低，又由于石灰是气硬性胶凝材料，故石灰砂浆不宜用于潮湿环境和水中，一般用于地上强度要求不高的低层建筑或临时建筑；水泥石灰混合砂浆强度、和易性、耐水性介于水泥砂浆和石灰砂浆之间，一般用于地面以上工程。

(2) 按用途不同分类

可分为砌筑砂浆、抹面砂浆(包括装饰砂浆、防水砂浆)、特种砂浆等。

用于砌筑砖、砌块、石材等各种块材的砂浆称为砌筑砂浆。砌筑砂浆起着黏结块材、传递荷载、协调变形的作用，同时砂浆还填充块材之间的缝隙，提高砌体的保温、隔声等性能。

抹面砂浆是指涂抹在建筑物或建筑构件表面的砂浆的总称，又称为抹灰砂浆。抹面砂浆的作用是保护主体结构免遭各种侵蚀，提高结构的耐久性，改善结构的外观。抹面砂浆按其功能的不同分为普通抹面砂浆、装饰抹面砂浆和特种砂浆(如防水砂浆、保温砂浆等)。

6.1.2 砂浆的技术指标

6.1.2.1 新拌砂浆的和易性

砂浆的和易性是指新拌砂浆是否易于施工并能保证质量的综合性质。和易性好的砂浆能比较容易地在砖石表面上铺成均匀的薄层，能很好地与底面黏结。

新拌砂浆的和易性包括流动性和保水性两个方面内容。

(1) 流动性(稠度)

砂浆的流动性是指在自重或外力作用下流动的性能，也称稠度。砂浆的流动性用稠度仪测定，用“沉入度”(单位为 mm)表示。沉入度值愈大，砂浆流动性愈大。在选用砂浆的稠度时，应根据砌体材料的种类、施工条件、气候条件等因素来决定。砌筑砂浆施工时的稠度宜按表 6-1 选用。

表 6-1 砌筑砂浆的施工稠度

砌体种类	施工稠度(mm)
烧结普通砖砌体、粉煤灰砖砌体	70～90
混凝土砖砌体、普通混凝土小型空心砌块砌体、灰砂砖砌体	50～70
烧结多孔砖砌体、烧结空心砖砌体、轻集料混凝土小型空心砌块砌体、蒸压加气混凝土砌块砌体	60～80
石砌体	30～50

(2) 保水性

砂浆的保水性是指砂浆能够保持水分的性能。保水性好的砂浆无论是运输、静置还是铺设在底面上，水都不会很快从砂浆中分离出来，仍保持着必要的稠度。在砂浆中保持一定数量的水分，不但易于操作，而且还可使水泥正常水化，从而保证了砌体强度。为使砂浆具有良好的保水性，可掺入一些微细颗粒的掺合材料（石灰膏、磨细粉煤灰）。

砂浆保水性一般用保水率来表示。根据《砌筑砂浆配合比设计规程》(JGJ 98—2010)，砌筑砂浆的保水率应符合表 6-2 的要求。

表 6-2　砌筑砂浆的保水率(%)

砂浆的种类	保水率(%)	砂浆的种类	保水率(%)
水泥砂浆	≥80	预拌砂浆	≥88
水泥混合砂浆	≥84		

砂浆的保水性也可用砂浆分层度仪测定，以分层度(mm)表示。分层度过大，表示砂浆易产生分层离析不利于施工及水泥硬化，砌筑砂浆分层度不应大于 30mm；分层度过小，容易发生干缩裂缝，故通常砂浆分层度不宜小于 10mm。

6.1.2.2　强度

砂浆强度不但受砂浆本身的组成材料及配比的影响，还与基层材料的吸水性能有关。

密实基底（如致密的石材）几乎不吸水，砂浆中的水分保持不变，这时砂浆强度主要受水泥的强度和水灰比的影响，砂浆强度可表示为：

$$f_{m}=A \cdot f_{ce} \cdot (C/W-B) \tag{6-1}$$

式中　f_m——砂浆 28d 抗压强度值(MPa)；

f_{ce}——水泥 28d 胶砂抗压强度实测值(MPa)；

C/W——砂浆的灰水比；

A,B——统计常数，无统计资料时，可取 0.29 和 0.4。

砂浆强度等级是以边长为 70.7mm 的立方体试块，在标准养护条件(温度 20℃±2℃、相对湿度为 95%以上)下，用标准试验方法测得 28d 龄期的抗压强度值(单位为 MPa)确定。

水泥砂浆强度等级划分为 M5、M7.5、M10、M15、M20、M25、M30 七个等级。

混合砂浆强度等级划分为 M5、M7.5、M10、M15 四个等级。

6.1.2.3　砂浆拌合物的表观密度

砌筑砂浆拌合物的表观密度宜符合表 6-3 的规定。

表 6-3　砌筑砂浆拌合物的表观密度

砂浆种类	表观密度(kg/m^3)	砂浆种类	表观密度(kg/m^3)
水泥砂浆	≥1900	预拌砂浆	≥1800
水泥混合砂浆	≥1800		

6.1.2.4　砂浆的变形性

砂浆在承受荷载、温度和湿度变化时，会产生变形。如果变形过大或不均匀，会降低砌体的质量，引起砌体的沉降或开裂，如出现墙板接缝开裂、瓷砖脱落等现象。若使用轻集料制砂浆或掺合料过多，会引起砂浆收缩变形过大。

6.1.2.5 砂浆的黏结力

砂浆的黏结力是影响砌体抗剪强度、耐久性和稳定性，乃至建筑物抗震能力和抗裂性的基本因素之一。通常，砂浆的抗压强度越高，其黏结力越大。砂浆的黏结力还与基层材料的表面状况、清洁程度、润湿情况及施工养护等条件有关。在润湿、粗糙清洁的表面上，养护良好的砂浆的黏结较好。

6.1.2.6 砌筑砂浆的抗冻性

寒冷地区经常与水接触的建筑，砂浆应有较好的抗冻性。通常，强度大于 2.5MPa 的砂浆，才有一定的抗冻性，可用于受冻融影响的建筑部位。当设计中对冻融循环有要求时，必须进行冻融循环试验。砌筑砂浆的抗冻性应符合表 6-4 的要求，且当设计对抗冻性有明确要求时，还应符合设计规定。

表 6-4 砌筑砂浆的抗冻性

使用条件	抗冻指标	质量损失率(%)	强度损失率(%)
夏热冬暖地区	F15	≤5	≤25
夏热冬冷地区	F25		
寒冷地区	F35		
严寒地区	F50		

6.1.2.7 砂浆的试配

砂浆试配时应采用机械搅拌。搅拌时间应自开始加水算起，并应符合下列规定：

(1) 对水泥砂浆和水泥混合砂浆，搅拌时间不得少于 120s；

(2) 对预拌砂浆和掺有粉煤灰、外加剂、保水增稠材料等的砂浆，搅拌时间不得少于 180s。

6.1.2.8 砌筑砂浆中胶凝材料的用量

砌筑砂浆中的水泥和石灰膏、电石膏等材料的用量可按表 6-5 选用。

表 6-5 砌筑砂浆的材料用量

砂浆的种类	材料用量(kg/m³)	砂浆的种类	材料用量(kg/m³)
水泥砂浆	≥200	预拌砂浆	≥200
水泥混合砂浆	≥350		

注：① 水泥砂浆中的材料用量是指水泥用量；

② 水泥混合砂浆中的材料用量是指水泥和石灰膏、电石膏的材料总量。

③ 预拌砂浆中的材料用量是指胶凝材料用量，包括水泥和替代水泥的粉煤灰等活性矿物掺合料。

6.1.3 取样频率及数量

砂浆的取样频率、试件制作、养护见表 6-6。

表 6-6 砂浆取样频率、试件制作、养护

<table>
<tr><th>序号</th><th>项目</th><th>检验或
验收依据</th><th>检测内容</th><th>组批原则或取样频率</th><th>取样方法及数量</th><th>送样时
应提供的信息</th></tr>
<tr><td>1</td><td>砂浆取样</td><td>《建筑砂浆基本性能试验方法标准》(JGJ/T 70—2009)；
《砌体结构工程施工质量验收规范》(GB 50203—2011)；
《砌筑砂浆增塑剂》(JG/T 164—2004)</td><td>(1)抗压强度；
(2)外加剂检验(有机塑化剂应有砌体强度的型式检验报告)</td><td>(1)每一检验批且不超过250m³砌体的各种类型及强度等级的砌筑砂浆，每台搅拌机应至少抽检一次。
(2)凡在砂浆中掺入有机塑化剂、早强剂、缓凝剂、防冻剂等，应经检验和试配符合要求后，方可使用；有机塑化剂应有砌体的强度型式检验报告。
有机塑化剂：掺量大于5%，每200t为一批；掺量小于5%大于1%，每100t为一批号；掺量小于1%大于0.05%，每50t为一批；掺量小于0.05%，每10t为一批。不足一批号的应按一个批号计。同一编号的产品必须混合均匀</td><td>(1)砂浆试块应从同盘砂浆或同一车砂浆中取样；应在砂浆搅拌点或预拌砂浆卸料点的至少3个不同部位随机取样制作。立方体抗压强度试块尺寸为70.7mm×70.7mm×70.7mm，3块/组。
(2)同一类型、同一强度等级的砂浆试块应不少于3组。
(3)砂浆外加剂的取样数量应根据掺量取不少于试验数量的2.5倍</td><td>(1)砂浆品种；
(2)砂浆强度等级；
(3)部位；
(4)砂浆外加剂的生产单位、品种、掺量等</td></tr>
<tr><td>2</td><td>砂浆试件的制作</td><td colspan="5">(1)试模应为70.7mm×70.7mm×70.7mm的带底试模。应采用黄油等密封材料涂抹试模的外接缝，试模内应涂刷薄层机油或隔离剂。应将拌制好的砂浆一次性装满砂浆试模，成型方法应根据稠度确定。当稠度大于50mm时，宜采用人工插捣成型；当稠度不大于50mm时，宜采用振动台振实成型；人工插捣应采用捣棒由边缘向中心按螺旋方式均匀插捣25次，插捣过程中当砂浆沉落低于试模口时，应随时添加砂浆，可用油灰刀插捣数次，并用手将试模一边抬高5～10mm各振动5次，砂浆应高出试模顶面6～8mm。
(2)待表面水分稍干后，再将高出试模部分的砂浆沿试模顶面刮去并抹平。
(3)试件制作后应在温度为20℃±5℃的环境下静置24h±2h，对试件进行编号、拆模。当气温较低时，或者凝结时间大于24h的砂浆，可适当延长时间，但不应超过2d</td></tr>
<tr><td>3</td><td>砂浆试件养护</td><td colspan="5">试件拆模后应立即放入温度为20℃±2℃，相对湿度为90%以上的标准养护室中养护。养护期间，试件彼此间隔不得小于10mm，混合砂浆试件上面应有覆盖，防止有水滴在试件上。从搅拌加水开始计时，标准养护龄期应为28d</td></tr>
</table>

6.2 砂浆常规性能试验

6.2.1 砂浆工作性测定

扫一扫

砂浆
工作性测定

6.2.1.1 试验目的

确定砂浆性能特征值，检验或控制现场拌制砂浆的质量。

测定砂浆保水性，以判定砂浆拌合物在运输及停放时内部组分的稳定性。

6.2.1.2 编制依据

本试验依据《建筑砂浆基本性能试验方法标准》(JGJ /T 70—2009)制定。

6.2.1.3 仪器设备

(1) 稠度试验仪器设备

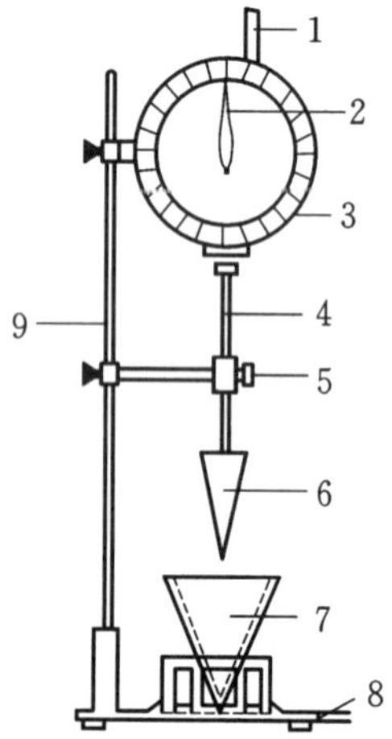

图 6-1 砂浆稠度测定仪

1—齿条测杆;2—摆针;3—刻度盘;4—滑杆;5—制动螺丝;6—试锥;7—盛装容器;8—底座;9—支架

① 砂浆稠度测定仪:如图 6-1 所示,由试锥、容器和支座三部分组成。试锥由钢材或铜材制成,试锥高度为 145mm,锥底直径为 75mm,试锥连同滑杆的质量应为 300g±2g;盛载砂浆容器由钢板制成,筒高为 180mm,锥底内径为 150mm;支座分底座、支架及刻度显示三个部分,由铸铁、钢及其他金属制成。

② 钢制捣棒:直径 10mm、长 350mm,端部磨圆。

③ 秒表等。

(2) 保水性试验仪器设备

① 金属或硬塑料圆环试模内径 100mm、内部高度 25mm。

② 可密封的取样容器,应清洁、干燥。

③ 2kg 的重物。

④ 医用棉纱,尺寸为 110mm×110mm,宜选用纱线稀疏,厚度较薄的棉纱。

⑤ 超白滤纸,符合《化学分析滤纸》(GB/T 1914—2017)中速定性滤纸的要求,直径 110mm,200g/m^2。

⑥ 2 片金属或玻璃的方形或圆形不透水片,边长或直径大于 110mm。

⑦ 天平:量程 200g,感量 0.1g;量程 2000g,感量 1g。

⑧ 烘箱。

扫一扫

砂浆稠度试验操作

6.2.1.4 试验步骤

(1) 砂浆稠度试验步骤

① 用少量润滑油轻擦滑杆,再将滑杆上多余的油用吸油纸擦净,使滑杆能自由滑动。

② 用湿布擦净盛浆容器和试锥表面,将砂浆拌合物一次装入容器,使砂浆表面低于容器口约 10mm。用捣棒自容器中心向边缘均匀地插捣 25 次,然后轻轻地将容器摇动或敲击 5～6 下,使砂浆表面平整,然后将容器置于稠度测定仪的底座上。

③ 拧松制动螺丝,向下移动滑杆,当试锥尖端与砂浆表面刚接触时,拧紧制动螺丝,使齿条测杆下端刚接触滑杆上端,读出刻度盘上的读数(精确至 1mm)。

④ 拧松制动螺丝,同时计时间,10s 时立即拧紧螺丝,将齿条测杆下端接触滑杆上端,从刻度盘上读出下沉深度(精确至 1mm),两次读数的差值即为砂浆的稠度值。

⑤ 盛装容器内的砂浆,只允许测定一次稠度,重复测定时,应重新取样测定。

(2) 砂浆保水性试验步骤

① 称量下不透水片与干燥试模质量 m_1 和 8 片中速定性滤纸质量 m_2。

② 将砂浆拌合物一次性填入试模,并用抹刀插捣数次,当填充砂浆略高于试模边缘时,用

抹刀以45°角一次性将试模表面多余的砂浆刮去，然后再用抹刀以较平的角度在试模表面反方向将砂浆刮平。

③ 抹掉试模边的砂浆，称量试模、下不透水片与砂浆总质量 m_3。

④ 用2片医用棉纱覆盖在砂浆表面，再在棉纱表面放上8片滤纸，用不透水片盖在滤纸表面，以2kg的重物把不透水片压着。

⑤ 静置2min后移走重物及不透水片，取出滤纸(不包括棉纱)，迅速称量滤纸质量 m_4。

⑥ 从砂浆的配合比及加水量计算砂浆的含水率，若无法计算，可按砂浆含水率测试方法的规定测定砂浆的含水率。

6.1.2.5 试验结果处理

(1) 稠度试验结果应按下列要求确定：

① 取两次试验结果的算术平均值，精确至1mm；

② 如两次试验值之差大于10mm，应重新取样测定。

(2) 砂浆保水性应按下式计算：

$$W=\left[1-\frac{m_4-m_2}{\alpha(m_3-m_1)}\right]\times 100 \tag{6-2}$$

式中 W——保水性(%)；

m_1——下不透水片与干燥试模质量(g)；

m_2——8片滤纸吸水前的质量(g)；

m_3——试模、下不透水片与砂浆总质量(g)；

m_4——8片滤纸吸水后的质量(g)；

α——砂浆含水率(%)。

取两次试验结果的平均值作为结果，如两个测定值中有1个超出平均值的5%，则此组试验结果无效。

6.1.2.6 砂浆含水率测试方法

称取100g砂浆拌合物试样，置于一干燥并已称重的盘中，在105℃±5℃的烘箱中烘干至恒重，砂浆含水率应按下式计算：

$$\alpha=\frac{m_5}{m_6}\times 100 \tag{6-3}$$

式中 α——砂浆含水率(%)；

m_5——烘干后砂浆样本损失的质量(g)；

m_6——砂浆样本的总质量(g)。

砂浆含水率值应精确至0.1%。

6.2.2 砂浆的表观密度试验

扫一扫

砂浆的表观密度试验

6.2.2.1 试验目的

测定砂浆表观密度，计算出细集料的孔隙率，从而了解材料的构造特征。

6.2.2.2 编制依据

本试验依据《建筑砂浆基本性能试验方法标准》(JGJ /T 70—2009)制定。

6.2.2.3　仪器设备

容量筒：金属制成，内径 108mm，净高 109mm，筒壁厚 2mm，容积为 1L；

天平：称量 5kg，感量 5g；

钢制捣棒：直径 10mm，长 350mm，端部磨圆；

砂浆密度测定仪，如图 6-2 所示；

振动台：振幅 0.5mm±0.05mm，频率 50Hz±3Hz；

秒表。

6.2.2.4　试验步骤

(1) 按规定测定砂浆拌合物的稠度。

(2) 用湿布擦净容量筒的内表面，称量容量筒质量 m_1，精确至 5g。

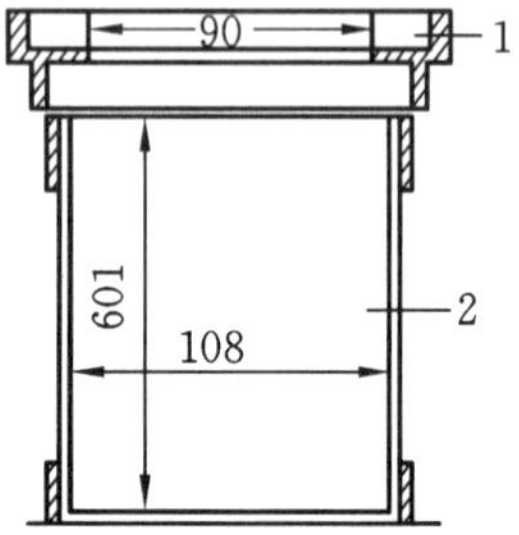

图 6-2　砂浆密度测定仪

1—漏斗；2—容量筒

(3) 捣实可采用手工插捣法或机械振动法。当砂浆稠度大于 50mm 时，宜采用人工插捣法，当砂浆稠度不大于 50mm 时，宜采用机械振动法。

采用人工插捣时，将砂浆拌合物一次装满容量筒，使稍有富余，用捣棒由边缘向中心均匀地插捣 25 次，插捣过程中如砂浆沉落到低于筒口，则应随时添加砂浆，再用木锤沿容器外壁敲击 5～6 下。

采用机械振动法时，将砂浆拌合物一次装满容量筒连同漏斗在振动台上振 10s，振动过程中如砂浆沉入到低于筒口，应随时添加砂浆。

(4) 捣实或振动后将筒口多余的砂浆拌合物刮去，使砂浆表面平整，然后将容量筒外壁擦净，称出砂浆与容量筒总质量 m_2，精确至 5g。

6.2.2.5　试验结果处理

(1) 砂浆拌合物的表观密度按下式计算：

$$\rho=\frac{m_2-m_1}{V}\times 1000 \tag{6-4}$$

式中　ρ——砂浆拌合物的表观密度(kg/m^3)；

m_1——容量筒质量(kg)；

m_2——容量筒及试样质量(kg)；

V——容量筒容积(L)。

取两次试验结果的算术平均值，精确至 $10kg/m^3$。

(2) 容量筒容积的校正：

可采用一块能覆盖住容量筒顶面的玻璃板，先称出玻璃板和容量筒质量，然后向容量筒中灌入温度为 20℃±5℃的饮用水，灌到接近上口时，一边不断加水，一边把玻璃板沿筒口徐徐推入盖严。应注意使玻璃板下不带入任何气泡，然后擦净玻璃板面及筒壁外的水分，称出容量筒、水和玻璃板质量(精确至 5g)。后者与前者质量之差(以 kg 计)即为容量筒的容积(L)。

扫一扫
砂浆的力学性能试验

6.2.3　砂浆的力学性能试验

6.2.3.1　试验目的

检验砂浆配合比及强度能否满足设计和施工要求。

6.2.3.2 编制依据

本试验依据《建筑砂浆基本性能试验方法标准》(JGJ/T 70—2009)制定。

6.2.3.3 仪器设备

抗压强度试验所用仪器设备应符合下列规定：

(1) 试模：尺寸为70.7mm×70.7mm×70.7mm的带底试模，应具有足够的刚度并拆装方便。试模的内表面应机械加工，其不平度应为每100mm不超过0.05mm，组装后各相邻面的不垂直度不应超过±0.5°。

(2) 钢制捣棒：直径为10mm，长为350mm，端部应磨圆。

(3) 压力试验机：精度为1%，试件破坏荷载应不小于压力机量程的20%，且不大于全量程的80%。

(4) 垫板：试验机上、下压板及试件之间可垫以钢垫板，垫板的尺寸应大于试件的承压面，其不平度应为每100mm不超过0.02mm。

(5) 振动台：空载中台面的垂直振幅应为0.5mm±0.05mm，空载频率应为50Hz±3Hz，空载台面振幅均匀度不大于10%，一次试验至少能固定(或用磁力吸盘)3个试模。

6.2.3.4 试验步骤

(1) 立方体抗压强度试件的制作及养护步骤

① 采用立方体试件，每组试件3个。

② 应用黄油等密封材料涂抹试模的外接缝，试模内涂刷薄层机油或脱模剂，将拌制好的砂浆一次性装满砂浆试模，成型方法根据稠度而定。当稠度≥50mm时采用人工振捣成型，当稠度<50mm时采用振动台振实成型。

A.人工振捣：用捣棒均匀地由边缘向中心按螺旋方式插捣25次，插捣过程中如砂浆沉落低于试模口，应随时添加砂浆，可用油灰刀插捣数次，并用手将试模一边抬高5～10mm各振动5次，使砂浆高出试模顶面6～8mm。

B.机械振动：将砂浆一次装满试模，放置到振动台上，振动时试模不得跳动，振动5～10s或持续到表面出浆为止，不得过振。

③ 待表面水分稍干后，将高出试模部分的砂浆沿试模顶面刮去并抹平。

④ 试件制作后应在室温为20℃±5℃的环境下静置24h±2h，当气温较低时，可适当延长时间，但不应超过两昼夜，然后对试件进行编号、拆模。试件拆模后应立即放入温度为20℃±2℃，相对湿度为90%以上的标准养护室中养护。养护期间，试件彼此间隔不小于10mm，混合砂浆试件上面应覆盖以防有水滴在试件上。

(2) 砂浆立方体试件抗压强度试验步骤

① 试件从养护地点取出后应及时进行试验。试验前将试件表面擦拭干净，测量尺寸，并检查其外观。并据此计算试件的承压面积，如实测尺寸与公称尺寸之差不超过1mm，可按公称尺寸进行计算。

② 将试件安放在试验机的下压板(或下垫板)上，试件的承压面应与成型时的顶面垂直，试件中心应与试验机下压板(或下垫板)中心对准。开动试验机，当上压板与试件(或上垫板)接近时，调整球座，使接触面均衡受压。承压试验应连续而均匀地加荷，加荷速度应为0.25～1.5kN/s(砂浆强度不大于5MPa时，宜取下限，砂浆强度大于5MPa时，宜取上限)，当试件接

近破坏而开始迅速变形时，停止调整试验机油门，直至试件破坏，然后记录破坏荷载。

6.2.3.5 试验数据处理及判定

砂浆立方体抗压强度应按下式计算：

$$f_{m,cu}=\frac{N_u}{A} \tag{6-5}$$

式中 $f_{m,cu}$——砂浆立方体试件抗压强度(MPa)；

N_u——试件破坏荷载(N)；

A——试件承压面积(mm^2)。

砂浆立方体试件抗压强度应精确至 0.1MPa。

以三个试件测值的算术平均值的 1.3 倍(f_2)作为该组试件的砂浆立方体试件抗压强度平均值(精确至 0.1MPa)。

当三个测值的最大值或最小值中如有一个与中间值的差值超过中间值的 15%时，则把最大值及最小值一并舍去，取中间值作为该组试件的抗压强度值；如有两个测值与中间值的差值均超过中间值的 15%时，则该组试件的试验结果无效。

6.2.3.6 检测记录及报告

砂浆试件抗压强度检测记录见表 6-7，检测报告见表 6-8。

表 6-7 砂浆试件抗压强度检测记录

受控号：

<table>
<tr><td colspan="2">委托/合同编号</td><td colspan="3"></td><td>试样名称</td><td colspan="4"></td></tr>
<tr><td colspan="2">检测编号</td><td colspan="3"></td><td>试样状态描述</td><td colspan="4"></td></tr>
<tr><td colspan="2">取样部位</td><td colspan="3"></td><td>检测依据</td><td colspan="4"></td></tr>
<tr><td colspan="2" rowspan="2">主要仪器设备及环境条件</td><td colspan="2">设备名称</td><td colspan="2">设备型号</td><td colspan="2">温度(℃)</td><td colspan="2">相对湿度(%)</td></tr>
<tr><td colspan="2"></td><td colspan="2"></td><td colspan="2"></td><td colspan="2"></td></tr>
<tr><td>试件编号</td><td>设计强度等级</td><td>试件规格尺寸(mm)</td><td>成型日期</td><td>试验日期</td><td>养护方法</td><td>龄期(d)</td><td>破坏荷载(kN)</td><td>抗压强度(MPa)</td><td>备注</td></tr>
<tr><td rowspan="3"></td><td rowspan="3"></td><td rowspan="3"></td><td rowspan="3"></td><td rowspan="3"></td><td rowspan="3"></td><td rowspan="3"></td><td></td><td></td><td rowspan="3"></td></tr>
<tr><td></td><td></td></tr>
<tr><td></td><td></td></tr>
<tr><td rowspan="4"></td><td rowspan="4"></td><td rowspan="4"></td><td rowspan="4"></td><td rowspan="4"></td><td rowspan="4"></td><td rowspan="4"></td><td></td><td></td><td rowspan="4"></td></tr>
<tr><td></td><td></td></tr>
<tr><td></td><td></td></tr>
<tr><td></td><td></td></tr>
</table>

检测：　　　　　　　　　　复核：　　　　　　　　　　第　　页共　　页

表 6-8 砂浆试件抗压强度检测报告

检测编号：　　　　　　　　　　　　　　　　　　　　报告日期：

<table>
<tr><td>委托单位</td><td colspan="3"></td><td>检测类别</td><td></td></tr>
<tr><td>工程名称</td><td colspan="3"></td><td>委托编号</td><td></td></tr>
<tr><td>监理单位</td><td colspan="3"></td><td>样品编号</td><td></td></tr>
<tr><td>见证单位</td><td colspan="3"></td><td>见证人员</td><td></td></tr>
<tr><td>施工单位</td><td colspan="3"></td><td>收样日期</td><td></td></tr>
<tr><td>生产厂家</td><td colspan="3"></td><td>检测日期</td><td></td></tr>
<tr><td>取样地点</td><td colspan="3"></td><td>检测环境</td><td></td></tr>
<tr><td>检测参数</td><td colspan="5"></td></tr>
<tr><td>检测设备</td><td colspan="5"></td></tr>
<tr><td>使用部位</td><td colspan="5"></td></tr>
<tr><td>检测依据</td><td colspan="5"></td></tr>
<tr><td>样品数量</td><td></td><td>设计强度</td><td></td><td>样品规格</td><td></td></tr>
<tr><td>代表数量</td><td></td><td>样品描述</td><td></td><td>养护方法</td><td></td></tr>
<tr><td>编号</td><td>破坏荷载(kN)</td><td>标准强度(MPa)</td><td>强度代表值(MPa)</td><td colspan="2">达到设计强度百分数(%)</td></tr>
<tr><td>1</td><td></td><td></td><td rowspan="3"></td><td colspan="2" rowspan="3"></td></tr>
<tr><td>2</td><td></td><td></td></tr>
<tr><td>3</td><td></td><td></td></tr>
<tr><td>检测结论</td><td colspan="5"></td></tr>
<tr><td>备 注</td><td colspan="5"></td></tr>
<tr><td>声 明</td><td colspan="5">1.报告无“检测专用章”无效；
2.复制报告未重新加盖“检测专用章”无效；
3.报告无检测、审核、批准人签字无效，报告涂改无效；
4.对本报告若有异议，应于收到报告之日起十五日内向检测单位提出，逾期不予受理；
5.委托检测只对来样负责。</td></tr>
<tr><td colspan="6">批准：　　　　　　　　　　　　审核：　　　　　　　　检测：
检测单位地址：　　　　　　　　邮编：　　　　　　　　电话：
网站：</td></tr>
</table>

6.2.4 砂浆的配合比试验

扫一扫

砂浆的配合比设计

6.2.4.1 试验目的

确保试验人员对砂浆配合比检验标准的正确理解和正确执行砂浆配合比设计，适用于工业与民用建筑及一般构筑物中所采用的砌筑砂浆的配合比设计。

6.2.4.2 编制依据

本试验依据《砌筑砂浆配合比设计规程》(JGJ/T 98—2010)编制。

6.2.4.3 仪器设备

砂浆分层度仪;砂浆稠度仪;砂浆搅拌机;台秤;量筒等。

6.2.4.4 原材料要求

水泥:水泥砂浆采用的水泥,其强度等级不宜大于32.5级;水泥混合砂浆采用的水泥,其等级不宜大于42.5级。

掺加料:生石灰熟化成石灰膏时,应用孔径不大于3mm×3mm的网过滤,熟化时间不得少于7d,严禁使用脱水硬化的石灰膏。

外加剂:应具有法定检测机构出具的该产品砌体强度型式检验报告,并经砂浆性能试验合格后,方可使用。

6.2.4.5 试验步骤(配合比计算)

(1) 混合砂浆配合比计算

① 砂浆的试配强度计算:

$$f_{m,0}=kf_2 \tag{6-6}$$

式中 $f_{m,0}$——砂浆的试配强度(MPa),应精确至0.1MPa;

f_2——砂浆的强度等级值(MPa),应精确至0.1MPa;

k——系数,按表6-9取值。

表6-9 *k* 值

施工水平	k
优良	1.15
一般	1.20
较差	1.25

② 每立方米砂浆中的水泥用量计算:

$$Q_C=\frac{1000(f_{m,0}-\beta)}{\alpha\cdot f_{ce}} \tag{6-7}$$

式中 f_{ce}——水泥实测强度(MPa);

α,β——砂浆的特征系数,其中$\alpha=3.03$,$\beta=-15.09$。

在无法取得水泥的实测强度值时,可按下式计算:

$$f_{ce}=\gamma_c\cdot f_{ce,k} \tag{6-8}$$

式中 γ_c——水泥强度等级值的富余系数,该值应按统计资料确定,无统计资料时,可取1.0;

$f_{ce,k}$——水泥强度等级对应的强度值(MPa)。

③ 混合砂浆的掺加料用量按下式计算:

$$Q_D=Q_A-Q_C \tag{6-9}$$

式中 Q_A——每立方米砂浆中水泥和掺加料的总量,应精确至1kg,可为350kg。

④ 砂子用量

每立方米砂浆中的砂子用量应按干燥状态(含水率小于0.5%)的堆积密度值作为计算值(kg)。

⑤ 用水量

每立方米砂浆中的用水量,根据砂浆稠度等要求可选用210~310kg。

在确定砂浆用水量时,还应注意以下问题:

A.混合砂浆中的用水量,不包括石灰膏中的水。

B.当采用细砂或粗砂时,用水量分别取上限或下限。

C.稠度小于70mm时,用水量可小于下限。

D.施工现场气候炎热或干燥季节,可适当增加用水量。

(2) 水泥砂浆配合比计算

① 水泥砂浆材料用量可按表6-10选用。

表 6-10 每立方米水泥砂浆材料用量(kg)

强度等级	水泥	砂	用水量
M5	200～230	砂的堆积密度值	270～330
M7.5	230～260		
M10	260～290		
M15	290～330		
M20	340～400		
M25	360～410		
M30	430～480		

② 配合比试配、调整与确定

按计算配合比进行试拌时，应测定其拌合物的稠度和保水率，当不能满足要求时，应调整材料用量，然后确定为试配的砂浆基准配合比。

③ 试配至少采用三个不同的配合比，其中一个为基准配合比，其他配合比的水泥用量应按基准配合比分别增加和减少 10%。在保证稠度、保水率合格的条件下，可将用水量或掺加料用量作相应调整。

④ 砌筑砂浆试配时稠度应满足施工要求，并分别测定不同配合比砂浆的表观密度及强度；并应选定符合试配强度及和易性要求、水泥用量最低的配合比作为砂浆的试配配合比。

【例 6-1】 试设计用于砌筑砖墙的砂浆配合比。砂浆强度等级 M10 级，砂浆稠度 70～90mm。原材料的主要参数如下：

水泥：42.5 级普通硅酸盐水泥。砂子：中砂，堆积密度为 1450kg/m³，含水率 2%。

石灰膏：稠度 100mm，施工水平一般。

【解】 (1) 计算配制强度

$$f_{m,0}=kf_2=1.2\times10=12\text{MPa}$$

(2) 计算水泥用量

$$Q_C=\frac{1000(f_{m,0}-\beta)}{\alpha f_{ce}}=\frac{1000\times(12+15.09)}{3.03\times42.5}=210\text{kg}$$

(3) 计算石灰膏用量

$$Q_D=Q_A-Q_C=350-210=140\text{kg}$$

(4) 根据砂子堆积密度和含水率，计算用砂量

$$Q_S=1450\times(1+2\%)=1479\text{kg}$$

(5) 选择用水量

根据前述要求，用水量在 210～310kg 范围内，选择用水量为 280kg。

(6) 砂浆初步配合比

由上述可知，水泥∶石灰膏∶砂∶水＝210∶140∶1479∶280＝1∶0.67∶7.04∶1.33

初步配合比再经适配调整，直至满足和易性与强度要求为止。

6.2.4.6 试验记录及报告

砂浆配合比试验记录见表 6-11，试验报告见表 6-12。

表 6-11　砂浆配合比试验记录

受控号：

<table>
<tr><td>合同/委托编号</td><td colspan="4"></td><td>检测编号</td><td colspan="5"></td></tr>
<tr><td>试样名称</td><td></td><td>试样状态描述</td><td colspan="2"></td><td>强度等级</td><td></td><td>要求稠度(mm)</td><td></td><td>检测日期</td><td></td></tr>
<tr><td>试件规格(mm)</td><td></td><td>成型环境</td><td>温度______℃</td><td>相对湿度______%</td><td>使用部位</td><td colspan="5"></td></tr>
<tr><td>检测依据</td><td colspan="4"></td><td>主要设备</td><td colspan="5"></td></tr>
</table>

<table>
<tr><td colspan="3">原材料情况</td><td colspan="7">计算配合比的试拌与配合比调整</td><td colspan="3">7d 抗压强度</td><td colspan="3">28d 抗压强度</td></tr>
<tr><td rowspan="2">材料名称</td><td rowspan="2">规格及说明</td><td rowspan="2">材料检测编号</td><td rowspan="2">试配号</td><td colspan="6">每立方米材料用量(kg)</td><td rowspan="2">破坏荷载(kN)</td><td colspan="2">抗压强度(MPa)</td><td rowspan="2">破坏荷载(kN)</td><td colspan="2">抗压强度(MPa)</td></tr>
<tr><td>水泥</td><td>砂</td><td>水</td><td>石灰膏</td><td>外加剂</td><td>外掺料</td><td>单值</td><td>代表值</td><td>单值</td><td>代表值</td></tr>
<tr><td>水泥</td><td></td><td></td><td rowspan="6">试配 1</td><td rowspan="6"></td><td rowspan="6"></td><td rowspan="6"></td><td rowspan="6"></td><td rowspan="6"></td><td rowspan="6"></td><td rowspan="2"></td><td rowspan="2"></td><td rowspan="6"></td><td rowspan="2"></td><td rowspan="2"></td><td rowspan="6"></td></tr>
<tr><td>砂</td><td></td><td></td></tr>
<tr><td>水</td><td></td><td></td><td rowspan="2"></td><td rowspan="2"></td><td rowspan="2"></td><td rowspan="2"></td></tr>
<tr><td>石灰膏</td><td></td><td></td></tr>
<tr><td>外加剂</td><td></td><td></td><td rowspan="2"></td><td rowspan="2"></td><td rowspan="2"></td><td rowspan="2"></td></tr>
<tr><td>外掺料</td><td></td><td></td></tr>
</table>

续表 6-11

砂浆基本性能检测									
试配号 / 项目	试配 1			试配 2			试配 3		
	1	2	平均值	1	2	平均值	1	2	平均值
稠度（mm）									
分层度（mm）									
拌合物表观密度（kg/m^3）									

确定最终每立方米材料用量及配合比						
材料名称	水泥	砂	水	石灰膏	外加剂	外掺料
用量（kg/m^3）						
质量配合比						

试配 2												
试配 3												

检测：　　　　复核：　　　　检测开始及结束日期：　年　月　日～　年　月　日　　　　第　页共　页

表 6-12　砂浆配合比试验报告

<table>
<tr><td>检测类别</td><td colspan="3"></td><td>委托/合同编号</td><td></td></tr>
<tr><td>委托单位</td><td colspan="3"></td><td>强度等级</td><td></td></tr>
<tr><td>监理单位</td><td colspan="3"></td><td>检测依据</td><td></td></tr>
<tr><td>施工单位</td><td colspan="3"></td><td>检测日期</td><td></td></tr>
<tr><td>工程名称</td><td colspan="3"></td><td>报告日期</td><td></td></tr>
<tr><td>使用部位</td><td colspan="3"></td><td>检测编号</td><td></td></tr>
<tr><td>材料</td><td>名称</td><td>种类及规格</td><td>$1m^3$用量（干料计，kg）</td><td>原材料说明</td><td>原材料试验报告检测编号</td></tr>
<tr><td rowspan="2">胶凝材料</td><td></td><td></td><td></td><td></td><td></td></tr>
<tr><td></td><td></td><td></td><td></td><td></td></tr>
<tr><td rowspan="2">砂子</td><td></td><td></td><td></td><td></td><td></td></tr>
<tr><td></td><td></td><td></td><td></td><td></td></tr>
<tr><td rowspan="2">石灰膏</td><td></td><td></td><td></td><td></td><td></td></tr>
<tr><td></td><td></td><td></td><td></td><td></td></tr>
<tr><td colspan="2">水</td><td></td><td></td><td></td><td></td></tr>
<tr><td colspan="2">外加剂</td><td></td><td></td><td></td><td></td></tr>
<tr><td rowspan="3">砂浆质量指标</td><td>用水量（kg/m^3）</td><td></td><td colspan="3" rowspan="2">质量配合比
胶凝材料：砂：石灰膏：水：外加剂</td></tr>
<tr><td>水灰比</td><td></td></tr>
<tr><td>砂率（%）</td><td></td><td colspan="3"></td></tr>
<tr><td>新拌砂浆性能</td><td>稠度（mm）</td><td colspan="2"></td><td>分层度（mm）</td><td></td></tr>
<tr><td>结论</td><td colspan="5"></td></tr>
<tr><td>备注</td><td colspan="5">1.报告无“检测专用章”无效。
2.复制报告未重新加盖“检测专用章”无效。
3.报告无检测、审核、批准人签字无效；报告涂改无效。
4.对本报告若有异议，应于收到报告之日起十五日内向检测单位提出，逾期不予受理。
5.委托检测仅对来样负责。</td></tr>
<tr><td colspan="6">批准：　　　　审核：　　　　检测：
检测单位地址：　　　　邮编：　　　　电话：
网站：</td></tr>
</table>

复习思考题

一、填空题

1. 砂浆的和易性包括________和________两方面的含义。

2. 砂浆流动性指标是________，其单位是________；砂浆保水性指标是________，其单位是________。

3. 测定砂浆强度的试件尺寸是________的立方体。在________条件下养护________天，测定其________。

4. 砂浆流动性的选择，是根据________和________等条件来决定。夏天砌筑黏土砖墙体时，砂浆的流动性应选得________些；砌筑毛石时，砂浆的流动性应选得________些。

二、判断题

1.影响砂浆强度的因素主要有水泥强度等级和 W/C。 ( )

2.砂浆的分层度越大，保水性越好。 ( )

3.砂浆的分层度越小，流动性越好。 ( )

4.采用石灰混合砂浆是为了改善砂浆的流动性。 ( )

5.砂浆的保水性用沉入度表示，沉入度愈大表示保水性愈好。 ( )

6.砂浆的流动性用沉入度表示，沉入度愈小，表示流动性愈小。 ( )

7.砂浆的保水性用分层度表示，分层度愈小，保水性愈好。 ( )

8.采用石灰混合砂浆是为了改善砂浆的保水性。 ( )

9.砂浆的分层度越大，说明砂浆的流动性越好。 ( )

10.砂浆的和易性包括流动性、黏聚性、保水性三方面的含义。 ( )

三、单项选择题

1. 水泥强度等级宜为砂浆强度等级的( )倍，且水泥强度等级宜小于32.5级。

A.2～3 B.3～4 C.4～5 D.5～6

2. 砌筑砂浆适宜分层度一般在( )mm。

A.10～20 B.10～30 C.10～40 D.10～50

3. 凡涂抹在建筑物或构件表面的砂浆，可统称为( )。

A.砌筑砂浆 B. 抹面砂浆 C.混合砂浆 D.防水砂浆

4. 下列有关抹面砂浆、防水砂浆的叙述，哪一条不正确( )。

A.抹面砂浆一般分为两层或三层进行施工，各层要求不同。在容易碰撞或潮湿的地方，应采用水泥砂浆

B.外墙面的装饰砂浆常用工艺做法有拉毛、水刷石、水磨石、斩假石、假面砖等

C.水磨石一般用普通水泥、白色或彩色水泥拌和各种色彩的花岗石碴做面层

D.防水砂浆可用普通水泥砂浆制作，也可在水泥砂浆中掺入防水剂来提高砂浆的抗渗能力

四、多项选择题

1. 影响材料的冻害因素有(　　)。

A.孔隙率　　B.开口孔隙率

C.导热系数　　D.孔的充水程度

2. 下列(　　)选项中，可以要求砂浆的流动性大些。

A.多孔吸水的材料　　B.干热的天气

C.手工操作砂浆　　D.密实不吸水砌体材料

E.砌筑砂浆

3. 目前常用的膨胀水泥有(　　)。

A.硅酸盐膨胀水泥　　B.低热微膨胀水泥

C.硫铝酸盐膨胀水泥　　D.自应力水泥

E.中热膨胀水泥；

4. 土木工程材料与水有关的性质有(　　)。

A.耐水性　　B.抗剪性　　C.抗冻性　　D.抗渗性

五、计算题

某工程砌筑砖墙，需要制 M5.0 的水泥石灰混合砂浆。现材料供应如下：水泥，42.5 级强度等级的普通硅酸盐水泥；砂，粒径小于 2.5mm，含水率 3%，紧堆密度 1600kg/m^3；石灰膏，表观密度 1300kg/m^3。求 1m^3 砂浆各材料的用量。

7 混凝土、砂浆外加剂检验

7.1 混凝土外加剂(减水剂、早强剂、缓凝剂等)检验

7.1.1 混凝土外加剂的定义

扫一扫

外加剂相关知识

混凝土外加剂是一种在混凝土搅拌之前或拌制过程中加入的用以改善新拌混凝土和(或)硬化混凝土性能的材料。外加剂是混凝土的一种化学添加剂,属于混凝土用混合材料之一。混合材料是指除水泥、水、集料以外在配制混凝土时根据需要作为混凝土的成分而加入的材料,有关标准是根据混凝土中外加材料掺入量的多少将混合材料分为外加剂和外加料,二者之间没有明显界限。一般规定在混凝土中拌和时或拌和前掺入的,其掺入量超过水泥重量5%的称为外加料,掺入量小于5%的属于助剂性质的称为外加剂。

7.1.2 混凝土外加剂的分类

外加剂的种类很多,按化合物分类,可分为无机外加剂和有机外加剂两大类。

按其主要功能分为四大类:调节或改善混凝土拌合物流变性能的外加剂;调节混凝土凝结硬化时间、硬化性能的外加剂;改善混凝土耐久性的外加剂;改善混凝土其他性能的外加剂。

因此,混凝土外加剂主要有高性能减水剂(早强型、标准型、缓凝型)、高效减水剂(标准型、缓凝型)、普通减水剂(早强型、标准型、缓凝型)、引气减水剂、泵送剂、早强剂、缓凝剂及引气剂共八类。

7.1.2.1 减水剂

减水剂是指能保持混凝土的和易性不变,而显著减少其拌和用水量的外加剂。由于拌合物中加入减水剂后,如不改变单位用水量,可明显地改善其和易性,因此减水剂又称为塑化剂。

(1) 减水剂的减水作用

水泥加水拌和后,水泥颗粒间会相互吸引,在水中形成许多新絮状物。在絮状结构中包裹了许多拌合水,使这些水不能起到增加浆体流动性的作用。当加入减水剂后,减水剂能拆散这些絮状结构,把包裹的游离水释放出来,从而提高了拌合物的流动性。这时,如果仍需保持原混凝土的和易性不变,则可显著地减少用水,从而起到减水作用。如果保持原强度不变,可在减水的同时减少水泥用量,以达到节约水泥的目的。

(2) 使用减水剂的技术经济效果

① 在保持和易性不变,也不减少水泥用量时,可减少拌和用水量10%~15%或更多。由于减少拌和用水量使水灰比减少,则可使强度提高15%~20%,特别是早期强度提高更为显著。

② 在保持原配合比不变的情况下，可使拌合物的坍落度大幅度提高（可增大 100～200mm）使之便于施工，也可满足泵送混凝土施工要求。

③ 若保持强度及和易性不变，可节约水泥 10%～15%。

④ 由于拌和的水量减少，拌合物的泌水、离析现象得到改善，可提高混凝土的抗冻性、抗渗性，因此会使混凝土的耐久性得到提高。

（3）目前常用的减水剂

目前施工中常用的减水剂主要有木质素系、萘系、树脂系、糖蜜系和腐殖酸等几类。现简要介绍如下：

① 木质素系减水剂

木质素系减水剂的主要品种是木质素磺酸钙，简称木钙粉或 M 剂，它是一种棕黄色粉状物。其主要成分为木质素磺酸钙，适宜掺量为水泥质量的 0.2%～0.3%，减水率为 10%左右。若不减水可增加坍落度 100mm 左右，28d 强度提高 10%～20%；若保持强度不变，可节约水泥 10%。这种减水剂对钢筋无锈蚀危害，对混凝土的抗冻、抗渗、耐久性等可有明显改善。由于有缓凝作用，可降低水泥早期水化热，有利于水工的大体积混凝土工程施工。

木质素系减水剂除木钙粉外，还有 MY 减水剂、CH 减水剂、CF-G 减水剂、WN-1 型木钠减水剂等产品。

② 萘系减水剂

这类减水剂的主要成分是萘及萘的同系物的磺酸盐与甲醛的缩合物，一般为棕色粉状物。萘系减水剂对水泥有强烈的分散作用，其减水、增强、提高耐久性等效果均优于木质素系，属高效减水剂。适宜掺量 0.2%～1%左右，一般减水率在 15%～25%。若不减水可增加坍落度 120～180mm，可使早期强度提高 30%～100%，28d 强度提高 15%～40%；若保持强度不变，可节约水泥 10%～20%。属于这类减水剂的品种较多，主要有 NNO、FDN、UNF、NF、MF、JN、AF 等。

萘系减水剂适于所有混凝土工程，更适于配制高强、早强混凝土及流态混凝土。

③ 树脂系减水剂

这类减水剂为磺化三聚氰胺甲醛树脂减水剂，通常称为密胺树脂系减水剂。主要以三聚氰胺、甲醛和亚硫酸钠为原料，经磺化、缩聚等工艺生产而成的棕色液体。最常用的为 SM 树脂减水剂，为非引气型早强高效减水剂，性能优于萘系减水剂，但目前价格较高，适宜掺量 0.5%～2.0%，减水率可达 20%以上，1d 强度提高一倍以上，7d 强度可达基准 28d 强度，长期强度也能提高，且可显著提高混凝土的抗渗、抗冻性和弹性模量。掺 SM 减水剂的混凝土黏聚性较大，可泵性较差，且坍落度经时损失也较大。目前主要用于配制高强混凝土、早强混凝土、流态混凝土、蒸汽养护混凝土和铝酸盐水泥耐火混凝土等。

④ 糖蜜系减水剂

这类减水剂是以制糖业的糖渣和废蜜为原料，经石灰中和处理而成的棕色粉末或液体。国产品种主要有 3FG、TF、ST 等。糖蜜减水剂与 MG 减水剂性能基本相同，但缓凝作用比 MG 强，故通常作为缓凝剂使用。适宜掺量 0.2%～0.3%，减水率 10%左右。主要用于大体积混凝土、大坝混凝土和有缓凝要求的混凝土工程。

⑤ 腐殖酸减水剂

这类减水剂是由天然矿藏草炭、褐煤、泥炭和风化煤中提取出来的，这种减水剂在国内具有资源丰富分布广泛，易于开采，提取工艺简便等优点。腐殖酸俗名胡敏酸，是一种高分子羟基芳基羧酸，属阴离子型表面活性剂。腐殖酸减水剂是草炭(泥炭)中溶于碱的部分组分，腐殖酸钠有一定的表面活性，在水泥浆中有减水作用，但作用较小，与常规水泥减水剂相比，缺乏竞争力。

7.1.2.2 早强剂

加速混凝土早期强度发展的外加剂称为早强剂。这类外加剂能加速水泥的水化过程，提高混凝土的早期强度并对后期强度无显著影响。目前，常用的早强剂有氯盐、硫酸盐、三乙醇胺三大类及以它们为基础的复合早强剂。

(1) 氯盐早强剂

常用的氯盐早强剂主要是氯化钙($CaCl_2$)与氯化钠($NaCl$)。氯盐外加剂可明显地提高混凝土的早期强度。由于氯盐对钢筋有加速锈蚀的作用，因此应控制其掺量。对无筋的素混凝土一般为水泥质量的1%～3%；在一般钢筋混凝土中按规定不应超过1%。使用时应对混凝土加强捣实，以保证足够的钢筋保护层，并宜与亚硝酸钠($NaNO_2$)阻锈剂同时使用。$NaNO_2$与氯盐的质量比为1.3∶1。

(2) 硫酸盐早强剂

常用的硫酸盐早强剂主要有元明粉(Na_2SO_4)、芒硝($Na_2SO_4 \cdot 10H_2O$)、二水石膏($CaSO_4 \cdot 2H_2O$)和海波(硫代硫酸钠，$Na_2S_2O_3 \cdot 5H_2O$)。它们均为白色粉状物，在混凝土中能与水泥水化生成的水化铝酸钙反应生成水化硫铝酸钙晶体，从而加速混凝土的硬化，适宜掺量为水泥质量的0.5%～2%。

(3) 三乙醇胺早强剂

三乙醇胺[$N(C_2H_4OH)_3$]是一种有机物，为无色或淡黄色油状液体，能溶于水，呈强碱性，有加速水泥水化的作用，适宜掺量为水泥质量的0.03%～0.05%，若超量会引起强度明显降低。

(4) 复合早强剂

上述三类早强剂均可单独使用，但复合使用效果更佳。常用的复合配方是：三乙醇胺为0.05%，$NaCl$为0.5%、$NaNO_2$为0.5%(或三乙醇胺为0.05%；$NaNO_2$为1.0%；$CaSO_4 \cdot 2H_2O$为20%)。

7.1.2.3 引气剂

在搅拌混凝土的过程中，能引入大量均匀分布、稳定而封闭的微小气泡的外加剂称为引气剂。

引气剂可在混凝土拌合物中引入直径约为0.05～1.25mm的气泡，能改善混凝土的和易性，提高混凝土的抗冻性、抗渗性及耐久性，适用于港工、水工、地下防水混凝土等工程，常用的产品有松香热聚物、松香皂等，适宜掺量为水泥质量的0.005%～0.02%。此外还有烷基磷酸钠及烷基苯磺酸钠等。

7.1.2.4 缓凝剂

延长混凝土凝结时间的外加剂称为缓凝剂。在混凝土施工中，为了防止在气温较高、运距较长等情况下，混凝土拌合物过早凝结而影响浇灌质量，或为了延长大体积混凝土放热时间或对分层浇筑的混凝土防止出现施工缝的工程，常需在混凝土中掺入缓凝剂。

常用的缓凝剂有无机盐类，如硼砂($Na_2B_4O_2 \cdot 10H_2O$)，其掺量为水泥质量的0.1%～0.2%；磷酸三钠($Na_3PO_4 \cdot 12H_2O$)，其掺量为水泥质量的0.1%～1.0%；等。此外，还有有机物羟基羧酸盐类，如酒石酸，掺量为水泥质量的0.2%～0.3%；柠檬酸，其掺量为水泥质量的0.05%～0.1%；使用较多的糖蜜类缓凝剂，其掺量为水泥质量的0.1%～0.5%。

7.1.3 混凝土外加剂的技术指标

混凝土外加剂的技术指标见表 7-1 和表 7-2。

表 7-1 受检混凝土性能指标

<table>
<tr><th rowspan="3" colspan="2">试验项目</th><th colspan="13">外加剂品种</th></tr>
<tr><th colspan="3">普通减水剂
HPWR</th><th colspan="2">高效减水剂
HWR</th><th colspan="3">高性能减水剂
WR</th><th rowspan="2">泵送剂
PA</th><th rowspan="2">引气
减水剂
AEWR</th><th rowspan="2">早强剂
Ae</th><th rowspan="2">缓凝剂
Re</th><th rowspan="2">引气剂
AE</th></tr>
<tr><th>早强型
HPWR-A</th><th>标准型
HPWR-S</th><th>缓凝型
HPWR-R</th><th>标准型
HWR-S</th><th>缓凝型
HWR-R</th><th>早强型
WR-A</th><th>标准型
WR-S</th><th>缓凝型
WR-R</th></tr>
<tr><td colspan="2">减水率(%),不小于</td><td>25</td><td>25</td><td>25</td><td>14</td><td>14</td><td>8</td><td>8</td><td>8</td><td>12</td><td>10</td><td>—</td><td>—</td><td>6</td></tr>
<tr><td colspan="2">泌水率比(%),不大于</td><td>50</td><td>60</td><td>70</td><td>90</td><td>100</td><td>95</td><td>100</td><td>100</td><td>70</td><td>70</td><td>100</td><td>100</td><td>70</td></tr>
<tr><td colspan="2">含气量(%),不大于</td><td>≤6.0</td><td>≤6.0</td><td>≤6.0</td><td>≤3.0</td><td>≤4.5</td><td>≤4.0</td><td>≤4.0</td><td>≤5.5</td><td>≤5.5</td><td>>3.0</td><td>—</td><td>—</td><td>≥3.0</td></tr>
<tr><td rowspan="2">凝结
时间之差
(min)</td><td>初凝</td><td rowspan="2">−90~
+90</td><td rowspan="2">−90~
+120</td><td>>+90</td><td rowspan="2">−90~
+120</td><td>>+90</td><td rowspan="2">−90~
+90</td><td rowspan="2">−90~
+120</td><td>>+90</td><td rowspan="2">—</td><td rowspan="2">−90~
+120</td><td rowspan="2">−90~
+90</td><td>>+90</td><td rowspan="2">−90~
+120</td></tr>
<tr><td>终凝</td><td>—</td><td>—</td><td>—</td><td>—</td></tr>
<tr><td rowspan="2">1h 经时
变化量</td><td>坍落度
(mm)</td><td>—</td><td>≤80</td><td>≤60</td><td rowspan="2">—</td><td rowspan="2">—</td><td rowspan="2">—</td><td rowspan="2">—</td><td rowspan="2">—</td><td>≤80</td><td>—</td><td rowspan="2">—</td><td rowspan="2">—</td><td>—</td></tr>
<tr><td>含气量
(%)</td><td>—</td><td>—</td><td>—</td><td>—</td><td>−1.5~
+1.5</td><td>−1.5~
+1.5</td></tr>
<tr><td rowspan="4">抗压强度比
(%),不小于</td><td>1d</td><td>180</td><td>170</td><td>—</td><td>140</td><td>—</td><td>130</td><td>—</td><td>—</td><td>—</td><td>—</td><td>135</td><td>—</td><td>—</td></tr>
<tr><td>3d</td><td>170</td><td>160</td><td>—</td><td>130</td><td>—</td><td>130</td><td>115</td><td>—</td><td>—</td><td>115</td><td>130</td><td>—</td><td>95</td></tr>
<tr><td>7d</td><td>145</td><td>150</td><td>140</td><td>125</td><td>125</td><td>110</td><td>115</td><td>110</td><td>115</td><td>110</td><td>110</td><td>100</td><td>95</td></tr>
<tr><td>28d</td><td>130</td><td>140</td><td>130</td><td>120</td><td>120</td><td>100</td><td>110</td><td>110</td><td>110</td><td>100</td><td>100</td><td>100</td><td>90</td></tr>
<tr><td>收缩率比
(%),不小于</td><td>28d</td><td>110</td><td>110</td><td>110</td><td>135</td><td>135</td><td>135</td><td>135</td><td>135</td><td>135</td><td>135</td><td>135</td><td>135</td><td>135</td></tr>
<tr><td colspan="2">相对耐久性指标
(200 次)(%),不小于</td><td>—</td><td></td><td></td><td></td><td></td><td>—</td><td></td><td></td><td></td><td>80</td><td></td><td></td><td></td></tr>
</table>

注:①表中抗压强度比、收缩率比、相对耐久性为强制性指标,其余为推荐性指标。

②除含气量和相对耐久性外,表中所列数据为掺外加剂混凝土与基准混凝土的差值或比值。

③凝结时间之差性能指标中的“−”号表示提前,“+”号表示延缓。

④相对耐久性(200 次)性能指标中的“≥80”表示将 28d 龄期的受检混凝土试件快速冻融循环 200 次后,动弹性模量保留值≥80%。

⑤1h 含气量经时变化量指标中的“−”号表示含气量增加,“+”号表示含气量减少。

⑥其他品种的外加剂是否需要测定相对耐久性指标,由供需双方协商确定。

⑦当用户对泵送剂等产品有特殊要求时,需要进行的补充试验项目、试验方法及指标,由供需双方协商决定。

表 7-2 外加剂匀质性指标

项目	指标
氯离子含量(%)	不超过生产厂控制值
总碱量(%)	不超过生产厂控制值
含固量(%)	$S>25\%$时，应控制在 $0.95S\sim1.05S$ $S\leqslant25\%$时，应控制在 $0.90S\sim1.10S$
含水率(%)	$W>5\%$时，应控制在 $0.90W\sim1.10W$ $W\leqslant5\%$时，应控制在 $0.80W\sim1.20W$
密度(g/cm^3)	$D>1.1$ 时，应控制在 $D\pm0.03$ $D\leqslant1.1$ 时，应控制在 $D\pm0.02$
细度	应在生产厂控制范围内
pH 值	应在生产厂控制范围内
硫酸钠含量(%)	不超过生产厂控制值

注：①生产厂应在相关的技术资料中明示产品匀质性指标的控制值；
②对相同和不同批次之间的均质性和等效性的其他要求，可由供需双方商定；
③表中的 S、W 和 D 分别为含固量、含水率和密度的生产厂控制值。

7.1.4 取样频率及数量

混凝土外加剂试验的取样频率及数量见表 7-3 和表 7-4。

表 7-3 外加剂取样

序号	项目	检验或验收依据	检测内容	组批原则或取样频率	取样方法及数量	送样时应提供的信息
1	混凝土外加剂	《混凝土外加剂》(GB 8076—2008) 《混凝土膨胀剂》(GB/T 23439—2017) 《砂浆、混凝土防水剂》(JC 474—2008) 《混凝土外加剂应用技术规范》(GB 50119—2013)	减水率； 泌水率比； 凝结时间差； 抗压强度比； 收缩率比； 含气量； 限制膨胀率； 吸水量比； 安定性	(1)混凝土外加剂 包括高性能减水剂(早强型、标准型、缓凝型)、高效减水剂(标准型、缓凝型)、普通减水剂(早强型、标准型、缓凝型)、引气减水剂、泵送剂、早强剂、缓凝剂和引气剂。 (2)掺量≥1%的同品种的外加剂，每一编号为100t，掺量<1%的同品种的外加剂每一编号为500t，不足100t或50t也按一批量计。 (3)砂浆、混凝土防水剂： 每50t为一批；不足50t也按一个批量计	(1)混凝土外加剂： 同一编号的外加剂必须混合均匀，每一编号取样数量不少于0.2t水泥所需的外加剂量。 (2)混凝土膨胀剂： 取样应有代表性，每200t为一检验批，总量不少于10kg。 (3)砂浆、混凝土防水剂： 每批取样数量不少于0.2t水泥所需的外加剂量	(1)生产单位； (2)品种、型号； (3)质量等级； (4)掺量； (5)使用部位

表 7-4 试验项目所需试样数量

<table>
<tr><th colspan="2" rowspan="2">试验项目</th><th rowspan="2">外加剂类别</th><th rowspan="2">试验类别</th><th colspan="4">试验所需试样数量</th></tr>
<tr><th>混凝土拌和批数</th><th>每批取样数目</th><th>基准混凝土总取样数目</th><th>受检混凝土总取样数目</th></tr>
<tr><td colspan="2">减水率</td><td>除早强剂、缓凝剂外的各种外加剂</td><td rowspan="6">混凝土拌合物</td><td>3</td><td>1 次</td><td>3 次</td><td>3 次</td></tr>
<tr><td colspan="2">泌水率比</td><td rowspan="3">各种外加剂</td><td>3</td><td>1 个</td><td>3 个</td><td>3 个</td></tr>
<tr><td colspan="2">含气量</td><td>3</td><td>1 个</td><td>3 个</td><td>3 个</td></tr>
<tr><td colspan="2">凝结时间差</td><td>3</td><td>1 个</td><td>3 个</td><td>3 个</td></tr>
<tr><td rowspan="2">1h 经时变化量</td><td>坍落度</td><td>高性能减水剂、泵送剂</td><td>3</td><td>1 个</td><td>3 个</td><td>3 个</td></tr>
<tr><td>含气量</td><td>引气剂、引气减水剂</td><td>3</td><td>1 个</td><td>3 个</td><td>3 个</td></tr>
<tr><td colspan="2">抗压强度比</td><td rowspan="2">各种外加剂</td><td rowspan="2">硬化混凝土</td><td>3</td><td>6、9 或 12 块</td><td>18、27 或 36 块</td><td>18、27 或 36 块</td></tr>
<tr><td colspan="2">收缩率比</td><td>3</td><td>1 条</td><td>3 条</td><td>3 条</td></tr>
<tr><td colspan="2">相对耐久性</td><td>引气减水剂、引气剂</td><td>硬化混凝土</td><td>3</td><td>1 条</td><td>3 条</td><td>3 条</td></tr>
<tr><td colspan="2">安定性</td><td>防水剂</td><td>净浆</td><td>3</td><td>1 个</td><td>0</td><td>3 个</td></tr>
<tr><td colspan="2">吸水量比</td><td>防水剂</td><td>新拌混凝土</td><td>3</td><td>1 块</td><td>3 次</td><td>3 次</td></tr>
</table>

注：①试验时，检验同一种外加剂的三批混凝土的制作宜在开始试验一周的不同日期完成，对比的基准混凝土和受检混凝土应同时成型。

②试验前后应仔细观察试样，对有明显缺陷的试样和试样结果都应舍去。

7.1.5 混凝土外加剂检测试验

7.1.5.1 试验目的

测定某外加剂的成分、性能和质量稳定程度等，以判断其是否达到规定的物理、化学性能指标。

7.1.5.2 编制依据

本试验依据《混凝土外加剂》(GB 8076—2008)制定。

7.1.5.3 仪器设备及环境

60L 单卧轴式强制搅拌机、混凝土振动台、混凝土含气量测定仪、混凝土贯入阻力测定仪、混凝土比长仪、混凝土抗冻试验设备、坍落度筒、捣棒、钢直尺、磅秤、SL 带盖容量筒，100mm×100mm×100mm 试模、100mm×100mm×515mm 试模、100mm×100mm×300mm 试模。

环境条件：成型室温度 20℃±3℃，标准养护室温度 20℃±2℃，相对湿度>95%。

7.1.5.4 试样制备及要求

(1) 原材料

① 水泥：采用外加剂检验专用的基准水泥。

② 砂：细度模数为2.6～2.9，含泥量小于1%的中砂。

③ 石子：采用公称粒径为5～20mm的碎石或卵石，采用二级配，其中5～10mm占40%，10～20mm占60%，满足连续级配要求，针片状物质含量小于10%，空隙率小于47%，含泥量小于0.5%。如有争议时，以卵石试验结果为准。

④ 水：符合混凝土拌和用水的技术要求。

⑤ 外加剂：需要检测的外加剂。

(2) 配合比

① 水泥用量：掺高性能减水剂或泵送剂的基准混凝土和受检混凝土的单位水泥用量为360kg/m^3；掺其他外加剂的基准混凝土和受检混凝土单位水泥用量为330kg/m^3。

② 砂率：掺高性能减水剂或泵送剂的基准混凝土和受检混凝土的砂率均为43%～47%；掺其他外加剂的基准混凝土和受检混凝土的砂率均为36%～40%；但掺引气减水剂或引气剂的受检混凝土的砂率应比基准混凝土的砂率低1%～3%。

③ 外加剂掺量：按生产厂家指定掺量。

④ 用水量：掺高性能减水剂或泵送剂的基准混凝土和受检混凝土的坍落度控制在210mm±10mm，用水量为坍落度在210mm±10mm时的最小用水量；掺其他外加剂的基准混凝土和受检混凝土的坍落度控制在80mm±10mm。

用水量包括液体外加剂、砂、石材料中所含的水量。

(3) 混凝土搅拌

采用60L的单卧轴式强制搅拌机。搅拌机的拌合量应不少于20L，不宜大于45L。外加剂为粉状时，将水泥、砂、石、外加剂一次投入搅拌机，干拌均匀，再加入拌合水，一起搅拌2min。外加剂为液体时，将水泥、砂、石一次投入搅拌机，干拌均匀，再加入掺有外加剂的拌合水一起搅拌2min。

出料后，在铁板上用人工翻拌至均匀，再进行试验。各种混凝土试验材料及环境温度均应保持在20℃±3℃。

(4) 试样制作及试验所需试样数量

① 试样制作：混凝土试样制作及养护参照《普通混凝土拌合物性能试验方法标准》(GB/T 50080—2016)进行。

② 试验项目及所需试样数量详见表7-4。

7.1.5.5 试验方法

(1) 混凝土拌合物性能试验方法

① 坍落度和坍落度1h经时变化量测定

每批混凝土取一个试样。坍落度和坍落度1h经时变化量均以三次试验结果的平均值表示。三次试验的最大值和最小值与中间值之差有一个超过10mm时，将最大值和最小值一并舍去，取中间值作为该批的试验结果；最大值和最小值与中间值之差均超过10mm时，则应重做试验。

坍落度和坍落度1h经时变化量测定值以mm表示，结果表达修约到5mm。

A.坍落度测定

测定混凝土坍落度，当坍落度为 210mm±10mm 时，分两层装料，每层装入高度为筒高的一半，每层用插捣棒插捣 15 次。

B.坍落度 1h 经时变化量测定

将混凝土拌合物装入用湿布擦过的试样筒内，容器加盖，静置至 1h(从加水搅拌时开始计算)，然后倒出，在铁板上用铁锹翻拌至均匀，测定坍落度。计算出机时和 1h 之后的坍落度之间差值，即得到坍落度的经时变化。

坍落度 1h 经时变化量按下式计算：

$$\Delta Sl = Sl_0 - Sl_k \tag{7-1}$$

式中 ΔSl——坍落度经时变化量(mm)；

Sl_0——出机时测得的坍落度(mm)；

Sl_k——1h 后测得的坍落度(mm)。

② 减水率测定

减水率为坍落度基本相同时，基准混凝土与受检混凝土单位用水量之差与基准混凝土单位用水量之比。减水率按下式计算，应精确到 0.1%。

$$W_R = \frac{W_0 - W_1}{W_0} \times 100 \tag{7-2}$$

式中 W_R——减水率(%)；

W_0——基准混凝土单位用水量(kg/m^3)；

W_1——受检混凝土单位用水量(kg/m^3)。

W_R 以三批试验的算术平均值计，精确到 1%。若三批试验的最大值或最小值中有一个与中间值之差超过中间值 15%时，把最大值与最小值舍去，取中间值为该组试验的减水率；若有两个测值与中间值之差均超过中间值 15%时，则该批试验结果无效，应该重做试验。

③ 泌水率比测定

泌水率比按下式计算，精确到 0.1%。

$$B_R = \frac{B_r}{B_c} \times 100 \tag{7-3}$$

式中 B_R——泌水率之比(%)；

B_r——受检混凝土泌水率(%)；

B_c——基准混凝土泌水率(%)。

泌水率的测定和计算方法如下：

先用湿布润湿容积为 5L 的带盖容器(内径为 185mm，高 200mm)，将混凝土拌合物一次装入，在振动台上振动 20s，然后用抹刀轻轻抹平，加盖以防水分蒸发。试样表面应比筒口边低约 20mm。自抹面开始计算时间，在前 60min，每隔 10min 用吸液管吸出泌水一次，以后每隔 20min 吸水一次，直至连续三次无泌水为止。每次吸水前 5min 应将筒底一侧垫高约 2mm，使筒倾斜，以便于吸水。吸水后，将筒轻轻放平盖好。将每次吸出的水都注入带塞的量筒，最后计算出总的泌水量，准确至 1g，并按下面两式进行计算。

$$B=\frac{V_W}{(W/G)G_W}\times 100 \tag{7-4}$$

$$G_W=G_1-G_0 \tag{7-5}$$

式中 B——泌水率(%)；

V_W——泌水总量(g)；

W——混凝土拌合物的用水量(g)；

G——混凝土拌合物的总质量(g)；

G_W——试样质量(g)；

G_1——筒及试样重(g)；

G_0——筒重(g)。

试验时，每批混凝土拌合物取一个试样，泌水率取三个试样的算术平均值，精确到 0.1%。如果三个试样的最大值或最小值中有一个与中间值之差大于中间值的 15%时，把最大值与最小值一并舍去，取中间值为该批试验的泌水率；如果最大值和最小值与中间值之差均大于中间值的 15%时，则该批试验结果无效，应重做试验。

④ 含气量和含气量 1h 经时变化量的测定

试验时，每批混凝土拌合物取一个试样，以三个试样测值的算术平均值来表示，若三个试样中的最大值或最小值有一个与中间值之差超过 0.5%时，将最大值与最小值一并舍去，取中间值作为该批的试验结果；如果最大值与最小值与中间值之差超过 0.5%，则该批试验结果无效，应重做试验。含气量和含气量 1h 经时变化量测定值精确到 0.1%。

A.含气量测定

按《普通混凝土拌合物性能试验方法标准》(GB/T 50080—2016)用气水混合式含气量测定仪，并按仪器说明进行操作，但混凝土拌合物应一次装满并高于容器，用振动台振实 15～20s。

B.含气量 1h 经时变化量测定

将混凝土拌合物装入用湿布擦过的试样筒内，容器加盖，静置至 1h(从加水搅拌时开始计算)，然后倒出，在铁板上用铁锹翻拌至均匀，再按照含气量测定方法测定含气量。计算出机时和 1h 之后的含气量之间差值，即得到含气量的 1h 经时变化量。

含气量的 1h 经时变化量按下式计算：

$$\Delta A=A_0-A_{1h} \tag{7-6}$$

式中 ΔA——含气量的 1h 经时变化量(%)；

A_0——出机后测得的含气量(%)；

A_{1h}——1h 后测得的含气量(%)。

⑤ 凝结时间差测定

按下式计算凝结时间差：

$$\Delta T=T_t-T_c \tag{7-7}$$

式中 ΔT——凝结时间之差(min)；

T_t——掺外加剂混凝土的初凝或终凝时间(min)；

T_c——基准混凝土的初凝或终凝时间(min)。

凝结时间采用贯入阻力仪测定，仪器精度为 10N，凝结时间测定方法如下：将混凝土拌合物用 5mm（圆孔筛）振动筛筛出砂浆，拌匀后装入上口内径为 160mm，下口内径为 150mm，净高 150mm 的刚性不渗水的金属容器，试样表面应低于筒口约 10mm，用振动台振实（约 3～5s）置于 20℃±2℃的环境中，容器加盖。一般基准混凝土在成型后 3～4h，掺早强剂的在成型后1～2h，掺缓凝剂的在成型后 4～6h 开始测定。以后每隔 0.5h 或 1h 测定 1 次，但在临近初、终凝时，可能缩短测定间隔时间。每次测点应避开前一次测孔，其净距为试针直径的 2 倍，但至少不小于 15mm，试针与容器边缘的距离不小于 25mm。测定初凝时间用截面面积为 $100mm^2$ 的试针，测定终凝时间用截面面积为 $20mm^2$ 的试针。

贯入阻力按下式计算：

$$R=\frac{P}{A} \tag{7-8}$$

式中 R——贯入阻力值（MPa）；

P——贯入深度达 25mm 时所需的净压力（N）；

A——贯入阻力仪试针的截面积（mm^2）。

根据计算结果，以贯入阻力值为纵坐标，测试时间为横坐标，绘制贯入阻力值与时间关系曲线，求出贯入阻力值达 3.5MPa 时对应的时间作为初凝时间及贯入阻力达 28MPa 时对应的时间作为终凝时间。从水泥与水开始接触时开始计算凝结时间。

试验时，每批混凝土拌合物取一个试样，凝结时间取三个试样的平均值。初凝时间试验误差均应不大于 30min，如果三个数值中有一个与平均值之差大于 30min，则取三个值的中间值作为结果；如果最大和最小值与平均值之差均大于 30min，则应重做试验。凝结时间以 min 计算，并修约到 5min。

（2）硬化混凝土性能试验方法

① 抗压强度比测定

抗压强度比以掺外加剂混凝土与基准混凝土同龄期抗压强度之比表示，按下式计算，精确到 1%。

$$R_f=\frac{f_t}{f_c}\times 100 \tag{7-9}$$

式中 R_f——抗压强度比（%）；

f_t——掺外加剂混凝土的抗压强度（MPa）；

f_c——基准混凝土的抗压强度（MPa）。

受检混凝土与基准混凝土的抗压强度按《混凝土物理力学性能试验方法标准》（GB/T 50081—2019）进行试验和计算。试件制作时，用振动台振动 15～20s。试件预养温度为 20℃±2℃。试验结果以三批试验测值的平均值表示。若三批试验中有一批的最大值或最小值与中间值的差值超过中间值的 15%，则把最大值与最小值一并舍去，取中间值作为该批的试验结果；如有两批测值与中间值的差均超过中间值的 15%，则试验结果无效，应该重做试验。

② 收缩率比测定

收缩率比以 28d 龄期时受检混凝土与基准混凝土干缩率比值表示，按下式计算：

$$R_\varepsilon=\frac{\varepsilon_t}{\varepsilon_c}\times 100 \tag{7-10}$$

式中 R_ε——收缩率比(%)；

ε_t——受检混凝土的收缩率(%)；

ε_c——基准混凝土的收缩率(%)。

受检混凝土与基准混凝土的收缩率按《普通混凝土长期性能和耐久性能试验方法标准》(GB/T 50082—2009)测定和计算。用振动台成型，振动 15～20s。每批混凝土拌合物取一个试样，以三个试样收缩率比的平均值表示，精确到 1%。

(3) 相对耐久性试验

按《普通混凝土长期性能和耐久性能试验方法标准》(GB/T 50082—2009)进行，试件采用振动台成型，振动 15～20s，标准养护 28d 后进行冻融循环试验(快冻法)。

相对耐久性指标是以掺外加剂混凝土冻融 200 次后的动弹性模量是否不小于 80%来评定外加剂的质量。每批混凝土拌合物取一个试样，相对动弹性模量以三个试件测值的算术平均值表示。

7.2 砂浆、混凝土防水剂

7.2.1 定义

砂浆、混凝土防水剂是指能够降低砂浆、混凝土在静水压力下的透水性的外加剂。

基准混凝土(砂浆)是指按照规定的试验方法配制的不掺防水剂的混凝土(砂浆)。

7.2.2 砂浆、混凝土防水剂的技术指标

对于砂浆、混凝土防水剂的技术要求见表 7-5、表 7-6、表 7-7。

表 7-5 防水剂匀质性指标

试验项目	指标	
	液 体	粉 状
密度(g/cm^3)	$D>1.1$ 时，要求为 $D\pm0.03$； $D\leqslant1.1$ 时，要求为 $D\pm0.02$； D 是生产厂提供的密度值	—
氯离子含量(%)	应小于生产厂最大控制值	应小于生产厂最大控制值
总碱量(%)	应小于生产厂最大控制值	应小于生产厂最大控制值
细度(%)	—	0.315mm 筛筛余应小于 15%
含水率(%)	—	$W\geqslant5\%$时，$0.90W\leqslant X<1.10W$； $W<5\%$时，$0.80W\leqslant X<1.20W$； W 是生产厂提供的含水率(质量百分数，%) X 是测试的含水率(质量百分数，%)

续表 7-5

试验项目	指标	
	液体	粉状
固体含量(%)	$S \geq 20\%$时,$0.95S \leq X < 1.05S$; $S < 20\%$时,$0.90S \leq X < 1.10S$; S 是生产厂提供的固体含量(质量百分数,%) X 是测试的固体含量(质量百分数,%)	

注:生产厂应在产品说明书中明示产品匀质性指标的控制值。

表 7-6 受检砂浆的性能指标

试验项目		性能指标	
		一等品	合格品
安定性		合格	合格
凝结时间	初凝(min) ≥	45	45
	终凝(h) ≤	10	10
抗压强度比(%)	7d	100	85
	28d	90	80
透水压力比(%) ≥		300	200
吸水量比(48h)(%) ≤		65	75
收缩率比(28d)(%) ≤		125	135

注:安定性和凝结时间为受检净浆的试验结果,其他项目数据均为受检砂浆与基准砂浆的比值。

表 7-7 受检混凝土的性能指标

试验项目		性能指标	
		一等品	合格品
安定性		合格	合格
泌水率比(%) ≤		50	70
凝结时间差(min)	初凝	−90	−90
抗压强度比(%)	3d	100	90
	7d	110	100
	28d	100	90
渗透高度比(%) ≤		30	40
吸水量比(48h)(%) ≤		65	75
收缩率比(28d)(%) ≤		125	135

注:①安定性为受检净浆的试验结果,凝结时间差为受检混凝土与基准混凝土的差值,表中其他数据为受检混凝土与基准混凝土的比值。
②“−”表示提前。

7.2.3 试验项目及数量

砂浆、混凝土防水剂试验项目及数量见表7-8和表7-9。

表7-8 砂浆试验项目及数量

试验项目	试验类别	试验所需数量			
		砂浆(净浆)拌和次数	每拌取样数	基准砂浆取样数	受检砂浆取样数
安定性	净浆	3	1次	0	1个
凝结时间	净浆		1次	0	1个
抗压强度比	硬化砂浆	3	6块	12块	12块
吸水量比(48h)	硬化砂浆			6块	6块
透水压力比	硬化砂浆		2块	6块	6块
收缩率比(28d)	硬化砂浆		1块	3块	3块

表7-9 混凝土试验项目及数量

试验项目	试验类别	试验所需数量			
		混凝土拌和次数	每拌取样数	基准混凝土取样数	受检混凝土取样数
安定性	净浆	3	1个	0	3个
泌水率比	新拌混凝土	3	1次	3次	3次
凝结时间差	新拌混凝土		1次	3次	3次
抗压强度比	硬化混凝土		6块	18块	18块
渗透高度比	硬化混凝土		2块	6块	6块
吸水量比	硬化混凝土		1块	3块	3块
收缩率比	硬化混凝土		1块	3块	3块

7.2.4 砂浆、混凝土防水剂检测试验

7.2.4.1 试验目的

检验防水剂的各项指标，指导检验检测人员按规定正确操作，确保检测结果科学、准确。

7.2.4.2 编制依据

本试验依据《砂浆、混凝土防水剂》(JC 474—2008)规范制定。

7.2.4.3 试验设备

水泥净浆搅拌机、沸煮箱、水泥凝结时间测定仪、砂浆透水仪、立式砂浆收缩仪、加盖水桶、混凝土贯入阻力仪、混凝土抗渗仪、比长仪、SL带盖容量筒、40mm×40mm×160mm试模、100mm×100mm×100mm试模、100mm×100mm×515mm试模、砂浆抗渗试模及混凝土抗

渗试模等。

7.2.4.4 受检砂浆性能检验试验

(1) 原材料及配合比

① 水泥:混凝土外加剂性能检验专用基准水泥。

② 砂:标准砂。

③ 防水剂掺量采用生产厂家的推荐掺量。

④ 水泥与标准砂的质量比为1∶3,用水量根据各项试验要求确定。

(2) 试件的制备

在混凝土振动台上振动15s,静停24h±2h脱模(如果是缓凝型产品,可适当延长脱模时间)放标准室养护至规定龄期。

(3) 试验方法

① 净浆安定性和凝结时间

按照《水泥标准稠度用水量、凝结时间、安定性检验方法》(GB/T 1346—2011)规定的方法进行水泥标准稠度用水量、凝结时间、安定性试验。

② 抗压强度

按照《水泥胶砂流动度测定方法》(GB/T 2419—2005)确定基准砂浆和受检砂浆的用水量,水泥与砂的比例为1∶3,将二者流动度均控制在140mm±5mm。试验共进行3次,每次用有底试模成型70.7mm×70.7mm×70.7mm的基准和受检试件各两组,每组六块,每组试件分别养护至7d、28d,测定抗压强度。

砂浆试件的抗压强度按下式计算:

$$f_m=\frac{P_m}{A_m} \tag{7-11}$$

式中 f_m——受检砂浆或基准砂浆7d或28 d的抗压强度(MPa);

P_m——破坏荷载(N);

A_m——试件的受压面积(mm^2)。

抗压强度比按下式计算:

$$R_{fm}=\frac{f_{tm}}{f_{rm}}\times 100 \tag{7-12}$$

式中 R_{fm}——砂浆的7d或28d抗压强度之比(%);

f_{tm}——不同龄期(7d或28d)的受检砂浆的抗压强度(MPa);

f_{rm}——不同龄期(7d或28d)的基准砂浆的抗压强度(MPa)。

③ 透水压力比

按《水泥胶砂流动度测定方法》(GB/T 2419—2005)确定基准砂浆和受检砂浆的用水量,两者保持相同的流动度,并以基准砂浆在0.3~0.4MPa压力下透水为准,确定水灰比。用上口直径70mm、下口直径80mm、高30mm的截头圆锥带底金属试模成型基准和受检试样,成型后用塑料布将试件盖好静停。脱模后放入20℃±2℃的水中养护至7d,取出待表面干燥后,用密封材料密封装入渗透仪中进行透水试验。水压从0.2MPa开始,恒压2h,增至0.3MPa,以后每隔1h增加水压0.1MPa。当六个试件中有三个试件端面呈现渗水现象时，即可停止试验，记下当时的水压值。若加压至1.5MPa，恒压1h还未透水，应停止升压。砂浆透水压力为每组六个试件中四个未出现渗水时的最大水压力。

透水压力比按照下式计算，精确至1%：

$$R_{pm}=\frac{P_{tm}}{P_{rm}}\times 100 \tag{7-13}$$

式中 R_{pm}——受检砂浆与基准砂浆透水压力之比(%)；

P_{tm}——受检砂浆的透水压力(MPa)；

P_{rm}——基准砂浆的透水压力(MPa)。

④ 吸水量比(48h)

按照抗压强度试件的成型和养护方法成型基准和受检试件。养护28d后，取出试件，在75～80℃温度下烘干48h±0.5h后称量，然后将试件放入水槽。试件的成型面朝下放置，下部用两根直径为10mm的钢筋垫起，试件浸入水中的高度为35mm。要经常加水，并在水槽上要求的水面高度处开溢水孔，以保持水面恒定。水槽应加盖，放在恒温为20℃±3℃、相对湿度80%以上的恒温室中，试件表面不得有结露或水滴。然后在48h±0.5h时取出，用挤干的湿布擦去表面的水，称量并记录。称量采用感量1g、最大称量范围为1000g的天平。

吸水量按下式计算：

$$W_{m}=M_{m1}-M_{m0} \tag{7-14}$$

式中 W_{m}——砂浆试件的吸水量(g)；

M_{m1}——砂浆试件吸水后的质量(g)；

M_{m0}——砂浆试件干燥后的质量(g)。

结果以六块试件的平均值表示，精确至1g。吸水量比按下式计算，精确至1%：

$$R_{wm}=\frac{W_{tm}}{W_{rm}}\times 100 \tag{7-15}$$

式中 R_{wm}——受检砂浆与基准砂浆吸水量之比(%)；

W_{tm}——受检砂浆的吸水量(g)；

W_{rm}——基准砂浆的吸水量(g)。

⑤ 收缩率比(28d)

按照抗压强度比试验步骤确定的配比，《建筑砂浆基本性能试验方法标准》(JGJ/T 70—2009)测定基准和受检砂浆试件的收缩值，测定龄期为28d。收缩率比按照下式计算，精确至1%：

$$R_{\varepsilon m}=\frac{\varepsilon_{tm}}{\varepsilon_{rm}}\times 100 \tag{7-16}$$

式中 $R_{\varepsilon m}$——受检砂浆与基准砂浆28d收缩率之比(%)；

ε_{tm}——受检砂浆的收缩率(%)；

ε_{rm}——基准砂浆的收缩率(%)。

7.2.4.5 受检混凝土的性能检验试验

(1) 原材料和配比

试验用各种原材料应符合《混凝土外加剂》(GB 8076—2008)规定。防水剂掺量为生产厂的推荐掺量。基准混凝土与受检混凝土的配合比设计、搅拌应符合《混凝土外加剂》(GB 8076—2008)规定，但混凝土坍落度可以选择 180mm±10mm 或者 280mm±10mm。当采用 180mm±10mm 坍落度的混凝土时，砂率宜为 38%～42%。

(2) 安定性

净浆安定性按照《水泥标准稠度用水量、凝结时间、安定性检验方法标准》(GB/T 1346—2011)规定进行试验。

(3) 泌水率比、凝结时间差、收缩率比和抗压强度比

按照《混凝土外加剂》(GB 8076—2008)规定进行试验。

(4) 渗透高度比

渗透高度比试验的混凝土一律采用坍落度为 180mm±10mm 的配合比。参照《普通混凝土长期性能和耐久性能试验方法标准》(GB/T 50082—2009)规定的抗渗透性能试验方法，但初始压力为 0.4MPa。若基准混凝土在 1.2MPa 以下的某个压力透水，则受检混凝土也加到这个压力，并保持相同时间，然后劈开，在底边均匀取 10 点，测定平均渗透高度。若基准混凝土与受检混凝土在 1.2MPa 时都未透水，则停止升压，劈开，如上所述测定平均渗透高度。

渗透高度比按照下式计算，精确至 1%：

$$R_{hc}=\frac{H_{tc}}{H_{rc}}\times 100 \tag{7-17}$$

式中 R_{hc}——受检混凝土与基准混凝土渗透高度之比(%)；

H_{tc}——受检混凝土的渗透高度(mm)；

H_{rc}——基准混凝土的渗透高度(mm)。

(5) 吸水量比

按照抗压强度试件的成型和养护方法成型基准和受检试件。养护 28d 后取出在 75～80℃温度下烘干 48h±0.5h 后称量，然后将试件放入水槽中。试件的成型面朝下放置，下部用两根直径为 10mm 的钢筋垫起，试件浸入水中的高度为 50mm。要经常加水，并在水槽上要求的水面高度处开溢水孔，以保持水面恒定。水槽应加盖，放在温度为 20℃±3℃、相对湿度 80%以上的恒温室中，试件表面不得有结露或水滴。在 48h±0.5h 时取出，用挤干的湿布擦去表面的水，称量并记录。称量采用感量 1g、最大称量范围为 5000g 的天平。

混凝土试件的吸水量按照下式计算：

$$W_c=M_{c1}-M_{c0} \tag{7-18}$$

式中 W_c——混凝土试件的吸水量(g)；

M_{c1}——混凝土试件吸水后质量(g)；

M_{c0}——混凝土试件干燥后质量(g)。

结果以三块试件的平均值表示，精确至 1g。吸水量比按照下式计算，精确至 1%：

$$R_{wt}=\frac{W_{tc}}{W_{rc}}\times 100 \tag{7-19}$$

式中 R_{wt}——受检混凝土与基准混凝土吸水量之比(%)；

W_{tc}——受检混凝土的吸水量(g)；

W_{rc}——基准混凝土的吸水量(g)。

7.2.4.6 结果判定

砂浆防水剂各项性能指标符合表7-6中硬化砂浆的技术要求，可判定为相应等级的产品。混凝土防水剂各项性能指标符合表7-7中硬化混凝土的技术要求，可判定为相应等级的产品。如不符合上述要求时，则应判该批号防水剂不合格。

7.3 混凝土防冻剂

7.3.1 定义

能使混凝土在负温下硬化，并在规定时间内达到足够防冻强度的外加剂称为防冻剂。在负温度条件下施工的混凝土工程必须掺入防冻剂。防冻剂除能降低冰点外，还有促凝、早强、减水等作用，所以多为复合防冻剂。常用的复合防冻剂有NON-F型、NC-3型、MN-F型、FW2、PW3、NA-4等。按规定温度检测合格的防冻剂，可在比规定温度低5℃的条件下使用。

7.3.2 防冻剂的技术指标

混凝土防冻剂应符合表7-10、表7-11的要求。

表7-10 防冻剂匀质性指标

试验项目	指 标
固体含量(%)	液体防冻剂： $S \geqslant 20\%$时，$0.95S \leqslant X < 1.05S$； $S < 20\%$时，$0.90S \leqslant X < 1.10S$； S是生产厂提供的固体含量(质量百分比，%)，X是测试的固体含量(质量百分比，%)
含水率(%)	粉状防冻剂： $W \geqslant 5\%$时，$0.90W \leqslant X < 1.10W$ $W < 5\%$时，$0.80W \leqslant X < 1.20W$ W是生产厂提供的含水率(质量百分比，%)，X是测试的含水率(质量百分比，%)
密度(g/cm^3)	液体防冻剂： $D > 1.1$时，要求为$D \pm 0.03$； $D \leqslant 1.1$时，要求为$D \pm 0.02$； D是生产厂提供的密度值

续表 7-10

试验项目	指　　标
氯离子含量(%)	无氯盐防冻剂:≤0.1%(质量百分比)
	其他防冻剂:不超过生产厂提供控制值
总碱量(%)	不超过生产厂提供的最大值
水泥净浆流动度(mm)	应不小于生产厂控制值的95%
细度(%)	粉状防冻剂细度应不超过生产厂提供的最大值

表 7-11　掺防冻剂混凝土性能

试验项目		性能指标					
		一等品			合格品		
减水率(%),≥		10			—		
泌水率比(%),≤		80			100		
含气量(%),≥		2.5			2.0		
凝结时间差(min)	初凝	−150～+150			−210～+210		
	终凝						
抗压强度比(%),≥	规定温度(℃)	−5	−10	−15	−5	−10	−15
	R_{-7}	20	12	10	20	10	8
	R_{28}	100		95	95		90
	R_{-7+28}	95	90	85	90	85	80
	R_{-7+56}	100			100		
28d 收缩率比(%),≤		135					
渗透高度比(%),≤		100					
50次冻融强度损失率比(%),≤		100					
对钢筋锈蚀作用		应说明对钢筋有无锈蚀作用					

混凝土外加剂中释放氨的量小于0.10%(质量分数)。

7.3.3　取样频率及数量

(1) 批量

同一品种的防冻剂,每50t为一批,不足50t也可作为一批。

(2) 抽样及留样

取样应具有代表性,可连续取,也可以从20个以上不同部位取等量样品。液体防冻剂取样时应注意从容器的上、中、下三层分别取样。每批取样量不少于0.15t水泥所需的防冻剂量(以其最大掺量计)。

每批取得的试样应允许充分混匀，分为两等份。一份按标准规定的方法进行试验，另一份密封保存半年，以备有争议时交国家指定的检验机构进行复检或仲裁。

掺防冻剂混凝土的试验项目及试件数量按表7-12规定进行。

表7-12　掺防冻剂混凝土的试验项目及试件数量

试验项目	试验类别	试验所需试件数量			
		拌和批数	每批取样数量	受检混凝土总取样数量	基准混凝土总取样数量
减水率	混凝土拌合物	3	1次	3次	3次
泌水率比		3	1次	3次	3次
含气量		3	1次	3次	3次
凝结时间差		3	1次	3次	3次
抗压强度比	硬化混凝土	3	12/3块①	36块	9块
收缩率比		3	1块	3块	3块
渗透高度比		3	2块	6块	6块
50次冻融强度损失率比		1	6块	6块	6块
钢筋锈蚀	新拌或硬化砂浆	3	1块	3块	—

注：①受检混凝土3块，基准混凝土12块。

7.3.4　混凝土防冻剂检测试验

7.3.4.1　试验目的

本试验适用于规定温度为－5℃、－10℃、－15℃的水泥混凝土防冻剂，按该规定温度检测防冻剂的各项性能是否符合规范要求。经检验合格的防冻剂，可在比规定温度低5℃的条件下使用。

7.3.4.2　编制依据

本试验依据《混凝土防冻剂》(JC 475—2004)制定。

7.3.4.3　仪器设备及环境条件

60L单卧轴式强制搅拌机、混凝土振动台、混凝土含气量测定仪、混凝土贯入阻力测定仪、混凝土比长仪、混凝土抗冻试验设备、坍落度筒、捣棒、钢直尺、磅秤、冷冻设备(冰箱或冰室)和钢筋锈蚀测定仪、SL带盖容量筒、100mm×100mm×100mm试模、100mm×100mm×515mm试模、100mm×100mm×300mm试模。

环境条件：成型室温度20℃±3℃，标准养护室温度20℃±2℃，相对湿度>95%。

7.3.4.4　试样制备及要求

(1) 材料、配合比及搅拌

按《混凝土外加剂》(GB 8076—2008)的规定进行，混凝土坍落度控制为80mm±10mm。

(2) 试验项目及试件数量

掺防冻剂混凝土的试验项目及试件数量按表 7-12 规定进行。

7.3.4.5 试验步骤

(1) 混凝土拌合物性能

减水率、泌水率比、含气量和凝结时间差按照《普通混凝土拌合物性能试验方法标准》(GB/T 50080—2016)进行测定和计算。坍落度试验应在混凝土出机后 5min 内完成。

(2) 硬化混凝土性能

① 试件制作

基准混凝土试件和受检混凝土试件应同时制作。混凝土试件制作及养护参照《普通混凝土拌合物性能试验方法标准》(GB/T 50080—2016)进行,但掺与不掺防冻剂混凝土坍落度为 80mm±10mm,试件制作采用振动台振实,振动时间为 10～15s。掺防冻剂的受检混凝土在 20℃±3℃环境下按表 7-13 规定的时间预养后移入冰箱(或冰室)内并用塑料布覆盖试件,其环境温度应于 3～4h 内均匀地降至规定温度,养护 7d 后(从成型加水时间算起)脱模,放置在 20℃±3℃环境温度下解冻,解冻时间按表 7-13 的规定。解冻后进行抗压强度试验或转标准养护。

表 7-13 不同规定温度下混凝土试件的预养和解冻时间

防冻剂的规定温度(℃)	预养时间(h)	M(℃·h)	解冻时间(h)
−5	6	180	6
−10	5	150	5
−15	4	120	4

注:试件预养时间也可按 $M=\sum(T+10)\Delta t$ 来控制。其中:M—— 度时积;T—— 温度;Δt—— 温度 T 的持续时间。

② 抗压强度比

以受检标准养护混凝土、受检负温混凝土与基准混凝土抗压强度之比表示:

$$R_{28}=\frac{f_{CA}}{f_C}\times 100 \tag{7-20}$$

$$R_{-7}=\frac{f_{AT}}{f_C}\times 100 \tag{7-21}$$

$$R_{-7+28}=\frac{f_{AT}}{f_C}\times 100 \tag{7-22}$$

$$R_{-7+56}=\frac{f_{AT}}{f_C}\times 100 \tag{7-23}$$

式中 R_{28}——受检标准养护混凝土与基准混凝土标准养护 28d 的抗压强度之比(%);

f_{AT}——不同龄期(R_{-7},R_{-7+28},R_{-7+56})的受检负温混凝土抗压强度(MPa);

f_{CA}——受检标准养护混凝土 28d 的抗压强度(MPa);

f_C——基准混凝土标准养护 28d 的抗压强度(MPa);

R_{-7}——受检混凝土负温养护 7d 的抗压强度与基准混凝土标准养护 28d 的抗压强度

之比（%）；

R_{-7+28}——受检混凝土负温养护 7d 再转标准养护 28d 的抗压强度与基准混凝土标准养护 28d 抗压强度之比（%）；

R_{-7+56}——受检混凝土负温养护 7d 再转标准养护 56d 的抗压强度与基准混凝土标准养护 28d 抗压强度之比（%）。

受检混凝土与基准混凝土每组三块试件，强度数据取值原则同《混凝土物理力学性能试验方法标准》（GB/T 50081—2019）规定。受检混凝土和基准混凝土以三组试验结果强度的平均值计算抗压强度比，精确到 1%。

③ 收缩率比

收缩率参照《普通混凝土长期性能和耐久性能试验方法标准》（GB/T 50082—2009），基准混凝土试件应在 3d（从搅拌混凝土加水时算起）从标准养护室取出移入恒温恒湿室内 3～4h 测定初始长度，再经 28d 后测量其长度。

以三个试件测值的算术平均值作为该混凝土的收缩率，按下式计算收缩率比，精确至 1%：

$$S_r=\frac{\varepsilon_{AT}}{\varepsilon_C}\times 100 \tag{7-24}$$

式中 S_r——收缩率之比（%）；

ε_{AT}——受检负温混凝土的收缩率（%）；

ε_C——基准混凝土的收缩率（%）。

④ 渗透高度比

基准混凝土标准养护龄期为 28d，受检负温混凝土到 −7＋56d 时分别参照《普通混凝土长期性能和耐久性能试验方法标准》（GB/T 50082—2009）进行抗渗试验，但按 0.2MPa、0.4MPa、0.6MPa、0.8MPa、1.0MPa 加压，每级恒压 8h，加压到 1MPa 为止，取下试件，将其劈开，测试试件 10 个等分点透水高度平均值，以一组 6 个试件的平均值作为试验的结果，按下式计算渗透高度比，精确到 1%。

$$H_r=\frac{H_{AT}}{H_C}\times 100 \tag{7-25}$$

式中 H_r——渗透高度比（%）；

H_{AT}——受检负温混凝土 6 个试件渗透高度测值的平均值（mm）；

H_C——基准混凝土 6 个试件渗透高度测值的平均值（mm）。

⑤ 50 次冻融强度损失率比

参照《普通混凝土长期性能和耐久性能试验方法标准》（GB/T 50082—2009）进行试验和计算强度损失率，基准混凝土试验龄期为 28d，受检负温混凝土龄期为 −7＋28d。根据计算出的强度损失率再按下式计算受检负温混凝土与基准混凝土强度损失率之比，计算精确到 1%。

$$D_r=\frac{\Delta f_{AT}}{\Delta f_C}\times 100 \tag{7-26}$$

式中 D_r——50 次冻融强度损失率比（%）；

Δf_{AT}——受检负温混凝土 50 次冻融强度损失率（%）；

Δf_C——基准混凝土 50 次冻融强度损失率(%)。

⑥ 钢筋锈蚀

钢筋锈蚀采用在新拌和硬化砂浆中阳极极化曲线来测试。

(3) 氨含量

① 试样的处理

固体试样需在干燥器中放置 24h 后测定,液体试样可直接测量。

将试样搅拌均匀,分别称取两份各约 5g 的试样,精确至 0.001g,放入两个 300mL 烧杯中,加水溶解,如试样中有不溶物,采用以下 B 步骤。

A.可水溶性的试样

在盛有试样的 300mL 烧杯中加入水,移入 500mL 玻璃蒸馏器中,控制总体积 200mL,备蒸馏。

B.含有可能保留有氨水的水溶性的试样

在盛有试样的 300mL 烧杯中加入 20mL 水和 10mL 盐酸溶液,搅拌均匀,放置 20min 后过滤,收集滤液至 500mL 玻璃蒸馏器中,控制总体积 200mL,备蒸馏。

② 蒸馏

在备蒸馏的溶液中加入数粒氢氧化钠,以广泛试纸试验,调整溶液 pH>12,加入几粒防爆玻璃珠。

准确移取 20mL 硫酸标准溶液于 250mL 量筒中,加入 3~4 滴混合指示剂,将蒸馏器馏出液出口玻璃管插入量筒底部硫酸溶液中。

检查蒸馏器连接无误并确保密封后,加热蒸馏。收集蒸馏液达 180mL 后停止加热,取下蒸馏瓶,用水冲洗冷凝管,并将洗涤液收集在量筒中。

③ 滴定

将量筒中溶液移入 300mL 烧杯中,洗涤量筒,将洗涤液并入烧杯。用氢氧化钠标准滴定溶液回滴过量的硫酸标准溶液,直至指示剂由亮紫色变为灰绿色,消耗氢氧化钠标准滴定溶液的体积为 V_1。

④ 空白试验

在测定的同时,按同样的分析步骤、试剂和用量,不加试样进行平行操作,测定空白试验氢氧化钠标准滴定溶液消耗体积 V_2。

⑤ 计算

混凝土外加剂样品中释放的氨的量,以氨(NH_3)质量分数表示,按下式计算:

$$X_{氨}=\frac{(V_2-V_1)c\times 0.01703}{m}\times 100 \tag{7-27}$$

式中 $X_{氨}$——混凝土外加剂中释放氨的量(%);

c——氢氧化钠标准溶液浓度的准确数值(mol/L);

V_1——滴定试样溶液消耗氢氧化钠标准溶液体积的数值(mL);

V_2——空白试验消耗氢氧化钠标准溶液体积的数值(mL);

0.01703——与 1.00mL 氢氧化钠标准溶液[c(NaOH)=1.000mol/L]相当的以克表示的氨的质量;

m——试样质量(g)。

取两次平行测定结果的算术平均值为测定结果。两次平行测定结果的绝对值差大于0.01%时,需重新测定。

7.3.4.6 判定规则

产品经检验,混凝土拌合物的含气量、硬化混凝土性能(抗压强度比、收缩率比、渗透高度比、50次冻融强度损失率比)、钢筋锈蚀全部符合表7-11的要求,出厂检验结果符合表7-11的要求,则可判定为相应等级的产品;否则,判为不合格。

复验以封存样进行。如果使用单位要求用现场样时,可在生产和使用单位人员在场的情况下现场取平均样,但应事先在供货合同中规定。复验按照型式检验项目检验。

7.4 混凝土膨胀剂

7.4.1 定义

混凝土膨胀剂是与水泥、水拌和后经水化反应生成钙矾石和氢氧化钙,使混凝土产生体积膨胀的外加剂。本试验适用于硫铝酸钙类、氧化钙类与硫铝酸钙-氧化钙类粉末状混凝土膨胀剂。

7.4.2 膨胀剂的技术指标

(1) 化学成分

① 氧化镁

混凝土膨胀剂中的氧化镁含量应大于5%。

② 碱含量(选择性指标)

混凝土膨胀剂中的碱含量按$Na_2O+0.658K_2O$计算值表示。若使用活性集料,用户要求提供低碱混凝土膨胀剂时,混凝土膨胀剂中的碱活性含量应大于0.75%,或由供需双方协商确定。

(2) 物理性能

混凝土膨胀剂的物理性能指标符合表7-14的规定。

表7-14 混凝土膨胀剂物理性能指标

项目		指标	
		Ⅰ型	Ⅱ型
细度	比表面积(m^2/kg),≥	200	
	1.18mm筛筛余(%),≤	0.5	
凝结时间	初凝(min),≥	45	
	终凝(min),≤	600	

续表 7-14

项目		指标	
		Ⅰ型	Ⅱ型
限制膨胀率(%)	水中 7d ≥	0.035	0.050
	空气中 21d ≥	−0.015	−0.010
抗压强度(MPa)	7d ≥	22.5	
	28d ≥	42.5	

7.4.3 取样频率及数量

膨胀剂按同类型编号和取样。袋装和散装膨胀剂应分别进行编号和取样。膨胀剂出厂编号按生产能力规定:日产量超过 200t 为一编号;不足 200t 时,以日产量为一编号。

每一编号为一取样单位,取样方法按《水泥取样方法》(GB/T 12573—2008)进行。取样应具有代表性,可连续取,也可从 20 个以上不同部位取等量样品,总量不小于 10kg。

每一编号取得的试样应允许混匀,分为两等份:一份为检验样,一份为封存样,密封保存 180d。

7.4.4 混凝土膨胀剂检测试验

7.4.4.1 试验目的

混凝土膨胀剂具有补偿混凝土干缩和密实混凝土、提高混凝土抗渗性作用,按规定检测膨胀剂的各项性能是否符合规范要求,保证混凝土的密实性、抗渗性。

7.4.4.2 编制依据

本试验依据《混凝土膨胀剂》(GB/T 23439—2017)制定。

7.4.4.3 仪器设备及环境条件

仪器设备:水泥净浆搅拌机、胶砂振动台、水泥胶砂搅拌机、负压筛、水泥凝结时间测定仪、砂浆收缩仪、纵向限制器等。

环境条件:

(1) 实验室温度为 20℃±2℃,相对湿度应低于 50%;水泥试样、搅拌水、仪器和用具的温度应与实验室一致;

(2) 恒温恒湿(箱)室温度为 20℃±2℃,相对湿度为 60%±5%。

(3) 每日应检查、记录温度和湿度变化情况。

7.4.4.4 试验材料

(1) 水泥

采用外加剂性能检验专用基准水泥。因故得不到基准水泥时,允许采用由熟料与二水石膏共同粉磨而成的强度等级为 42.5MPa 的硅酸盐水泥,且熟料中 C_3A 含量 6%～8%,C_3S 含量 55%～60%,游离氧化钙含量不超过 1.2%,碱($Na_2O+0.658K_2O$)含量不超过 0.7%,水泥的比表面积 $350m^2/kg±10m^2/kg$。

（2）标准砂

符合《水泥胶砂强度检验方法（ISO法）》（GB/T 17671—1999）要求。

（3）水

符合《混凝土用水标准》（JGJ 63—2006）要求。

7.4.4.5 试验步骤

（1）细度

按《水泥比表面积测定方法　勃氏法》（GB/T 8074—2008）测定水泥比表面积；1.18mm筛筛余测定按《试验筛　技术要求和检验　第1部分：金属丝编织网试验筛》（GB/T 6003.1—2012）规定的金属筛，参照《水泥细度检验方法　筛析法》（GB/T 1345—2005）中手工干筛法进行。

（2）凝结时间

凝结时间测定按《水泥标准稠度用水量、凝结时间、安定性检验方法》（GB/T 1346—2011）的方法进行，膨胀剂内掺10%。

（3）限制膨胀率

① 水泥胶砂配合比

每成型3条试体需称量的材料和用量见表7-15。

表7-15　限制膨胀率材料用量

材料	代号	用量(g)	材料	代号	用量(g)
水泥	C	607.5±2.0	标准砂	S	1350.0±5.0
膨胀剂	E	67.5±0.2	拌合水	W	270.0±1.0

注：$\frac{E}{C+E}=0.10$；$\frac{S}{C+E}=2.00$；$\frac{W}{C+E}=0.40$。

② 水泥胶砂搅拌、试体成型

按《水泥胶砂强度检验方法（ISO法）》（GB/T 17671—1999）进行。同一条件有3条试体供测长用，试体全长158mm，其中胶砂部分尺寸为40mm×40mm×140mm。

③ 试体脱模

脱模时间以上述①规定配合比试体的抗压强度达到10MPa±2MPa时的时间确定。

④ 试体测长

测量前3h，将测量仪、标准杆放在标准试验室内，用标准杆校正测量仪并调整千分表零点。测量前，将试体及测量仪测头擦净。每次测量时，试体记有标志的一面与测量仪的相对位置必须一致，纵向限制器测头与测量仪测头应正确接触，读数应精确至0.001mm。不同龄期的试体应在规定时间±1h内测量。

试体脱模后在1h内测量试体的初始长度。

测量完初始长度的试体立即放入水中养护，测量7d的长度。然后放入恒温恒湿（箱）室养护，测量第21d的长度。也可以根据需要测量不同龄期的长度，观察膨胀收缩变化趋势。

养护时，应注意不损伤试体测头。试体之间应保持15mm以上间隔，试体支点距限制钢板两端约 30mm。

⑤ 结果计算

各龄期限制膨胀率按下式计算：

$$\varepsilon=\frac{L_1-L}{L_0}\times 100 \tag{7-28}$$

式中 ε——所测龄期的限制膨胀率(%)；

L_1——所测龄期的试体长度测量值(mm)；

L——试体的初始长度测量值(mm)；

L_0——试体的基准长度，140mm。

取相近的 2 个试件测定值的平均值作为限制膨胀率的测量结果，计算值精确至 0.001%。

(4) 抗压强度

抗压强度按《水泥胶砂强度检验方法(ISO 法)》(GB/T 17671—1999)进行。

每成型 3 条试体需称量的材料及用量见表 7-16。

表 7-16 抗压强度材料用量

材料	代号	用量(g)	材料	代号	用量(g)
水泥	C	405.0±2.0	标准砂	S	1350.0±5.0
膨胀剂	E	45.0±0.1	拌合水	W	225.0±1.0

注：$\frac{E}{C+E}=0.10$；$\frac{S}{C+E}=3.00$；$\frac{W}{C+E}=0.50$。

7.4.4.6 判定规则

试验结果符合化学成分和物理性能全部要求时，判该批产品合格，否则不合格。

复习思考题

一、名词解释

1. 减水剂；
2. 早强剂；
3. 缓凝剂；
4. 防冻剂；
5. 引气剂。

二、填空题

1. 常用的早强剂有________、________、________三大类及以它们为基础的复合早强剂。

2. 引气剂可在混凝土拌合物中引入直径约为 0.05～1.25mm 的气泡，能改善混凝土的________性，提高混凝土的________性、________性及________性。

3. 防冻剂除能降低冰点外，还有________、________、________等作用。

4. 混凝土外加剂检验，环境条件为成型室温度________℃，标养室温度________℃，相对湿度大于________。

三、单项选择题

1. 混凝土外加剂试验中，吸水量比采用的拌合物是(　　)。

A. 净浆　　B. 新拌混凝土　　C. 硬化混凝土　　D. 硬化砂浆

2. 掺高性能减水剂或泵送剂的基准混凝土和受检混凝土的单位水泥用量为(　　)kg/m^3。

A. 260　　B. 300　　C. 360　　D. 450

3. 坍落度和坍落度1h经时变化量测定时均以三次试验结果的平均值表示，当最大值和最小值与中间值之差均超过(　　)mm时，则应重做。

A. 20　　B. 30　　C. 15　　D. 10

四、是非判断题

1. 防水剂检验每批取得的试样应允许充分混匀，分为两等份。一份按规定的方法进行试验，另一份密封保存半年，以备有争议时交国家指定的检验机构进行复检或仲裁。(　　)

2. 高效减水剂分为早强型、标准型、缓凝型。(　　)

3. 混凝土外加剂检验采用的水泥需是专用的基准水泥。(　　)

4. 外加剂检验中，坍落度和坍落度1h经时变化量测定时均以三次试验结果的平均值表示。(　　)

五、简答题

1. 减水剂的作用机理是什么?

2. 使用减水剂的技术经济效果如何?

8 土木工程钢材检验

8.1 钢材知识概要

8.1.1 定义

土木工程钢材是指所有用于土木工程中的钢材，如钢管、型钢、钢筋、钢丝、钢绞线等，是目前工程建设的重要材料。钢材具有较高的抗拉、抗压、抗冲击等性能，并能够切割、焊接与铆接，便于装配。钢构件自重小、安全可靠，因此被广泛用于工业与民用建筑结构中。

钢材连接接头分焊接接头和机械连接接头。

钢材焊接是指用加热或加压等工艺措施，使两分离表面产生原子间的结合与扩散作用，从而形成不可拆卸接头的材料成型方法。钢材焊接方式主要有电弧焊、电渣压力焊等。

钢筋机械连接是指通过连接件的机械咬合作用或钢筋端面的承压作用，将一根钢筋中的力传递至另一根钢筋的连接方法。主要连接方法有：钢筋套筒挤压连接、钢筋锥螺纹套筒连接、钢筋镦粗直螺纹套筒连接、钢筋滚压直螺纹连接（直接滚压、挤肋滚压、剥肋滚压）。

扫一扫

钢材的基本知识

8.1.2 土木工程钢材的分类

钢材品种繁多，为了便于掌握和选用，常从以下不同角度进行分类。

（1）按化学成分分类

按化学成分不同，钢可分为碳素钢和合金钢两大类。碳素钢的化学成分主要是铁和碳，碳含量为0.02%～2.06%，另外含有少量的硅、锰及微量的硫、磷。通常按碳的含量将碳素钢分为低碳钢（含碳量小于0.25%）、中碳钢（含碳量0.25%～0.6%）和高碳钢（含碳量大于0.6%）。

合金钢化学成分除铁和碳外还有一种或多种能够改善钢材性能的合金元素，常用的合金元素有锰、硅、铬、铌、钛、钒等。合金钢按合金元素的总含量分为低合金钢（合金元素总含量小于5%）、中合金钢（合金元素总含量5%～10%）和高合金钢（合金元素总含量大于10%）。

（2）按杂质含量分类

钢材中硫、磷为有害元素，按其含量将钢分为普通钢、优质钢和高级优质钢。

普通钢：含硫量0.055%～0.065%，含磷量0.045%～0.085%；

优质钢：含硫量0.030%～0.045%，含磷量0.035%～0.040%；

高级优质钢：含硫量0.020%～0.030%，含磷量0.027%～0.035%。

(3) 按脱氧程度分类

按照脱氧程度不同,钢可分为沸腾钢、镇静钢、半镇静钢、特殊镇静钢。

镇静钢脱氧充分,浇注钢锭时钢水平静,钢的材质致密、均匀、质量好,适用于承受冲击荷载或其他重要的结构,其代号为“Z”。

沸腾钢是脱氧不充分的钢,在钢水浇注后,有大量 CO 气体逸出,引起钢水沸腾,故得名沸腾钢,沸腾钢常含有较多杂质,且致密程度较差,因此品质较镇静钢差。其代号为“F”。

半镇静钢的脱氧程度及钢的质量均介于上述两者之间,其代号为“B”。

特殊镇静钢脱氧程度比镇静钢更彻底,其质量最好,适用于特别重要的结构工程,其代号为“TZ”。

(4) 按照加工工艺分类

热加工钢材:将钢锭加热至一定温度,使钢锭呈塑性状态进行的压力加工,如热轧、热锻等;

冷加工钢材:在常温下对钢材进行加工,如冷轧、冷拉、冷扭等。

(5) 按照冶炼方式分类

按照冶炼方式不同,分为氧气转炉钢、平炉钢或电炉钢。

平炉钢:以固态或液态铁、铁矿石、废钢铁等为原料,以煤气或重油为燃料在平炉中所炼制的钢,称为平炉钢。由于炼制时间长,易控制质量,故钢材质量好。

氧气转炉钢:以熔融态的铁水为原料,并向炉中吹入高压热空气(或氧气),在转炉内所炼制的钢,称为转炉钢。在土木工程中常用的是向炉中吹入热氧气炼制的氧气转炉钢,它比平炉钢成本低。在冶炼钢的过程中,由于氧化作用使部分铁被氧化,致使钢质量降低。为使氧化铁还原成金属铁,常在炼钢的后阶段加入硅铁、锰铁或铝锭,其目的是为了“脱氧”。

电炉钢:以电为能源的炼钢炉生产的钢。电炉种类很多,有电弧炉、感应电炉、电渣炉、电子束炉、自耗电弧炉等。但通常所说的电炉钢是用碱性电弧炉生产的钢。电炉炼钢具有污染较少,热效率高,冶炼质量高等优点。但也具有电能消耗大,生产成本高等缺点。电炉钢有各种类型,多为优质碳素结构钢、工具钢及合金钢。电炉钢的质量优良、性能均匀,在含碳量相同时,强度和塑性均优于平炉钢。

(6) 按用途分类

结构钢:主要用于土木工程结构构件及机械零件,一般属于低碳钢或中碳钢。

工具钢:主要用于各种刀具、量具及磨具,一般属于高碳钢。

特殊钢:具有特殊物理、化学或机械性能的钢,如不锈钢、耐热钢、耐磨钢等,一般为合金钢。

8.1.3 钢材化学成分对钢材性能的影响

碳素钢的主要化学成分除铁和碳外,还含有少量的锰、硅、硫、磷、氧、氮等其他元素。合金钢是在碳素钢的基础上添加规定量的一种或多种合金元素而制成的。各种元素对钢的性能有一定的影响,为了保证钢的质量,在国家标准中对各类钢的化学成分都作了严格的规定。

（1）碳

碳是决定钢材性质的主要元素。当含碳量低于0.8%时，随着含碳量的增加，钢的抗拉强度和硬度提高，而塑性、断面收缩率及韧性降低。同时，还将使钢的冷弯、焊接及抗腐蚀等性能降低，并增加钢的冷脆性和时效敏感性。

（2）磷、硫

磷与碳相似，能使钢的屈服点和抗拉强度提高，塑性和韧性下降，显著增加钢的冷脆性。磷的偏析较严重，焊接时焊缝容易产生冷裂纹，所以磷是降低钢材可焊性的元素之一。但磷可使钢材的强度、耐蚀性提高。

硫在钢材中以FeS的形式存在，在钢的热加工时易引起钢的脆裂，称为热脆性。硫的存在还使钢的冲击韧度、疲劳强度、可焊性及耐蚀性降低，因此硫的含量要严格控制。

（3）氧、氮

氧、氮也是钢中的有害元素，能显著降低钢的塑性和韧性，还降低了钢材的强度、冷弯性能和焊接性能。氧还使钢材的热脆性增加，氮还使钢材的冷脆性及时效敏感性增加。

（4）硅、锰

硅和锰是在炼钢时为了脱氧去硫而有意加入的元素。硅是钢的主要合金元素，含量在1%以内，可提高强度，对塑性和韧性没有明显影响。但含硅量超过1%时，可使其冷脆性增加，可焊性变差。锰能消除钢的热脆性，改善热加工性能，能使有害物质形成MnO、MnS而进入钢渣中，其余的锰溶于铁素体中，从而显著提高钢的强度。但其含量不得大于1%，否则可降低塑性及韧性，使可焊性变差。

（5）铝、钛、钒、铌

铝、钛、钒、铌均是炼钢时的强脱氧剂，适量加入钢内可改善钢的组织，细化晶粒，显著提高强度和改善韧性。

8.1.4 土木工程钢材的主要性能

土木工程钢材的性能主要包括力学性能、工艺性能及化学性能。在土木工程中主要考虑力学性能、工艺性能。

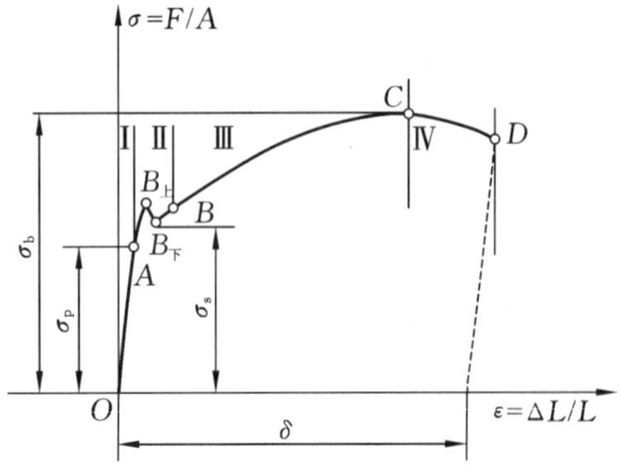

图8-1 低碳钢应力-应变关系曲线

8.1.4.1 力学性能

（1）拉伸性能

拉伸是土木工程钢材的主要受力形式，所以拉伸性能是表示土木工程钢材性能和选用钢材的重要指标。

将低碳钢制成一定规格的试件，放在材料试验机上进行拉伸试验，可以绘出如图8-1所示的应力-应变关系曲线。从图8-1中可以看出，低碳钢受拉至拉断，经历了四个阶段。

① 弹性阶段

曲线中 OA 段是一条直线，应力与应变成正比。若卸去荷载，应力与应变将成比例地降低回到原点，试件中应力消失，并完全恢复原来形状，故此阶段称为弹性阶段。弹性阶段的应力极限值则称为弹性极限(σ_p)。在 OA 段线上，应力与应变的比值为一常数，称为弹性模量 E，$E=\frac{\sigma}{\varepsilon}$，它反映了钢材抵抗弹性变形的能力。

② 屈服阶段

当应力超过弹性极限后，钢材就失去了抵抗弹性变形的能力，此时应力不增加，应变也会迅速增长，发生屈服现象，故称 AB 阶段为屈服阶段，并将 $B_{下}$ 点的应力 σ_s 称为屈服极限(或称屈服点)。

钢材受力达到屈服点后，会发生较大的塑性变形，导致结构不能满足使用要求，因此在设计中以屈服点作为强度的取值依据。

有些钢材，如预应力混凝土用钢丝，无明显屈服点，通常规定以产生塑性变形量达 0.2%的应力值作为屈服点，称为条件屈服点，用 $\sigma_{0.2}$ 表示。

③ 强化阶段

当应力超过屈服强度后，由于钢材内部组织产生晶格扭曲、晶粒破碎等原因，阻止了塑性变形的进一步发展，钢材抵抗外力的能力重新提高。因此称 BC 阶段为强化阶段，直至应力达到最大值，此时钢材承受的最大应力 σ_b 称为强度极限(或称抗拉强度)，是钢材抵抗破坏能力的一个重要指标。

屈强比是指材料的屈服点(屈服强度)与抗拉强度的比值，是评价钢材使用可靠性和强度利用率的一个参数。屈强比越小，其结构的可靠性越高，但屈强比过小时，钢材强度的利用率偏低，造成浪费。屈强比值最好保持在 0.60～0.75 之间，一般碳素钢屈强比为 0.6～0.65，低合金结构钢屈强比为 0.65～0.75，合金结构钢屈强比为 0.84～0.86。

钢筋的抗拉强度实测值与屈服强度实测值的比值不应小于 1.25，钢筋的屈服强度实测值与强度标准值的比值不应大于 1.3。

④ 缩颈阶段

当超过 C 点后，试件抵抗变形的能力开始明显降低。变形迅速发展，应力逐渐下降，并在试件的某一部位出现缩颈现象，直至 D 点试件被拉断。

试件拉断后，按规定方法测定出标距内伸长的长度 ΔL，ΔL 与试件的标距长度 L_0 之比称为伸长率 δ(%)。

$$\delta=\frac{\Delta L}{L_0}\times 100 \tag{8-1}$$

试件断口处面积收缩量与原面积之比，称为断面收缩率 ψ。δ 和 ψ 都是表示钢材塑性大小的指标，伸长率越大说明钢材塑性越好。钢材塑性越大，不仅便于进行各种加工，而且可将结构上的局部高峰应力重新分布，避免应力集中。钢材塑性破坏强，有很明显的变形和较长的持续时间，便于人们发现和补救，从而保证钢材在土木工程上的安全使用。

(2) 冲击韧性

冲击韧性是指在冲击荷载作用下，钢材抵抗破坏的能力。用试验机摆锤冲击带有 V 形缺口的标准试件的背面(图 8-2)，将其折断后试件单位截面积上所消耗的功，作为钢材的冲击韧性指标，以 α_k 表示(J/cm^2)。α_k 值越大，表明钢材的冲击韧性愈好。

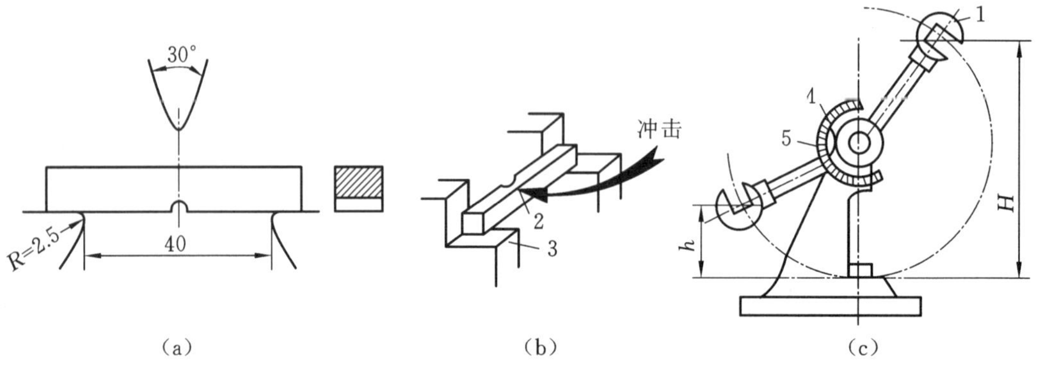

图 8-2　冲击韧性试验图

(a)试件尺寸；(b)试验装置；(c)试验机

1—摆锤；2—试件；3—试验台；4—刻度盘；5—指针

钢材冲击韧性的影响因素很多，钢的化学成分、组织状态，以及冶炼、轧制质量都会影响冲击韧性。冲击韧性随温度的降低而下降，其规律是开始时下降较平缓，当达到一定温度范围时，冲击韧性会突然下降很多而呈脆性，这种脆性称为钢材的冷脆性。此时的温度称为脆性临界温度。

一般把 α_k 值低的材料称为脆性材料，α_k 值高的材料称为韧性材料。α_k 值取决于材料及其状态，同时与试样的形状、尺寸有很大关系。α_k 值对材料的内部结构缺陷、显微组织的变化很敏感，如夹杂物、偏析、气泡、内部裂纹、钢的回火脆性、晶粒粗化等都会使 α_k 值明显降低；同种材料的试样，缺口越深、越尖锐，缺口处应力集中程度越大，越容易变形和断裂，冲击功越小，材料表现出来的脆性越高。因此，不同类型和尺寸的试样，其 α_k 值不能直接比较。

在承受动荷载或在低温下工作的结构(如吊车梁、桥梁等)，应按规范要求检验钢材的冲击韧性。

(3) 耐疲劳性

钢材在交变应力的反复作用下，往往在应力远小于其抗拉强度时就发生破坏，这种现象称为疲劳破坏。疲劳破坏的危险应力用疲劳极限来表示，它是指疲劳试验时试件在交变应力作用下，于规定周期基数内不发生断裂所能承受的最大应力。

一般认为，钢材的疲劳破坏是由拉应力引起的，抗拉强度高，其疲劳极限也较高。钢材的疲劳极限与其内部组织和表面质量有关。

8.1.4.2　工艺性能

冷弯性能和可焊性能是土木工程钢材的重要工艺性能。

(1) 冷弯性能

冷弯性能是指钢材在常温下承受弯曲变形的能力。冷弯试验是模拟钢材弯曲加工而确定的(图 8-3)。

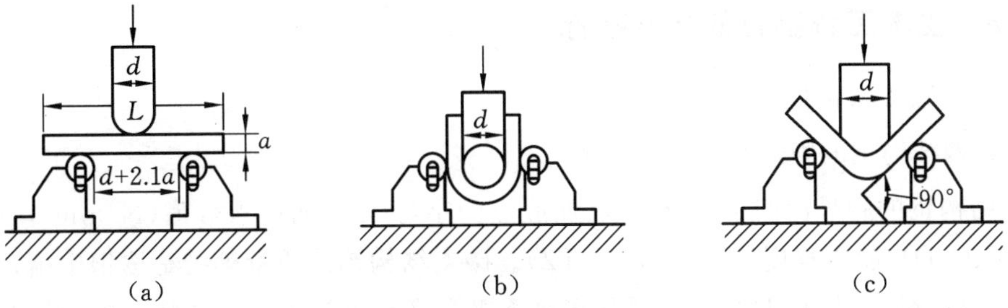

图 8-3 钢筋冷弯试验装置

(a)装好的试件;(b)弯曲 180°;(c)弯曲 90°

将钢材按规定的弯曲角度($\alpha=180°$或$\alpha=90°$)与弯心直径 d 相对于钢材厚度或直径 a 的比值 $n=\frac{d}{a}$ 进行弯曲,并检查受弯部位的外面及侧面,若未发生裂纹、起层或裂断则为合格。可见,弯曲角度大,n 值愈小,则表示钢材的冷弯性能愈好。

对于弯曲成型的钢材和焊接结构的钢材,其冷弯性能必须合格。

(2) 冷加工强化及时效

在常温下,对钢材进行冷拉、冷拔或冷轧等机械加工,使之产生一定的塑性变形,强度明显提高,塑性和韧性有所降低,这个过程称为钢材的冷加工强化。

冷加工强化的目的是提高钢材的强度和节约钢材。

冷拉:常温下将钢筋张拉至应力超过屈服应力但远小于抗拉强度时再卸荷的加工方法。

冷拔:将 ϕ6~8mm 的光圆钢筋进行强力拉拔,使其通过截面小于钢筋截面积的拔丝模孔,径向挤压缩小而纵向伸长。

冷轧:将圆钢在轧钢机上轧成断面按一定规律变化的钢筋,可提高其强度以及与混凝土间的握裹力。

钢材经冷加工后,在常温下放置 15~20d,或加热到 100~200℃保持一段时间(2h 左右),钢材的强度和硬度将进一步提高,塑性和韧性进一步下降,这种现象称为时效。前者称为自然时效,后者称为人工时效。通常对强度较低的钢筋采用自然时效,对强度较高的钢筋宜采用人工时效。

(3) 焊接性能

土木工程中,无论是钢结构,还是钢筋混凝土结构的钢筋骨架、接头、预埋件等,绝大多数是采用焊接方式连接的,这就要求钢材具有良好的可焊性。

可焊性是指钢材是否能够适应通常的焊接方法与工艺的性能。可焊性好的钢材易于用一般焊接方法和工艺施焊,焊口处不易形成裂纹、气孔、夹渣等缺陷,焊口处的强度与母体相近。

钢材的可焊性主要取决于钢材的化学成分,一般含碳量越高,可焊性越低。含碳量小于0.25%的低碳钢具有优良的可焊性,高碳钢的焊接性能较差。钢材中加入合金元素如硅、锰、钛等,将增大焊接硬脆性,降低可焊性。特别是,当硫含量较多时,会使焊口处产生热裂纹,严重降低焊接质量。可焊性较差的钢，焊接时要采取特殊的焊接工艺。

8.1.5 土木工程钢材的技术指标

8.1.5.1 碳素结构钢的技术要求

（1）碳素结构钢的牌号及其表示方法

碳素结构钢的牌号由四个部分组成：屈服点的字母（Q）、屈服点数值（N/mm^2）、质量等级符号（A、B、C、D）、脱氧程度符号（F、B、Z、TZ）。碳素结构钢的质量等级是按钢中硫、磷含量由多至少划分的，随 A、B、C、D 的顺序质量等级逐级提高。当为镇静钢或特殊镇静钢时，则牌号表示“Z”与“TZ”符号可以省略。

按标准规定，我国碳素结构钢分四个牌号，即 Q195、Q215、Q235 和 Q275。例如 Q235AF 表示：屈服点为 $235N/mm^2$ 的平炉或氧气转炉冶炼的 A 级沸腾碳素结构钢。

（2）碳素结构钢的技术要求

按照《碳素结构钢》（GB/T 700—2006）规定，碳素结构钢的技术要求包括化学成分、力学性能、冶炼方法、交货状态、表面质量等五个方面。各牌号碳素结构钢的化学成分及力学性能应分别符合表 8-1、表 8-2、表 8-3 的要求。

表 8-1 碳素结构钢的化学成分

牌号	统一数字代号①	等级	厚度（或直径）（mm）	脱氧方法	化学成分（质量分数，%），不大于				
					C	Si	Mn	P	S
Q195	U11952	—	—	F、Z	0.12	0.30	0.50	0.035	0.040
Q215	U12152	A	—	F、Z	0.15	0.35	1.20	0.045	0.050
	U12155	B							0.045
Q235	U12352	A	—	F、Z	0.22	0.35	1.40	0.045	0.050
	U12355	B			0.20②				0.045
	U12358	C		Z	0.17			0.040	0.040
	U12359	D		TZ				0.035	0.035
Q275	U12752	A	—	F、Z	0.24	0.35	1.50	0.045	0.050
	U12755	B	≤40	Z	0.21			0.045	0.045
			>40		0.22				
	U12758	C	—	Z	0.20			0.040	0.040
	U12759	D		TZ				0.035	0.035

注：①表中为镇静钢、特殊镇静钢牌号的统一数字，沸腾钢牌号的统一数字代号如下：Q195F——U11950；Q215AF——U12150；Q215BF——U12153；Q235AF——U12350；Q235BF——U12353；Q275AF——U12750。

②经需方同意，Q235B 的含碳量可不大于 0.22%。

表 8-2 碳素结构钢拉伸和冲击试验指标

牌号	等级	屈服强度① R_{eH}(N/mm²),不小于						抗拉强度② R_m (N/mm²)	断后伸长率 A(%),不小于					冲击试验(V型缺口)	
		厚度(或直径)(mm)							厚度(或直径)(mm)						
		≤16	>16~40	>40~60	>60~100	>100~150	>150~200		≤40	>40~50	>60~100	>100~150	>150~200	温度(℃)	冲击吸收功(纵向)(J)不小于
Q195	—	195	185	—	—	—	—	315~430	33	—	—	—	—	—	—
Q215	A	215	205	195	185	175	165	335~450	31	30	29	27	26	—	—
	B													+20	27
Q235	A	235	225	215	215	195	185	370~500	26	25	24	22	21	—	—
	B													+20	27③
	C													0	
	D													−20	
Q275	A	275	265	255	245	225	215	410~540	22	21	20	18	17	—	—
	B													+20	27
	C													0	
	D													−20	

注:①Q195 的屈服强度值仅供参考,不作交货条件。

②厚度大于 100mm 的钢材,抗拉强度下限允许降低 20N/mm²。宽带钢(包括剪切钢板)抗拉强度上限不作交货条件。

③厚度小于 25mm 的 Q235B 级钢材,如供方能保证冲击吸收功值合格,经需方同意,可不作检验。

表 8-3 碳素结构钢弯曲试验指标

牌号	试样方向	冷弯试验 180° $B=2a$①	
		钢材厚度(或直径)②(mm)	
		≤60	>60~100
		弯心直径 d	
Q195	纵	0	—
	横	$0.5a$	
Q215	纵	$0.5a$	$1.5a$
	横	a	$2a$
Q235	纵	a	$2a$
	横	$1.5a$	$2.5a$
Q275	纵	$1.5a$	$2.5a$
	横	$2a$	$3a$

注:①B 为试样宽度,a 为试样厚度(直径)。

②钢材厚度(或直径)大于 100mm 时,弯曲试验由双方协商确定。

(3) 碳素结构钢的应用

Q195、Q215 钢，强度低，塑性和韧性较好，易于冷加工，常用作钢钉、铆钉、螺栓及钢丝等。Q215 钢冷加工后可代替 Q235 钢使用。

Q235 是土木工程中最常用的碳素结构钢牌号。其含碳量为 0.14%～0.22%，属于低碳钢，具有较高的强度，良好的塑性、韧性和可焊性，综合性能好，能满足一般钢结构和钢筋混凝土用钢要求，且成本较低。Q235 钢被大量制作成型钢、钢管和钢板。其中 C、D 级可用于重要的焊接结构。

Q275 钢的含碳量稍高，强度较高，塑性、韧性较好，可进行焊接，通常轧制成型钢、条钢和钢板作结构件以及制造简单机械的连杆、齿轮、联轴节、销等零件。

8.1.5.2 低合金结构钢的技术要求

低合金结构钢是在碳素结构钢的基础上加入少量合金元素制成的，其含碳量小于 0.2%，合金元素总量小于 3%。低合金钢主要靠加入 Mn、Si 等元素强化铁素体，提高强度；加入 V、Ti 等元素细化组织，提高韧性；加入 Cu、P 等元素提高耐蚀性。低合金钢具有较高的强度，良好的综合机械性能，有较高的屈服强度，良好的塑性、焊接性能、耐腐蚀性、低温抗击韧性，适用于大跨度结构以及承受动荷载和冲击荷载的结构。

(1) 低合金结构钢的牌号及其表示方法

根据国家标准《低合金高强度结构钢》(GB/T 1591—2018)规定，低合金高强度结构钢(本文仅介绍热轧钢)可分 Q355、Q390、Q420、Q460。其牌号的表示由屈服点字母 Q、屈服点数值、质量等级三部分组成。

(2) 低合金结构钢(热轧钢)化学成分(熔炼分析)

低合金结构钢(热轧钢)化学成分(熔炼分析)应符合表 8-4 的规定。

表 8-4 热轧钢的牌号及化学成分

<table>
<tr><th colspan="2">牌号</th><th colspan="15">化学成分(质量分数,%)</th></tr>
<tr><td rowspan="4">钢级</td><td rowspan="4">质量等级</td><td colspan="2">C</td><td>Si</td><td>Mn</td><td>P</td><td>S</td><td>Nb</td><td>V</td><td>Ti</td><td>Cr</td><td>Ni</td><td>Cu</td><td>Mo</td><td>N</td><td>B</td></tr>
<tr><td colspan="2">以下公称厚度或直径(mm)</td><td colspan="13" rowspan="3">不大于</td></tr>
<tr><td>≤40</td><td>>40</td></tr>
<tr><td colspan="2">不大于</td></tr>
<tr><td rowspan="3">Q355</td><td>B</td><td colspan="2">0.24</td><td rowspan="3">0.55</td><td rowspan="3">1.6</td><td>0.035</td><td>0.035</td><td rowspan="3">—</td><td rowspan="3">—</td><td rowspan="3">—</td><td rowspan="3">0.3</td><td rowspan="3">0.3</td><td rowspan="3">0.4</td><td rowspan="3">—</td><td rowspan="2">0.012</td><td rowspan="3">—</td></tr>
<tr><td>C</td><td>0.2</td><td>0.24</td><td>0.03</td><td>0.03</td></tr>
<tr><td>D</td><td>0.2</td><td>0.24</td><td>0.025</td><td>0.025</td><td>—</td></tr>
<tr><td rowspan="3">Q390</td><td>B</td><td colspan="2">0.2</td><td rowspan="3">0.55</td><td rowspan="3">1.7</td><td>0.035</td><td>0.035</td><td rowspan="3">0.05</td><td rowspan="3">0.13</td><td rowspan="3">0.05</td><td rowspan="3">0.3</td><td rowspan="3">0.5</td><td rowspan="3">0.4</td><td rowspan="3">0.1</td><td rowspan="3">0.015</td><td rowspan="3">—</td></tr>
<tr><td>C</td><td colspan="2">0.2</td><td>0.03</td><td>0.03</td></tr>
<tr><td>D</td><td colspan="2">0.2</td><td>0.025</td><td>0.025</td></tr>
</table>

续表 8-4

牌号		化学成分(质量分数,%)														
钢级	质量等级	C		Si	Mn	P	S	Nb	V	Ti	Cr	Ni	Cu	Mo	N	B
		以下公称厚度或直径(mm)		不大于												
		≤40	>40													
		不大于														
Q420	B	0.2		0.55	1.7	0.035	0.035	0.05	0.13	0.05	0.3	0.8	0.4	0.2	0.015	—
	C	0.2				0.03	0.03									
Q460	C	0.2		0.55	1.8	0.03	0.03	0.05	0.13	0.05	0.3	0.8	0.4	0.2	0.015	0.004

(3) 低合金结构钢力学性能

低合金结构钢(热轧钢)拉伸试验的性能应符合表 8-5 的规定,夏比(V 型)冲击试验的试验温度和冲击吸收能量应符合表 8-6 的规定。

表 8-5 热轧钢拉伸性能

牌号		上屈服强度(MPa)不小于									抗拉强度(MPa)			
		公称厚度或直径(mm)												
钢级	质量等级	≤16	>16~40	>40~63	>63~80	>80~100	>100~150	>150~200	>200~250	>250~400	≤100	>100~150	>150~250	>250~400
Q355	B、C	355	345	335	325	315	295	285	275	—	470~630	450~600	450~600	—
	D									265				450~600
Q390	B、C、D	390	380	360	340	340	320	—	—	—	490~650	470~620	—	—
Q420	B、C	420	410	390	370	370	350	—	—	—	520~680	500~650	—	—
Q460	C	460	450	430	410	410	390	—	—	—	550~720	530~700	—	—

表 8-6 夏比(V 型缺口)冲击试验的温度和冲击吸收能量

牌号		以下试验温度的冲击吸收能量最小值 KV_2(J)									
钢级	质量等级	20℃		0℃		−20℃		−40℃		−60℃	
		纵向	横向	纵向	横向	纵向	横向	纵向	横向	纵向	横向
Q355、Q390、Q420	B	34	27	—	—	—	—	—	—	—	—
Q355、Q390、Q420、Q460	C	—	—	34	27	—	—	—	—	—	—
Q355、Q390	D	—	—	—	—	34	27	—	—	—	—

当需方要求做弯曲试验时，弯曲试验应符合表 8-7 的规定。当供方保证弯曲合格时，可不做弯曲试验。

表 8-7　低合金结构钢弯曲试验

试样方向	180°弯曲试验 D—弯曲压头直径；a—试样厚度或直径 公称厚度或直径(mm)	
	≤16	>16～100
对于公称宽度不小于 600mm 的钢板及钢带，拉伸试验取横向试样；其他钢材的拉伸试验取纵向试样	$D=2a$	$D=3a$

(4) 低合金结构钢的应用

低合金结构钢与碳素结构钢相比具有以下突出的优点：强度高，可减轻自重，节约钢材；综合性能好，如冲击性、耐腐蚀性、耐低温性好，使用寿命长；塑性、韧性和可焊性好，有利于加工和施工，可节约钢材 20%～30%，是一种综合性能较好的钢材。

低合金结构钢由于具有上述优良的性能，主要用于轧制型钢、钢板、钢筋及钢管，在土木工程中广泛应用于钢筋混凝土结构和钢结构，特别是重型、大跨度、高层、桥梁结构以及承受动荷载和冲击荷载结构。

8.1.5.3　钢筋混凝土用钢的技术要求

钢筋混凝土结构用的钢筋和钢丝，主要由碳素结构钢或低合金结构钢轧制而成。主要品种有热轧钢筋、冷加工钢筋、热处理钢筋、预应力混凝土用钢丝和钢绞线，按直条或盘条(也称盘圆)供货。

钢筋混凝土用热轧钢筋，根据其表面状态特征、工艺与供应方式可分为热轧光圆钢筋、热轧带肋钢筋与热轧处理钢筋等，热轧带肋钢筋通常为圆形横截面，且表面通常带有两条纵肋和沿长度方向均匀分布的横肋。按肋纹的形状分为月牙肋和等高肋，月牙肋钢筋有生产简便、强度高、应力集中敏感性小、性能好等优点，但其与混凝土的黏结锚固性能稍逊于等高肋钢筋。

(1) 热轧光圆钢筋

热轧光圆钢筋是经热轧成型，横截面通常为圆形，表面光滑的成品钢筋。其牌号由 HPB＋屈服强度特征值构成，如 HPB300。

按定尺长度交货的直条钢筋其长度允许偏差为$^{+50}_{0}$ mm，直条钢筋实际重量与理论重量的允许偏差如表 8-8 所示。

表 8-8　直条钢筋实际重量与理论重量的允许偏差

公称直径(mm)	实际重量与理论重量的允许偏差(%)	公称直径(mm)	实际重量与理论重量的允许偏差(%)
6～12	±6	14～22	±5

热轧光圆钢筋的屈服强度 R_{eL}、抗拉强度 R_m、断后伸长率 A、最大力总伸长率 A_{gt} 等力学性能特征值应符合表 8-9 规定。

表 8-9 钢筋力学性能

牌号	R_{eL}(MPa)	R_m(MPa)	A(%)	A_{gt}(%)	冷弯试验 180°
	不小于				d—弯心直径;a—钢筋公称直径
HPB300	300	420	25.0	10.0	$d=a$

(2) 热轧带肋钢筋

热轧带肋钢筋广泛用于房屋、桥梁、道路等工程建设中,其牌号的构成及含义见表 8-10。

表 8-10 热轧带肋钢筋的牌号构成

类别	牌号	牌号构成	英文字母含义
普通热轧钢筋	HRB400	由 HRB+屈服强度特征值构成	HRB——热轧带肋钢筋英文(Hot rolled Ribbed Bars)缩写。 E——"地震"的英文(Earthquake)首位字母
	HRB500		
	HBR600		
	HRB400E	由 HRB+屈服强度特征值+E 构成	
	HRB500E		
细晶粒热轧钢筋	HRBF400	由 HRBF+屈服强度特征值构成	HRBF——在热轧带肋钢筋的英文缩写后加"细"的英文(Fine)首位字母。 E——"地震"的英文(Earthquake)首位字母
	HRBF500		
	HRBF400E	由 HRBF+屈服强度特征值+E 构成	
	HRBF500E		

热轧带肋钢筋按定尺交货时的长度允许偏差为$^{+50}_{\ 0}$ mm。钢筋的实际重量与理论重量的允许偏差应符合表 8-11 的要求。

表 8-11 热轧带肋钢筋实际重量与理论重量的允许偏差

公称直径(mm)	实际重量与理论重量的允许偏差(%)	公称直径(mm)	实际重量与理论重量的偏差允许(%)
6～12	±6.0	22～50	±4.0
14～20	±5.0		

热轧带肋钢筋的屈服强度 R_{eL}、抗拉强度 R_m、断后伸长率 A、最大力总伸长率 A_{gt} 等力学性能特征值应符合表 8-12 规定。其弯曲性能按表 8-13 的弯心直径弯曲 180°后,钢筋受弯曲部位表面不得产生裂纹。

表 8-12 热轧带肋钢筋的力学性能特征值

牌　　号	R_{eL}(MPa)	R_m(MPa)	A(%)	A_{gt}(%)
	不小于			
HRB400、HRBF400	400	540	16	7.5
HRB400E、HRBF400E			—	9.0
HRB500、HRBF500	500	630	15	7.5
HRB500E、HRBF500E			—	9.0
HRB600	600	730	14	7.5

表 8-13 热轧带肋钢筋的弯心直径

牌号	公称直径 d(mm)	弯心直径 a
HRB400、HRBF400、HRB400E、HRBF400E	6～25	$4d$
	28～40	$5d$
	>40～50	$6d$
HRB500、HRBF500、HRB500E、HRBF500E	6～25	$6d$
	28～40	$7d$
	>40～50	$8d$
HRB600	6～25	$6d$
	28～40	$7d$
	>40～50	$8d$

(3) 预应力混凝土用螺纹钢筋

预应力混凝土用螺纹钢筋是一种热轧成带有不连续的外螺纹的直线钢筋，该钢筋在任意截面处，均可用带有匹配形状的内螺纹的连接器或锚具进行连接或锚固。根据《预应力混凝土用螺纹钢筋》(GB/T 20065—2016)，预应力混凝土用螺纹钢筋按屈服强度划分，有 785、830、930、1080、1200 等 5 个级别，其代号为"PSB"加上规定屈服强度最小值表示。例如，PSB930 表示屈服强度最小值为 930MPa 的钢筋。预应力混凝土用螺纹钢筋的公称直径范围为 15～75mm，标准推荐的公称直径为 25mm、32mm。

预应力混凝土用螺纹钢筋广泛应用于大型水利工程、工业和民用建筑中的连续梁和大型框架结构，公路、铁路大中跨桥梁、核电站及地锚等工程。它具有连接、锚固简便，黏着力强，张拉锚固安全可靠，施工方便等优点，而且节约钢筋，减少构件面积和重量。

8.1.6 土木工程钢材的验收与防护

8.1.6.1 土木工程钢材的进场验收

(1) 验收时应提供的资料：钢材质量证明书或合格证。其内容包括：①制造厂名、生产批号及合同号；②材料牌号和级别；③材料品种、规格型号及交货状态；④交货数量及重量；⑤全部检测项目的检验报告必须有供方质监部门的检验专用章及检验员签章并加盖"合格"章。

(2) 验收项目包括：

① 核对质量证明书与实物的符合性。

② 钢材的外观和尺寸：钢材表面不允许有裂纹、结疤，端头不允许有分层和缩孔痕迹。

③ 钢材的重量：盘条采用过磅验收，直条钢材采用检尺理论计算，供应商提供的磅单须进行计量仪器复磅。磅差在±3‰以内时，以供应商出库磅单数量为准；磅差超过±3‰时，以现场计量仪器复磅数量为准。

④ 钢材的合格标示：盘条上应有挂牌或者其他方式的标牌，直条除有标牌外原材上还应有生产厂家及规格型号。

根据以上验收项目对钢材做出合格或者不合格判断，对合格钢材按指定位置码放并办理入库单(注:入库单上必须有现场工长、分包指定材料员、项目材料员、供应商四方签字确认),不合格钢材拒绝验收且立即清退出场。

填写送检通知单报实验室取样送检,同一生产厂家、同一等级、同一品种、同一批号的60t为一送检批次。送检合格方可制作使用。

8.1.6.2 钢材的腐蚀

钢材表面与周围介质发生化学反应而遭到的破坏,称为钢材的腐蚀。钢材的腐蚀,轻者使钢材的性能下降,重者导致周围结构被破坏,造成工程损失。

钢材的腐蚀按原理可分为化学腐蚀和电化学腐蚀两大类,而各类又有很多种情况,在一般情况下钢材的腐蚀大多为电化学腐蚀。

(1) 化学腐蚀

化学腐蚀是指钢材表面直接与周围介质发生化学反应而产生的腐蚀。这种腐蚀多数是由于氧化作用使钢材表面形成疏松的 FeO。在干燥环境中,化学腐蚀的速度缓慢。但在温度和湿度较高的环境条件下,化学腐蚀的速度大大加快。

(2) 电化学腐蚀

在一般的使用环境下,钢材的腐蚀属于电化学腐蚀。电化学腐蚀是钢材与电解质溶液接触,形成微电池而产生的腐蚀。在潮湿空气中,钢材表面吸附一层极薄的水膜。在阳极区,铁被氧化成 Fe^{2+} 进入水膜,因为水中溶有氧,故在阴极区氧被还原成 OH^-,两者结合成不溶于水的 $Fe(OH)_2$,并进一步氧化成疏松易剥落的红棕色的铁锈 $Fe(OH)_3$。

8.1.6.3 钢材的防护

(1) 钢材的防腐

钢结构常采用喷锌或喷铝加防腐涂料构成长效防腐结构,因为金属锌、铝具有很强的耐大气腐蚀的特性。在钢构件上喷锌或喷铝,锌、铝和钢铁形成牺牲阳极保护作用从而使钢铁得到保护。喷锌、喷铝的特点如下:

① 喷铝涂层与钢铁基体结合力牢固、涂层寿命长,长期经济效益好;

② 工艺灵活,适用于重要的大型及难维修的钢结构的长效防护,可现场施工;

③ 喷锌或喷铝涂层加防腐涂料封闭,可大大延长涂层的使用寿命,从理论和实际应用的效果来看,喷锌或喷铝的涂层是防腐涂料的最好底层。金属喷涂层与防腐涂料涂层的复合涂层的防护寿命较金属喷涂层和防腐涂料防护层两者寿命之和还要长,是单一涂料防护层寿命的数倍。

(2) 钢材的防火

① 钢材不耐火的原因主要有:

A.钢材在高温下强度降低快。在土木工程结构中广泛使用的普通低碳钢在温度超过350℃时强度开始大幅度下降,在500℃时强度约为常温时的1/2,600℃时强度约为常温时的1/3。冷加工钢筋和高强钢丝在高温下强度下降明显大于普通低碳钢筋和低合金钢筋,因此预应力钢筋混凝土构件,耐火性能远低于非预应力钢筋混凝土构件。

B.钢材热导率大,易于传递热量,使构件内部升温很快。

C.高温下钢材塑性增大,易于产生变形。钢构件截面面积较小,热容量小,升温快。处于火灾高温下的裸露钢结构往往在15min左右即丧失承载能力，发生倒塌破坏。

② 钢结构防火的基本原理是采用绝热或吸热材料，阻隔火焰和热量，或涂层吸热后部分物质分解出水蒸气或其他不燃气体，降低火焰温度和延缓燃烧，降低钢结构的升温速度。

钢结构的防火保护措施主要有：

A.外包层。就是在钢结构外表添加外包层，可以现浇成型，也可以采用喷涂法。现浇成型的实体混凝土外包层通常用钢丝网或钢筋来加强，以限制收缩裂缝，并保证外壳的强度。喷涂法可以在施工现场对钢结构表面涂抹砂浆以形成保护层，砂浆可以是石灰水泥砂浆或石膏砂浆，也可以掺入珍珠岩或石棉。同时外包层也可以用珍珠岩、石棉、石膏或石棉水泥、轻混凝土做成预制板，采用胶粘剂、钉子、螺栓固定在钢结构上。

B.充水（水套）。空心型钢结构内充水是抵御火灾最有效的防护措施，采用这种方法时，水在钢结构内循环、吸收材料本身受热的热量，能使钢结构在火灾中保持较低的温度。受热的水经冷却后可以进行再循环或由管道引入凉水来取代受热的水。

C.屏蔽。钢结构设置在由耐火材料组成的墙体或顶棚内，或将构件包藏在两片墙之间的空隙里，只要增加少许耐火材料，甚至不增加即能达到防火的目的。这是一种最为经济的防火方法。

D.防火涂料。采用钢结构防火涂料保护构件，这种方法具有防火隔热性能好、施工不受钢结构几何形体限制等优点，一般不需要添加辅助设施，且涂层质量轻，还有一定的美观装饰作用，属于现代的先进防火技术措施。

8.1.7 钢筋焊接的技术指标

8.1.7.1 钢筋的焊接方式

钢筋的焊接方式一般有以下几种：

(1) 电阻点焊：适用于焊接钢筋混凝土结构中的钢筋骨架和钢筋网片，钢筋直径HPB300、HRB335级为6～16mm，钢丝为3～5mm。

(2) 闪光对焊：适用于焊接钢筋的纵向连接，钢筋直径HPB300为8～22mm，HRB335、HRB400、HRB500为8～40mm。

(3) 电弧焊：应用较广，又可分为四种：

搭接焊：适用于HPB300直径为10～22mm，HRB335、HRB400直径为10～40mm的钢筋；

帮条焊：适用于HPB300直径为10～22mm，HRB335、HRB400直径为10～40mm的钢筋；

坡口焊：适用于HPB300直径为18～22mm，HRB335、HRB400直径为18～40mm的钢筋；

熔槽帮条焊：适用于HPB300直径为20～22mm，HRB335、HRB400直径为20～40mm的钢筋。

(4) 电渣压力焊：适用于焊接HPB300、HRB335、HRB400直径为12～32mm、钢筋混凝土结构中的竖向或斜向钢筋（倾斜度在4∶1范围内）。

(5) 埋弧压力焊：适用于焊接HPB300、HRB335、HRB400直径为6～22mm的预埋件T形接头。

土木工程工地常用的焊接方式是电弧搭接焊（梁、板使用较多）、电弧点焊（板、墙使用较多）、电渣压力焊（柱使用较多）、闪光对焊（除受拉区外）。

8.1.7.2 拉伸试验技术要求

钢筋闪光对焊接头、电弧焊接头、电渣压力焊接头、气压焊接头，箍筋闪光对焊接头，预埋件钢筋T形接头的拉伸试验，应从每一检验批接头中随机切取三个接头进行试验并应按下列规定对试验结果进行评定。

(1) 符合下列条件之一，应评定该检验批接头拉伸试验合格：

① 3个试件均断于钢筋母材，呈延性断裂，其抗拉强度大于或等于钢筋母材抗拉强度标准值。

② 2个试件断于钢筋母材，呈延性断裂，其抗拉强度大于或等于钢筋母材抗拉强度标准值；另外1个试件断于焊缝，呈脆性断裂，其抗拉强度大于或等于钢筋母材抗拉强度标准值的1.0倍。

注：试件断于热影响区，呈延性断裂，应视作与断于钢筋母材等同；试件断于热影响区，呈脆性断裂，应视作与断于焊缝等同。

(2) 符合下列条件之一，应进行复验：

① 2个试件断于钢筋母材，呈延性断裂，其抗拉强度大于或等于钢筋母材抗拉强度标准值；另外1个试件断于焊缝，或热影响区，呈脆性断裂，其抗拉强度小于钢筋母材抗拉强度标准值的1.0倍。

② 1个试件断于钢筋母材，呈延性断裂，其抗拉强度大于或等于钢筋母材抗拉强度标准值；另外2个试件断于焊缝或热影响区，呈脆性断裂。

(3) 3个试件均断于焊缝，呈脆性断裂，其抗拉强度均大于或等于钢筋母材抗拉强度标准值的1.0倍，应进行复验。当3个试件中有1个试件抗拉强度小于钢筋母材抗拉强度标准值的1.0倍，应评定该检验批接头拉伸试验不合格。

(4) 复验时，应切取6个试件进行试验。试验结果，若有4个或4个以上试件断于钢筋母材，呈延性断裂，其抗拉强度大于或等于钢筋母材抗拉强度标准值，另外2个或2个以下试件断于焊缝，呈脆性断裂，其抗拉强度大于或等于钢筋母材抗拉强度标准值的1.0倍，应评定该检验批接头拉伸试验复验合格。

(5) 可焊接余热处理钢筋HRB400W焊接接头拉伸试验结果，其抗拉强度应符合同级别热轧带肋钢筋抗拉强度标准值540MPa的规定。

(6) 预埋件钢筋T形接头的拉伸试验结果，3个试件的抗拉强度均大于或等于表8-14的规定值时，应评定该检验批接头拉伸试验合格。若有一个接头试件抗拉强度小于表8-14的规定值时，应进行复验。复验时，应切取6个试件进行试验。复验结果，其抗拉强度均大于或等于表8-14的规定值时，应评定该检验批接头拉伸试验复验合格。

表8-14 预埋件钢筋T形接头抗拉强度规定值

钢筋牌号	抗拉强度规定值(MPa)	钢筋牌号	抗拉强度规定值(MPa)
HPB300	400	HRB500、HRBF500	610
HRB335、HRBF335	435	RRB400W	520
HRB400、HRBF400	520		

8.1.7.3 焊接弯曲试验技术要求

钢筋闪光对焊接头、气压焊接头进行弯曲试验时，应从每一个检验批接头中随机切取 3 个接头，焊缝应处于弯曲中心点、弯心直径和弯曲角度应符合表 8-15 的规定。

表 8-15 接头弯曲试验指标

钢筋牌号	弯心直径	弯曲角度(°)
HPB300	$2d$	90
HRB335、HRBF335	$4d$	90
HRB400、HRBF400、RRB400W	$5d$	90
HRB500、HRBF500	$7d$	90

注：①d 为钢筋直径(mm)；

②直径大于 25mm 的钢筋焊接接头，弯心直径应增加 1 倍钢筋直径。

弯曲试验结果应按下列规定进行评定：

(1) 当试验结果，弯曲至 90°，有 2 个或 3 个试件外侧(含焊缝和热影响区)未发生宽度达到 0.5mm 的裂纹，应评定该检验批接头弯曲试验合格。

(2) 当有 2 个试件发生宽度达到 0.5mm 的裂纹，应进行复验。

(3) 当有 3 个试件发生宽度达到 0.5mm 的裂纹，应评定该检验批接头弯曲试验不合格。

(4) 复验时，应切取 6 个试件进行试验。复验结果，当不超过 2 个试件发生宽度达到 0.5mm 的裂纹时，应评定该检验批接头弯曲试验复验合格。

8.1.8 钢筋机械连接的技术指标

8.1.8.1 钢筋机械连接方式

钢筋机械连接是一项新型钢筋连接工艺，被称为继绑扎、焊接之后的“第三代钢筋接头”，具有接头强度高于钢筋母材、速度比焊接快 5 倍、无污染、节省钢材 20%等优点。

土木工程常用的钢筋机械连接接头类型如下：

(1) 套筒挤压连接接头

套筒挤压连接接头是通过挤压力使连接件钢套筒塑性变形与带肋钢筋紧密咬合形成的接头。有两种形式：径向挤压连接和轴向挤压连接。由于轴向挤压连接现场施工不方便及接头质量不够稳定，没有得到推广，而径向挤压连接技术得到了大面积推广使用。

(2) 锥螺纹连接接头

锥螺纹连接接头是通过钢筋端头特制的锥形螺纹和连接件锥形螺纹咬合形成的接头。锥螺纹连接技术的诞生克服了套筒挤压连接技术存在的不足。锥螺纹丝头完全是提前预制，现场连接占用工期少，现场只需用力矩扳手操作，不需搬动设备和拉扯电线，但是锥螺纹连接接头质量不够稳定。

由于加工螺纹而削弱了母材的横截面面积，从而降低了接头强度，一般只能达到母材实际抗拉强度的 85%～95%。我国的锥螺纹连接技术和国外相比还存在一定差距，最突出的一个问题就是螺距单一，直径16～40mm钢筋采用螺距都为2.5mm，而2.5mm螺距最适合于直径22mm钢筋的连接，太粗或太细钢筋连接的强度都不理想，尤其是直径为36mm、40mm钢筋的锥螺纹连接，很难达到母材实际抗拉强度的0.9倍。由于锥螺纹连接技术具有施工速度快、接头成本低的特点，自20世纪90年代初以来也得到了较大范围的推广使用，但由于存在的缺陷较大，逐渐被直螺纹连接技术所代替。

(3) 直螺纹连接接头

等强度直螺纹连接接头质量稳定可靠，连接强度高，可与套筒挤压连接接头相媲美，而且又具有锥螺纹接头施工方便、速度快的特点，因此直螺纹连接技术的出现给钢筋连接技术带来了质的飞跃。目前我国直螺纹连接技术呈现出百花齐放的景象，出现了多种直螺纹连接形式。直螺纹连接接头主要有镦粗直螺纹连接接头和滚压直螺纹连接接头。这两种工艺采用不同的加工方式，增强钢筋端头螺纹的承载能力，达到接头与钢筋母材等强的目的。

8.1.8.2 钢筋机械连接的技术要求

钢筋机械连接性能等级，根据抗拉强度以及高应力和大变形条件下反复拉压性能的差异，接头分为Ⅰ、Ⅱ、Ⅲ三个等级。

Ⅰ级、Ⅱ级、Ⅲ级接头的极限抗拉强度应符合表8-16的规定。

表8-16 钢筋机械连接接头极限抗拉强度

接头等级	Ⅰ级	Ⅱ级	Ⅲ级
抗拉强度	$f^0_{mst} \geqslant f_{stk}$ 拉断钢筋 或 $f^0_{mst} \geqslant 1.10 f_{stk}$ 连接件破坏	$f^0_{mst} \geqslant f_{stk}$	$f^0_{mst} \geqslant 1.25 f_{yk}$

注：f^0_{mst}——接头试件实测极限抗拉强度；

f_{stk}——钢筋抗拉强度标准值；

f_{yk}——钢筋屈服强度标准值。

Ⅰ级、Ⅱ级、Ⅲ级接头的变形性能应符合表8-17的规定。

表8-17 钢筋机械连接接头变形性能

接头等级		Ⅰ级	Ⅱ级	Ⅲ级
单向拉伸	残余变形(mm)	$u_0 \leqslant 0.10(d \leqslant 32)$ $u_0 \leqslant 0.14(d > 32)$	$u_0 \leqslant 0.14(d \leqslant 32)$ $u_0 \leqslant 0.16(d > 32)$	$u_0 \leqslant 0.14(d \leqslant 32)$ $u_0 \leqslant 0.16(d > 32)$
	最大力总伸长率(%)	$A_{sgt} \geqslant 6.0$	$A_{sgt} \geqslant 6.0$	$A_{sgt} \geqslant 3.0$
高应力反复拉压	残余变形(mm)	$u_{20} \leqslant 0.3$	$u_{20} \leqslant 0.3$	$u_{20} \leqslant 0.3$
大变形反复拉压	残余变形(mm)	$u_4 \leqslant 0.3$ 且 $u_8 \leqslant 0.6$	$u_4 \leqslant 0.3$ 且 $u_8 \leqslant 0.6$	$u_4 \leqslant 0.6$

8.1.9 取样频率及数量

土木工程钢材、钢筋焊接接头、机械连接接头检测内容、取样频率、取样方式及数量如表8-18所示。

表 8-18 钢材及接头取样要求

序号	项目	检验或验收依据	检测内容	组批原则或取样频率	取样方法及数量	送样时应提供的信息
1	钢材	《钢筋混凝土用钢 第 1 部分：热轧光圆钢筋》(GB/T 1499.1—2017)； 《钢筋混凝土用钢 第 2 部分：热轧带肋钢筋》(GB/T 1499.2—2018)； 《碳素结构钢》(GB/T 700—2006)	(1)拉伸； (2)弯曲； (3)尺寸； (4)重量偏差	(1)同一牌号、同一炉罐号、同一尺寸的每 60t 为一验收批。 (2)允许由同一牌号、同一冶炼方法、同一浇注方法的不同炉罐号组成混合批。各炉罐号含碳量之差不大于 0.02%，含锰量之差不大于 0.15%，混合批的重量不大于 60t	(1)热轧光圆钢筋及热轧带肋钢筋： ①拉伸及弯曲：从每批中任选两根切取(距端部 500mm)，每根截取拉伸和弯曲试样各 2 根。拉伸试样长度一般为 450～500mm；弯曲试样长度一般为 250～300mm。 ②尺寸：逐支检测。 ③重量偏差。 应从每批的不同钢筋上截取，数量不少于 5 支，每支试样长度不小于 500mm。 (2)碳素结构钢： 从每批中任选 1 根，切取(距端部 500mm)拉伸和弯曲试样各 1 根。 拉伸试样长度一般为 450～500mm； 弯曲试样长度一般为 250～300mm	(1)生产单位； (2)钢材品种； (3)牌号； (4)炉批号及批量； (5)使用部位
2	钢筋焊接接头	《钢筋焊接及验收规程》(JGJ 18—2012)	(1)拉伸试验； (2)弯曲试验	气压焊：在现浇混凝土结构中，应以 300 个同牌号接头作为一批；或应在不超过两楼层中 300 个同牌号接头作为一批；当不足 300 个接头时，仍作为一批	在柱、墙的竖向钢筋连接中，应从每批接头中随机切取 3 个接头做拉伸试验；在梁、板的水平钢筋连接中，应另切取 3 个接头做弯曲试验。 拉伸试样长度一般为 450～500mm。 弯曲试样长度一般为 300～350mm	(1)生产单位； (2)钢材品种； (3)牌号； (4)焊接种类； (5)焊工姓名及证号； (6)代表数量； (7)使用部位
3	钢筋机械连接接头	《钢筋机械连接技术规程》(JGJ 107—2016)	抗拉强度	同一施工条件下采用同一批材料的同等级、同型式、同规格接头，以 500 个为一验收批，不足 500 个也作为一验收批	在每一验收批中，随机截取 3 个接头试件做抗拉强度试验。试样长度一般为 450～500mm	(1)钢筋生产单位； (2)钢材品种； (3)牌号； (4)接头的型式； (5)设计接头等级； (6)代表数量； (7)使用部位

8.2 钢材性能试验检测

扫一扫 钢筋重量偏差试验

扫一扫 钢筋重量偏差试验操作

8.2.1 钢筋重量偏差试验

8.2.1.1 试验目的

测定钢筋重量偏差主要用来衡量钢筋交货质量。

8.2.1.2 编制依据

本试验依据《钢筋混凝土用钢 第1部分:热轧光圆钢筋》(GB/T 1499.1—2017)、《钢筋混凝土用钢 第2部分:热轧带肋钢筋》(GB/T 1499.2—2018)制定。其理论重量见表8-19和表8-20。

表 8-19 热轧光圆钢筋公称截面面积与理论重量

公称直径(mm)	公称截面面积(mm^2)	理论重量(kg/m)
6	28.27	0.222
8	50.27	0.395
10	78.54	0.617
12	113.1	0.888
14	153.9	1.21
16	201.1	1.58
18	254.5	2.00
20	314.2	2.47
22	380.1	2.98

注:表中理论重量按密度 $7.85g/cm^3$ 计算。

表 8-20 热轧带肋钢筋公称截面面积与理论重量

公称直径(mm)	公称截面面积(mm^2)	理论重量(kg/m)
6	28.27	0.222
8	50.27	0.395
10	78.54	0.617
12	113.1	0.888
14	153.9	1.21
16	201.1	1.58
18	254.5	2.00
20	314.2	2.47
22	380.1	2.98
25	490.9	3.85
28	615.8	4.83
32	804.2	6.31
36	1018	7.99
40	1257	9.87
50	1964	15.42

注:表中理论重量按密度 $7.85g/cm^3$ 计算。

8.2.1.3 仪器设备

钢直尺(1m)、天平(感量 0.1g)、游标卡尺等。

8.2.1.4 试验步骤

(1) 从不同根钢筋上截取试样,数量不少于 5 支,每支试样长度不小于 500mm。长度应逐支测量,应精确到 1mm,钢筋内径的测量应精确到 0.1mm。

(2) 测量试样总重量时,应精确到不大于总重量的 1%。

(3) 查表 8-19、表 8-20,带入下式计算出钢筋重量偏差。

$$\text{重量偏差}(\%)=\frac{\text{试样实际重量}-(\text{试样总长度}\times\text{理论重量})}{\text{试样总长度}\times\text{理论重量}}\times 100 \tag{8-2}$$

8.2.1.5 试验数据处理及判定

钢筋重量偏差检验结果的数字修约与判定应符合《冶金技术标准的数值修约与检测数值的判定》(YB/T 081—2013)的规定,其结果应符合表 8-8、表 8-11 的规定。

扫一扫 钢筋拉伸性能试验

扫一扫 钢筋拉伸性能试验操作

8.2.2 钢筋拉伸性能试验

8.2.2.1 试验目的

测定钢筋的屈服强度、抗拉强度与延伸率。注意观察拉力与变形之间的变化。确定应力与应变之间的关系曲线,评定钢筋强度等级。

8.2.2.2 编制依据

本试验依据《金属材料 拉伸试验 第 1 部分:室温试验方法》(GB/T 228.1—2010)制定。

8.2.2.3 仪器设备

试验机的测力系统应按照《静力单轴试验机的检验 第 1 部分:拉力和压力试验机测力系统的检验与校准》(GB/T 16825.1—2008)进行校准,并且其准确度应为 1 级或优于 1 级。

引伸机的准确度级别应符合《单轴试验用引伸计的标定》(GB/T 12160—2002)的要求。测定上屈服强度、下屈服强度、屈服点延伸率、规定塑性延伸强度、规定总延伸长度、规定残余延伸强度,以及规定残余延伸强度的验证试验,应使用不劣于 1 级准确度的引伸计。

(1) 万能材料试验机。为保证机器安全和试验的准确,其吨位选择最好是使试件达到最大荷载,试验机的测示值误差不大于 1%。

(2) 游标卡尺,精确度 0.2mm。

8.2.2.4 试件准备及试验步骤

(1) 试件制作和准备

抗拉试验用钢筋试件不得进行车削加工,可用两个或一系列等分小冲点或细划线标出原始标距(标距不影响试样断裂),测量标距长度 L_0(精确至 0.1mm),如图 8-4 所示。根据钢筋的公称直径选取公称截面面积。

(2) 试验步骤

① 将试件上端固定在试验机上夹具内,调整试验机零点,再用下夹具固定试件下端。

② 开动试验机进行拉伸,直至试件拉断。

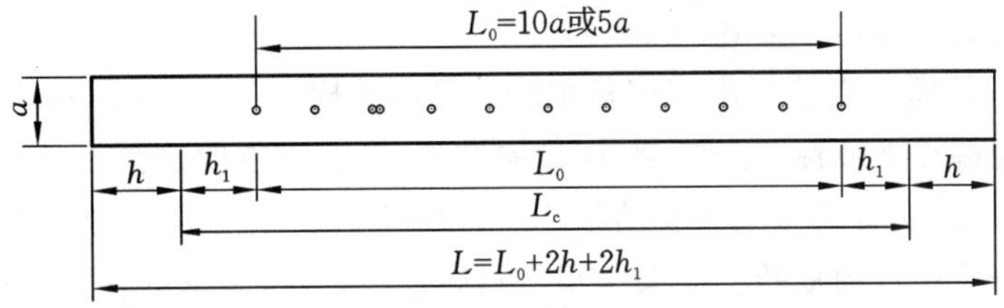

图 8-4 钢筋拉伸试验试件

a—试样原始直径；L_0—标距长度；h_1—取$(0.5\sim1)a$；h—夹具长度

③ 将已拉断的试件两端在断裂处对齐，尽量使其轴线位于同一条直线上，测量试件拉断后的标距长度 L_1。

如拉断处距离邻近标距端点大于 $L_0/3$ 时，可用游标卡尺直接量出 L_1。如拉断处距离邻近标距端点小于或等于 $L_0/3$ 时，可按下述移位法确定 L_1：在长段上自断点起，取等于短段格数得 B 点，再取等于长段所余格数[偶数如图 8-5(a)所示]之半得 C 点；或者取所余格数[奇数如图 8-5(b)所示]减 1 与加 1 之半得 C 与 C_1 点。则移位后的 L_1 分别为 $AB+2BC$ 或 $AB+BC+BC_1$。

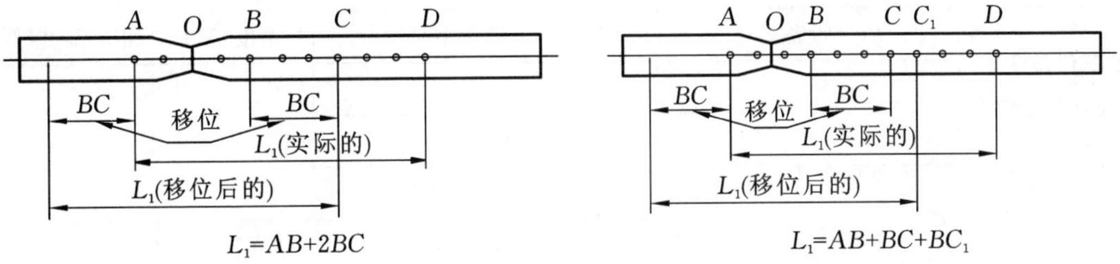

图 8-5 用移位法计算标距

如果直接测量所求得的伸长率能达到技术条件要求的规定值，则可不采用移位法。

8.2.2.5 试验数据处理及判定

(1) 钢筋的屈服强度 σ_s 和抗拉强度 σ_b 按式(8-3)、式(8-4)计算：

$$\sigma_s=\frac{F_s}{A} \tag{8-3}$$

$$\sigma_b=\frac{F_b}{A} \tag{8-4}$$

式中 σ_s,σ_b——钢筋的屈服强度和抗拉强度(MPa)；

F_s,F_b——钢筋的屈服荷载和极限荷载(N)；

A——试件的公称横截面面积(mm^2)。

当 σ_s、σ_b 大于 1000MPa 时，应计算至 10MPa，按"四舍六入五单双法"修约；为 200～1000MPa 时，计算至 5MPa，按"二五进位法"修约；小于 200MPa 时，计算至 1MPa，小数点数字按"四舍六入五单双法"处理。

(2) 钢筋的伸长率 δ_5 或 δ_{10} 按下式计算：

$$\delta_5(\text{或 }\delta_{10})=\frac{L_1-L_0}{L_0}\times100 \tag{8-5}$$

式中 δ_5,δ_{10}——$L_0=5a$ 和 $L_0=10a$ 时的伸长率(%，精确至 1%)；

L_0——原标距长度 $5a$ 或 $10a$(mm)；

L_1——试件拉断后直接量出或按移位法计算出的标距长度(mm,精确至0.1mm)。

如试件在标距端点上或标距外断裂,则试验结果无效,应重做试验。

钢筋的拉伸项目,如有某一项试验结果不符合标准要求,则从同一批中再任选取双倍数量的试样进行该不合格项目的复验。复验结果(包括该项试验所要求的任一指标)即使有一个指标不合格,则判定整批钢筋不合格。

8.2.2.6 试验检测记录表及检测报告

钢筋检测记录见表8-21,检测报告见表8-22。

表 8-21 钢筋检测记录

受控号：

委托/合同编号			试样名称		检测日期		
检测编号			材料牌号		使用范围		
试样状态描述				检测依据			
主要仪器设备及环境条件	设备名称		设备型号		温度(℃)	相对湿度(%)	
项目		试样编号					
		1	2	1	2	1	2
拉伸试验	公称直径 a(mm)						
	批号						
	标距 原始 L_0(mm)						
	标距 断后 L_1(mm)						
	屈服荷载 F_s(kN)						
	屈服强度 σ_s(MPa)						
	极限荷载 F_b(kN)						
	抗拉强度 σ_b(MPa)						
	伸长率 A(%)						
拉力参数比	F_b/F_s						
	σ_s/σ_b						
弯曲试验	弯心直径 d(mm)						
	弯曲角度 α(°)						
	弯曲外表描述						
备注							

检测： 复核： 第 页共 页

表 8-22 热轧带肋钢筋检测报告

检测编号： 报告日期：

<table>
<tr><td>委托单位</td><td colspan="5"></td><td>检测类别</td><td></td></tr>
<tr><td>工程名称</td><td colspan="5"></td><td>委托编号</td><td></td></tr>
<tr><td>监理单位</td><td colspan="5"></td><td>样品编号</td><td></td></tr>
<tr><td>见证单位</td><td colspan="5"></td><td>见证人员</td><td></td></tr>
<tr><td>施工单位</td><td colspan="5"></td><td>收样日期</td><td></td></tr>
<tr><td>生产厂家</td><td colspan="5"></td><td>检测日期</td><td></td></tr>
<tr><td>取样地点</td><td colspan="5"></td><td>检测环境</td><td></td></tr>
<tr><td>检测参数</td><td colspan="7"></td></tr>
<tr><td>检测设备</td><td colspan="7"></td></tr>
<tr><td>使用部位</td><td colspan="7"></td></tr>
<tr><td>检测依据</td><td colspan="7"></td></tr>
<tr><td>样品数量</td><td></td><td>样品名称</td><td colspan="3"></td><td>规格型号</td><td></td></tr>
<tr><td>代表数量</td><td></td><td>样品描述</td><td colspan="3"></td><td>生产批号</td><td></td></tr>
<tr><td rowspan="3">重量偏差
（%）</td><td colspan="5">拉伸试验</td><td colspan="2">弯曲试验</td></tr>
<tr><td rowspan="2">屈服荷载
（kN）</td><td rowspan="2">屈服强度
（MPa）</td><td rowspan="2">极限荷载
（kN）</td><td rowspan="2">抗拉强度
（MPa）</td><td rowspan="2">拉伸率
（%）</td><td rowspan="2">弯心直径</td><td></td></tr>
<tr><td></td></tr>
<tr><td rowspan="3"></td><td></td><td></td><td></td><td></td><td></td><td>弯曲角度</td><td></td></tr>
<tr><td></td><td></td><td></td><td></td><td></td><td rowspan="2">弯曲结果</td><td></td></tr>
<tr><td></td><td></td><td></td><td></td><td></td><td></td></tr>
<tr><td>检测结论</td><td colspan="7"></td></tr>
<tr><td>备 注</td><td colspan="7"></td></tr>
<tr><td>声 明</td><td colspan="7">1.报告无“检测专用章”无效；
2.复制报告未重新加盖“检测专用章”无效；
3.报告无检测、审核、批准人签字无效，报告涂改无效；
4.对本报告若有异议，应于收到报告之日起十五日内向检测单位提出，逾期不予受理；
5.委托检测只对来样负责。</td></tr>
<tr><td colspan="8">批准： 审核： 检测：
检测单位地址： 邮编： 电话：
网址：</td></tr>
</table>

扫一扫

钢筋冷弯
性能试验

8.2.3 钢筋冷弯性能试验

8.2.3.1 试验目的

通过冷弯试验不仅能检验钢材适应冷加工的能力和显示钢材内部缺陷(如起层,非金属夹渣等)状况,而且由于冷弯时试件中部受弯部位受到冲头挤压以及弯曲和剪切的复杂作用,因此也是考察钢材在复杂应力状态下发展塑性变形能力的一项指标。所以,冷弯试验对钢材质量是一种较严格的检验。

8.2.3.2 编制依据

本试验依据《金属材料 弯曲试验方法》(GB/T 232—2010)制定。

8.2.3.3 仪器设备

(1) 一般要求

弯曲试验应在配备下列弯曲装置之一的试验机或压力机上完成:

① 配有两个支辊和一个弯曲压头的支辊式弯曲装置,见图 8-6。

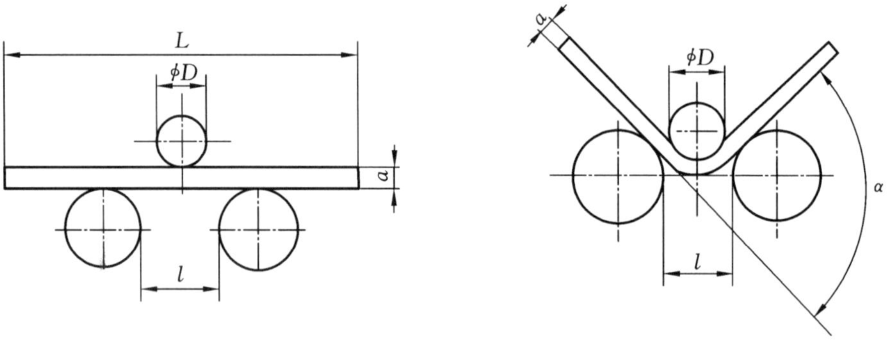

图 8-6 支辊式弯曲装置

② 配有一个 V 型模具和一个弯曲压头的 V 型模具式弯曲装置,见图 8-7。

③ 虎钳式弯曲装置,见图 8-8。

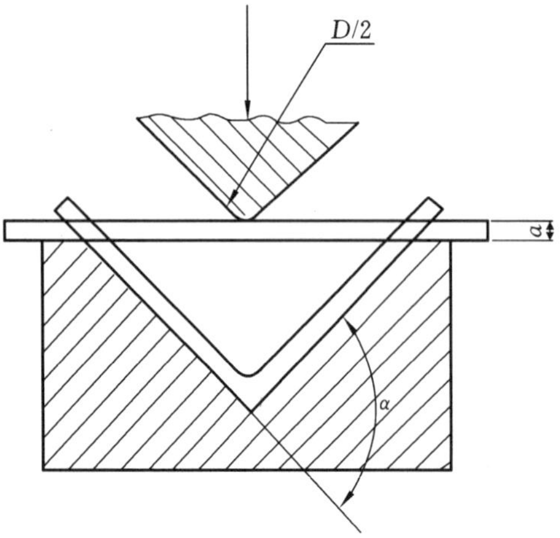

图 8-7 V 型模具式弯曲装置

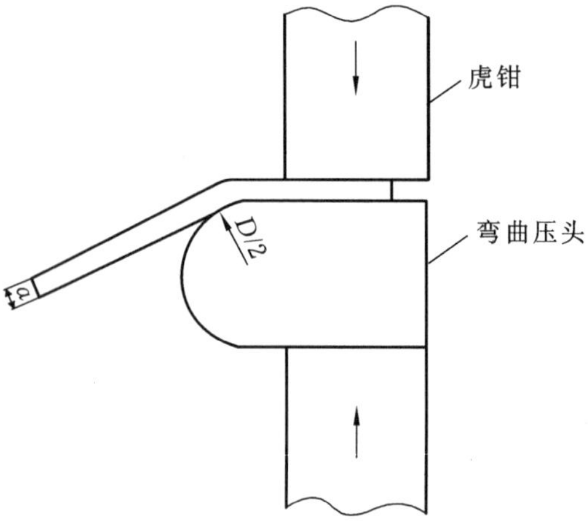

图 8-8 虎钳式弯曲装置

(2) 支辊式弯曲装置

支辊长度和弯曲压头的宽度应大于试样宽度或直径(图 8-6)。弯曲压头直径由产品标准规定，支辊和弯曲压头应具有足够的硬度。

除非另有规定，支辊间距 l 应按照下式确定：

$$l=(D+3a)\pm\frac{a}{2} \tag{8-6}$$

式中 l——支辊间距(mm)；

a——试样厚度或直径(或多边形横截面内切圆直径)(mm)；

D——弯曲压头直径(mm)。

支辊间距在试验期间应保持不变。

(3) V 型模具式弯曲装置

模具的 V 型槽其角度应为(180°−α)(图 8-7)，弯曲角度 α 应在相关产品标准中规定。

模具的支承棱边应倒圆，其倒圆半径应为 1～10 倍试样厚度。模具和弯曲压头宽度应大于试样宽度或直径并应具有足够的硬度。

(4) 虎钳式弯曲装置

装置由虎钳及有足够硬度的弯曲压头组成(图 8-8)，可以配置加力杠杆。弯曲压头直径应按照相关产品标准要求，弯曲压头宽度应大于试样宽度或直径。

由于虎钳左端面的位置会影响测试结果，因此虎钳的左端面不能达到或者超过弯曲压头中心垂线。

8.2.3.4 试验步骤

(1) 试样。试样的长度应根据试样厚度和所使用的试验设备确定。钢筋冷弯试件不得进行车削加工，试样长度通常按下式进行确定：

$$L\approx a+150\text{mm} \tag{8-7}$$

式中 L——试样长度(mm)；

a——试件原始直径(mm)。

(2) 按照相关产品标准规定，采用下列方法之一完成试验：

① 试样在给定的条件和力作用下弯曲至规定角度(图 8-9)；

② 试样在力作用下弯曲至两臂相距规定距离且相互平行(图 8-10)；

③ 试样在力作用下弯曲至两臂直接接触(图 8-11)。

(3) 试样弯曲至规定弯曲角度的试验，应将试样放于两支辊(图 8-6)或 V 型模具(图 8-7)上，试样轴线应与弯曲压头轴线垂直，弯曲压头在两支座之间的中点处对试样连续施加力使其弯曲，直至达到规定的弯曲角度。弯曲角度 α 可以通过测量弯曲压头的位移计算得出。

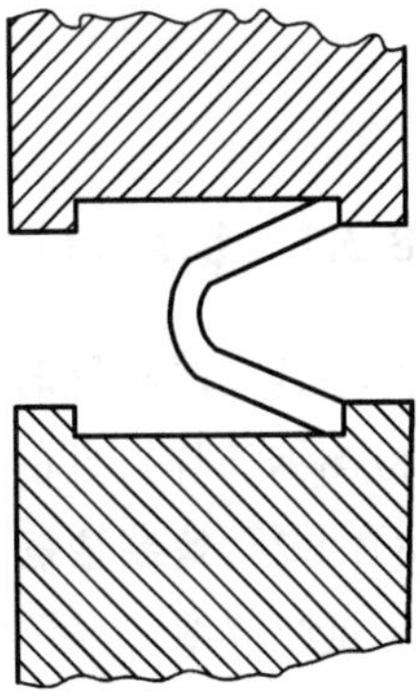

图 8-9 弯曲至规定角度

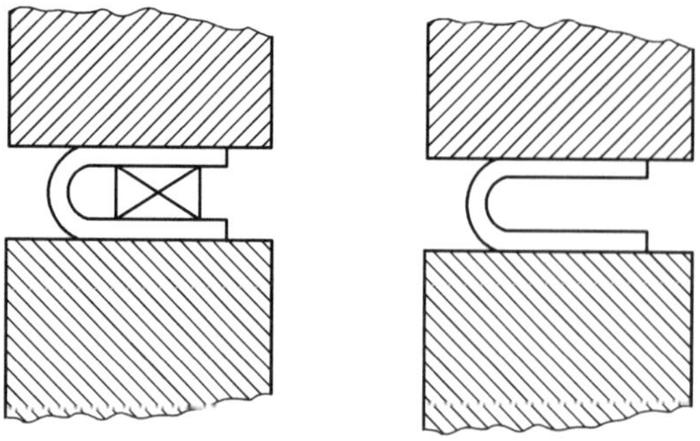

图 8-10　弯曲至两臂相距规定距离且相互平行

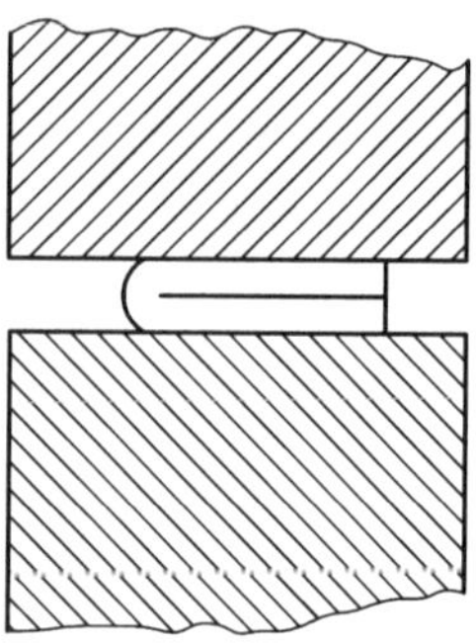

图 8-11　弯曲至两臂直接接触

可以采用图 8-8 所示的方法进行弯曲试验，试样一端固定，绕弯曲压头进行弯曲，可以绕过弯曲压头，直至达到规定的弯曲角度。

弯曲试验时，应当缓慢地施加弯曲力，以使材料能够自由地进行塑性变形。

当出现争议时，试验速率应为 1mm/s±0.2mm/s。

使用上述方法如不能直接达到规定的弯曲角度，可以将试样置于两个平行板之间(图 8-9)，连续施加压力使其两端进一步弯曲，直至达到规定的弯曲角度。

(4) 试样弯曲至两臂相互平行的试验，首先对试样进行初步弯曲，然后将试样置于两平行压板之间(图 8-9)，连续施加压力使其两端进一步弯曲，直至两臂平行(图 8-10)。试验时可以加或不加内置垫块。垫块厚度等于规定的弯曲压头直径，除非产品标准中另有规定。

(5) 试样弯曲至两臂直接接触的试验，首先对试样进行初步弯曲，然后将试样置于两平行压板之间，连续施加压力使其两端进一步弯曲，直至两臂直接接触(图 8-11)。

8.2.3.5　试验数据处理及判定

弯曲后，按有关标准检查试样弯曲外表面，进行结果评定。若无裂纹、裂缝或断裂，则评定试样合格。

8.3　钢筋接头试验检测

8.3.1　钢筋焊接接头力学性能检测

8.3.1.1　试验目的

检测钢筋焊接件的力学性能指标，评定钢筋焊接接头强度等级。

8.3.1.2　编制依据

本试验依据《钢筋焊接及验收规程》(JGJ 18—2012)、《钢筋焊接接头试验方法标准》(JGJ/T 27—2014)和《焊接接头弯曲试验方法》(GB/T 2653—2008)制定。

8.3.1.3 仪器设备

万能试验机，精确度±1%，应符合《金属材料 拉伸试验 第1部分：室温试验方法》(GB/T 228.1—2010)中的有关规定。

夹紧装置应根据试样规格选用，在拉伸试验过程中不得与钢筋产生相对滑移，夹持长度宜为70～90mm；钢筋直径大于20mm时，夹持长度宜为90～120mm。

游标卡尺，精确度为0.1mm。

钢板尺，精确度为0.5mm。

8.3.1.4 试验步骤

(1) 拉伸试验

① 试样制备及要求

拉伸试样(除预埋件钢筋T型接头)的长度应为l_s+2l_j，其中l_s为受试长度，l_j为夹持长度。闪光对焊接头、电渣压力焊接头、气压焊接头l_s均为$8d$(d为钢筋直径)，双面搭接焊接头l_s为$8d+l_h$(l_h为焊缝长度)，单面搭接焊接头l_s为$5d+l_h$。

② 将试件夹紧于试验机上，加荷应连续平稳，不得有冲击或跳动，加荷速度为10～30MPa/s，直至试件断裂(或出现颈缩后)为止。

③ 试验过程中应记录下列各项数据：

A.钢筋级别和公称直径。

B.试件拉断(或颈缩)前的极限荷载F_b值。

C.断裂(或颈缩)位置以及离开焊缝的距离。

D.断裂特征(塑性断裂或脆性断裂)或有无颈缩现象，如在试件断口上发现气孔、夹渣、未焊透、烧伤等焊接缺陷，应在试验报告中注明。

(2) 弯曲试验

① 试样。钢筋焊接接头弯曲试样的长度宜为两支辊内侧距离加150mm；两支辊内侧距离l可按式(8-6)确定，两支辊内侧距离l在试验期间应保持不变。

试样受压面的金属毛刺和镦粗变形部分宜去除至与母材外表面齐平。

② 钢筋焊接接头进行弯曲试验时，试样应放在两支点上，并应使焊缝中心与弯曲压头中心线一致，应缓慢地对试样施加荷载，以使材料能够自由地进行塑性变形；当出现争议时，试验速率应为1mm/s±0.2mm/s，直至达到规定的弯曲角度或出现裂纹、破断为止。

③ 弯曲压头直径和弯曲角度应按表8-15的规定确定。

④ 在试验过程中，应采取安全措施，防止试件突然断裂伤人。

8.3.1.5 试验数据处理及判定

拉伸试验结果评定见8.1.7.2节，弯曲试验结果评定见8.1.7.3节。

8.3.1.6 试验检测记录及报告

钢筋焊接接头试验检测记录见表8-23，检测报告见表8-24。

表 8-23　钢筋焊接检测记录

受控号：

委托/合同编号		试样名称		检测日期	
检测编号		材料牌号		使用范围	
试样状态描述		检测依据			
主要仪器设备及环境条件	设备名称	设备型号	设备运行状况	温度(℃)	相对湿度(%)

项目		试样编号								
规格型号										
焊接种类(连接形式)										
焊接长度 L_h(mm)										
拉伸试验	极限荷载 F_b(kN)									
	抗拉强度 σ_b(MPa)									
	断口位置(距焊缝距离)(mm)									
	断裂特征									
弯曲试验	弯心直径 d(mm)									
	弯曲角度 α(°)									
	弯曲外表面描述									
	弯曲结果									
备注										

检测：　　　　　　复核：　　　　　　第　　页 共　　页

表 8-24 钢筋焊接检测报告

检测编号： 报告日期：

<table>
<tr><td>委托单位</td><td colspan="5"></td><td>检测类别</td><td></td></tr>
<tr><td>工程名称</td><td colspan="5"></td><td>委托编号</td><td></td></tr>
<tr><td>监理单位</td><td colspan="5"></td><td>样品编号</td><td></td></tr>
<tr><td>见证单位</td><td colspan="5"></td><td>见证人员</td><td></td></tr>
<tr><td>施工单位</td><td colspan="5"></td><td>收样日期</td><td></td></tr>
<tr><td>生产厂家</td><td colspan="5"></td><td>检测日期</td><td></td></tr>
<tr><td>取样地点</td><td colspan="5"></td><td>检测环境</td><td></td></tr>
<tr><td>检测参数</td><td colspan="7"></td></tr>
<tr><td>检测设备</td><td colspan="7"></td></tr>
<tr><td>使用部位</td><td colspan="7"></td></tr>
<tr><td>检测依据</td><td colspan="7"></td></tr>
<tr><td>样品数量</td><td></td><td>样品名称</td><td colspan="3"></td><td>规格型号</td><td></td></tr>
<tr><td>代表数量</td><td></td><td>样品描述</td><td colspan="3"></td><td>生产批号</td><td></td></tr>
<tr><td colspan="6">拉伸试验</td><td colspan="2">弯曲试验</td></tr>
<tr><td>序号</td><td>焊接长度（mm）</td><td>极限荷载（kN）</td><td>抗拉强度（MPa）</td><td>断口距焊缝距离（mm）</td><td>破坏情况</td><td>弯心直径
弯曲角度</td><td>弯曲结果</td></tr>
<tr><td>1</td><td></td><td></td><td></td><td></td><td></td><td rowspan="3"></td><td></td></tr>
<tr><td>2</td><td></td><td></td><td></td><td></td><td></td><td></td></tr>
<tr><td>3</td><td></td><td></td><td></td><td></td><td></td><td></td></tr>
<tr><td>检测结论</td><td colspan="7"></td></tr>
<tr><td>备 注</td><td colspan="7"></td></tr>
<tr><td>声 明</td><td colspan="7">1.报告无“检测专用章”无效；
2.复制报告未重新加盖“检测专用章”无效；
3.报告无检测、审核、批准人签字无效，报告涂改无效；
4.对本报告若有异议，应于收到报告之日起十五日内向检测单位提出，逾期不予受理；
5.委托检测只对来样负责。</td></tr>
<tr><td colspan="8">批准： 审核： 检测：
检测单位地址： 邮编： 电话：
网站：</td></tr>
</table>

8.3.2 钢筋机械连接接头型式试验

8.3.2.1 试验目的

通过对钢筋机械连接接头的型式试验直观判断接头的力学性能和抗震性能,能够检测接头在反复荷载下强度和变形性能是否符合规范要求,有利于各建设、设计和施工单位合理正确地选用和质量控制,保证工程质量。

8.3.2.2 编制依据

本试验依据《钢筋机械连接技术规程》(JGJ 107—2016)制定。

8.3.2.3 仪器设备

万能试验机、冷弯机、钢筋标距仪、游标卡尺等。

(1) 单向拉伸和反复拉压试验时的变形测量仪表应在钢筋两侧对称布置,如图 8-13 所示,取钢筋两侧仪表读数的平均值计算残余变形值。

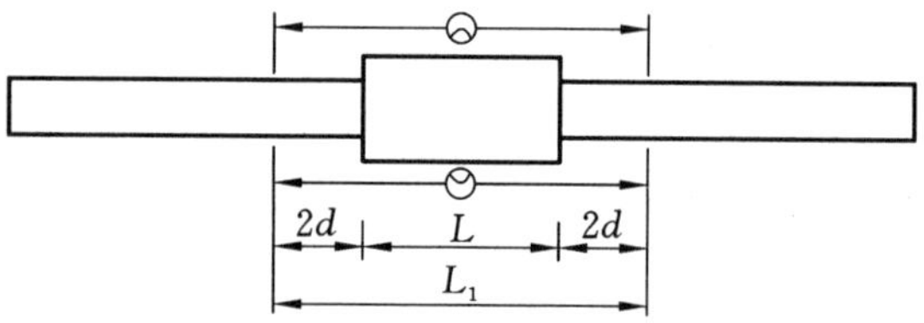

图 8-13 接头试件变形测量标距和仪表布置

(2) 变形测量标距按下式计算:

$$L_1 = L + 4d \tag{8-9}$$

式中 L_1——变形测量标距(mm);

L——机械接头长度(mm);

d——钢筋公称直径(mm)。

8.3.2.4 试验步骤

型式试验试件最大力总伸长率 A_{sgt} 的测量方法应符合下列要求:

(1) 试验加载前,应在其套筒两侧的钢筋表面(图 8-14)分别用细划线 A、B 和 C、D 标出测量标距为 L_{01} 的标记线,L_{01} 不应小于 100mm,标距长度应用最小刻度值不大于 0.1mm 的量具测量。

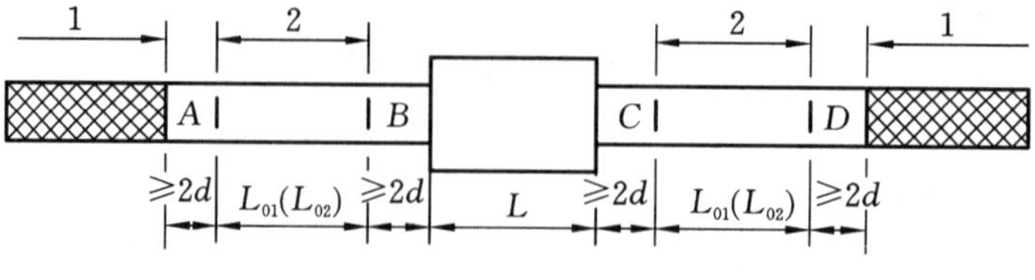

图 8-14 总伸长率 A_{sgt} 的测点布置

1—夹持区;2—测量区

(2) 试件应按表 8-25 和图 8-15、图 8-16、图 8-17 单向拉伸加载制度加载并卸载，再次测量 A、B 或 C、D 间的长度为 L_{02}。

表 8-25 接头试件型式试验的加载制度

试验项目		加载制度
单向拉伸		$0\to0.6f_{yk}\to0$（测量残余变形）→最大拉力（记录抗拉强度）→0（测定最大力总伸长率）
高应力反复拉压		$0\to(0.9f_{yk}\to-0.5f_{yk})\to$破坏（反复 20 次）
大变形反复拉压	Ⅰ级、Ⅱ级	$0\to(2\varepsilon_{yk}\to-0.5f_{yk})\to(5\varepsilon_{yk}\to-0.5f_{yk})\to$破坏 （反复 4 次）（反复 4 次）
	Ⅲ级	$0\to(2\varepsilon_{yk}\to-0.5f_{yk})\to$破坏（反复 4 次）

注：ε_{yk}——钢筋应力达到屈服强度标准值时的应变。

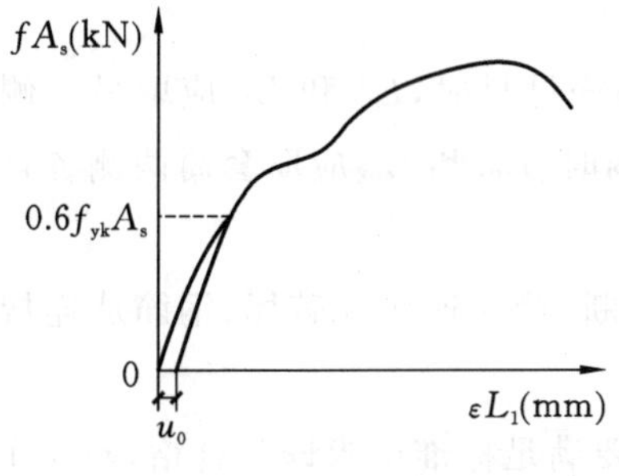

图 8-15 单向拉伸

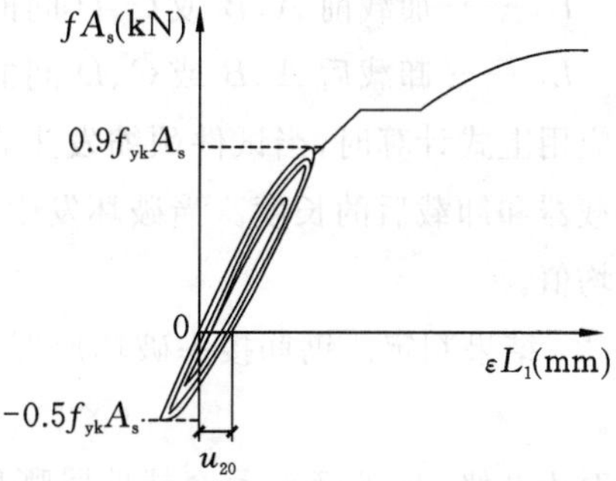

图 8-16 高应力反复拉压

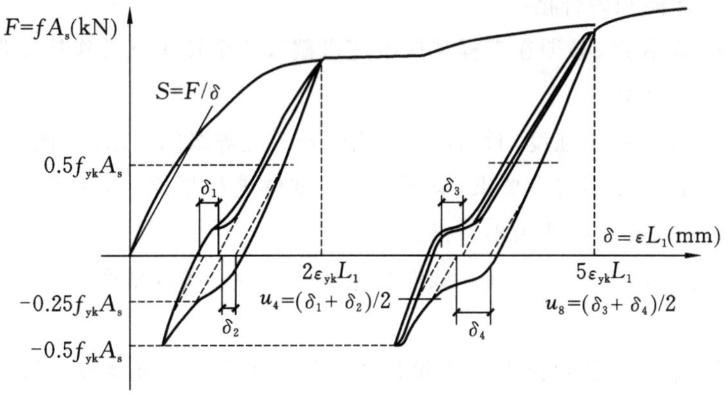

图 8-17 大变形反复拉压

图 8-17 中：① S 线表示钢筋拉、压刚度；F 为钢筋所受的力，等于钢筋应力 f 与钢筋理论横截面面积 A_s 的乘积；δ 为力作用下的钢筋变形，等于钢筋应变与变形测量标距 L_1 的乘积；

A_s 为钢筋理论横截面面积(mm^2);L_1 为变形测量标距(mm)。

② δ_1 为 $2\varepsilon_{yk}L_1$ 反复加载四次后,在加载力为 $0.5f_{yk}A_s$ 及反向卸载力为 $-0.25f_{yk}A_s$ 处作 S 的平行线与横坐标交点之间的距离所代表的变形值。

③ δ_2 为 $2\varepsilon_{yk}L_1$ 反复加载四次后,在卸载力为 $0.5f_{yk}A_s$ 及反向加载力为 $-0.25f_{yk}A_s$ 处作 S 的平行线与横坐标交点之间的距离所代表的变形值。

④ δ_3、δ_4 为在 $5\varepsilon_{yk}L_1$ 反复加载四次后,按与 δ_1、δ_2 相同方法所得的变形值。

(3) 测量接头试件的残余变形时的加载应力速率宜采用 $2N/mm\cdot s^{-1}$,最高不超过 $10N/mm\cdot s^{-1}$;测量接头试件的最大总伸长率或抗拉强度时,试验机夹头的分离速率宜采用 $0.05L_c/min$,L_c 为试验机夹头间的距离。

8.3.2.5 试验数据处理及判定

(1) 试件最大总伸长率 A_{sgt}(%)按下式计算:

$$A_{sgt}=\left(\frac{L_{02}-L_{01}}{L_{01}}+\frac{f_{mst}^{0}}{E}\right)\times 100 \tag{8-10}$$

式中 f_{mst}^{0},E——试件实测极限抗拉强度和钢筋理论弹性模量(MPa);

L_{01}——加载前 A、B 或 C、D 间的实测长度(mm);

L_{02}——卸载后 A、B 或 C、D 间的实测长度(mm)。

应用上式计算时,当试件颈缩发生在套筒一侧的钢筋母材时,L_{01} 和 L_{02} 应取另一侧标距间加载器和卸载后的长度。当破坏发生在接头长度范围时,L_{01} 和 L_{02} 应取套筒两侧各自读数的平均值。

(2) 结果判定。钢筋接头破坏形态有三种:钢筋拉断、接头连接件破坏、钢筋从连接件中拔出。

对于Ⅱ级、Ⅲ级接头无论试件属哪种破坏形态,只要满足标准要求即为合格,对于Ⅰ级接头,当试件断于钢筋母材,即满足条件 $f_{mst}^{0}\geqslant f_{stk}$ 试件合格,当试件断于接头长度区域内,即满足 $f_{mst}^{0}\geqslant 1.10f_{stk}$,才能判为合格。

对接头的每一验收批,必须在工程结构中随机截取 3 个接头试件作抗拉强度试验,按设计要求的接头等级进行评定。

当 3 个接头试件的抗拉强度均符合表 8-16 中相对应等级的要求时,该验收批评为合格。

如有 1 个试件的强度不符合要求,应再取 6 个试件进行复检。复检中如仍有 1 个试件的强度不符合要求,则该验收批评为不合格。

当现场检验连续 10 个验收批抽样试件抗拉强度试验一次合格率为 100%时,验收批接头数量可以扩大一倍。

对残余变形和最大力总伸长率,3 个试件实测值的平均值应符合表 8-17 的规定。

8.3.2.6 试验检测记录及报告

钢筋机械连接接头型式试验检测记录见表 8-26,检测报告见表 8-27。

表 8-26 钢筋机械连接接头检测记录

受控号：

委托/合同编号		试样名称		检测日期	
检测编号		材料牌号		使用范围	
试样状态描述				检测依据	
仪器设备 及 环境条件	设备名称		设备型号	温度(℃)	相对湿度(%)

检测项目	原材拉伸性能					
	1	2	3	4	5	6
钢筋直径(mm)						
屈服荷载(kN)						
屈服强度(MPa)						
极限荷载(kN)						
抗拉强度(MPa)						
检测项目	接头单向拉伸性能					
	1	2	3	4	5	6
极限荷载(kN)						
极限抗拉强度 f^0_{mst}(MPa)						
残余变形(mm)						
最大总伸长率(%)						
破坏情况						
备注						

检测：　　　　　　　　复核：　　　　　　　　第　页共　页

表 8-27　钢筋机械连接接头检测报告

检测编号：　　　　　　　　　　　　　　　　　　　　　　　　　报告日期：

<table>
<tr><td>委托单位</td><td colspan="4"></td><td>检测类别</td><td></td></tr>
<tr><td>工程名称</td><td colspan="4"></td><td>委托编号</td><td></td></tr>
<tr><td>监理单位</td><td colspan="4"></td><td>样品编号</td><td></td></tr>
<tr><td>见证单位</td><td colspan="4"></td><td>见证人员</td><td></td></tr>
<tr><td>施工单位</td><td colspan="4"></td><td>收样日期</td><td></td></tr>
<tr><td>生产厂家</td><td colspan="4"></td><td>检测日期</td><td></td></tr>
<tr><td>取样地点</td><td colspan="4"></td><td>检测环境</td><td></td></tr>
<tr><td>检测参数</td><td colspan="6"></td></tr>
<tr><td>检测设备</td><td colspan="6"></td></tr>
<tr><td>使用部位</td><td colspan="6"></td></tr>
<tr><td>检测依据</td><td colspan="6"></td></tr>
<tr><td>样品数量</td><td></td><td>样品名称</td><td colspan="2"></td><td>规格型号</td><td></td></tr>
<tr><td>代表数量</td><td></td><td>样品描述</td><td colspan="2"></td><td>生产批号</td><td></td></tr>
<tr><td colspan="7">拉 伸 试 验</td></tr>
<tr><td>序号</td><td>套筒长度</td><td>极限荷载
(kN)</td><td>抗拉强度
(MPa)</td><td colspan="2">断口连接处长度
(mm)</td><td>破坏情况</td></tr>
<tr><td>1</td><td></td><td></td><td></td><td colspan="2"></td><td></td></tr>
<tr><td>2</td><td></td><td></td><td></td><td colspan="2"></td><td></td></tr>
<tr><td>3</td><td></td><td></td><td></td><td colspan="2"></td><td></td></tr>
<tr><td>检测结论</td><td colspan="6"></td></tr>
<tr><td>备 注</td><td colspan="6"></td></tr>
<tr><td>声 明</td><td colspan="6">1.报告无“检测专用章”无效；
2.复制报告未重新加盖“检测专用章”无效；
3.报告无检测、审核、批准人签字无效，报告涂改无效；
4.对本报告若有异议，应于收到报告之日起十五日内向检测单位提出，逾期不予受理；
5.委托检测只对来样负责。</td></tr>
<tr><td colspan="7">批准：　　　　　　　　　　审核：　　　　　　　　检测：
检测单位地址：　　　　　　邮编：　　　　　　　　电话：
网站：</td></tr>
</table>

复习思考题

一、填空题

1. 根据炼钢设备的不同，钢可分为________、________和________三种。

3. 根据脱氧程度的不同，钢可分________、________和________以及________。

4. 按化学成分的不同，钢材可分为________、________两类。按含有害杂质磷(P)和硫(S)含量的多少，钢材可分为________、________和________三类。按用途不同，钢材可分为________、________和________三类。

5. 钢中铁(Fe)元素是最主要的成分。除铁以外，还含有少量的________、________、________、________、________、________、________等元素。

6. 钢筋机械连接接头根据________，________和________条件下反复拉压性能的差异，分为________，________，________三个等级。

二、名词解释

1.伸长率；

2.冷弯性能；

3.冲击韧性；

4.钢材的冷加工强化。

三、选择题

1.《钢筋混凝土用钢 第2部分：热轧带肋钢筋》(GB/T 1499.2—2018)标准中公称直径14～20mm的钢筋实际重量与理论重量的偏差为( )。

A.±5%　　B.±4%　　C.±6%　　D.±3%

2. 钢筋的公称横截面面积为113.1mm^2，拉伸试验最大拉力为55.60kN，抗拉强度应为( )。

A.492MPa　　B.490MPa　　C.495MPa　　D.500MPa

3. 钢筋牌号为HRB400，公称直径d为28mm，原材做弯曲试验时其弯心直径应是( )。

A.3d　　B.4d　　C.5d　　D.2d

4. 钢筋牌号为HRB400，公称直径d为28mm，需检验最大力总伸长率，以下试件长度正确的是( )。

A.(400+250)mm　　B.(350+250)mm　　C.(500+250)mm　　D.(600+250)mm

5. 钢筋经冷拉和时效处理后，其性能的变化中，以下何种说法是不正确的( )。

A.屈服强度提高　　B.抗拉强度提高

C.断后伸长率减小　　D.冲击吸收功增大

6. HRB335表示( )钢筋。

A.冷轧带肋　　B.热轧光面　　C.热轧带肋　　D.余热处理钢筋

7.在钢结构中常用( )，轧制成钢板、钢管、型钢来建造桥梁、高层建筑及大跨度钢结构建筑。

A.碳素钢　　B.低合金钢　　C.热处理钢筋　　D.冷拔低碳钢丝

8. 钢材经冷拉时效处理后，其特性有何变化( )。

A.屈服点提高，抗拉强度降低，塑性、韧性降低

B.屈服点提高，抗拉强度不变，塑性、韧性提高

C.屈服点、抗拉强度提高,塑性、韧性降低

D.屈服点、抗拉强度提高,塑性、韧性提高

9. 钢材中(　　)的含量过高,将导致其热脆现象发生。

A.碳　　B.磷　　C.硫　　D.硅

10. 钢材中(　　)的含量过高,将导致其冷脆现象发生。

A.碳　　B.磷　　C.硫　　D.硅

11. 钢结构设计中,钢材强度取值的依据是(　　)。

A.屈服强度　　B.抗拉强度　　C.弹性极限　　D.屈强比

12. 塑性的正确表述为(　　)。

A.外力取消后仍保持变形后的形状和尺寸,不产生裂缝

B.外力取消后仍保持变形后的形状和尺寸,但产生裂缝

C.外力取消后恢复原来形状,不产生裂缝

D.外力取消后恢复原来形状,但产生裂缝

13. 屈强比是指(　　)。

A.屈服强度与强度之比　　B.屈服强度与抗拉强度之比

C.断面收缩率与伸长率之比　　D.屈服强度与伸长率之比

14. 在一定范围内,钢材的屈强比小,表明钢材在超过屈服点工作时(　　)。

A.可靠性难以判断　　B.可靠性低,结构不安全

C.可靠性较高,结构安全　　D.结构易破坏

15. 对直接承受动荷载而且在负温下工作的重要结构用钢应特别注意选用(　　)。

A.屈服强度高的钢材　　B.冲击韧性好的钢材

C.延伸率好的钢材　　D.冷弯性能好的钢材

16. 钢的冷脆性直接受(　　)的影响。

A.断面收缩率　　B.冷弯性　　C.冲击韧性　　D.所含化学元素

17. 随钢材含碳质量分数的提高其性能有何变化(　　)。

A.强度、硬度、塑性都提高　　B.强度提高,塑性下降

C.强度下降,塑性上升　　D.强度、塑性都下降

18.钢筋拉伸试验一般应在(　　)温度条件下进行。

A.23℃±5℃　　B.0～35℃　　C.5～40℃　　D.10～35℃

四、简答题

1. 钢有哪几种分类?

2. 土木工程钢材的力学性能有哪些?

3. 钢材中的化学成分对其性能有何影响?

4. 热轧带肋钢筋分为几级?

5. 钢筋经过冷加工和时效处理后,其性能有何变化?

五、计算题

某品牌钢筋级别为HRB400,直径18mm,经拉伸试验测得其屈服荷载为98.8kN,极限荷载为129.1kN,拉断后试件的标距长度为115mm,求该试件的屈服强度、抗拉强度。

9 预应力钢绞线、锚夹具检验

9.1 预应力钢绞线

9.1.1 知识概要

扫一扫

预应力钢绞线检验相关知识

钢绞线是采用高碳钢盘条，经过表面处理后冷拔成钢丝，然后按钢绞线结构将一定数量的钢丝绞合成股，再经过消除应力的稳定化处理而成。为延长耐久性，钢丝上可以有金属或非金属的镀层或涂层，如镀锌、涂环氧树脂等。为增加与混凝土的握裹力，钢丝表面可以有刻痕等。模拔的预应力钢绞线在绞合后经过一次模具压缩过程，结构更加密实，表层更加适合锚具抓握。

9.1.2 预应力钢绞线的分类

钢绞线品种多，用途广泛。镀锌钢绞线通常用于承力索、拉线、加强芯等，也可以作为架空输电的地线、公路两边的阻拦索或土木工程结构中的结构索。常用的预应力钢绞线为无镀层的低松弛预应力钢绞线，也有镀锌的，常用于桥梁、建筑、水利、能源及岩土工程等；无黏结预应力钢绞线常用于楼板、地基工程等。

为更好地在工程上选用钢绞线，下面按不同的性能对钢绞线进行分类。

(1) 按照用途分类

可分为预应力钢绞线、镀锌钢绞线(电力用)及大直径高强度钢绞线等。其中预应力钢绞线涂防腐油脂或石蜡再包 HDPE 后称为无黏结预应力钢绞线，预应力钢绞线也有用镀锌钢丝或镀锌铝合金钢丝制成的。

(2) 按照材料特性分类

可分为钢绞线、铝包钢绞线及不锈钢钢绞线等。

(3) 按照结构分类

预应力钢绞线根据钢丝根数可分为：

用两根钢丝捻制的钢绞线	1×2
用三根钢丝捻制的钢绞线	1×3
用三根刻痕钢丝捻制的钢绞线	1×3I

用七根钢丝捻制的标准型钢绞线	1×7
用六根刻痕钢丝和一根光圆中心钢丝捻制的钢绞线	1×7I
用七根钢丝捻制又经模拔的钢绞线	(1×7)C
用十九根钢丝捻制的1+9+9西鲁式钢绞线	1×19S
用十九根钢丝捻制的1+6+6/6瓦林吞式钢绞线	1×19W

(4) 按表面涂覆层分类

可分为(光面)钢绞线、镀锌钢绞线、涂环氧树脂钢绞线、铝包钢绞线、镀铜钢绞线、包塑钢绞线等。

(5) 按加工工艺分类

常见类型有标准型钢绞线(由冷拉光圆钢丝捻制成的钢绞线)、刻痕钢绞线(由刻痕钢丝捻制成的钢绞线)和模拔钢绞线(捻制后再经冷拔而成的钢绞线)。

9.1.3 预应力钢绞线的技术指标

9.1.3.1 制造要求

(1) 钢绞线应以热轧盘条为原料,经冷拔后捻制成钢绞线。捻制后,钢绞线应进行连续的稳定化处理。捻制刻痕钢绞线应符合《预应力混凝土用钢丝》(GB/T 5223—2014)中相应的规定,钢绞线公称直径≤12mm时,其刻痕深度为0.06mm±0.03mm;钢绞线公称直径>12mm时,其刻痕深度为0.07mm±0.03mm。

(2) 1×2、1×3、1×7结构钢绞线的捻距应为钢绞线公称直径的12~16倍,模拔钢绞线的捻距应为钢绞线公称直径的14~18倍。1×19结构钢绞线的捻距为钢绞线公称直径的12~18倍。

(3) 钢绞线内不应有折断、横裂和相互交叉的钢丝。

(4) 钢绞线的捻向一般为左(S)捻,右(Z)捻应在合同中注明。

(5) 成品钢绞线应用砂轮锯切割,切断后应不松散,如离开原来位置,应可以用手复原到原位。

(6) 1×2、1×3、1×3I成品钢绞线不允许有任何焊接点,其余成品钢绞线只允许保留拉拔前的焊接点,且在每45m内只允许有1个拉拔的焊接点。

9.1.3.2 力学性能

(1) 1×2结构钢绞线的力学性能应符合表9-1规定。

(2) 1×3结构钢绞线的力学性能应符合表9-2规定。

(3) 1×7结构钢绞线的力学性能应符合表9-3规定。

(4) 1×19结构钢绞线的力学性能应符合表9-4规定。

表 9-1 1×2 结构钢绞线的力学性能

钢绞线结构	钢绞线公称直径 D_n(mm)	公称抗拉强度 R_m (MPa)	整根钢绞线最大力 F_m(kN) ≥	整根钢绞线最大力的最大值 $F_{m,max}$ (kN)≤	0.2%屈服力 $F_{p0.2}$ (kN)≥	最大力总伸长率 (L_0≥400mm) A_{gt}(%)≥	应力松弛性能：初始负荷相当于实际最大力的百分数(%)	应力松弛性能：1000h应力松弛率 γ(%)≤
1×2	8.00	1470	36.9	41.9	32.5	对所有规格 3.5	对所有规格 70 80	对所有规格 2.5 4.5
	10.00		57.8	65.6	50.9			
	12.00		83.1	94.4	73.1			
	5.00	1570	15.4	17.4	13.6			
	5.80		20.7	23.4	18.2			
	8.00		39.4	44.4	34.7			
	10.00		61.7	69.6	54.3			
	12.00		88.7	100.0	78.1			
	5.00	1720	16.9	18.9	14.9			
	5.80		22.7	25.3	20.0			
	8.00		43.2	48.2	38.0			
	10.00		67.6	75.5	59.5			
	12.00		97.2	108.0	85.5			
	5.00	1860	18.3	20.2	16.1			
	5.80		24.6	27.2	21.6			
	8.00		46.7	51.7	41.1			
	10.00		73.1	81.0	64.3			
	12.00		105.0	116.0	92.5			
	5.00	1960	19.2	21.2	16.9			
	5.80		25.9	18.5	22.8			
	8.00		49.2	54.2	43.4			
	10.00		77.0	84.9	67.8			

表 9-2　1×3 结构钢绞线的力学性能

钢绞线结构	钢绞线公称直径 D_n(mm)	公称抗拉强度 R_m(MPa)	整根钢绞线最大力 F_m(kN)≥	整根钢绞线最大力的最大值 $F_{m,max}$(kN)≤	0.2%屈服力 $F_{p0.2}$(kN)≥	最大力总伸长率(L_0≥400mm) A_{gt}(%)≥	应力松弛性能	
							初始负荷相当于实际最大力的百分数(%)	1000h应力松弛率 γ(%)≤
						对所有规格	对所有规格	对所有规格
1×3	8.60	1470	55.4	63.0	48.8	3.5	70 80	2.5 4.5
	10.80		86.6	98.4	76.2			
	12.90		125.0	142.0	110.0			
	6.20	1570	31.1	35.0	27.4			
	6.50		33.3	37.5	29.3			
	8.60		59.2	66.7	52.1			
	8.74		60.6	68.3	53.3			
	10.80		92.5	104.0	81.4			
	12.90		133.0	150.0	117.0			
	8.74	1670	64.5	72.2	56.8			
	6.20	1720	34.1	38.0	30.0			
	6.50		36.5	40.7	32.1			
	8.60		64.8	72.4	57.0			
	10.80		101.0	113.0	88.9			
	12.90		146.0	163.0	128.0			
	6.20	1860	36.8	40.8	32.4			
	6.50		39.4	43.7	34.7			
	8.60		70.1	77.7	61.7			
	8.74		71.8	79.5	63.2			
	10.80		110.0	121.0	96.8			
	12.90		158.0	175.0	139.0			
	6.20	1960	38.8	42.8	34.1			
	6.50		41.6	45.8	36.6			
	8.60		73.9	81.4	65.0			
	10.80		115.0	127.0	101.0			
	12.90		166.0	183.0	146.0			
1×3I	8.7	1570	60.4	68.1	53.2			
		1720	66.2	73.9	58.3			
		1860	71.6	79.3	63.0			

表 9-3 1×7 结构钢绞线的力学性能

钢绞线结构	钢绞线公称直径 D_n(mm)	公称抗拉强度 R_m(MPa)	整根钢绞线最大力 F_m(kN)≥	整根钢绞线最大力的最大值 $F_{m,max}$(kN)≤	0.2%屈服力 $F_{p0.2}$(kN)≥	最大力总伸长率(L_0≥500mm) A_{gt}(%)≥	应力松弛性能：初始负荷相当于实际最大力的百分数(%)	应力松弛性能：1000h应力松弛率 γ(%)≤
1×7	15.20(15.24)	1470	206	234	181	对所有规格	对所有规格	对所有规格
		1570	220	248	194			
		1670	234	262	206			
	9.5(9.53)	1720	94.3	105	83			
	11.10(11.11)		128	142	113			
	12.70		170	190	150			
	15.20(15.24)		241	269	212			
	17.80(17.78)		327	365	288			
	18.90	1820	400	444	352			
	15.70	1770	266	296	234			
	21.60		504	561	444			
	9.5(9.53)	1860	102	113	89.8			
	11.10(11.11)		138	153	121			
	12.70		184	203	162	3.5	70	2.5
	15.20(15.24)		260	288	229		80	4.5
	15.70		279	309	246			
	17.80(17.78)		355	391	311			
	18.90		409	453	360			
	21.60		530	587	466			
	9.5(9.53)	1960	107	118	94.2			
	11.10(11.11)		145	160	128			
	12.70		193	213	170			
	15.20(15.24)		274	302	241			
1×7I	12.70	1860	184	203	162			
	15.20(15.24)		260	288	229			
(1×7)C	12.70	1860	208	231	183			
	15.20(15.24)	1820	300	333	264			
	18.00	1720	384	428	338			

表 9-4　1×19 结构钢绞线的力学性能

钢绞线结构	钢绞线公称直径 D_n(mm)	公称抗拉强度 R_m(MPa)	整根钢绞线最大力 F_m(kN) ≥	整根钢绞线最大力的最大值 $F_{m,max}$(kN) ≤	0.2%屈服力 $F_{p0.2}$(kN) ≥	最大力总伸长率 (L_0≥500mm) A_{gt}(%) ≥	应力松弛性能	
							初始负荷相当于实际最大力的百分数(%)	1000h 应力松弛率 γ(%) ≤
1×19S (1+9+9)	28.60	1720	915	1021	805	对所有规格	对所有规格	对所有规格
	17.80	1770	368	410	334			
	19.30		431	481	379			
	20.30		480	534	422			
	21.80		554	617	488			
	28.60		942	1048	829			
	20.30	1810	491	545	432			
	21.80		567	629	499	3.5	70 80	2.5 4.5
	17.80	1860	387	428	341			
	19.30		454	503	400			
	20.30		504	558	444			
	21.80		583	645	513			
1×19W (1+6+6/6)	28.6	1720	915	1021	805			
		1770	942	1048	829			
		1860	990	1096	854			

9.1.4　取样频率及数量

预应力钢绞线试验的取样频率及数量见表 9-5。

表 9-5　预应力钢绞线取样频率及数量

序号	项目	检验或验收依据	检测内容	组批原则或取样频率	取样方法及数量	送样时应提供的信息
1	预应力混凝土用钢绞线	《预应力混凝土用钢绞线》(GB/T 5224—2014)	抗拉强度、伸长率、松弛率、弹性模量	以同一牌号、同一规格和同一加工状态≤60t 为一检验批	在每盘卷中任意一端截取，3 根/每批	(1)生产单位； (2)产品标记(种类、结构型式、规格、承载等级、执行标准)； (3)批号/生产日期； (4)使用部位

续表 9-5

序号	项目	检验或验收依据	检测内容	组批原则或取样频率	取样方法及数量	送样时应提供的信息
2	预应力混凝土用高强钢丝	《预应力混凝土用钢丝》(GB/T 5223—2014)	抗拉强度、反复弯曲	以同一牌号、同一规格和同一加工状态≤60t为一检验批	在每盘卷中任意一端截取，3根/每批	(1)生产单位； (2)产品标记(种类、结构型式、规格、承载等级、执行标准)； (3)批号/生产日期； (4)使用部位

9.1.5 预应力钢绞线试验

9.1.5.1 试验目的

本试验主要检验预应力钢绞线的拉伸性能、松弛性能等各项指标，保证预应力钢绞线的使用性能。

9.1.5.2 编制依据

本试验依据《预应力混凝土用钢绞线》(GB/T 5224—2014)编制。

9.1.5.3 仪器设备

钢绞线万能试验机：精度满足1级或优于1级要求，经计量部门检定。

引伸计：精度不低于1级，经计量部门检定。

应力松弛性能试验机：应能对试样施加准确的轴向拉伸试验力，试验机力的示值误差不应超过±1%。试验机力的同轴度不应大于15%。试验机应定期校验。试验机应具有连续自动调节试验力的装置，以便在试验期间保持试样的初始应变或变形或标距恒定。试验机应安装在无外来冲击、振动和温度恒定的环境中。

钢绞线应力松弛性能试验期间，试样的环境温度应保持在20℃±2℃。

9.1.5.4 试验步骤

(1) 表面检验

表面质量用目视检查。

(2) 尺寸检验

钢绞线的直径应用分度值为0.02mm的量具测量，测量位置距离端头不应小于300mm。1×2结构钢绞线的直径应测量图9-1所示D_n值；1×3结构钢绞线的直径应测量图9-2所示A值；测量1×7结构钢绞线直径应以横穿直径方向的相对两根外层钢丝为准，如图9-3所示D_n，在同一截面不同方向上测量三次，取平均值；1×19结构钢绞线公称直径为钢绞线外接圆直径。

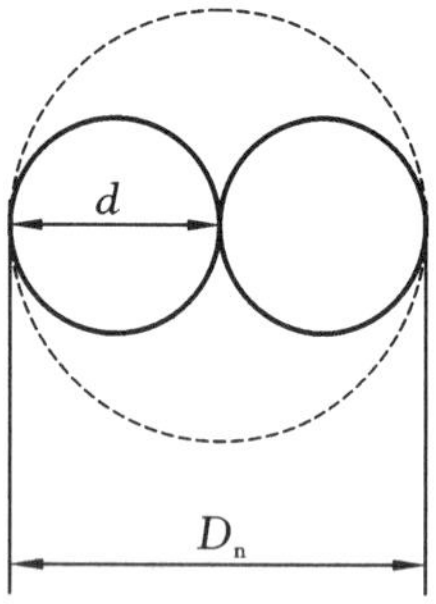

图 9-1　1×2 结构钢绞线外形示意图

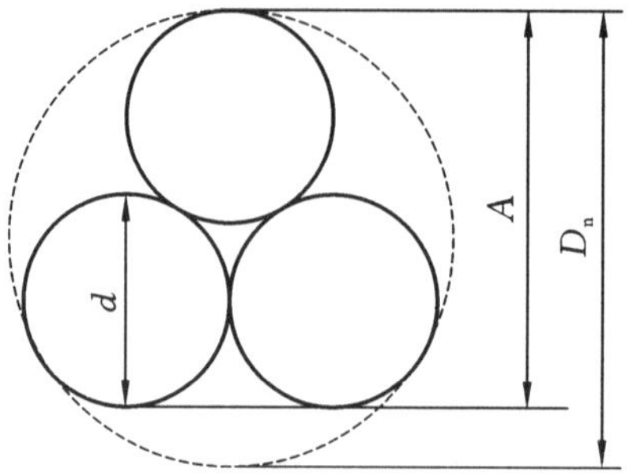

图 9-2　1×3 结构钢绞线外形示意图

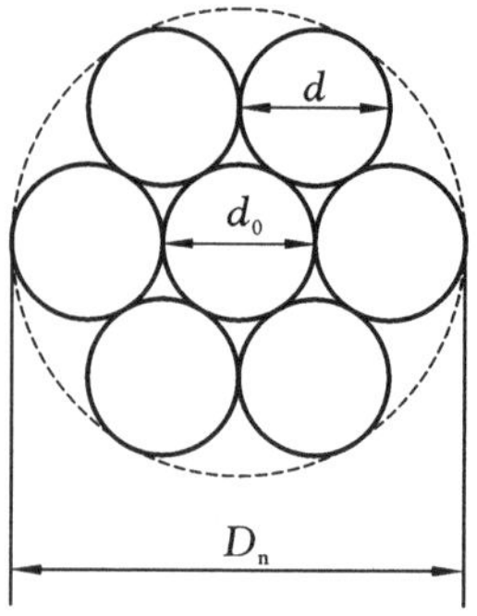

图 9-3　1×7 结构钢绞线外形示意图

(3) 拉伸试验

① 最大力

整根钢绞线的最大力试验按《预应力混凝土用钢材试验方法》(GB/T 21839—2019)的规定进行，如试样在夹头内和距钳口 2 倍钢绞线公称直径内断裂，达不到标准要求性能时，试验无效。计算抗拉强度时取钢绞线的公称横截面面积值。

② 屈服力

钢绞线屈服力采用引伸计标距(不小于一个捻距)的非比例延伸达到引伸计标距 0.2%时所受的力($F_{p0.2}$)。为便于供方日常检验，也可以测定总延伸到原标距 1%的力(F_{t1})，其值符合规定的 $F_{p0.2}$ 值时可以交货，但仲裁试验时测定 $F_{p0.2}$。测定 $F_{p0.2}$ 和 F_{t1} 时加负荷为公称最大力的 10%。

③ 最大力总伸长率

最大力总伸长率 A_{gt} 的测定按《预应力混凝土用钢材试验方法》(GB/T 21839—2019)规定进行。使用计算机采集数据或使用电子拉伸设备的，测量延伸率时预加负荷对试样所产生的延伸率应加在总延伸内。

④ 弹性模量

弹性模量的测定按《预应力混凝土用钢材试验方法》(GB/T 21839—2019)规定进行。

(4) 应力松弛性能试验

① 试样标距长度不小于公称直径的 60 倍，试样制备后不得进行任何热处理和冷加工。

② 试验温度应为 20℃±2℃。试样应置于试验环境中足够的时间，确认达到温度平衡后施加初始试验力。初始试验力应符合相关产品标准或协议的规定。

③ 初始负荷应在 3～5min 内均匀施加完毕，持荷 1min 后开始记录松弛值。保持时间结束点作为零时间，在零时间应立即保持初始总应变或标距恒定。试验期间试样应变的波动应控制在 $\pm 5\times 10^{-6}$ mm/min 内。

④ 连续或定时记录试验力和温度，必要时监测试样的初始总应变或标距。采用定时记录时，如无其他规定，建议按下列时间间隔进行记录：1min、3min、6min、9min、15min、30min、45min、1h、1.5h、2h、4h、8h、10h、24h，之后每隔 24h 记录一次，直至试验结束。

⑤ 试验数据处理。达到规定试验时间的松弛率按下式计算：

$$R=\frac{F_0-F_t}{F_0}\times 100 \tag{9-1}$$

式中 R——松弛率(%);

F_0——初始试验力(MPa);

F_t——剩余试验力(MPa)。

允许用至少 120h 的测试数据推算 1000h 的松弛率值。

9.1.5.6 试验检测记录及报告

预应力钢绞线试验检测记录见表 9-6,检测报告见表 9-7。

表 9-6 预应力钢绞线检测记录

受控号:

<table>
<tr><td>委托/合同编号</td><td></td><td>试样名称</td><td></td><td>检测日期</td><td></td></tr>
<tr><td>检测编号</td><td></td><td>规格型号</td><td></td><td>使用范围</td><td></td></tr>
<tr><td>试样状态描述</td><td colspan="2"></td><td>检测依据</td><td colspan="2"></td></tr>
<tr><td rowspan="3">主要仪器设备及环境条件</td><td>设备名称</td><td>设备型号</td><td>设备运行情况</td><td>温度(℃)</td><td>相对湿度(%)</td></tr>
<tr><td></td><td></td><td></td><td rowspan="2"></td><td rowspan="2"></td></tr>
<tr><td></td><td></td><td></td></tr>
<tr><td colspan="2" rowspan="2">项目</td><td colspan="4">试 验 编 号</td></tr>
<tr><td colspan="2">1</td><td>2</td><td>3</td></tr>
<tr><td colspan="2">公称直径 D_n(mm)</td><td colspan="2"></td><td></td><td></td></tr>
<tr><td colspan="2">公称截面面积 S_n(mm^2)</td><td colspan="2"></td><td></td><td></td></tr>
<tr><td colspan="2">0.2%屈服力 F_{t1}(kN)</td><td colspan="2"></td><td></td><td></td></tr>
<tr><td colspan="2">最大力 F_m(kN)</td><td colspan="2"></td><td></td><td></td></tr>
<tr><td colspan="2">抗拉强度 R_m(MPa)</td><td colspan="2"></td><td></td><td></td></tr>
<tr><td colspan="2">最大力总伸长率 A_{gt}(%)</td><td colspan="2"></td><td></td><td></td></tr>
<tr><td colspan="2">每米重量(g/m)</td><td colspan="2"></td><td></td><td></td></tr>
<tr><td colspan="2">弹性模量(MPa)</td><td colspan="2"></td><td></td><td></td></tr>
<tr><td>备注</td><td colspan="5"></td></tr>
</table>

检测: 复核: 第 页共 页

表 9-7　预应力钢绞线检测报告

检测编号：　　　　　　　　　　　　　　　　　　　报告日期：

委托单位				检测类别	
工程名称				委托编号	
监理单位				样品编号	
见证单位				见证人员	
施工单位				收样日期	
生产厂家				检测日期	
取样地点				检测环境	
检测参数					
检测设备					
使用部位					
检测依据					
样品数量		样品名称		规格型号	
代表数量		样品描述		生产批号	
检测项目	标准值	样品 1	样品 2	样品 3	单项结果
直径(mm)					
重量(g/m)					
表面质量					
伸直性(mm)					
最大力 F_m(kN)					
抗拉强度 R_m(MPa)					
0.2%屈服力 F_{t1}(kN)					
最大力总伸长率 A_{gt}(%)					
最大力的最大值 $F_{m,max}$(MPa)					
检测结论					
备　注					
声　明	1.报告无“检测专用章”无效； 2.复制报告未重新加盖“检测专用章”无效； 3.报告无检测、审核、批准人签字无效，报告涂改无效； 4.对本报告若有异议，应于收到报告之日起十五日内向检测单位提出，逾期不予受理； 5.委托检测只对来样负责。				

批准：　　　　　　　　　　　　　审核：　　　　　　　检测：

检测单位地址：　　　　　　　　　邮编：　　　　　　　电话：

网站：

9.2 锚具、夹具

9.2.1 知识概要

(1) 锚具

锚具是在后张法结构或构件中,用于保持预应力筋的拉力并将其传递到混凝土(或钢结构)上所用的永久性锚固装置。

锚具可分为两类:

① 张拉端锚具:安装在预应力筋端部且可用以张拉的锚具。

② 固定端锚具:安装在预应力筋端部通常不用以张拉的锚具。

(2) 夹具

在先张法构件施工时,用于保持预应力筋的拉力并将其固定在生产台座(或设备)上的临时性锚固装置;在后张法结构或构件施工时,在张拉千斤顶或设备上夹持预应力筋的临时性锚固装置(又称工具锚)。

(3) 连接器

连接器是用于连接预应力筋的装置。

9.2.2 锚具、夹具和连接器的分类

根据对预应力筋的锚固方式,锚具、夹具和连接器可分为夹片式、支撑式、握裹式和组合式4种基本类型。

锚具、夹具和连接器的代号如表9-8所示。

表9-8 锚具、夹具和连接器的代号

分类代号		锚具	夹具	连接器
夹片式	圆形	YJM	YJJ	YJL
	扁形	BJM	BJJ	BJL
支撑式	镦头	DTM	DTJ	DTL
	螺母	LMM	LMJ	LML
握裹式	挤压	JYM	—	JYL
	压花	YHM	—	—
组合式	冷铸	LZM	—	—
	热铸	RZM	—	—

9.2.3 锚具、夹具的技术指标

9.2.3.1 锚具的技术指标

(1) 静载锚固性能

锚具效率系数 η_a 和组装件预应力筋受力长度的总伸长率 ε_{Tu} 应符合表9-9的规定。

表 9-9　静载锚固性能要求

锚具类型	锚具效率系数	总伸长率
体内、体外束中预应力钢材用锚具	$\eta_a=\frac{F_{Tu}}{n\times F_{pm}}\geqslant 0.95$	$\varepsilon_{Tu}\geqslant 2.0\%$
拉索中预应力钢材用锚具	$\eta_a=\frac{F_{Tu}}{F_{ptk}}\geqslant 0.95$	$\varepsilon_{Tu}\geqslant 2.0\%$
纤维增强复合材料筋用锚具	$\eta_a=\frac{F_{Tu}}{F_{ptk}}\geqslant 0.90$	—

注：F_{Tu}——预应力筋-锚具、夹具或连接器组装件的实测极限抗拉力(kN)；

F_{pm}——预应力筋单根试件的实测平均极限抗拉力(kN)；

F_{ptk}——预应力筋的公称极限抗拉力(kN)；

η_a——预应力筋-锚具组装件静载锚固性能试验测得的锚具效率系数(%)；

n——预应力筋-锚具或连接器组装件中预应力筋的根数。

预应力的公称极限抗拉力 F_{ptk} 按下式计算：

$$F_{ptk}=A_{pk}\times f_{ptk} \tag{9-2}$$

式中　f_{ptk}——预应力筋的公称抗拉强度(MPa)；

A_{pk}——预应力筋的公称截面面积(mm^2)。

预应力筋-锚具组装件的破坏形式应是预应力筋的破断，而不应由锚具的失效导致试验的终止。

(2) 疲劳荷载性能

预应力筋-锚具组装件应通过 200 万次疲劳荷载性能试验，并应符合下列规定：

① 当锚固的预应力筋为预应力钢材时，试验应力上限为预应力筋公称抗拉强度 f_{ptk} 的 65%，疲劳应力幅度不应小于 80MPa。工程有特殊需要时，试验应力上限及疲劳应力幅度取值可另定。

② 拉索疲劳荷载性能的试验应力上限和疲劳幅度应根据拉索的类型符合国家现行相关标准的规定，或按设计要求确定。

③ 当锚固的预应力筋为纤维复合材料筋时，试验应力上限应为预应力公称抗拉强度 f_{ptk} 的 50%，疲劳应力幅度不应小于 80MPa。

预应力筋-锚具组装件经受 200 万次循环荷载后，锚具零件不应疲劳破坏。预应力筋锚具夹持作用发生疲劳破坏的截面面积不应大于组装试件中预应力筋总截面面积的 5%。

(3) 锚固区传力性能

与锚具配套的锚垫板和螺旋筋应能将锚具承担的预加力传递给混凝土结构的锚固区，锚垫板和螺旋筋的尺寸应与允许张拉时要求的混凝土特征抗压强度匹配；对规定尺寸和强度的混凝土传力试验构件施加不小于 10 次循环荷载，试验时传力性能应符合下列规定：

① 循环荷载第一次达到上限荷载 $0.8F_{ptk}$ 时，混凝土构件裂缝宽度应不大于 0.15mm；

② 循环荷载最后一次达到下限荷载 $0.12F_{ptk}$ 时，混凝土构件裂缝宽度应不大于 0.15mm；

③ 循环荷载最后一次达到上限荷载 $0.8F_{ptk}$ 时，混凝土构件裂缝宽度应不大于 0.25mm；

④ 循环荷载过程结束时，混凝土构件裂缝宽度、纵向应变和横向应变读数应达到稳定；

⑤ 循环荷载后，继续加载至 F_{ptk}时，锚垫板不应出现裂纹；

⑥ 继续加载直至混凝土构件破坏。

(4) 低温锚固性能

非自然条件下有低温锚固性能要求的锚具应进行锚固性能试验并符合下列规定：

① 低温下预应力筋-锚具组装件的实测极限抗拉力 F_{Tu}不应低于常温下预应力筋实测平均极限抗拉力 nF_{pm}的 95%。

② 最大荷载时预应力筋受力长度的总伸长率 ε_{Tu}应明示；

③ 破坏形式应是预应力筋的破断，而不是由锚具的失效导致试验终止。

(5) 锚板强度

6 孔及以上的夹片式锚具的锚板应进行强度检验，并应符合下列规定：静载锚固性能试验合格并卸载之后锚板表面直径中心的残余挠度不应大于配套锚垫板上口直径 D 的 1/600。

(6) 内缩量

采用无顶压张拉工艺时，ϕ5.2 钢绞线用夹片式锚具的预应力筋内缩量不宜大于 6mm。

(7) 锚口摩阻损失

夹片式锚具的锚口摩阻损失不宜大于 6%。

9.2.3.2 夹具的技术指标

夹具的静载锚固性能应符合下式：

$$\eta_g=\frac{F_{Tu}}{F_{ptk}}\geqslant 95\% \tag{9-3}$$

预应力筋-夹具组装件的破坏形式是预应力筋的破断，而不是由夹具的失效导致试验的终止。

9.2.4 取样频率及数量

锚具、夹具试验取样频率及数量见表 9-10。

表 9-10 锚具、夹具试验取样频率及数量

序号	项目	检验或验收依据	检测内容	组批原则或取样频率	取样方法及数量	送样时应提供的信息
1	锚具、夹具	《预应力筋用锚具、夹具和连接器》(GB/T 14370—2015)	外观检查，硬度、回缩量、静载锚固性能试验	以同一规格产品、同一批原材料、同一种工艺一次投料生产的为一批，每个抽检组批不得超过 2000 件(套)	(1)锚具外观检查：抽取 5%～10%，且不少于 10 套。 (2)锚具硬度检测：抽取 3%～5%，不少于 5 套。 (3)多孔夹片式锚具每套至少抽取 5 片。 (4)静载锚固性能试验：从同批中抽取 6 套锚具(夹具或连接器)组成 3 个锚具组装件	(1)生产单位； (2)产品标记(种类、结构型式、规格、执行标准)； (3)批号/生产日期； (4)出厂合格证； (5)使用部位

9.2.5 静载锚固性能试验

9.2.5.1 试验目的

通过本试验检测预应力筋-锚具、夹具或连接器组装件的静载锚固性能。

9.2.5.2 编制依据

本试验依据《预应力筋用锚具、夹具和连接器》(GB/T 14370—2015)制定。

9.2.5.3 仪器设备

试验机的测力系统应按照《静力单轴试验机的检验 第1部分:压力和拉力试验机测力系统的检验与校准》(GB/T 16825.1—2008)的规定进行校准,并且其准确度不应低于1级;预应力筋总伸长率测量装置在测量范围内,示值相对误差不应超过±1%。

9.2.5.4 试验试件要求

(1) 试验用的预应力筋-锚具、夹具或连接器组装件应由全部零件和预应力筋组装而成。组装时锚固零件必须擦拭干净,不得在锚固零件上添加影响锚固性能的物质,如金刚砂、石墨、润滑剂等(设计规定的除外)。

(2) 多根预应力筋的组装件中各根预应力筋应等长、平行、初应力均匀,其受力长度不应小于3m。

(3) 单根钢绞线的组装件及钢绞线母材力学性能试验用的试件,钢绞线的受力长度不应小于0.8m;试验用其他单根预应力筋组装件及母材力学性能试验用试件,预应力筋的受力长度可按照试验设备及国家现行相关标准确定。

(4) 对于预应力筋在被夹持部位不弯折的组装件(全部锚筋孔均与锚板底面垂直),各根预应力筋应平行受拉,侧面不应设置有碍受拉或与预应力筋产生摩擦的接触点;如预应力筋在被夹持部位与组装件的轴线有转向角度(锚筋孔与锚板底面不垂直或连接器的挤压头需倾斜安装等),应在设计转角处加转向约束钢环,组装件受拉时,该转向约束钢环与预应力筋之间不应发生相对滑动。

(5) 试验用预应力钢材应经过选择,全部力学性能必须严格符合该产品的国家标准或行业标准;同时,所选用的预应力钢材其直径公差应在锚具、夹具或连接器产品设计的允许范围之内。

(6) 应在预应力筋有代表性的部位取至少6根试件进行母材力学性能试验,试验结果应符合现行国家标准的规定,每根预应力筋的实测抗拉强度在相应的预应力标准中规定的等级划分均应与受检锚具、夹具或连接器的设计等级相同。

(7) 已受损伤或者有接头的预应力筋不应用于组装试件试验。

9.2.5.5 试验步骤

(1) 预应力筋-锚具或夹具组装件按图9-4的装置进行静载锚固性能试验,受检锚具下安装的环形支撑垫板内径应与受检锚具配套使用的锚垫板上口直径一致;预应力筋-连接器组装可按图 9-5 的装置进行静载锚固性能试验，被连接段预应力筋(件 13)安装预紧时，可在试验连接器(件 8)下临时加垫对开垫片，加载后可适时撤除；单根预应力筋的组装件还可在钢绞线拉伸试验机上按《预应力混凝土用钢材试验方法》(GB/T 21839—2019)的规定进行静载锚固性能试验。

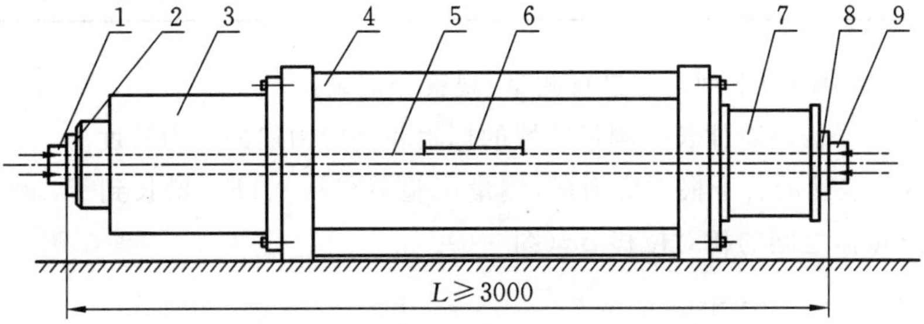

图 9-4　预应力筋-锚具或夹具组装件静载锚固性能试验装置示意图

1，9—试验锚具或夹具；2，8—环形支撑垫板；3—加载用千斤顶；

4—承力台座；5—预应力筋；6—总伸长率测量装置；7—荷载传感器

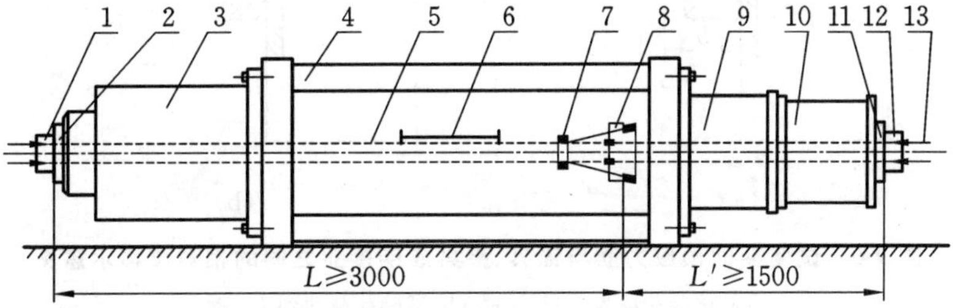

图 9-5　预应力筋-连接器组装件静载锚固性能试验装置示意图

1，12—试验锚具；2，11—环形支撑垫板；3—加载用千斤顶；4—承力台座；5—续接段预应力筋；

6—总伸长率测量装置；7—转向约束钢环；8—试验连接器；9—附加承力圆筒或穿心式千斤顶；

10—荷载传感器；13—被连接段预应力筋

(2) 加载之前应先将各种测量仪表安装调试正确，将各根预应力筋的初应力调试均匀，初应力可取预应力筋公称抗拉强度 f_{ptk} 的 5%～10%；总伸长率测量装置的标距不宜小于 1m。

(3) 加载步骤：

① 对预应力筋分级等速加载，加载步骤应符合表 9-11 的规定，加载速度不宜超过 100MPa/min；加载到最高一级荷载后，持荷 1h，然后缓慢加载至破坏。

② 用试验机或承力台座进行单根预应力筋的组装件静载锚固性能试验时，加载速度可加快，但不宜超过 200MPa/min；加载到最高一级荷载后，持荷时间可缩短，但不应小于 10min，然后缓慢加载至破坏。

表 9-11　静载锚固性能试验的加载步骤

预应力筋类型	每级应施加的荷载
预应力钢材	$0.20F_{ptk} \rightarrow 0.40F_{ptk} \rightarrow 0.60F_{ptk} \rightarrow 0.80F_{ptk}$
纤维增强复合材料筋	$0.20F_{ptk} \rightarrow 0.40F_{ptk} \rightarrow 0.50F_{ptk}$

(4) 试验过程中应对下列内容进行测量、观察和记录：

① 荷载为 $0.1F_{ptk}$时总伸长率测量装置的标距和预应力筋的受力长度。

② 选取有代表性的若干根预应力筋，测量试验荷载从 $0.1F_{ptk}$增长到 F_{Tu}时，预应力筋与锚具、夹具或连接器之间的相对位移 Δa（图 9-6）。

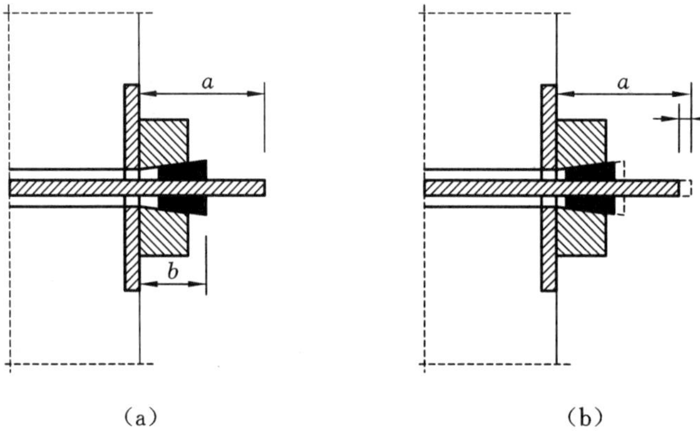

图 9-6　试验期间预应力筋与锚具、夹具或连接器之间的相对位移示意图

(a)试验荷载为 $0.1F_{ptk}$时；(b)试验荷载达到 F_{Tu}时

③ 组装件的实测极限抗拉力 F_{Tu}。

④ 试验荷载从 $0.1F_{ptk}$增长到 F_{Tu}时总伸长率测量装置标距的增量为 ΔL_1，并按下式计算预应力筋受力长度的总伸长率 ε_{Tu}：

$$\varepsilon_{Tu}=\frac{\Delta L_1+\Delta L_2}{L_1-\Delta L_2}\times 100\% \tag{9-4}$$

式中　ΔL_1——试验荷载从 $0.1F_{ptk}$增长到 F_{Tu}时，总伸长率测量装置标距的增量(mm)；

ΔL_2——试验荷载从 0 增长到 $0.1F_{ptk}$时，总伸长率测量装置标距的增量理论计算值(mm)；

L_1——总伸长率测量装置在试验荷载为 $0.1F_{ptk}$时的标距(mm)。

9.2.5.6　检测结果判定

应进行 3 个组装件的静载锚固性能试验，全部试验结果均应作出记录。3 个组装件中如有 2 个组装件不符合要求，应判定该批产品不合格；3 个组装件中如有 1 个组装件不符合要求，应另外取双倍数量的样品重做试验，如仍有不符合要求者，应判定该批产品出厂检验不合格。

9.2.5.7　试验检测记录及报告

锚具静载锚固性能试验检测记录见表 9-12，检测报告见表 9-13。

表 9-12　锚具静载锚固性能试验检测记录

委托编号：

检测编号				样品名称		
试验环境				试验日期		
样品规格						
试样设备						
设备编号						
试验规程						
组装件极限抗拉力(kN)				预应力筋的公称极限抗拉力(kN)		
锚具之间钢绞线长度(mm)						
加载比例	加载拉力(kN)	张拉端		锚固端		活塞伸长(mm)
		夹片外露(mm)	钢绞线回缩(mm)	夹片外露(mm)	钢绞线回缩(mm)	
持荷 1h 后						
破断时						
破　断　现　象						
拉断根数与部位				缩颈根数与部位		
计　算　结　果						
锚具效率系数(%)						
总伸长率(%)						
备注						

检测：　　　　　　　　　　复核：　　　　　　　　　　第　　页共　　页

表 9-13　静载锚固性能检测报告

报告编号：

委托单位		工程名称	
委托编号		取样部位	
记录编号		检测类别	
见证单位/监理单位		生产单位	
施工单位		样品名称	
见证人员		规格型号	
抽样人员		样品状态	
设备名称		收样日期	
设备型号		检测日期	
检测依据		报告日期	

样品编号	材料名称	盘号及钢号	试件直径（mm）	试验机选用度盘(kN)	静载锚固检测			
								检测结果

说 明

1.报告无“检测专用章”无效。

2.复制报告未重新加盖“检测专用章”无效。

3.报告无检测、审核、批准人签字无效；报告涂改无效。

4.对本报告若有异议，应于收到报告之日起十五日内向检测单位提出，逾期不予受理。

5.委托检测仅对来样负责。

批准：　　　　审核：　　　　检测：

检测单位地址：　　　　邮编：　　　　电话：

网站：

9.2.6 锚具的洛氏硬度试验

9.2.6.1 原理

将特定尺寸、形状和材料的压头按规定分两级试验力压入试样表面，初试验力加载后测量初始压痕深度。随后施加主试验力，在卸除主试验力后保持初试验力时测量最终压痕深度，洛氏硬度根据最终压痕深度和初始压痕深度的差值 h 及常数 N 和 S（见图 9-7 和表 9-14）通过式(9-5)计算给出：

$$洛氏硬度=N-\frac{h}{S} \tag{9-5}$$

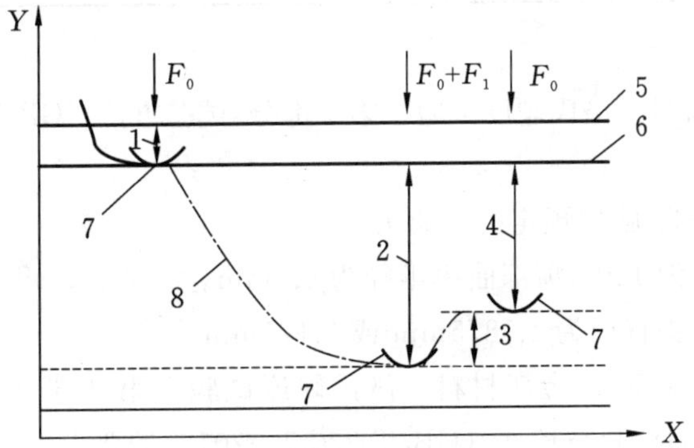

扫一扫
锚具的洛氏硬度试验

图 9-7 洛氏硬度试验原理图

X—时间；Y—压头位置；1—在初试验力 F_0 作用下的压入深度；2—由主试验力 F_1 作用下的压入深度；
3—除主试验力 F_1 后的弹性回复深度；4—残余压痕深度 h；
5—试样表面；6—测量基准面；7—压头位置；8—压头深度相对时间的曲线

表 9-14 符号及缩写术语

符号	名　称	单位
F_0	初试验力	N
F_1	主试验力（总试验力减去初试验力）	N
F	总试验力	N
S	给定标尺的标尺常数	mm
N	给定标尺的全量程常数	
h	卸除主试验力后，在初试验力下压痕残留的深度（残余压痕深度）	mm
HRA HRC HRD	洛氏硬度$=100-h/0.002$	

续表 9-14

符号	名　　称	单位
HRBW HREW HRFW HRGW HRHW HRKW	洛氏硬度＝130－h/0.002	
HRN HRTW	表面洛氏硬度＝100－h/0.001	

9.2.6.2　编制依据

本试验依据《金属材料　洛氏硬度试验　第 1 部分：试验方法》(GB/T 230.1—2018)制定。

9.2.6.3　仪器设备

硬度计应能按表 9-15 施加预定的试验力。

金刚石圆锥压头锥为 120°，顶部曲率半径为 0.2mm。

钢球或硬质合金压头直径为 1.5875mm 或 3.175mm。

压痕深度测量装置应符合《金属材料　洛氏硬度试验　第 2 部分：硬度计(A、B、C、D、E、F、G、H、K、N、T 标尺)的检验与校准》(GB/T 230.2—2012)的要求。

表 9-15　洛氏硬度标尺

洛氏硬度标尺	硬度符号单位	压头类型	初试验力 F_0(N)	全量程常数 N	总试验力 F(N)	适应范围
A	HRA	金刚石圆锥	98.07	100	588.4	20HRA～95HRA
B	HRB	直径 1.5875mm 球	98.07	130	980.7	10HRB～100HRB
C	HRC	金刚石圆锥	98.07	100	1471	20HRC～70HRC
D	HRD	金刚石圆锥	98.07	100	980.7	40HRD～77HRD
E	HRE	直径 3.175mm 球	98.07	130	980.7	70HREW～100HREW
F	HRF	直径 1.5875mm 球	98.07	130	588.4	60HRFW～100HRFW
G	HRG	直径 1.5875mm 球	98.07	130	1471	30HRGW～94HRGW
H	HRH	直径 3.175mm 球	98.07	130	588.4	80HRHW～100HRHW
K	HRK	直径 3.175mm 球	98.07	130	1471	40HRKW～100HRKW
15N	HR15N	金刚石圆锥	29.42	100	147.1	70HR15N～94HR15N
30N	HR30N	金刚石圆锥	29.42	100	294.2	42HR30N～86HR30N

续表 9-15

洛氏硬度标尺	硬度符号单位	压头类型	初试验力 F_0(N)	全量程常数 N	总试验力 F(N)	适应范围
45N	HR45N	金刚石圆锥	29.42	100	441.3	20HR45N～77HR45N
15T	HR15T	直径 1.5875mm 球	29.42	100	147.1	67HR15T～93HR15T
30T	HR30T	直径 1.5875mm 球	29.42	100	294.2	29HR30T～82HR30T
45T	HR45T	直径 1.5875mm 球	29.42	100	441.3	10HR45T～72HR45T

9.2.6.4 试验步骤

(1) 试样

① 除非材料标准或合同另有规定，试样表面应平坦光滑，并且不应有氧化皮及外来污物，尤其不应有油脂。在做可能会与压头黏结的活性金属的硬度试验时，例如钛，可以使用某种合适的油性介质，例如煤油。使用的介质应在试验报告中注明。

② 试样的制备应使受热或冷加工等因素对试样表面硬度的影响减至最小。尤其对于压痕深度浅的试样应特别注意。

③ 对于用金刚石圆锥压头进行的试验，试样或试验层厚度应不小于残余压痕深度的 10 倍；对于用球压头进行的试验，试样或试验层的厚度应不小于残余压痕深度的 15 倍。除非可以证明使用较薄的试样对试验结果没有影响。通常情况下，试验后试样的背面不应有变形出现。对于特别薄的薄板金属，应符合 HR30TSm 和 HR15TSm 标尺的特别要求。

④ 在凸圆柱面和凸球面上进行试验时，应采用洛氏硬度修正值。

(2) 试验步骤

① 试验一般在 10～35℃的室温下进行。当环境温度不满足该规定要求时，实验室需要评估该环境下对于试验数据产生的影响。当试验温度不在 10～35℃范围内时，应记录并在报告中注明。

注：如果在试验或者校准时温度有明显的变化，测量的不确定度可能会增加，并且可能会出现测量超差的情况。

② 使用者应在当天使用硬度计之前，对所用标尺按《金属材料　洛氏硬度试验　第 1 部分：试验方法》(GB/T 230.1—2018)要求进行日常检查。金刚石压头也应按照上述规范的要求进行检查。

③ 在变换或更换压头、压头球或载物台之后，应至少进行两次测试并将结果舍弃，然后按照上述规范进行日常检查以确保硬度计的压头和载物台安装正确。

④ 压头应是上一次间接校准时使用的，如果不是上一次间接校准时使用的，压头应按照

规范对常用的硬度标尺至少使用两个标准硬度块进行核查。该条款不适用于只更换球的情况。

⑤ 试样应放置在刚性支承物上，并使压头轴线和加载方向与试样表面垂直，同时应避免试样产生位移。应对圆柱形试样作适当支撑，例如放置在洛氏硬度值不低于 6HRC 的带有定心 V 型槽或双圆柱的试样台上。由于任何垂直方向的不同心都可能造成错误的试验结果，所以应特别注意使压头、试样、定心 V 型槽与硬度计支座中心对中。

⑥ 使压头与试样表面接触，无冲击、振动、摆动和过载地施加初试验力 F_0，初试验力的加载时间不超过 2s，保持时间应为 3^{+1}_{-2}s。

⑦ 初始压痕深度测量。手动(刻度盘)硬度计需给指示刻度盘设置设定点或设置零位。自动(数显)硬度计的初始压痕深度测量是自动进行，不需要使用者进行输入，同时初始压痕深度的测量也可能不显示。

⑧ 无冲击、振动、摆动和过载地施加主试验力 F_1，使试验力从初试验力 F_0 增加至总试验力 F。洛氏硬度主试验力的加载时间为 1～8s。所有 HRN 和 HRTW 表面洛氏硬度的主试验力加载时间不超过 4s。建议采用与间接校准时相同的加载时间。

注：资料表明，某些材料可能对应变速率较敏感，应变速率的改变可能引起屈服应力值轻微变化，影响到压痕形成，从而可能改变测试的硬度值。

⑨ 总试验力 F 的保持时间为 5^{+1}_{-3}s，卸除主试验力 F_1，初试验力 F_0 保持 4^{+1}_{-3}s 后，进行最终读数。对于在总试验力施加期间有压痕蠕变的试验材料，由于压头可能会持续压入，所以应特别注意。若材料要求的总试验力保持时间超过标准所允许的 6s 时，实际的总试验力保持时间应在试验结果中注明(例如 65HRF/10s)。

⑩ 保持初试验力测量最终压痕深度。洛氏硬度值由式(9-5)使用残余压痕深度 h 计算，相应的信息由表 9-14、表 9-15 给出。对于大多数洛氏硬度计，压痕深度测量是采用自动计算从而显示洛氏硬度值的方式进行。图 9-7 中说明了洛氏硬度值的求出过程。

⑪ 对于在凸圆柱面和凸球面上进行的试验，需要按规范《金属材料　洛氏硬度试验　第 1 部分：试验方法》(GB/T 230.1—2018)进行修正，修正值应在报告中注明。未规定在凹面上试验的修正值，在凹面上试验时，应协商解决。

⑫ 在试验过程中，硬度计应避免受到冲击或振动。

⑬ 两相邻压痕中心之间的距离至少应为压痕直径的 3 倍，任一压痕中心距试样边缘的距离至少应为压痕直径的 2.5 倍。

9.2.6.5　试验检测记录及报告

锚具洛氏硬度试验检测记录见表 9-16，检测报告见表 9-17。

表 9-16 锚具洛氏硬度检测记录

委托编号						样品名称		
检测环境						检测日期		
取样部位						记录编号		
设备名称						规格型号		
设备编号								
检测依据						样品编号		
试样点数			压头类型				洛氏硬度范围	
序号	锚具规格	1	2	3	4	5	6	平均值
检测组数				代表数量				
备注	1.两相邻压痕中心之间的距离至少应为压痕直径的 3 倍； 2.任一压痕中心距试样边缘的距离至少应为压痕直径的 2.5 倍，并且不小于 1mm； 3.洛氏硬度值至少精准至 0.5HR。							

检测：　　　　　　　　复 核：　　　　　　　　第　　页共　　页

表 9-17　锚具洛氏硬度检测报告

报告编号：

<table>
<tr><td>委托单位</td><td colspan="7"></td><td>检测类别</td><td></td></tr>
<tr><td>样品编号</td><td colspan="7"></td><td>抽样人员</td><td></td></tr>
<tr><td>委托编号</td><td colspan="7"></td><td>见证人员</td><td></td></tr>
<tr><td>生产单位</td><td colspan="7"></td><td>样品规格</td><td></td></tr>
<tr><td>见证单位</td><td colspan="7"></td><td>代表数量</td><td></td></tr>
<tr><td>工程名称</td><td colspan="7"></td><td>样品数量</td><td></td></tr>
<tr><td>施工单位</td><td colspan="7"></td><td>样品状态</td><td></td></tr>
<tr><td>取样部位</td><td colspan="7"></td><td>收样日期</td><td></td></tr>
<tr><td rowspan="2">主要
仪器设备</td><td colspan="2">设备名称</td><td colspan="5"></td><td>检测日期</td><td></td></tr>
<tr><td colspan="2">设备编号</td><td colspan="5"></td><td>报告日期</td><td></td></tr>
<tr><td>检测依据</td><td colspan="9"></td></tr>
<tr><td rowspan="2">样品序号</td><td rowspan="2">工件
名称</td><td colspan="7">检测结果 HRA(C)</td><td rowspan="2">单组结论</td></tr>
<tr><td colspan="6">硬度值</td><td>质保范围</td></tr>
<tr><td></td><td></td><td></td><td></td><td></td><td></td><td></td><td></td><td></td><td></td></tr>
<tr><td></td><td></td><td></td><td></td><td></td><td></td><td></td><td></td><td></td><td></td></tr>
<tr><td></td><td></td><td></td><td></td><td></td><td></td><td></td><td></td><td></td><td></td></tr>
<tr><td></td><td></td><td></td><td></td><td></td><td></td><td></td><td></td><td></td><td></td></tr>
<tr><td></td><td></td><td></td><td></td><td></td><td></td><td></td><td></td><td></td><td></td></tr>
<tr><td></td><td></td><td></td><td></td><td></td><td></td><td></td><td></td><td></td><td></td></tr>
<tr><td></td><td></td><td></td><td></td><td></td><td></td><td></td><td></td><td></td><td></td></tr>
<tr><td></td><td></td><td></td><td></td><td></td><td></td><td></td><td></td><td></td><td></td></tr>
<tr><td></td><td></td><td></td><td></td><td></td><td></td><td></td><td></td><td></td><td></td></tr>
<tr><td>检测结论</td><td colspan="9"></td></tr>
<tr><td>备注</td><td colspan="9">1.报告无“检测专用章”无效。
2.复制报告未重新加盖“检测专用章”无效。
3.报告无检测、审核、批准人签字无效；报告涂改无效。
4.对本报告若有异议，应于收到报告之日起十五日内向检验单位提出，逾期不予受理。
5.委托检测仅对来样负责。</td></tr>
<tr><td colspan="10">批准：　　　　　　　　　　　审核：　　　　　　　　检测：
检测单位地址：　　　　　　　邮编：　　　　　　　　电话：
检测单位网址：</td></tr>
</table>

复习思考题

一、名词解释

1. 标准型钢绞线；

2. 公称直径；

3. 夹具；

4. 预应力筋；

5. 预应力筋-锚具组装件实测极限抗拉力。

二、填空题

1. 整根钢绞线的最大力试验按________的规定进行。如试样在夹头内和距钳口________钢绞线公称直径内断裂达不到标准性能要求时，试验无效。

2. 用于有抗震要求结构中的锚具，预应力筋-锚具组装件还应满足循环次数为________次的周期荷载试验。

3. 最大力总伸长率 A_{gt} 的测定按________规定进行。

4. 钢绞线-锚具组装件周期荷载性能检测，试验应力上限取预应力钢材抗拉强度标准值的________，下限取预应力钢材抗拉强度标准值的________。

5. 钢绞线拉伸检测，最大力除以试验钢绞线________得到抗拉强度，数值修约间隔为________；最大力总伸长率 A_{gt} 数值修约间隔为________。

6. 锚具、夹具、连接器检验，对其中有硬度要求的零件做硬度检验，硬度检验抽取________。

三、判断题

1. 疲劳试验所用试样是成品钢绞线上直接截取的试样，试样长度应保证两夹具之间的距离不小于 300mm。（　）

2. 钢绞线应成批验收，每批钢绞线由同一牌号、同一规格、同一生产工艺捻制的钢绞线组成。每批质量不大于 60t。（　）

3. 试验用的预应力筋-锚具、夹具或连接器组装件应由全部零件和预应力筋组装而成。组装时可在锚固零件上添加金刚砂等提高锚固性能的物质。（　）

4. 钢绞线拉伸检测如试样在夹头内和距钳口 2 倍钢绞线公称直径内断裂，而抗拉强度及最大力总伸长率均达到标准性能要求时，试验无效。（　）

5. 对符合要求的预应力钢材应先进行母材性能试验，试件不应少于 3 根，证明其符合国家或行业产品标准后才可用于组装件试验。（　）

四、选择题

1. 钢绞线-锚具组装件静载锚固性能检测，加载之前必须先将各根预应力钢材的初应力调匀，初应力应取钢材抗拉强度标准值 f_{ptk} 的（　）。

A.5%～10%　　B.10%～15%　　C.10%～20%

2. 应力松弛性能试验期间，试样的环境温度应保持在(　　)内。

A.20℃±2℃　　B.10～20℃　　C.10～40℃

3. 用试验机进行单根预应力筋-锚具组装件静载锚固性能试验时，在应力达到 $0.8f_{ptk}$ 时，持荷时间可以缩短，但不少于(　　)。

A.45min　　B.30min　　C.10min

4. 钢绞线的直径应用分度值为(　　)mm 的量具测量。

A.0.01　　B.0.02　　C.0.05

5. 单根钢绞线的组装件试件，不包括夹持部位的受力长度不应小于(　　)m，并参照试验设备确定。

A.0.5　　B.0.8　　C.1.0

五、简答题

1. 预应力筋-锚具、夹具或连接器组装件静载锚固性能试验的试验过程中应观察的项目包括哪些？如何进行结果评定？

2. 钢绞线检查验收的组批原则是什么？

3. 预应力筋-锚具、夹具或连接器组装件静载锚固性能试验的试验过程中应采取哪些安全措施？

4. 简述整根钢绞线的最大力试验方法。

5. 预应力筋-锚具、夹具或连接器组装件静载锚固性能试验的试验仪器要求是什么？

10 沥青、沥青混合料检验

10.1 沥　　青

10.1.1 定义

扫一扫

沥青检验
相关知识

沥青是由不同分子量的碳氢化合物及其非金属衍生物组成的黑褐色复杂混合物，是高黏度有机液体的一种，呈液态，表面呈黑色，可溶于二硫化碳。沥青是憎水性材料，结构致密，几乎不溶于水、不吸水，具有良好的防水性。因此广泛用于土木工程的防水、防潮和防渗。沥青属于有机胶凝材料，与砂、石等矿质混合料具有非常好的黏结能力，所制得的沥青混凝土是现代道路工程最重要的路面材料。

10.1.2 沥青的分类

沥青按其在自然界中获得的方式，可分为地沥青和焦油沥青两大类。地沥青包括天然沥青和石油沥青；焦油沥青包括煤沥青、木沥青和页岩沥青。工程中使用最多的是煤沥青和石油沥青，石油沥青的防水性能好于煤沥青，但是煤沥青的防腐和黏结性能较石油沥青好。

沥青按用途分为：道路石油沥青、建筑工程石油沥青、防水防潮石油沥青。

沥青按原油中所含石蜡数量分为：石蜡基沥青、沥青基沥青、混合基沥青。

沥青按加工方法分为：直馏沥青、溶剂脱沥青、氧化沥青、裂化沥青。

沥青按常温下稠度分为：固体沥青、黏稠沥青和液体沥青。

10.1.3 石油沥青的组分

石油沥青的成分非常复杂，在研究沥青的组成时，将其中化学成分相近、物理性质相似而具有相同特征的部分划分为若干组，即组分。一般分为油分、胶质、地沥青质三大组分。各组分的含量多少会直接影响沥青的性能。此外，还有一定的石蜡固体。

(1) 油分

油分为淡黄色至红褐色的油状液体，其分子量为 100～500，密度为 0.71～1.00g/cm^3，能溶于大多数有机溶剂，但不溶于酒精。在石油沥青中，油分的含量为 40%～60%。油分赋予沥青以流动性。

(2) 胶质

胶质为半固体的黄褐色或红褐色的黏稠状物质，分子量为 600～1000，密度为 1.0～1.1g/cm^3。在一定条件下可以由低分子化合物转变为高分子化合物，以至成为地沥青质和炭沥青。

(3) 地沥青质

地沥青质为深褐色至黑色固态无定性的超细颗粒固体粉末，分子量为2000～6000，密度大于1.0g/cm^3，不溶于汽油，但能溶于二硫化碳和四氯化碳中。地沥青质是决定石油沥青温度敏感性和黏性的重要组分。沥青中地沥青质含量在10%～30%之间，其含量愈多，则软化点愈高，黏性越大，也愈硬脆。

石油沥青中还含2%～3%的沥青碳和似碳物(黑色固体粉末)，是石油沥青中分子量最大的物质，它会降低石油沥青的黏结力。石油沥青中还含有蜡，它会降低石油沥青的黏结性和塑性，其含量越高沥青脆性越人，同时对温度特别敏感(即温度稳定性差)。

石油沥青的状态随温度不同也会改变。当温度升高时，固体沥青中的易熔成分逐渐变为液体，使沥青的流动性提高；当温度降低时，它又恢复为原来的状态。石油沥青中各组分不稳定，会因环境中的阳光、空气、水等因素作用而变化，会使油分、胶质减少，地沥青质增多，这一过程称为“老化”。这时，沥青层的塑性降低，脆性增加，变硬，出现脆裂，失去防水、防腐蚀效果。

此外，近年来最常采用的一种沥青分组方法是按L·W.科尔贝特的方法，将沥青分离为饱和分、芳香分、胶质和沥青质等四个组分。沥青中各组分的含量与沥青技术性质之间存在一定的规律性。

按胶体结构解释，随着分散介质饱和分和芳香分含量的减少，保护物质胶质和分散相沥青质含量的增加，沥青由溶胶结构转变为溶凝胶结构以至凝胶结构。沥青技术指标中的针入度随之减小，软化点随之升高。而当沥青中各组分含量比例协调时，可得到最佳的延度。

但是上述规律只适用于相同油源和相同工艺获得的沥青，对于相同原油，采用不同工艺，或者不同原油相同工艺甚至不同原油和工艺获得的沥青，它们即使具有相近的沥青组分含量，但是它们的技术性质指标可以相差很大。产生这些现象的原因是由于不同油源和工艺获得的沥青，它们的各化学组分虽然可以很接近，但是它们各个组分的化学结构并不相同，各组分的溶度参数不同。亦即各组分的相溶性不同，因而形成不同的胶体结构，所以它们的技术性质亦不相同。

10.1.4 石油沥青的技术性质

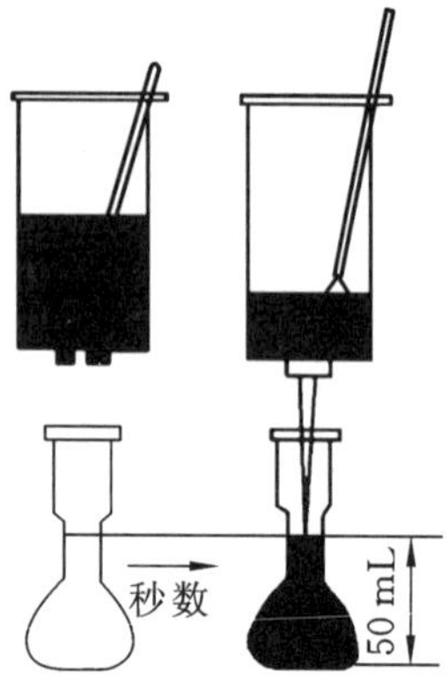

图10-1 黏滞度测定示意图

(1) 黏滞性

石油沥青的黏滞性又称黏性或黏度，它是反映沥青材料内部阻碍其相对流动的一种特性，是沥青材料软硬、稀稠程度的反映。

对黏稠(半固体或固体)的石油沥青用针入度表示，对液体石油沥青则用黏滞度表示。黏滞度和针入度是划分沥青牌号的主要指标。

黏滞度是液体沥青在一定温度下经规定直径的孔，漏下50mL所需的秒数。其测定示意图如图10-1所示。黏滞度常以符号C表示，黏滞度大时，表示沥青的黏性大。

针入度是指在温度为25℃的条件下，以100g的标准针，经

5s 沉入沥青中的深度,每 0.1mm 为 1 度,其测定示意图如图 10-2 所示。针入度越大,流动性越大,黏性越小,针入度大致在 5～200 度之间。

(2) 塑性

塑性指石油沥青在外力作用下产生变形而不被破坏,除去外力后,仍能保持变形后的形状的性质。沥青之所以能配制成性能良好的柔性防水材料,很大程度上取决于沥青的塑性。沥青的塑性对冲击振动荷载有一定的吸收能力,并能减少摩擦时的噪声,故沥青是一种优良的道路路面材料。

石油沥青的塑性用延度表示。延度的测定方法是将标准延度"8"字试件(图 10-3),在一定温度(25℃)和一定拉伸速度(50mm/min)下,将试件拉断时延伸的长度,用 cm 表示。延度越大,塑性越好。

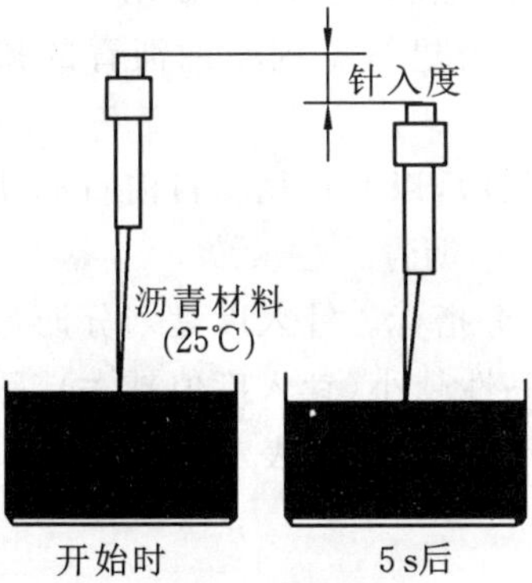

图 10-2　针入度测定示意图

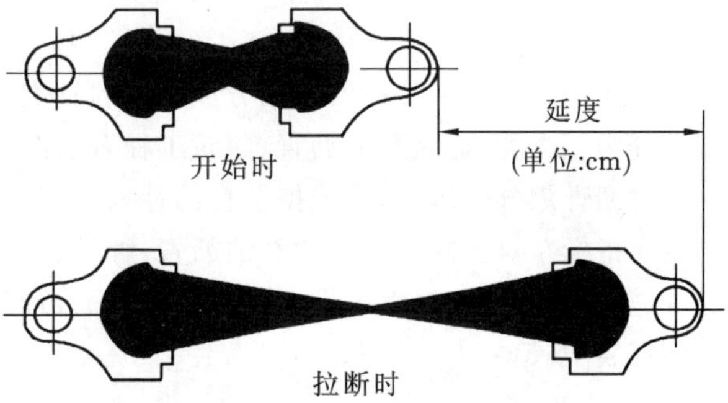

图 10-3　"8"字延度试件示意图

(3) 温度敏感性

温度敏感性(感温性)指石油沥青的黏滞性和塑性随温度升降而变化的性能。

温度敏感性用"软化点"来表示,即沥青材料由固态变为具有一定流动性的膏状体时的温度。通常用"环球法"测定软化点(图 10-4)。其方法是将经过熬制,已脱水的沥青试样,装入规定尺寸的铜环中;试样上放置规定尺寸的钢球,放在盛水或甘油的容器中,以 5℃/min 的升温速度,加热至沥青软化,下垂达 25.4mm 时的温度即为软化点。

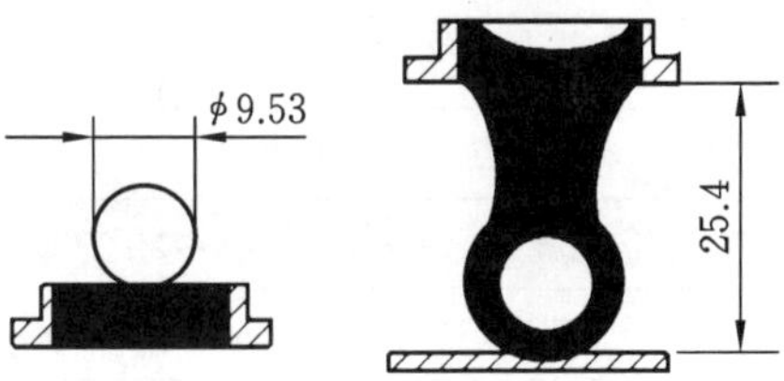

图 10-4　软化点测定示意图

沥青的软化点大致在 50～100℃之间。软化点越高,沥青的耐热性越好,但软化点过高,不易加工和施工;软化点低的沥青,夏季高温时易产生流淌而变形。

(4) 大气稳定性

大气稳定性指石油沥青在热、阳光、氧气和潮湿等大气因素的长期综合作用下抵抗老化的性能,也称沥青材料的耐久性。

石油沥青的大气稳定性用加热蒸发损失百分率和加热前后针入度比来评定。

上述四大指标是评定沥青质量的主要指标。此外,还有闪点、燃点、溶解度等,都对沥青的使用有影响,如闪点和燃点直接影响沥青熬制温度的确定。闪点是指沥青加热至开始挥发出的可燃气体遇火时着火的最低温度;燃点是指若继续加热,一经引火,燃烧将继续维持下去的最低温度。施工熬制沥青的温度不得超过其闪点。

10.1.5 石油沥青的技术指标

根据工程特点、使用部位和环境条件的要求,对照石油沥青的技术性质指标,在满足使用要求的前提下,尽量选用较大牌号的品种,以保证正常使用条件下具有较长的使用年限。

道路石油沥青黏性差、塑性好,容易浸透和乳化,但弹性、耐热性和温度稳定性较差,可用来拌制沥青混凝土或砂浆,用于修筑路面和各种防渗、防护工程,还可用来配制填缝材料、黏结剂和防水材料。建筑工程石油沥青具有良好的防水性、黏结性、耐热性及温度稳定性,但黏度大,延伸变形性能较差,主要用于屋面和各种防水工程,并用来制造防水卷材,配制沥青胶和沥青涂料。普通石油沥青性能较差,一般较少单独使用,可以作为建筑工程石油沥青的掺配材料。

石油沥青的技术标准将沥青划分成不同的种类和标号(等级),以便选用。目前石油沥青主要划分为三大类:道路石油沥青、建筑工程石油沥青和普通石油沥青。

在对沥青划分等级时,是依据沥青的针入度、延度、软化点等指标。针入度是划分沥青标号的主要指标。对于同一品种的石油沥青,牌号越大,相应的黏性越小(针入度值越大)、延展性越好(塑性越大)、感温性越大(软化点越低)。道路石油沥青技术要求见表 10-1、表 10-2,适用范围见表 10-3。

表 10-1 重交通道路石油沥青质量要求

试验项目		AH-130	AH-110	AH-90	AH-70	AH-50
针入度(25℃,100g,5s)(0.1mm)		120～140	100～120	80～100	60～80	40～60
延度(5cm/min,15℃)(cm),不小于		100	100	100	100	100
软化点(℃)		40～50	41～51	42～52	44～54	45～55
闪点(℃),不小于		230				
含蜡量(蒸馏法)(%),不大于		3				
密度(15℃) (g/m^3)		实测				
溶解度(三氯乙烯)(%),不小于		99.0				
薄膜加热试验(163℃,5h)	质量损失(%),不大于	1.3	1.2	1.0	0.8	0.6
	针入度比(%),不小于	45	48	50	55	58
	延度(25℃)不小于(cm)	75	75	75	50	40
	延度(15℃)(cm)	实测				

注:①有条件时,应测定沥青 60℃的动力黏度(Pa·s)及 135℃的运动黏度(mm^2/s),并在检验报告中注明;

②对高速公路、一级公路和城市快速路、主干路的沥青路面,如有需要,用户可对薄膜加热试验后的 15℃延度、黏度等指标向供方提出要求。

表 10-2　轻重交通道路石油沥青质量要求

试验项目		A-200	A-180	A-140	A-100 甲	A-100 乙	A-60 甲	A-60 乙
针入度(25℃,100g,5s)(0.1mm)		200～300	160～200	120～160	90～120	80～120	50～80	40～80
延度(5cm/min,15℃)(cm),不小于		—	100	100	90	60	70	40
软化点(环球法)(℃)		30～45	30～45	38～48	42～52	42～52	45～55	45～55
溶解度(三氯乙烯)(%),不小于		99.0						
薄膜加热试验(163℃,5h)	质量损失(%),不大于	1.0	1.0	1.0	1.0	1.0	1.0	1.0
	针入度比(%),不小于	50	60	60	65	65	70	70
闪点(℃),不小于		180	200	230	230	230	230	230

表 10-3　道路石油沥青适用范围

沥青等级	适 用 范 围
A 级沥青	各个等级公路,适用于任何场合和层次
B 级沥青	(1)高速公路、一级公路沥青下面层及以下的层次,二级及二级以下公路的各个层次; (2)用作改性沥青、乳化沥青、改性乳化沥青、稀释沥青的基质沥青
C 级沥青	三级及三级以下的公路各个层次

10.1.6　其他品种沥青

(1) 煤沥青

煤焦油加工过程中,经过蒸馏去除液体馏分以后的残余物称之为煤沥青。煤沥青是煤焦油的主要成分,约占总量的 50%～60%,一般认为其主要成分为多环、稠环芳烃及其衍生物,具体化合物组成十分复杂。

与石油沥青相比,煤沥青具有的特点见表 10-4。煤沥青中含有酚,有毒,但防腐性好,适用于地下防水层或用作防腐蚀材料。

表 10-4　石油沥青与煤沥青的主要区别

性质	石油沥青	煤沥青
密度(g/cm^3)	近于 1.0	1.25～1.28
锤击	韧性较好	韧性差,较脆
颜色	灰亮褐色	浓黑色

续表 10-4

性质	石油沥青	煤沥青
溶解	易溶于汽油、煤油中,呈棕黑色	难溶于汽油、煤油中,呈黄绿色
温度敏感性	较好	较差
燃烧	烟少无色,有松香味,无毒	烟多,黄色,臭味大,有毒

(2) 改性沥青

对沥青进行氧化、乳化、催化,或者掺入橡胶、树脂、矿物料等物质,使沥青的性质发生不同程度的改善,得到的产品称为改性沥青。

① 橡胶改性沥青。掺入橡胶(天然橡胶、丁基橡胶、氯丁橡胶、丁苯橡胶、再生橡胶)的沥青,使沥青具有一定橡胶特性,改善其气密性、低温柔性、耐化学腐蚀性、耐光性、耐气候性、耐燃烧性,可制作卷材、片材、密封材料或涂料。

② 树脂改性沥青。用树脂改性沥青,可以提高沥青的耐寒性、耐热性、黏结性和不透水性,常用的树脂有聚乙烯树脂、聚丙烯树脂、酚醛树脂等。

③ 橡胶和树脂改性沥青。同时加入橡胶和树脂,可使沥青同时具备橡胶和树脂的特性,性能更加优良。主要用于制作片材、卷材、密封材料、防水涂料。

④ 矿物填充料改性沥青。是指为了提高沥青的黏结力和耐热性,降低沥青的温度敏感性,扩大沥青的使用温度范围,加入一定数量矿物填充料(滑石粉、石灰粉、云母粉、硅藻土)的沥青。

10.1.7 取样方法、频率及数量

(1) 沥青取样方法:

① 从贮油罐中取样:无搅拌设备时,用取样器按液面上、中、下位置各取规定数量样品,亦可在流出口按不同流出深度分 3 次取样,将取出的 3 个样品充分混合后取规定量作为试样;有搅拌设备时,经充分搅拌后用取样器在中部取样。

② 从槽车、罐车、沥青洒布车中取样:旋开取样阀,使沥青流出至少 4kg 或 4L 后再取样;仅有放料阀时,待放出全部沥青的一半时再取样;从顶盖处取样,用取样器从中部取样。

③ 在装料或卸料过程中取样:按时间间隔均匀地取样 3 次,经充分混合后取规定数量作为试样。

④ 从沥青储存池中取样:在沥青加热端按时间间隔取 3 个样品,经充分混合后取规定数量作为试样。

⑤ 从沥青桶中取:可加热后按罐车的取样方法取样;当不便加热时,亦可在桶高的中部将桶凿开取样。

⑥ 固体沥青取样:应在表面以下及容器侧面以内至少 5cm 处采取,或打碎后取中间部分试样。

(2) 沥青取样频率与数量见表 10-5。

表 10-5 沥青取样频率与数量

序号	项目	检验或验收依据	检测内容	组批原则或取样频率	取样方法及数量	送样时应提供的信息
1	道路石油沥青	《城镇道路工程施工与质量验收规范》(CJJ 1—2008) 《公路工程沥青及沥青混合料试验规程》(JTG E20—2011) 《沥青取样法》(GB/T 11147—2010)	(1)针入度(必检); (2)软化点(必检); (3)延度(必检); (4)蜡含量; (5)闪点; (6)溶解度; (7)密度; (8)老化试验; (9)弹性恢复; (10)黏韧性; (11)韧性	按同一生产厂家、同一品种、同一标号、同一批号连续进场的沥青(石油沥青每100t为一批,改性沥青50t为一批)每批次抽检一次	(1)取样方法见前文; (2)取样数量为:黏稠或固体沥青不少于1.5kg;液体沥青不少于1L;沥青乳液不少于4L	(1)生产单位/产地; (2)品种、等级、牌号、执行标准等; (3)批号/生产日期; (4)使用部位

10.2 沥青试验

10.2.1 沥青针入度试验

10.2.1.1 试验方法

本方法适用于测定(0～500)1/10mm固体和半固体沥青材料的针入度,以0.1mm(1/10mm)计[用于本方法的乳化沥青残留物样品制备和试验可参考《乳化沥青蒸发残留物含量测定方法》(SH/T 0099.4—2005)]。除非另行规定,标准试验条件为温度25℃±0.1℃,标准针、针连杆与附加码总质量为100g±0.05g,贯入时间为5s。

10.2.1.2 编制依据

本试验依据《沥青针入度测定方法》(GB/T 4509—2010)制定。

10.2.1.3 仪器设备

(1) 针入度仪:能使针连杆在无明显摩擦下垂直运动,并能指示穿入深度精确到0.1mm的仪器均可使用。针连杆的质量为47.5g±0.05g。针和针连杆的总质量为50g±0.05g,另外,仪器附有50g±0.05g和100g±0.05g的砝码各一个,可以组成100g±0.05g和200g±0.05g的荷载以满足试验所需的荷载条件。仪器设有放置平底玻璃皿的平台,并有可调水平的机构,针连杆应与平台垂直。仪器设有针连杆制动按钮,紧压按钮针连杆可以自由下落。针连杆要易于拆卸,以便定期检查其质量。

(2) 标准针:标准针应由硬化回火的不锈钢制造,钢号为440-C或等同的材料,洛氏硬度为54～60(图10-5),针长约50mm,长针长约60mm,所有针的直径为1.00～1.02mm。针的一端应磨成8.7°～9.7°的锥形。锥形应与针体同轴,圆锥表面和针体表面交界线的轴向最大偏差不大于 0.2mm，切平的圆锥端直径应在 0.14～0.16mm 之间，与针轴所成角度不超过 2°。切平的圆锥面的周边应锋利没有毛刺。圆锥表面粗糙度的算术平均值应为 0.2～0.3μm，针应装在一个黄铜或不锈钢的金属箍中。金属箍的直径为 3.20mm±0.05mm，长度为 38mm±1mm，针应牢固地装在箍里。针尖及针的任何其余部分均不得偏离箍轴 1mm 以上。针箍及其附件总质量为 2.50g±0.05g。可以在针箍的一端打孔或将其边缘磨平，以控制质量。每个针箍上打印单独的标志号码。

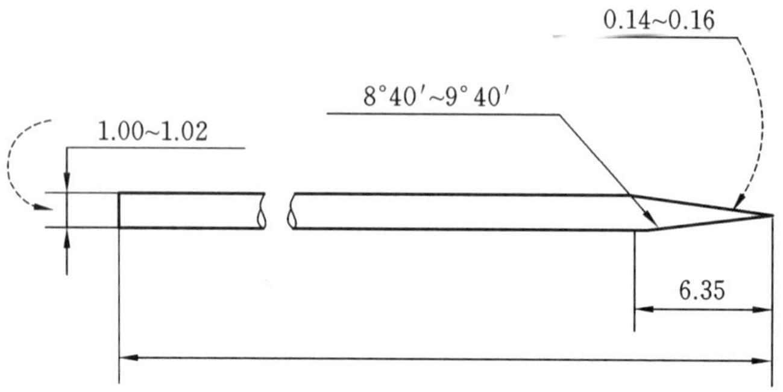

图 10-5　针入度试验用针(尺寸单位:mm)

为了保证试验用针的统一性，国家计量部门对针的检验结果应满足上述的要求，对每一根针应附有国家计量部门的检验单。

(3) 盛样皿：金属制，圆柱形平底。内径 35～55mm，深度 8～16mm 的盛样皿适用于针入度小于 40 的试样；内径 55mm，深度 35mm 的盛样皿适用于针入度小于 200 的试样；内径 55～75mm，深度 45～70mm 的盛样皿适用于针入度 200～350 的试样；对针入度 350～500 的试样需使用的盛样皿深度 70mm，内径 55mm。

(4) 恒温水浴：容量不小于 10L，控温的准确度为±0.1℃。水槽中应设有一带孔的搁架，位于水面下不得少于 100mm，距水槽底 50mm 处。在低温下测定针入度时，水浴中装入盐水。

(5) 平底玻璃皿：平底玻璃皿容量不小于 350mL，深度要没过最大的样品皿。内设有一不锈钢三角支架，能使盛样皿稳定。

(6) 温度计或温度传感器：液体玻璃温度计，符合以下标准：刻度范围－8～55℃，分度值为 0.1℃。或满足此准确度、精度和灵敏度的测温装置均可用。温度计或测温装置应定期按检验方法进行校正。

(7) 计时器：刻度为 0.1s 或小于 0.1s，60s 内的准确度达到±0.1s 的任何计时装置均可。直接连到针入度仪上的任何计时设备应进行精确校正以提供±0.1s 的时间间隔。

10.2.1.4　试样制备

(1) 小心加热样品，不断搅拌以防局部过热，加热到使样品能够易于流动。加热时焦油沥青的加热温度不超过软化点的 60℃，石油沥青不超过软化点的 90℃。加热时间在保证样品充分流动的基础上尽量少。加热、搅拌过程中避免试样中进入气泡。

(2) 将试样倒入预先选好的试样皿中，试样深度应至少是预计锥入深度的 120%。如果试样皿的直径小于 65mm，而预期针入度高于 200，每个试验条件都要倒三个样品。如果样品足够,浇注的样品要达到试样皿边缘。

(3) 将试样皿松松地盖住以防灰尘落入。在 15～30℃的室温下,小的试样皿(ϕ33mm×16mm)中的样品冷却 45min～1.5h,中等试样皿(ϕ55mm×35mm)中的样品冷却 1～1.5h;较大的试样皿中的样品冷却 1.5～2.0h,冷却结束后将试样皿和平底玻璃皿一起放入测试温度下的水浴中,水面应没过试样表面 10mm 以上。在规定的试验温度下恒温,小试样皿恒温 45min～1.5h,中等试样皿恒温 1～1.5h,更大试样皿恒温 1.5～2.0h。

10.2.1.5 试验步骤

(1) 调节针入度仪的水平,检查针连杆和导轨,确保上面没有水和其他物质。如果预测针入度超过 350 应选择长针,否则用标准针。先用合适的溶剂将针擦干净,再用干净的布擦干,然后将针插入针连杆中固定。按试验条件选择合适的砝码并放好砝码。

(2) 如果测试时针入度仪是在水浴中,则直接将试样皿放在浸在水中的支架上,使试样完全浸在水中。如果试验时针入度仪不在水浴中,将已恒温到试验温度的试样皿放在平底玻璃皿中的三角支架上,用与水浴相同温度的水完全覆盖样品,将平底玻璃皿放置在针入度仪的平台上。慢慢放下针连杆,使针尖刚刚接触到试样的表面,必要时用放置在合适位置的光源观察针头位置使针尖与水中针头的投影刚刚接触为止。轻轻拉下活杆,使其与针连杆顶端相接触,调节针入度仪上的表盘读数指零或归零。

(3) 在规定时间内快速释放针连杆,同时启动秒表或计时装置,使标准针自由下落穿入沥青试样中,到规定时间使标准针停止移动。

(4) 拉下活杆,再使其与针连杆顶端相接触,此时表盘指针的读数即为试样的针入度,或自动方式停止锥入,通过数据显示设备直接读出锥入深度数值,得到针入度,用 1/10mm 表示。

(5) 同一试样至少重复测定三次。每一试验点的距离和试验点与试样皿边缘的距离都不得小于 10mm。每次试验前都应将试样和平底玻璃皿放入恒温水浴中,每次测定都要用干净的针。当针入度小于 200 时可将针取下用合适的溶剂擦净后继续使用。当针入度超过 200 时,每个试样皿中扎一针,三个试样皿得到三个数据。或者每个试样至少用三根针,每次试验用的针留在试样中,直到三根针扎完时再将针从试样中取出。但是这样测得的针入度的最高值和最低值之差,不得超过 10.2.1.6 节中的规定。

10.2.1.6 报告

(1) 报告三次测定针入度的平均值,取至整数,作为试验结果。三次测定的针入度值相差不应大于表 10-6 中的数值。

表 10-6 三次测定的针入度值的差值

针入度	0～49	50～149	150～249	250～349	350～500
最大差值	2	4	6	8	20

(2) 如果误差超过了表 10-6 的范围,利用 10.2.1.4 节制备的第二个样品重复试验。

(3) 如果结果再次超过允许值,则取消所有的试验结果,重新进行试验。

10.2.1.7 精密度和偏差

(1) 重复性:同一操作者在同一实验室用同一台仪器对同一样品测得的两次结果不超过平均值的4%。

(2) 再现性:不同操作者在不同实验室用同一类型的不同仪器对同一样品测得的两次结果不超过平均值的11%。

(3) 因为试验测定值由试验方法进行定义,本试验方法得到的数据没有偏差。

10.2.2 沥青延度试验

10.2.2.1 试验方法

本方法适用于测定道路石油沥青、聚合物改性沥青、液体石油沥青蒸馏残留物和乳化沥青蒸发残留物等材料的延度。

将熔化的试样注入专用模具中,先在室温冷却,然后放入保持在试验温度下的水浴中冷却,用热刀削去高出模具的试样,把模具重新放回水浴,再经一定时间后移到延度仪中进行试验。记录沥青试件在一定温度下以一定速度拉伸至断裂时的长度。试件应符合规定的尺寸,非经特殊说明,试验温度为25℃±0.5℃,拉伸速度为5cm/min±0.25cm/min。

10.2.2.2 编制依据

本试验依据《沥青延度测定法》(GB/T 4508—2010)制定。

10.2.2.3 仪器设备

(1) 模具:模具应按图10-6所给样式进行设计。

(2) 水浴:水浴能保持试验温度变化不大于0.1℃,容量至少为10L,试件浸入水中深度不得小于10cm,水浴中设置带孔搁架以支撑试件,搁架距水浴底部不得小于5cm。

(3) 延度仪:对于测量沥青的延度来说,凡是能够满足10.2.2.5节(1)中规定的将试件持续浸没于水中,能按照一定的速度拉伸试件的仪器均可使用。该仪器在启动时应无明显的振动。

(4) 温度计:0~50℃,分度为0.1℃和0.5℃各一支。

注:如果延度试样放在25℃标准的针入度浴中进行恒温时,上述温度计可用《沥青针入度测定方法》(GB/T 4509—2010)中所规定的温度计代替。

(5) 隔离剂:以质量计,由两份甘油和一份滑石粉调制而成。

(6) 支撑板:黄铜板,一面应磨光至表面粗糙度为 *Ra* 0.63。

10.2.2.4 准备工作

(1) 将模具组装在支撑板上,将隔离剂涂于支撑板表面及图10-6中的侧模的内表面,以防沥青沾在模具上。板上的模具要水平放好,以便模具的底部能够充分与板接触。

(2) 小心加热样品,充分搅拌以防局部过热,直到样品容易倾倒。石油沥青加热温度不超过预计石油沥青软化点90℃;煤焦油沥青加热温度不超过煤焦油沥青预计软化点60℃。样品的加热时间在不影响样品性质和在保证样品充分流动的基础上尽量短。将熔化后的样品充分搅拌之后倒入模具中,在组装模具时要小心,不要弄乱了配件。在倒样时使试样呈细流状,自模的一端至另一端往返倒入,使试样略高出模具,将试件在空气中冷却30~40min,然后放在规定温

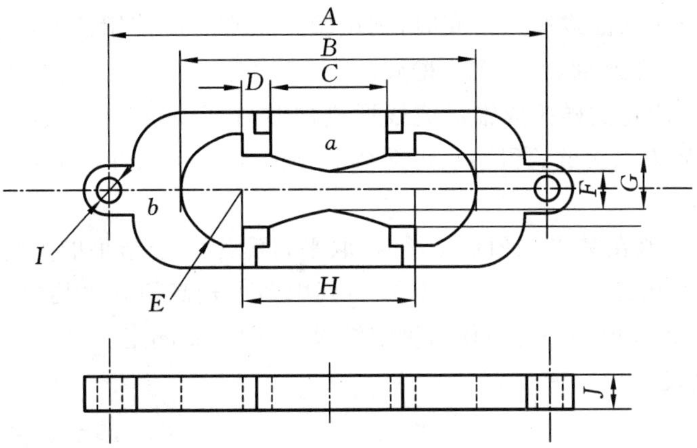

图 10-6 延度仪试模

A—两端模环中心点距离 111.5～113.5 mm；*B*—试件总长 74.54～75.5 mm；*C*—端模间距 29.7～30.3 mm；*D*—肩长 6.8～7.2 mm；*E*—半径 15.75～16.25 mm；*F*—最小横断面宽 9.9～10.1 mm；*G*—端模口宽 19.8～20.2 mm；*H*—两半圆心间距离 42.9～43.1 mm；*I*—端模孔直径 6.54～6.7 mm；*J*—厚度 9.9～10.1mm。

度的水浴中保持 30min 取出，用热的直刀或铲将高出模具的沥青刮出，使试样与模具齐平。

(3) 恒温：将支撑板、模具和试件一起放入水浴中，并在试验温度下保持 85～95min，然后从板上取下试件，拆掉侧模，立即进行拉伸试验。

10.2.2.5 试验步骤

(1) 将模具两端的孔分别套在试验仪器（延度仪，见图 10-7）的柱上，然后以一定的速度拉伸，直到试件拉伸断裂。拉伸速度允许误差在±5%以内，测量试件从拉伸到断裂所经过的距离，以 cm 表示。试验时，试件距水面和水底的距离不小于 2.5cm，并且使温度保持在规定温度的±0.5℃范围内。

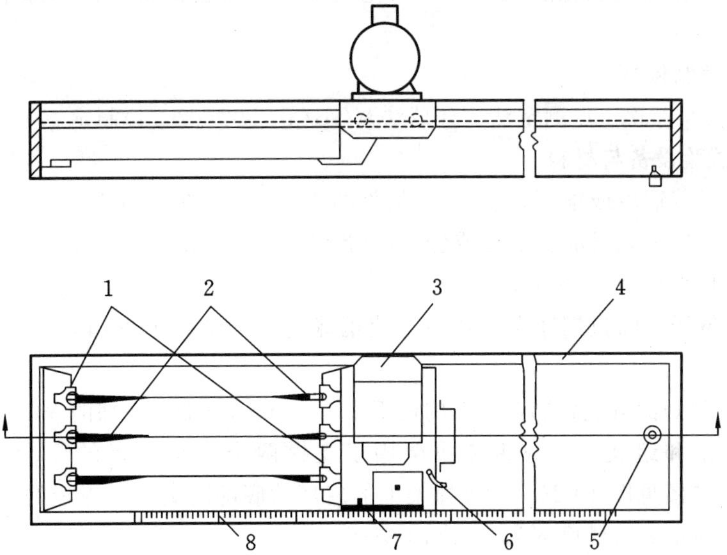

图 10-7 延度仪

1—试模；2—试样；3—电机；4—水槽；5—泄水孔；6—开关柄；7—指针；8—标尺

(2) 如果沥青浮于水面或沉入槽底时，则试验不正常。应使用乙醇或氯化钠调整水的密度，使沥青材料既不浮于水面，又不沉入槽底。

(3) 正常的试验应将试样拉成锥形或线形或柱形，直至在断裂时实际横断面面积接近于零或一均匀断面。如果三次试验得不到正常结果，则报告在该条件下延度无法测定。

10.2.2.6　报告

若三个试件测定值在其平均值的 5%内，取平行测定三个结果的平均值作为测定结果。若三个试件测定值不在其平均值的 5%以内，但其中两个较高值在平均值的 5%之内，则弃去最低测定值，取两个较高值的平均值作为测定结果，否则重新测定。

10.2.2.7　精密度

(1) 重复性

同一操作者在同一实验室使用同一试验仪器对在不同时间同一样品进行试验得到的结果不超过平均值的 10%(置信度 95%)。

(2) 再现性

不同操作者在不同实验室用相同类型的仪器对同一样品进行试验得到的结果不超过平均值的 20%(置信度 95%)。

10.2.3　沥青软化点试验

10.2.3.1　试验方法

本方法适用的沥青材料包括石油沥青、煤焦油沥青、乳化沥青或改性乳化沥青残留物、改性沥青、在加热及不改变性质的情况下可以融化为流体的天然沥青、特种沥青以及沥青混合料回收得到的沥青材料等。

置于肩或锥状黄铜环中两块水平沥青圆片，在加热介质中以一定速度加热，每块沥青片上置有一只钢球。所报告的软化点为当试样软化到使两个放在沥青上的钢球下落 25mm 距离时温度的平均值。

10.2.3.2　编制依据

本试验依据《沥青软化点测定法　环球法》(GB/T 4507—2014)制定。

10.2.3.3　试验设备与材料

(1) 环。两只黄铜肩或锥环，其尺寸规格见图 10-8(a)和图 10-8(b)。

(2) 支撑板。扁平光滑的黄铜板或瓷砖，其尺寸约为 50mm×75mm。

(3) 球。两只直径为 9.5mm 的钢球。

(4) 钢球定位器。两只钢球定位器用于使钢球定位于试样中央，其一般形状和尺寸见图 10-8(c)。

(5) 浴槽。可以加热的玻璃容器，其内径不小于 85mm，离加热底部的深度不小于 120mm。

(6) 环支撑架和组装。一只铜支撑架用于支撑两个水平位置的环，其形状和尺寸见图 10-8(d)，其安装图见图 10-8(e)。支撑架上的肩环的底部距离下支撑板的上表面为 25mm，下支撑板的下表面距离浴槽底部为 16mm±3mm。

(7) 刀。切沥青用。

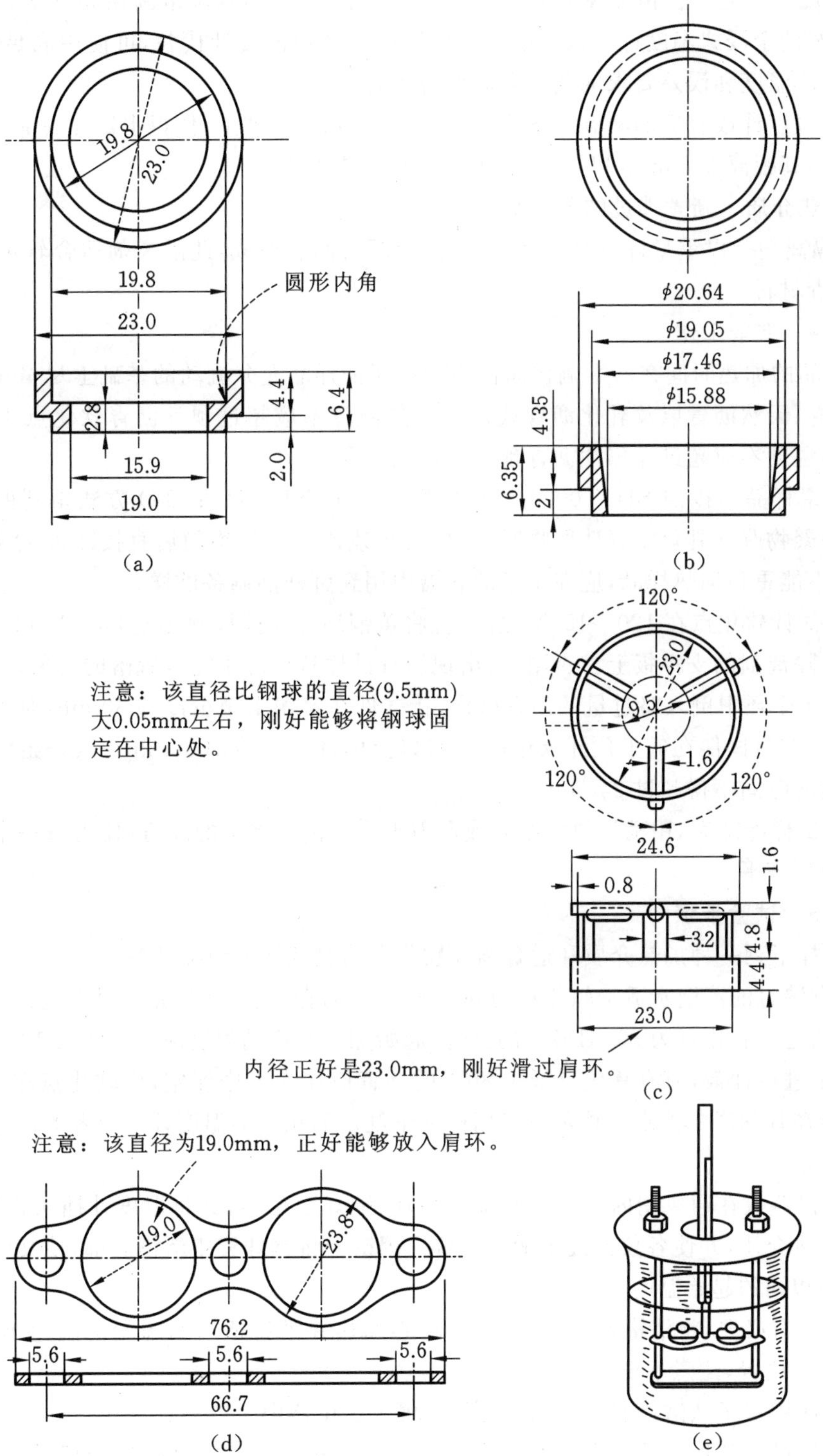

图 10-8　环、钢球定位器、支架、组合装置图

(a)肩环；(b)锥环；(c)钢球定位器；(d)支架；(e)组合装置

(8) 温度计。应符合相关规范关于温度计的技术要求,即测温范围在30~180℃、最小分度值为0.5℃的全浸式温度计。该温度计不允许使用其他温度计代替,可使用满足相同精度、数据显示最小温度和误差要求的其他测温设备代替。

合适的温度计或合适的测温设备应按图10-8(e)悬于支架上,使得水银球底部或测温点与环底部水平,其距离在13mm以内,但不要接触环或支撑架。

(9) 加热介质。新煮沸过的蒸馏水,甘油。

(10) 隔离剂。以重量计,两份甘油和一份滑石粉调制而成,此隔离剂适合软化点为30~157℃的沥青材料。

10.2.3.4 准备工作

(1) 样品的加热时间在不影响样品性质和在保证样品充分流动的基础上尽量短。石油沥青、改性沥青、天然沥青以及乳化沥青残留物加热温度不应超过预计沥青软化点10℃。煤焦油沥青加热温度不应超过煤焦油沥青预计软化点55℃。

(2) 如果样品为按照SH/T0099.4、SH/T0099.16、NB/SH/T0890方法得到的乳化沥青残留物或高聚物改性乳化沥青残留物时,可将其热残留物搅拌均匀后直接注入试模中。如果重复试验,不能重新加热样品,应在干净的容器中用新鲜样品制备试样。

(3) 若估计软化点在120~157℃之间,应将黄铜环与支撑板预热至80~100℃,然后将铜环放到涂有隔离剂的支撑板上。否则,会出现沥青试样从铜环中完全脱落的现象。

(4) 向每个环中倒入略过量的沥青试样,让试件在室温下至少冷却30min,对于在室温下较软的样品,应将试件在低于预计软化点10℃以上的环境中冷却30min。从开始倒试样时起到完成试验的时间不得超过240min。

(5) 当试样冷却后,用稍加热的小刀或刮刀干净地刮去多余的沥青,使得每一个圆片饱满且和环的顶部齐平。

10.2.3.5 试验步骤

(1) 选择下列一种加热介质和适合预计软化点的温度计或测温设备。

① 新煮沸过的蒸馏水适于软化点为30~80℃的沥青,起始加热介质温度应为5℃±1℃。

② 甘油适于软化点为80~157℃的沥青,起始加热介质的温度应为30℃±1℃。

③ 为了进行仲裁,所有软化点低于80℃的沥青应在水浴中测定,而软化点在80~157℃的沥青材料在甘油浴中测定。仲裁时采用标准中规定的相应的温度计。或者上述内容由买卖双方共同决定。

(2) 把仪器放在通风橱内并配置两个样品环、钢球定位器,并将温度计插入合适的位置,浴槽装满加热介质,并使各仪器处于适当位置。用镊子将钢球置于浴槽底部,使其同支架的其他部位达到相同的起始温度。

(3) 如果有必要,将浴槽置于冰水中,或小心加热并维持适当的起始浴温达15min,并使仪器处于适当位置,注意不要玷污浴液。

(4) 再次用镊子从浴槽底部将钢球夹住并置于定位器中。

(5) 从浴槽底部加热使温度以恒定的速率5℃/min上升,试验期间不能取加热速率的平均值,但在3min后,升温速度应达到5℃±0.55℃/min,若温度上升速率超过此限定范围,则此次试验失败。

(6) 当包着沥青的钢球触及下支撑板时，分别记录温度计所显示的温度。无需对温度计的浸没部分进行校正。取两个温度的平均值作为沥青材料的软化点。当软化点在30～157℃时，如果两个温度的差值超过1℃，则重新做试验。

10.2.3.6 计算

(1) 因为软化点的测定是条件性的试验方法，对于给定的沥青试样，当软化点略高于80℃时，水浴中测定的软化点低于甘油浴中测定的软化点。

(2) 软化点高于80℃时，从水浴变成甘油浴时的变化是不连续的。在甘油浴中所报告的沥青软化点最低可能为84.5℃，而煤焦油沥青的软化点最低可能为82℃。当甘油浴中软化点低于这些值时，应转变为水浴中的软化点为80℃或更低，并在报告中注明。

(3) 将甘油浴软化点转化为水浴软化点时，石油沥青的校正值为－4.5℃，对煤焦油沥青的为－2.0℃。采用此校正值只能粗略地表示出软化点的高低，欲得到准确的软化点应在水浴中重复试验。

(4) 无论在任何情况下，如果甘油浴中所测得的石油沥青软化点的平均值为80.0℃或更低，煤焦油沥青软化点的平均值为77.5℃或更低，则应在水浴中重复试验。

(5) 将水浴中略高于80℃的软化点转化成甘油浴中的软化点时，石油沥青的校正值为＋4.5℃，煤焦油沥青的校正值为＋2.0℃。采用此校正值只能粗略地表示出软化点的高低，欲得到准确的软化点应在甘油浴中重复试验。

在任何情况下，如果水浴中两次测定温度的平均值为85.0℃或更高，则应在甘油浴中重复试验。

10.2.3.7 报告

(1) 取两个结果的平均值作为试验结果。

(2) 报告试验结果时同时报告浴槽中所使用加热介质的种类。

10.2.3.8 精密度(95%置信区间)

(1) 重复性

在同一实验室，由同一操作者使用相同的设备，按照相同的测试方法，并在短时间内对同一被测对象相互进行独立测试获得的两个试验结果的绝对差值不超过表10-7中的值。

(2) 再现性

在不同实验室，由不同的操作者使用不同的设备，按照相同的测试方法，对同一被测对象相互进行独立测试获得的两个试验结果的绝对差值不超过表10-7中的值。

表10-7 软化点测定精密度要求数据表

加热介质	沥青材料类型	软化点范围(℃)	重复性(最大绝对误差)(℃)	再现性(最大绝对误差)(℃)
水	石油沥青、乳化沥青残留物、焦油沥青	30～80	1.2	2.0
水	聚合物改性沥青、乳化改性沥青残留物	30～80	1.5	3.5
甘油	建筑石油沥青、特种沥青等石油沥青	80～157	1.5	5.5
甘油	聚合物改性沥青、乳化改性沥青残留物等改性沥青产品	80～157	1.5	5.5

10.3 沥青混合料

沥青混合料是矿料(包括碎石、石屑、砂)和填料与沥青结合料经混合拌制而成的混合料的总称。其中矿料起骨架作用,沥青与填料起胶结填充作用。沥青混合料经摊铺、压实成型后成为沥青路面。

10.3.1 沥青混合料的结构组成

工程上最常用的沥青混合料有两类,其一是沥青混凝土混合料,是由适当比例的粗集料、细集料及填料组成符合规定级配的矿料,与沥青结合料拌和、压实后剩余空隙率小于10%的混合料,简称沥青混凝土,以AC表示,采用圆孔筛时用LH表示。

其二是沥青碎石混合料,是由适当比例的粗集料、细集料及填料(或不加填料)与沥青拌和、压实后剩余空隙率在10%以上的混合料,简称沥青碎石混合料,以AM表示。

按级配原则构成的沥青混合料,其结构组成可分为三类:

(1) 悬浮-密实结构

如图10-9(a)所示,这种结构由次级集料填充前级集料(较次级集料粒径稍大)空隙的沥青混合料,具有很大的密度,但由于各级集料被次级集料和沥青胶浆所分隔,不能直接互相嵌锁形成骨架,因此该结构具有较大的黏聚力 c,但内摩擦角 φ 较小,高温稳定性较差。

(2) 骨架-空隙结构

如图10-9(b)所示,此结构粗集料所占比例大,细集料很少甚至没有。粗集料可互相嵌锁形成骨架,但因细集料过少容易在粗集料之间形成空隙。这种结构内摩擦角 φ 较高,但黏聚力 c 较低。

(3) 骨架-密实结构

如图10-9(c)所示,这种结构由较多数量的粗集料形成空间骨架,相当数量的细集料填充骨架间的空隙形成连续级配,不仅内摩擦角 φ 较高,黏聚力 c 也较高。

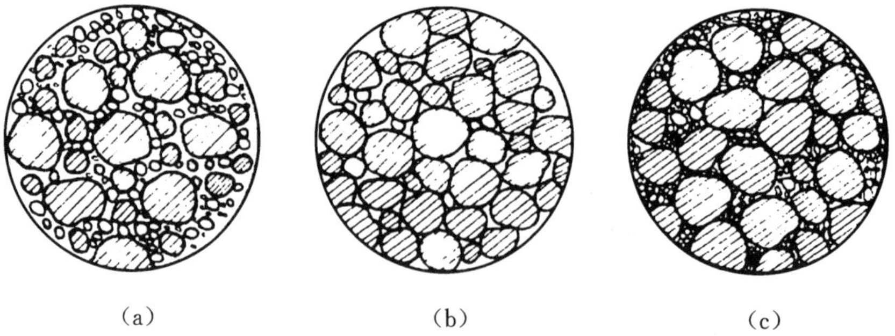

(a)　　　　(b)　　　　(c)

图10-9 沥青混合料结构组成示意图

(a)悬浮-密实结构;(b)骨架-空隙结构;(c)骨架-密实结构

三种结构的沥青混合料由于密度 ρ、空隙率 VV、矿料间隙率 VMA 不同,使它们在稳定性上亦有显著差别。

10.3.2　沥青混合料的主要材料与性能

(1) 沥青

我国行业标准《城镇道路工程施工与质量验收规范》(CJJ 1—2008)规定：城镇道路路面层宜优先采用A级沥青(即能适用于各种等级、任何场合和层次)，不宜使用煤沥青。

其品种有道路石油沥青、软煤沥青和液体石油沥青、乳化石油沥青等。各种沥青在使用时，应根据交通量、气候条件、施工方法、沥青面层类型、材料来源等情况选用。多层面层选用沥青时，一般上层宜用较稠的沥青，下层或连接层宜用较稀的沥青。乳化石油沥青根据凝固速度可分为快凝、中凝和慢凝三种，适用于沥青表面处治、沥青贯入式路面，常温沥青混合料面层以及透层、黏层与封层。

用于沥青混合料的沥青应具有下述性能：

① 具有较大的稠度：即一定温度条件下的稠度较大；

② 具有较大的塑性：具有在一定温度和外力作用下变形而不开裂的能力；

③ 具有足够的温度稳定性：即要求沥青对温度敏感度低，夏天不软，冬天不脆裂；

④ 具有较好的大气稳定性：抗热、抗光老化能力较强；

⑤ 具有较好的水稳性：抗水损害能力较强。

(2) 粗集料

① 粗集料应洁净、干燥、表面粗糙；质量技术要求应符合《城镇道路工程施工与质量验收规范》(CJJ 1—2008)有关规定。

② 粗集料与沥青有良好的黏附性，具有憎水性。

③ 用于城镇快速路、主干路的沥青表面层粗集料的压碎值不大于26%；吸水率不大于2.0%。

④ 粗集料应具有良好的颗粒形状，接近立方体，多棱角，针片状含量不大于15%。

(3) 细集料

① 细集料应洁净、干燥、无风化、无杂质，质量技术要求应符合《城镇道路工程施工与质量验收规范》(CJJ 1—2008)有关规定。

② 细集料应是中砂以上颗粒级配，含泥量小于5%；有足够的强度和耐磨性能。

③ 热拌密级配沥青混合料中天然砂用量不宜超过集料总量的20%，SMA、OGFC不宜使用天然砂。

(4) 填充砂

① 填充砂应用石灰岩或石灰浆中强基性岩石等憎水性石料经磨细得到的矿粉，矿粉应干燥、洁净，细度达到要求。当采用水泥、石灰、粉煤灰作填充料时，其用量不宜超过矿料总量的2%。

② 城镇快速路、主干路的沥青面层不宜用粉煤灰作填充料。

③ 沥青混合料用矿粉质量技术要求应符合《城镇道路工程施工与质量验收规范》(CJJ

1—2008)有关规定。

(5) 纤维稳定剂

① 木质纤维技术要求应符合《城镇道路工程施工与质量验收规范》(CJJ 1—2008)有关规定。

② 不宜使用石棉纤维。

③ 纤维稳定剂应在250℃高温条件下不变质。

10.3.3 沥青混合料的分类

沥青混合料可以从不同角度进行分类,下面介绍常用的几种分类方式:

(1) 按胶结材料种类分类

按胶结材料种类不同,沥青混合料可分为石油沥青混合料和煤沥青混合料。

(2) 按施工温度分类

① 热拌热铺沥青混合料。即沥青与矿质集料(简称矿料)在热态下拌和,热态下铺筑。

② 常温沥青混合料。即采用乳化沥青或稀释沥青与矿料在常温下拌和、铺筑。

(3) 按集料级配类型分类

① 连续级配沥青混合料。即混合料中的矿质集料是按级配原则,从大到小各级粒径按比例搭配组成的。

② 间断级配沥青混合料。即集料级配组成中缺少一个或若干个粒级。

(4) 按混合料密实度分类

① 密级配沥青混合料。指连续级配、相互嵌挤密实的集料与沥青拌和、压实后剩余空隙率小于10%的混合料。

② 开级配沥青混合料。指级配主要由粗集料组成,细集料较少,集料相互拨开,压实后剩余空隙率大于15%的混合料。

③ 半开级配沥青混合料。指粗、细集料及少量填料(或不加填料)与沥青拌和、压实后剩余空隙率在10%～15%的混合料,也称为沥青碎石混合料。

(5) 按集料最大粒径分类

① 粗粒式沥青混合料。指集料最大粒径为26.5mm或31.5mm的混合料。

② 中粒式沥青混合料。指集料最大粒径为16mm或19mm的混合料。

③ 细粒式沥青混合料。指集料最大粒径为9.5mm或13.2mm的混合料。

④ 砂粒式沥青混合料。指集料最大粒径等于或小于4.75mm的混合料。

(6) 热拌沥青混合料主要类型

① 普通沥青混合料

即AC型沥青混合料,适用于城镇次干道、辅路或人行道等场所。

② 改性沥青混合料

改性沥青混合料是指掺加橡胶、树脂、高分子聚合物、磨细的橡胶粉或其他填料等外加剂

(改性剂),使沥青或沥青混合料的性能得以改善制成的沥青混合料。

改性沥青混合料与AC型沥青混合料相比具有较高的高温抗车辙能力,良好的低温抗开裂能力,较高的耐磨耗能力和较长的使用寿命。

改性沥青混合料面层适用于城镇快速路、主干路。

③ 沥青玛瑞脂碎石混合料(简称SMA)

SMA是一种以沥青、矿粉及纤维稳定剂组成的沥青玛瑞脂结合料,填充于间断骨架中所形成的混合料。

SMA是一种间断级配的沥青混合料,5mm以上的粗集料比例高达70%~80%,矿粉用量达7%~13%("粉胶比"超出通常值1.2的限制);沥青用量较多,高达6.5%~7%。

SMA是当前国内外使用较多的一种抗变形能力强,耐久性较好的沥青面层混合料,适用于城镇快速路、主干路。

④ 改性沥青玛瑞脂碎石混合料

改性沥青玛瑞脂碎石混合料使用改性沥青,材料配比采用SMA的配比。

该混合料有非常好的高温抗车辙能力,低温抗变形性能和水稳定性,且构造深度大,抗滑性能好、耐老化性能及耐久性都有较大提高。适用于交通流量和行驶频度急剧增长,客运车的轴重不断增加,严格实行分车道单向行驶的城镇快速路、主干路。

10.3.4 取样频率及数量

(1) 取样方法

① 沥青混合料应随机取样,并且有充分的代表性。在检查拌和质量(如油石比、矿料级配)时,应从拌和机一次放料的下方或提升斗中取样,不得多次取样混合后使用。用以评定混合料质量时,必须分几次取样,拌和均匀后作为代表性试样。

② 热拌沥青混合料在不同地方取样的要求:

A.在沥青混合料拌和厂取样。在拌和厂取样时,宜将专用的容器(一次可装5~8kg)装在拌和机卸料斗下方,每放一次料取样一次,顺次装入试样容器中,每次倒在清扫干净的平板上,连续几次取样,混合均匀,按四分法取样至足够数量。

B.在沥青混合料运料车上取样。在运料汽车上取沥青混合料样品时,宜在汽车装料一半后,分别用铁锹从不同方向的3个不同高度处取样;然后混在一起用铁锹适当拌和均匀,取出规定数量。在施工现场的运料车上取样时,应在卸料一半后从不同方向取样,样品宜从3辆不同的车上取样混合后使用。

C.在道路施工现场取样。在施工现场取样时,应在摊铺后未碾压前,摊铺宽度两侧的1/2~1/3位置处取样,用铁锹取该摊铺层的料。每摊铺一车取一次样,连续3车取样后,混合均匀按四分法取样至足够数量。

D.热拌沥青混合料每次取样时,都必须用温度计测量温度,准确至1℃。

E.从碾压成型的路面上取样时,应随机选取3个以上不同地点,钻孔、切割或刨取该层混合料。需要重新制作试件时,应加热拌匀按四分法取样至足够数量。

(2) 取样数量

试样数量由试验目的决定，宜不少于试验用量的2倍。一般情况可按表10-8取样。平行试验应加倍取样。在现场取样直接装入试模成型时，也可等量取样。

取样材料用于仲裁试验时，取样数量除应满足本取样方法规定外，还应多取一份备样，保留到仲裁结束。

表10-8 常用沥青混合料试验项目的样品数量(JTG E20—2011)

试验项目	目的	最少试样量(kg)	取样量(kg)
马歇尔试验、抽提筛分	施工质量检验	12	20
车辙试验	高温稳定性检验	40	60
浸水马歇尔试验	水稳定性检验	12	20
冻融劈裂试验	水稳定性检验	12	20
弯曲试验	低温性能检验	15	25

10.4 沥青混合料试验

10.4.1 沥青混合料试件制作方法

10.4.1.1 试验目的

本方法适用于标准击实法或大型击实法制作沥青混合料试件，以供实验室进行沥青混合料物理力学性质试验使用。

标准击实法适用于马歇尔试验、间接抗拉试验(劈裂法)等所使用的ϕ101.6mm×63.5mm圆柱体试件的成型。大型击实法适用于ϕ152.4mm×95.3mm的大型圆柱体试件的成型。

10.4.1.2 编制依据

本试验依据《公路工程沥青及沥青混合料试验规程》(JTG E20—2011)制定。

10.4.1.3 仪器设备

(1) 标准击实仪：由击实锤、ϕ98.5mm±0.5mm平圆形压实头及带手柄的导向棒组成。用机械将压实锤提升至457.2mm±1.5mm高度沿导向棒自由落下连续击实，标准击实锤质量4536g±9g。

(2) 大型击实仪：由击实锤、ϕ149.4mm±0.1mm平圆形压实头及带手柄的导向棒组成。用机械将压实锤提升至457.2mm±2.5mm高度沿导向棒自由落下连续击实，标准击实锤质量10210g±10g。

(3)实验室用沥青混合料拌和机：能保证拌和温度并充分拌和均匀，可控制拌和时间，容量不小于10L。搅拌叶自转速度70～80r/min，公转速度40～50r/min。

(4) 脱模器：电动或手动，应能无破损地推出圆柱体试件，备有标准试件及大型试件尺寸的推出环。

(5) 试模：标准击实仪试模的内径为 101.6mm±0.2mm，圆柱形金属筒高 87mm，底座直径约 120.6mm，套筒内径 104.8mm，高 70mm。大型击实仪的试模套筒外径 165.1mm，内径 155.6mm±0.3mm，总高 83mm；试模内径 152.4mm±0.2mm，总高 115mm；底座板厚 12.7mm，直径 172mm。

(6) 烘箱：大、中型各 1 台，应有温度调节器。

(7) 天平或电子秤：用于称量沥青的，感量不大于 0.1g；用于称量矿料的，感量不大于 0.5g。

(8) 其他：沥青运动黏度测定设备、插刀或大螺丝刀、温度计、电炉或煤气炉、沥青熔化锅、拌和铲、标准筛、滤纸（或普通纸）、胶布、卡尺、秒表、粉笔、棉纱等。

10.4.1.4 准备工作

(1) 确定制作沥青混合料试件的拌和与压实温度。

① 按规定测定的沥青的黏度，绘制黏温曲线。按规定的要求确定适宜于沥青混合料拌和及压实的等黏温度。

② 当缺乏沥青黏度测定条件时，试件的拌和与压实温度可按规定选用，根据沥青品种和标号作适当调整。针入度小、稠度大的沥青取高限，针入度大、稠度小的沥青取低限，一般取中值。对改性沥青应根据改性剂的品种和用量，适当提高混合料的拌和和压实温度，对大部分聚合物改性沥青，需要在基质沥青的基础上提高 15～30℃，掺加纤维时，尚需再提高 10℃左右。

③ 常温沥青混合料的拌和和击实在常温下进行。

(2) 按规定在拌和厂或施工现场采集沥青混合料试样。将试样置于烘箱中或加热的砂浴上保温，在混合料中插入温度计测量温度，待混合料温度符合要求后成型。需要适当拌和时可倒入已加热的小型沥青混合料拌和机中适当拌和，时间不超过 1min。但不得用铁锅在电路或明火上加热炒拌。

(3) 在实验室人工配制沥青混合料时，材料准备按下列步骤进行：

① 将各种规格的矿料置于 105℃±5℃的烘箱中烘干至恒重（一般不少于 4～6h）。根据需要，粗集料先用水冲洗干净后烘干。也可将粗集料过筛后用水冲洗再烘干备用。

② 按规定试验方法分别测定不同粒径规格粗、细集料及填料（矿粉）的各种密度，按规定测定沥青的密度。

③ 将烘干分级的粗细集料，按每个试件设计级配要求称其质量，在一金属盘中混合均匀，矿粉单独加热，置于烘箱中预热至沥青拌和温度以上约 15℃（采用石油沥青时通常为 163℃；采用改性沥青时约为 180℃）备用。一般按一组试件（每组 4～6 个）备料，但进行配合比设计时宜对每个试件分别备料。当采用替代法时，对粗集料中粒径大于 26.5mm 的部分，以 13.2～26.5mm 粗集料等量代替。常温沥青混合料的矿料不应加热。

④ 将按规定采集的沥青试样，用恒温烘箱或油浴、电热套熔化加热至规定的沥青混合料拌和温度备用，但不得超过 175℃。当不得已采用燃气炉或电炉直接加热进行脱水时，必须采用石棉垫隔开。

(4) 用沾有少许黄油的棉纱擦净试模、套筒及击实座等，并置于 100℃左右烘箱中加热 1h 备用。常温沥青混合料用试模不加热。

10.4.1.5 拌制沥青混合料

(1) 黏稠石油沥青或煤沥青混合料

① 将沥青混合料拌和机预热至拌和温度以上 10℃左右备用(对实验室试验研究、配合比设计及采用机械拌和施工的工程,严禁用人工炒拌法热拌沥青混合料)。

② 将每个试件预热的粗、细集料置于拌和机中,用小铲子适当混合,然后再加入需要数量的已加热至拌和温度的沥青(如沥青已称量,并储存在一专用容器内时,可在倒沥青后用一部分热矿粉将沾在容器壁上的沥青擦拭一起倒入拌和锅中),开动拌和机一边搅拌一边将拌和叶片插入混合料中拌和 1～1.5min,然后暂停拌和,加入单独加热的矿粉,继续拌和至均匀为止,并使沥青混合料保持在要求的拌和温度范围内。标准的总拌和时间为 3min。

(2) 液体石油沥青混合料

将每组(或每个)试件的矿料置于已加热至 55～100℃的沥青混合料拌和机中,注入要求数量的液体沥青,并将混合料边加热边拌和,使液体沥青中的溶剂挥发至 50%以下。拌和时间应事先试拌确定。

(3) 乳化沥青混合料

将每个试件的粗、细集料,置于沥青混合料拌和机(不加热,也可用人工炒拌)中,注入计算的用水量(阴离子乳化沥青不加水)后,拌和均匀并使矿料表面完全湿润,再注入设计的沥青乳液用量,在 1min 内使混合料拌匀,然后加入矿粉后迅速拌和,将混合料拌成褐色为止。

10.4.1.6 成型方法

马歇尔标准击实法的成型步骤如下:

(1) 将拌好的沥青混合料,均匀称取一个试件所需要的用量(标准马歇尔试件约为 1200g,大型马歇尔试件约为 4050g)。当已知沥青混合料的密度时,可根据试件的标准尺寸计算并乘以 1.03 得到要求的混合料数量。当一次拌和几个试件时,宜将其倒入经预热的金属盘中,用小铲适当拌和均匀分成几份,分别取用。在试件制作过程中,为防止混合料温度下降,应连盘放在烘箱中保温。

(2) 从烘箱中取出预热的试模及套筒,用沾有少许黄油的棉纱擦拭套筒、底座及实锤底面,将试模装在底座上,垫一张圆形吸油性小的纸,按四分法从四个方向用小铲将混合料铲入试模中,用插刀或大螺丝刀沿周边插捣 15 次,中间 10 次。插捣后将沥青混合料表面整平成凸圆弧面。对大型马歇尔试件,混合料分两次加入,每次插捣次数同上。

(3) 插入温度计至混合料中心附近,检查混合料温度。

(4) 待混合料温度符合要求的压实温度后,将试模连同底座一起放在击实台上固定,在装好的混合料上面垫一张圆形吸油性小的纸,再将装有击实锤及导向棒的压实头插入试模中,然后开启电动机或人工击实锤从 457mm 的高度自由落下击实规定的次数(75、50 或 35 次)。对大型马歇尔试件,击实次数为 75 次(相应于标准击实 50 次的情况)或 112 次(相应于标准击实 75 次的情况)。

(5) 试件击实一面后,取下套筒,将试模掉头,装上套筒,然后以同样的方法和次数击实另一面。乳化沥青混合料试件在两面击实后,将一组试件在室温下横向放置 24h;另一组试件置于温度为105℃±5℃的烘箱中养生24h。将养生试件取出后立即两面锤击各25次。

(6) 试件击实结束后，立即用镊子去掉上下面的纸，用卡尺量取试件离试模上口的高度并由此计算试件高度，如高度不符合要求时，试件应作废，并按下式调整试件的混合料质量，以保证高度符合63.5mm±1.3mm(标准试件)或95.3mm±2.5mm(大型试件)的要求。

$$\text{调整后混合料质量}=\frac{\text{要求试件高度}\times\text{原用混合料质量}}{\text{所得试件的高度}} \tag{10-5}$$

卸去套筒和底座，将装有试件的试模横向放置冷却至室温后(不少于12h)，置脱模机上脱出试件。用于作现场马歇尔指标检验的试件，在施工质量检验过程中如急需试验，允许采用电风扇吹冷1h或浸水冷却3min以上的方法脱模；但浸水脱模法不能用于测量密度、空隙率等各项物理指标。

将试件仔细置于干燥洁净的平面上，供试验用。

10.4.2　马歇尔稳定度试验

10.4.2.1　试验目的

本方法适用于马歇尔稳定度试验和浸水马歇尔稳定度试验，以进行沥青混合料的配合比设计或沥青路面施工质量检验。浸水马歇尔稳定度试验(根据需要，也可进行真空饱水马歇尔试验)供检验沥青混合料受水损害时抵抗剥落的能力时使用，通过测试其水稳定性检验配合比设计的可行性。

10.4.2.2　编制依据

本试验依据《公路工程沥青及沥青混合料试验规程》(JTG E20—2011)制定。

10.4.2.3　仪器设备

(1) 沥青混合料马歇尔试验仪：分为自动式和手动式。自动马歇尔试验仪应具备控制装置、记录荷载-位移曲线、自动测定荷载与试件的垂直变形、能自动显示和存储或打印试验结果等功能。手动式马歇尔试验仪由人工操作，试验数据通过操作者目测后读取。

对用于高速公路和一级公路的沥青混合料宜采用自动马歇尔试验仪。

(2) 恒温水槽：控温准确至1℃，深度不小于150mm。

(3) 真空饱水容器：包括真空泵及真空干燥器。

(4)其他：烘箱、天平(感量不大于0.1g)、温度计(分度值1℃)、卡尺、棉纱、黄油。

10.4.2.4　试验准备工作

(1) 按规定的标准击实法成型标准马歇尔试件，标准马歇尔试件应符合直径101.6mm±0.2mm、高63.5mm±1.3mm的要求。对大型马歇尔试验试件，尺寸应符合直径152.4mm±0.2mm，高95.3mm±2.5mm的要求。一组试件的数量不得少于4个，并符合规定。

(2) 量测试件的直径及高度：用卡尺测量试件中部的直径，用马歇尔试件高度测定器或卡尺在十字对称的4个方向量测离试件边缘10mm处的高度，准确至0.1mm，并以其平均值作为试件的高度。如试件高度不符合63.5mm±1.3mm或95.3mm±2.5mm要求或量测高度相差大于2mm时，此试件作废。

(3) 按规定的方法测定试件的密度、空隙率、沥青体积百分率、沥青饱和度、矿物间隙率等物理指标。

(4) 将恒温水槽调节至要求的试验温度，对黏稠石油沥青或烘箱养生过的乳化沥青混合料为60℃±1℃，对煤沥青混合料为33.8℃±1℃，对空气养生的乳化沥青或液体沥青混合料为25℃±1℃。

10.4.2.5　试验步骤

(1) 将试件置于已达规定温度的恒温水槽中保温，保温时间对马歇尔标准试件需30～40min，对大型马歇尔试件需45～65min。试件之间应有间隔，底下应垫起，离容器底部不小于5cm。

(2) 将马歇尔试验仪上的上下压头放入水槽或烘箱中达到同样温度。将上下压头从水槽或烘箱中取出擦拭干净内面。为使上下压头滑动自如，可在下压头的导棒上涂少量黄油。再将试件取出置于下压头上，盖上上压头，然后装在加载设备上。

(3) 在上压头的球座上放妥钢球，并对准荷载测定装置的压头。

(4) 当采用自动马歇尔试验仪时，将自动马歇尔试验仪的压力传感器、位移传感器与计算机或 *X-Y* 记录仪正确连接，调整好适宜的放大比例。调整好计算机程序或将 *X-Y* 记录仪的记录笔对准原点。

(5) 当采用压力环和流值计时，将流值计安装在导棒上，使导向套管轻轻地压住上压头，同时将流值计读数调零。将压力环中百分表调零。

(6) 启动加载设备，使试件承受荷载，加载速度为50mm/min±5mm/min。计算机或 *X-Y* 记录仪自动记录传感器压力和试件变形曲线并将数据自动存入计算机。

(7) 当试验荷载达到最大值的瞬间，取下流值计，同时读取压力环中百分表读数及流值计的流值读数。

(8) 从恒温水槽中取出试件至测出最大荷载值的时间，不得超过30s。

10.4.2.6　浸水马歇尔试验方法

浸水马歇尔试验方法与标准马歇尔试验方法的不同之处在于，试件在已达规定温度恒温水槽中的保温时间为48h，其余均与标准马歇尔试验方法相同。

10.4.2.7　真空饱水马歇尔试验方法

试件先放入真空干燥器中，关闭进水胶管，开动真空泵，使干燥器的真空度达到98.3kPa(730mmHg)以上，维持15min后恢复常压，取出试件再放入已达规定温度的恒温水槽中保温48h，其余均与标准马歇尔试验方法相同。

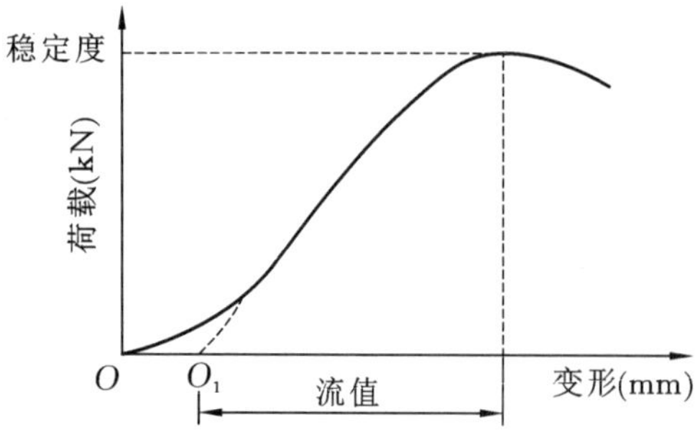

图 10-10　马歇尔试验结果的修正方法

10.4.2.8　试验数据处理及判定

(1) 试件的稳定度及流值

当采用自动马歇尔试验仪时，将计算机采集的数据绘制成压力和试件变形曲线，或由 *X-Y* 记录仪自动记录的荷载-变形曲线，按图10-10所示的方法在切线方向延长曲线与横坐标相交于 O_1，将 O_1 作为修正原点，从 O_1 起量相应于荷载最大值时的变形作为流值(FL)，以mm

计,精确至0.1mm。最大荷载即为稳定度(MS),以kN计,精确至0.01kN。

采用压力环和流值计测定时,压力环标定曲线,将压力环中百分表的读数换算为荷载值,或者由荷载测定装置读取的最大值即为试样的稳定度(MS),以kN计,精确至0.1kN。由流值计及位移传感器测定装置读取的试件垂直变形,即为试件的流值(FL),以mm计,精确至0.1mm。

(2) 试件的马歇尔模数按下式计算:

$$T=\frac{MS}{FL} \tag{10-6}$$

式中 T——试件的马歇尔模数(kN/mm);

MS——试件的稳定度(kN);

FL——试件的流值(mm)。

(3) 试件的浸水残留稳定度按下式计算:

$$MS_0=\frac{MS_1}{MS}\times100 \tag{10-7}$$

式中 MS_0——试件的浸水残留稳定度(%);

MS_1——试件浸水48h后的稳定度(kN)。

(4) 试件的真空饱水残留稳定度按下式计算:

$$MS_0'=\frac{MS_2}{MS}\times100 \tag{10-8}$$

式中 MS_0'——试件的真空饱水残留稳定度(%);

MS_2——试件真空饱水后浸水48h后的稳定度(kN)。

当一组测定值中某个测定值与平均值之差大于标准差的k倍时,该测定值应予以舍弃,并以其余测定值的平均值作为试验结果。当试件数目n为3、4、5、6个时,k值分别为1.15、1.46、1.67、1.82。

复习思考题

一、单选题

1. 沥青的针入度越高,说明该沥青( )。

A.黏稠程度越大 B.标号越低

C.更适应环境温度较高的要求 D.更适应环境温度较低的要求

2. 石油沥青老化后,其延度将( )。

A.保持不变 B.变小 C.变大 D.先变小后变大

3. 沥青混合料的残留稳定度表示材料的( )。

A.承载能力 B.高温稳定性 C.抗变形能力 D.水稳性

4. 沥青混凝土混合料和沥青碎混合料石的区别是( )。

A.压实后剩余空隙率不同 B.矿粉用量不同

C.集料最大粒径不同　　D.油石比不同

二、多选题

1. 沥青混合料的主要技术指标有(　　)。

A.高温稳定性　　B.低温抗裂性　　C.耐久性　　D.抗滑性

2. 沥青的三大技术指标是(　　)。

A.含蜡量　　B.针入度　　C.软化点　　D.延度

3. 针入度试验的条件分别是(　　)。

A.温度　　B.时间　　C.针质量　　D.沉入速度

三、简答题

1. 什么是沥青的延度?

2. 什么是沥青混合料?试简述沥青混合料的分类情况?

11 墙体材料检验

11.1 墙体材料知识概要

11.1.1 墙体及其材料概述

扫一扫

墙体材料相关知识

墙体是建筑物的重要组成部分，它的作用是承重、围护或分隔空间。按墙体受力情况和材料分为承重墙和非承重墙。

目前一般建筑工程所用的墙体材料有砖、砌块和板材三大类。

墙体材料的改革是一个重要而难度大的问题，发展新型墙体材料首先要取代实心黏土砖，保护环境、节约资源和能源。其次要满足土木工程结构体系的发展，包括抗震性能以及多功能的要求。最后要给传统土木工程行业带来变革性新工艺，摆脱人海式施工，采用工厂化、现代化、集约化施工。因此，目前新型墙体材料正朝着大型化、轻质化、节能化、利废化、复合化、装饰化以及集约化等方面发展。

11.1.2 墙体材料的分类

11.1.2.1 砌墙砖分类

砖按生产工艺分为烧结砖和非烧结砖。烧结砖是经焙烧工艺制得，非烧结砖通常是通过蒸汽养护或蒸压养护制得。烧结砖按其孔洞率的大小分为烧结普通砖、烧结多孔砖、烧结空心砖。

烧结砖是指以黏土、页岩、粉煤灰、煤矸石等为原料，经成型、干燥、焙烧而制得的。焙烧是生产全过程中最重要的环节，砖坯在焙烧过程中，应严格控制窑内的温度及温度分布的均匀性。若焙烧温度过低，会出现欠火砖；若焙烧温度过高，会出现过火砖。欠火砖孔隙率大，色浅、声哑、强度低、耐久性差；过火砖孔隙率小，色深、声脆、强度高，但弯曲变形、尺寸不规整。欠火砖和过火砖均属于不合格产品。

(1) 烧结普通砖

凡通过焙烧而得的普通砖，称为烧结普通砖。氧化气氛下可得红砖，还原气氛下可得青砖。烧结普通砖的外形为直角六面体，其公称尺寸为 240mm×115mm×53mm。通常将 240mm×115mm 的平面称为大面，240mm×53mm 的平面称为条面，115mm×53mm 的平面称为顶面，如图 11-1 所示。

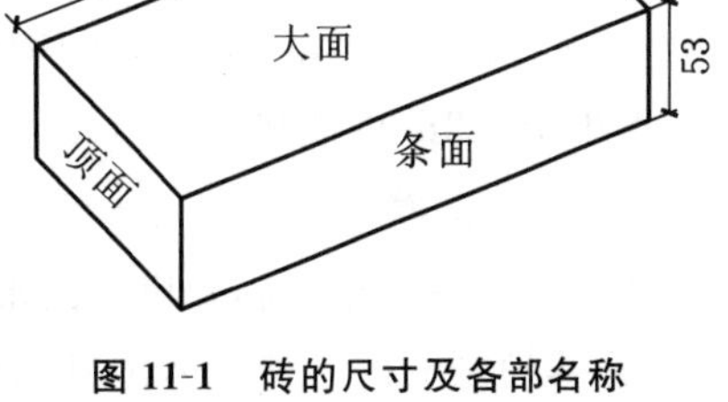

图 11-1 砖的尺寸及各部名称

烧结砖主要是黏土砖，但黏土砖需占用大量农田，且生产中会逸放氟、硫等有害气体，能耗高。目前已限制生产，并逐步淘汰，不少城市已经禁止使用。

(2) 烧结空心砖

烧结空心砖是以黏土、页岩或煤矸石为主要原料经焙烧而成的顶面有孔洞的砖，孔的尺寸大而数量少，孔洞为矩形条孔或其他条孔，其孔洞率大于40%，由于承压面与孔洞平行，使用时大面承压，常用于非承重部位。

(3) 烧结多孔砖

烧结多孔砖是以黏土、页岩或煤矸石为主要原料经焙烧而成主要用于承重部位的多孔砖。其主要原料与烧结空心砖相同，但为大面有孔洞的砖，孔的尺寸小而数量多，其孔洞率不小于15%，常用于承重部位。使用时孔洞垂直于承压面。

(4) 蒸压砖

蒸压灰砂砖是以砂、石灰为主要原料，经坯料制备，压制成型、蒸压养护而成的实心砖，简称灰砂砖。测试结果证明，蒸压灰砂砖，既具有良好的耐久性能，又具有较高的墙体强度。

粉煤灰砖是以粉煤灰、石灰为主要原料，掺加适量石膏和集料经坯料制备，压制成型，高压或常压蒸汽养护而成的。粉煤灰砖可用于工业与民用建筑的墙体和基础，但基础或易受冻融和干湿交替作用的建筑部位必须使用强度较高的砖。同时，粉煤灰砖不得用于长期受热、受急冷急热和有酸性介质侵蚀的部位。

混凝土实心砖是以水泥、集料，以及根据需要加入的掺合料、外加剂等，经加水搅拌、成型、养护制成的。其主要用于砌筑墙体，近年来应用日益广泛。

11.1.2.2 砌块分类

砌块是砌筑用的人造块材。砌块中主规格的长度、宽度或高度有一项或一项以上分别大于365mm、240mm或115mm。砌块按其尺寸规格分为小型砌块、中型砌块和大型砌块；按用途分为承重砌块和非承重砌块；按孔洞设置状况分为空心砌块(空心率≥25%)和实心砌块(空心率<25%)。

(1) 蒸压加气混凝土砌块

凡以钙质材料或硅质材料为基本的原料，以铝粉等为发气剂，经过切割、蒸压养护等工艺制成的，多孔、块状墙体材料称蒸压加气混凝土砌块。蒸压加气混凝土砌块的特性为多孔轻质、保温隔热性能好、加工性能好，但其干缩较大，使用不当，墙体会产生裂纹。

蒸压加气混凝土砌块适用于各类建筑地面(±0.000m)以上的内外填充墙和地面以下的内填充墙(有特殊要求的墙体除外)。

蒸压加气混凝土砌块不应直接砌筑在楼面、地面上。对于厕浴间、露台、外阳台以及设置在外墙面的空调机承托板与砌体接触部位等经常受干湿交替作用的墙体根部，宜浇筑宽度同墙厚、高度不小于0.2m的C20素混凝土墙垫；对于其他墙体，宜用蒸压灰砂砖在其根部砌筑高度不小于0.2m的墙垫。

(2) 普通混凝土小型空心砌块

普通混凝土小型空心砌块是以水泥、砂、碎石和砾石为原料，加水搅拌、振动加压或冲击成型，再经养护制成的一种墙体材料，其空心率不小于25%。普通混凝土小型空心砌块可用于多层土木工程的内外墙。

常用的土木工程砌块还有轻集料混凝土小型空心砌块、粉煤灰砌块、粉煤灰小型空心砌块、石膏砌块等。

10.1.2.3 墙用板材的分类

墙用板材是一类新型墙体材料，它改变了传统墙体的施工工艺，通过采用黏结、组合等方法进行施工，极大加快了墙体施工速度。墙板除轻质外，还具有保温、隔热、隔音、使用面积大、施工方便快捷等特点，为高层建筑、大跨度建筑及建筑工业实现现代化提供了物质基础，具有很广泛的发展前景。

墙用板材有多种：石膏空心条板、纸面石膏板、金属面硬质聚氨酯夹芯板、纤维石膏板、玻璃纤维增强水泥板和钢丝网架水泥聚苯乙烯夹芯板等。以下仅简要介绍常用的几种。

(1) 纸面石膏板

纸面石膏板是以建筑石膏为主要原料，掺入适量添加剂与纤维做板芯，以特制的板纸为护面，经加工制成的板材。纸面石膏板作为一种新型土木工程材料，在性能上有以下特点：

① 生产能耗低，生产效率高。生产同等单位的纸面石膏板的能耗比水泥节省78%，且投资少生产能力大，工序简单，便于大规模生产。

② 轻质。用纸面石膏板作隔墙，重量仅为同等厚度砖墙重量的1/15，同等厚度砌块墙体重量的1/10，有利于结构抗震，并可有效减少基础及结构主体造价。

③ 保温隔热性好。纸面石膏板板芯60%左右是微小气孔，因空气的导热系数很小，因此具有良好的保温隔热性能。

④ 防火性能好。由于石膏芯本身不燃烧，且遇火时在释放化合水的过程中会吸收大量的热，延迟周围环境温度的升高，因此，纸面石膏板具有良好的防火阻燃性能。经国家防火检测中心检测，纸面石膏板隔墙耐火极限可达4h。

⑤ 隔音性能好。采用单一轻质材料，如加气混凝土、膨胀珍珠岩板等构成的单层墙体其厚度很大时才能满足隔音的要求，而纸面石膏板隔墙具有独特的空腔结构，具有很好的隔音性能。

⑥ 装饰功能好。纸面石膏板表面平整，板与板之间通过接缝处理形成无缝表面，表面可直接进行装饰。

⑦ 加工方便，可施工性好。纸面石膏板具有可钉、可刨、可锯、可粘的性能，用于室内装饰，可取得理想的装饰效果，仅需裁纸刀便可随意对纸面石膏板进行裁切，施工非常方便，用它做装饰材料可极大地提高施工效率。

⑧ 舒适的居住功能。由于石膏板的孔隙率较大，并且孔结构分布适当，所以具有较高的透气性能。当室内湿度较高时，可吸湿，而当空气干燥时，又可放出一部分水分，因而对室内湿度起到一定的调节作用，国外将纸面石膏板的这种功能称为“呼吸”功能。正是由于石膏板具有这种独特的“呼吸”性能，可在一定范围内调节室内湿度，使居住条件更舒适。

⑨ 绿色环保。纸面石膏板采用天然石膏及纸面作为原材料，绝不含对人体有害的石棉(绝大多数的硅酸钙类板材及水泥纤维板均采用石棉作为板材的增强材料)。

⑩ 节省空间。采用纸面石膏板作墙体，墙体厚度最小可达74mm，且可保证墙体的隔音、防火性能。

由于纸面石膏板具有质轻、防火、隔音、保温、隔热、加工性强(可刨、可钉、可锯)、施工方便、可拆装性能好,增大使用面积等优点,因此广泛用于各种工业建筑、民用建筑,尤其是在高层建筑中,可作为内墙材料和装饰装修材料,如用于框架结构中的非承重墙、室内贴面板、吊顶等。

(2) 纤维石膏板

纤维石膏板(或称石膏纤维板、无纸石膏板)是一种以建筑石膏粉为主要原料,以各种纤维为增强材料的一种新型土木工程板材。纤维石膏板是继纸面石膏板取得广泛应用后,又一次开发成功的新产品。由于外表省去了护面纸板,因此,应用范围除了覆盖纸面石膏板的全部应用范围外,还有所扩大。其综合性能优于纸面石膏板,如厚度为12.5mm的纤维石膏板的螺丝握裹力达600N/mm^2,而纸面石膏板的仅为100N/mm^2,所以纤维石膏板具有可钉性,可挂东西,而纸面板不行。纤维石膏板产品成本略大于纸面石膏板,但投资的回报率却高于纸面石膏板,因此是一种很有开发潜力的新型土木工程板材。

纤维石膏板可作干墙板、墙衬、隔墙板、瓦片、砖的背板、预制板外包覆层、天花板块、地板以及防火门、立柱、墙的护板等,还可用于拖车及船的内墙、室外保温装饰系统等特殊环境。

(3) 玻璃纤维增强水泥复合板(简称GRC墙板)

GRC墙板是以低碱水泥和硫酸盐早强水泥为胶结料,耐碱(或抗碱)玻璃纤维作增强材料,填充保温芯材,如水泥珍珠岩、岩棉等,经成型、养护而成的一种轻质复合板材。

GRC墙板的主要特点是轻质、高强、韧性好、加工简易、施工方便,但其中一些GRC墙板会在接缝处开裂,影响了其推广应用。

(4) 钢丝网架水泥聚苯乙烯夹芯板

钢丝网架聚苯乙烯夹芯板由三维空间焊接的钢丝网架和内填的阻燃型聚苯乙烯泡沫塑料板条(或整板)构成的网架芯板(简称GJ板),在GJ板两面分别喷抹水泥砂浆后形成的构件称为钢丝网架水泥聚苯乙烯夹芯板(简称GSJ板)。

11.1.3 墙体材料的技术指标

(1) 烧结普通砖(GB 5101—2017)

① 烧结普通砖尺寸允许偏差应符合表11-1的要求。

表11-1 烧结普通砖尺寸允许偏差(mm)

公称尺寸	指标	
	样本平均偏差	样本极差,≤
240	±2.0	6
115	±1.5	5
53	±1.5	4

② 烧结普通砖外观质量应符合表 11-2 的要求。

表 11-2 烧结普通砖外观质量(mm)

项目		指标
两条面高度差 ≤		2
弯曲 ≤		2
杂质凸出高度 ≤		2
缺棱掉角的三个破坏尺寸 不得同时大于		5
裂纹长度≤	a.大面上宽度方向及其延伸至条面的长度	30
	b.大面上长度方向及其延伸至顶面的长度或条、顶面上水平裂纹的长度	50
完整面 不得少于		一条面和一顶面

注:(1) 为砌筑挂浆面施加凹凸纹、槽、压花等不算缺陷。

(2) 凡有下列缺陷之一者,不得称为完整面:

① 缺损在条面或顶面上造成的破坏面尺寸同时大于 10mm×10mm。

② 条面或顶面上裂纹宽度大于 1mm,其长度超过 30mm。

③ 压陷、粘底、焦花在条面上或顶面上的凹陷或凸出超过 2mm,区域尺寸同时大于 10mm×10mm。

③ 烧结普通砖抗压强度应符合表 11-3 的要求。

表 11-3 烧结普通砖砌体的抗压强度(MPa)

强度等级	抗压强度平均值 $\bar{f}$,≥	强度标准值 f_k,≥
MU30	30.0	22.0
MU25	25.0	18.0
MU20	20.0	14.0
MU15	15.0	10.0
MU10	10.0	6.5

(2) 蒸压粉煤灰砖(JC/T 239—2014)

① 蒸压粉煤灰砖尺寸允许偏差和外观质量应符合表 11-4 的要求。

表 11-4 蒸压粉煤灰砖尺寸允许偏差和外观质量

项目			技术指标
外观质量	缺棱掉角	个数(个)	≤2
		三个方向投影尺寸的最大值(mm)	≤15
	裂纹	裂纹延伸的投影尺寸累计(mm)	≤20
	层裂		不允许
尺寸偏差	长度(mm)		+2 −1
	宽度(mm)		±2
	高度(mm)		+2 −1

② 蒸压粉煤灰砖的强度等级应符合表 11-5 的要求。

表 11-5 蒸压粉煤灰砖的强度等级(MPa)

强度等级	抗压强度		抗折强度	
	平均值	单块最小值	平均值	单块值最小值
MU10	≥10.0	≥8.0	≥2.5	≥2.0
MU15	≥15.0	≥12.0	≥3.7	≥3.0
MU20	≥20.0	≥16.0	≥4.8	≥3.8
MU25	≥25.0	≥20.0	≥4.5	≥3.6
MU30	≥30.0	≥24.0	≥4.8	≥3.8

(3) 烧结多孔砖和多孔砌块(GB 13544—2011)

① 烧结多孔砖和多孔砌块尺寸允许偏差应符合表 11-6 的要求。

表 11-6 烧结多孔砖和多孔砌块尺寸允许偏差(mm)

尺　　寸	样本平均偏差	样本极差,≤
>400	±3.0	10.0
300～400	±2.5	9.0
200～300	±2.5	8.0
100～200	±2.0	7.0
<100	±1.5	6.0

② 烧结多孔砖和多孔砌块外观质量应符合表 11-7 的要求。

表 11-7 烧结多孔砖和多孔砌块外观质量(mm)

项　　目			指　标
完整面		不得少于	一条面和一顶面
缺棱掉角的三个破坏尺寸		不得同时大于	30
裂纹长度	a.大面(有孔面)上深入孔壁 15mm 以上宽度方向及其延伸至条面的长度	不大于	80
	b.大面(有孔面)上深入孔壁 15mm 以上长度方向及其延伸至顶面的长度	不大于	100
	c.条、顶面上水平裂纹的长度	不大于	100
杂质在砖或砌块面上造成的凹凸高度		不大于	5

注:凡有下列缺陷之一者,不得称为完整面:

① 缺损在条面或顶面上造成的破坏面尺寸同时大于 20mm×30mm。

② 条面或顶面上裂纹宽度大于 1mm,其长度超过 70mm。

③ 压陷、粘底、焦花在条面上或顶面上的凹陷或凸出超过 2mm,区域最大投影尺寸同时大于 20mm×30mm。

③ 烧结多孔砖和多孔砌块密度等级应符合表 11-8 的要求。

表 11-8 烧结多孔砖和多孔砌块密度等级(kg/m³)

密度等级		3 块砖或砌块干燥表观密度平均值
砖	砌块	
—	900	≤900
1000	1000	900～1000
1100	1100	1000～1100
1200	1200	1100～1200
1300	—	1200～1300

④ 烧结多孔砖和多孔砌块强度等级应符合表 11-9 的要求。

表 11-9 烧结多孔砖和多孔砌块强度等级(MPa)

强度等级	抗压强度平均值 $\bar{f}$,≥	强度标准值 f_k,≥
MU30	30.0	22.0
MU25	25.0	18.0
MU20	20.0	14.0
MU15	15.0	10.0
MU10	10.0	6.5

⑤ 烧结多孔砖和多孔砌块孔型、孔结构及孔洞率应符合表 11-10 的规定。

表 11-10 烧结多孔砖和多孔砌块孔型、孔结构及孔洞率

孔型	孔洞尺寸(mm)		最小壁厚(mm)	最小肋厚(mm)	孔洞率(%)		孔洞排列
	孔宽度尺寸 b	孔长度尺寸 L			砖	砌块	
矩形条孔或矩形孔	≤13	≤40	≥12	≥5	≥28	≥33	(1)所有孔宽应相等,孔采用单向或双向交错排列; (2)孔洞排列上下、左右应对称,分布均匀,手抓孔的长度方向尺寸必须平行于砖的条面

注:① 矩形孔的孔长 L、孔宽 b 满足式 $L \geqslant 3b$ 时,为矩形条孔。

② 孔四个角应做成过渡圆角,不得做成直尖角。

③ 如果有砌筑砂浆槽,则砌筑砂浆槽不计算在孔洞率内。

④ 规格大的砖和砌块应设置手抓孔,手抓孔尺寸为(30～40)mm×(75～85)mm。

(4) 烧结空心砖(GB/T 13545—2014)

① 烧结空心砖尺寸允许偏差应符合表 11-11 的要求。

表 11-11 烧结空心砖尺寸允许偏差(mm)

尺寸	样本平均偏差	样本极差,≤
>300	±3.0	7.0
>200～300	±2.5	6.0
100～200	±2.0	5.0
<100	±1.7	4.0

② 烧结空心砖外观质量应符合表 11-12 的要求。

表 11-12 烧结空心砖外观质量(mm)

项目			指标
弯曲		不大于	4
缺棱掉角的三个破坏尺寸		不得同时大于	30
垂直度差		不大于	4
未贯穿裂纹长度	a.大面上宽度方向及其延伸至条面的长度	不大于	100
	b.大面上长度方向或条面上水平方向的长度	不大于	120
贯穿裂纹长度	a.大面上宽度方向及其延伸至条面的长度	不大于	40
	b.壁、肋沿长度方向、宽度方向及其水平方向的长度	不大于	40
壁、肋内残缺长度		不大于	40
完整面		不少于	一条面或一大面

注:凡有下列缺陷之一者,不得称为完整面:

① 缺损在大面、条面上造成的破坏面尺寸同时大于 20mm×30mm;

② 大面、条面上裂纹宽度大于 1mm,其长度超过 70mm;

③ 压陷、粘底、焦花在条面上或顶面上的凹陷或凸出超过 2mm,区域尺寸同时大于 20mm×30mm。

③ 烧结空心砖强度等级应符合表 11-13 的指标。

表 11-13 烧结空心砖强度等级(MPa)

强度等级	抗压强度		
	平均值,≥	变异系数 δ≤0.21,强度标准值,≥	变异系数 δ>0.21,单块最小值,≥
MU10.0	10.0	7.0	8.0
MU7.5	7.5	5.0	5.8
MU5.0	5.0	3.5	4.0
MU3.5	3.5	2.5	2.8

④ 烧结空心砖密度等级应符合表 11-14 的指标。

表 11-14 烧结空心砖密度等级(kg/m^3)

密度等级	五块体积密度平均值	密度等级	五块体积密度平均值
800	≤800	1000	901～1000
900	801～900	1100	1001～1100

(5) 蒸压灰砂实心砖和实心砌块(GB/T 11945—2019)

蒸压灰砂实心砖和实心砌块强度等级应符合表 11-15 的要求。

表 11-15 蒸压灰砂实心砖和实心砌块强度等级(MPa)

强度等级	抗压强度	
	平均值不小于	单个最小值不小于
MU30	30.0	25.5
MU25	25.0	21.2
MU20	20.0	17.0
MU15	15.0	12.8
MU10	10.0	8.5

(6) 蒸压加气混凝土砌块(GB/T 11968—2006)

① 蒸压加气混凝土砌块强度级别分为 A1.0,A2.0,A2.5,A3.5,A5.0,A7.5,A10 七个级别,见表 11-16。

表 11-16 蒸压加气混凝土砌块的强度级别

干密度级别		B03	B04	B05	B06	B07	B08
强度级别	优等品(A)	A1.0	A2.0	A3.5	A5.0	A7.5	A10.0
	合格品(B)			A2.5	A3.0	A5.5	A7.5

② 蒸压加气混凝土砌块的尺寸偏差与外观质量符合表 11-17 的要求。

表 11-17 蒸压加气混凝土砌块尺寸偏差与外观质量

项　　目			指标	
			优等品(A)	合格品(B)
尺寸允许偏差(mm)	长度	*L*	±3	±4
	宽度	*B*	±1	±2
	高度	*H*	±1	±2
缺棱掉角	最小尺寸不得大于(mm)		0	30
	最大尺寸不得大于(mm)		0	70
	大于以上尺寸的缺棱掉角个数,不多于(个)		0	2

续表 11-17

项目		指标	
		优等品(A)	合格品(B)
裂纹长度	贯穿一棱二面裂纹长度不得大于裂纹所在面的裂纹方向尺寸总和的	0	1/3
	任一面上的裂纹长度不得大于裂纹方向尺寸的	0	1/2
	大于以上尺寸的裂纹条数,不多于(条)	0	2
爆裂、粘模和损坏深度不得大于(mm)		10	30
平面弯曲		不允许	
表面疏松、层裂		不允许	
表面油污		不允许	

③ 蒸压加气混凝土砌块的抗压强度满足表 11-18 的要求。

表 11-18　蒸压加气混凝土砌块的抗压强度(MPa)

强度级别	立方体抗压强度	
	平均值不小于	单组最小值不小于
A1.0	1.0	0.8
A2.0	2.0	1.6
A2.5	2.5	2.0
A3.5	3.5	2.8
A5.0	5.0	4.0
A7.5	7.5	6.0
A10.0	10.0	8.0

④ 蒸压加气混凝土砌块的干密度要符合表 11-19 的要求。

表 11-19　蒸压加气混凝土砌块的干密度(kg/m^3)

干密度级别		B03	B04	B05	B06	B07	B08
干密度	优等品(A)　≤	300	400	500	600	700	800
	合格品(B)　≤	325	425	525	625	725	825

⑤ 蒸压加气混凝土砌块干燥收缩值、抗冻性和导热系数符合表 11-20 要求。

表 11-20　蒸压加气混凝土砌块干燥收缩值、抗冻性和导热系数

干密度级别		B03	B04	B05	B06	B07	B08
干燥收缩值	标准法(mm/m)　≤	0.50					
	快速法(mm/m)　≤	0.80					

续表 11-20

干密度级别			B03	B04	B05	B06	B07	B08
抗冻性	质量损失(%)　≤		5.0					
	冻后强度(MPa)　≥	优等品(A)	0.8	1.6	2.8	4.0	6.0	8.0
		合格品(B)			2.0	2.8	4.0	6.0
导热系数(干态)[W/(m·K)]　≤			0.10	0.12	0.14	0.16	0.18	0.20

注:规定采用标准法、快速法测定砌块干燥收缩值,若测定结果发生矛盾不能判定时,则以标准法测定的结果为准。

(7) 普通混凝土小型砌块(GB/T 8239—2014)

① 普通混凝土小型砌块尺寸允许偏差和外观质量应符合表 11-21 的规定。

表 11-21　普通混凝土小型砌块尺寸允许偏差和外观质量

项 目 名 称			技术指标
长度(mm)			±2
宽度(mm)			±2
高度(mm)			+3、−2
弯曲		不大于	2
掉角缺棱	个数	不超过	1
	三个方向投影尺寸的最小值(mm)	不大于	20
裂纹延伸的投影尺寸累计(mm)		不大于	30

注:免浆砌块的尺寸允许偏差,应由企业根据块型特点自行给出。尺寸偏差不应影响垒砌和墙片性能。

② 普通混凝土小型砌块强度等级应符合表 11-22 的规定。

表 11-22　普通混凝土小型砌块强度等级(MPa)

强度等级	抗压强度	
	平均值,≥	单块最小值,≥
MU5.0	5.0	4.0
MU7.5	7.5	6.0
MU10	10.0	8.0
MU15	15.0	12.0
MU20	20.0	16.0
MU25	25.0	20.0
MU30	30.0	24.0
MU35	35.0	28.0
MU40	40.0	32.0

(8) 轻集料混凝土小型空心砌块(GB/T 15229—2011)

① 轻集料混凝土小型空心砌块尺寸偏差和外观质量应符合表 11-23 的规定。

表 11-23 轻集料混凝土小型空心砌块尺寸偏差和外观质量

项目			指标
尺寸偏差(mm)	长度		±3
	宽度		±3
	高度		±3
最小外壁厚(mm)	用于承重墙体	≥	30
	用于非承重墙体	≥	20
肋厚(mm)	用于承重墙体	≥	25
	用于非承重墙体	≥	20
缺棱掉角	个数(块)	≤	2
	三个方向投影的最大值(mm)	≤	20
裂缝延伸的累计尺寸(mm)		≤	30

② 轻集料混凝土小型空心砌块强度等级应符合表 11-24 的要求。

表 11-24 轻集料混凝土小型空心砌块强度等级

强度等级	抗压强度(MPa)		密度等级范围(kg/m^3)
	平均值	最小值	
MU2.5	≥2.5	≥2.0	≤800
MU3.5	≥3.5	≥2.8	≤1000
MU5.0	≥5.0	≥4.0	≤1200
MU7.5	≥7.5	≥6.0	≤1200① ≤1300②
MU10.0	≥10.0	≥8.0	≤1200① ≤1400②

注:当砌块的抗压强度同时满足 2 个强度等级或 2 个以上强度等级要求时,应以满足要求的最高强度等级为准。

① 指除自然煤矸石掺量不小于砌块质量 35%以外的其他砌块;

② 指自然煤矸石掺量不小于砌块质量 35%的砌块。

③ 轻集料混凝土小型空心砌块密度等级应符合表 11-25 的指标。

表 11-25 轻集料混凝土小型空心砌块密度等级(kg/m^3)

密度等级	干表观密度范围	密度等级	干表观密度范围
700	≥510,≤700	1100	≥1010,≤1100
800	≥710,≤800	1200	≥1110,≤1200
900	≥810,≤900	1300	≥1210,≤1300
1000	≥910,≤1000	1400	≥1310,≤1400

(9) 粉煤灰混凝土小型空心砌块(JC/T 862—2008)

① 粉煤灰混凝土小型空心砌块尺寸偏差和外观质量应符合表 11-26 的规定。

表 11-26 粉煤灰混凝土小型空心砌块尺寸偏差和外观质量

项目			指标
尺寸允许偏差(mm)	长度		±2
	宽度		±2
	高度		±2
最小外壁厚(mm)	用于承重墙体	≥	30
	用于非承重墙体	≥	20
肋厚(mm)	用于承重墙体	≥	25
	用于非承重墙体	≥	15
缺棱掉角	个数(块)	≤	2
	三个方向投影的最小值(mm)	≤	20
裂缝延伸的累计尺寸(mm)		≤	20
弯曲(mm)		≤	2

② 粉煤灰混凝土小型空心砌块强度等级应符合表 11-27 的指标。

表 11-27 粉煤灰混凝土小型空心砌块强度等级(MPa)

强度等级	抗压强度	
	平均值不小于	单块最小值不小于
MU3.5	3.5	2.8
MU5.0	5.0	4.0
MU7.5	7.5	6.0
MU10	10.0	8.0
MU15	15.0	12.0
MU20	20.0	16.0

③ 粉煤灰混凝土小型空心砌块密度等级应符合表 11-28 的指标。

表 11-28　粉煤灰混凝土小型空心砌块密度等级(kg/m^3)

密度等级	砌块块体密度的范围	密度等级	砌块块体密度的范围
600	≤600	1000	910～1000
700	610～700	1200	1010～1200
800	710～800	1400	1210～1400
900	810～900		

11.1.4　墙体材料的取样

(1) 烧结多孔砖和多孔砌块(GB 13544—2011)

3.5 万～15 万块为一批，不足 3.5 万块按一批计。外观质量检验的试样采用随机抽样法，在每一检验批的产品堆垛中抽取，其他检验项目的样品用随机抽样法从外观质量检验合格的样品中抽取。抽样数量按表 11-29 进行。

表 11-29　烧结多孔砖和多孔砌块抽样数量

序号	检验项目	抽样数量(块)	序号	检验项目	抽样数量(块)
1	外观质量	50($n_1=n_2=50$)	6	泛霜	5
2	尺寸偏差	20	7	石灰爆裂	5
3	密度等级	3	8	吸水率和饱和系数	5
4	强度等级	10	9	冻融	5
5	孔型、孔结构及孔洞率	3	10	放射性	3

(2) 烧结普通砖(GB 5101—2017)

3.5 万～15 万块为一批，不足 3.5 万块按一批计。外观质量检验的试样采用随机抽样法，在每一检验批的产品堆垛中抽取，其他检验项目的样品用随机抽样法从外观质量检验合格的样品中抽取。抽样数量按表 11-30 进行。

表 11-30　烧结普通砖抽样数量

序号	检验项目	抽样数量(块)	序号	检验项目	抽样数量(块)
1	外观质量	50($n_1=n_2=50$)	6	石灰爆裂	5
2	欠火砖、酥砖、螺旋纹砖	50	7	吸水率和饱和系数	5
3	尺寸偏差	20	8	冻融	5
4	强度等级	10	9	放射性	2
5	泛霜	5			

(3) 蒸压灰砂实心砖和实心砌块(GB/T 11945—2019)

按强度等级分批验收,以同一批原材料、同一生产工艺、同一规格尺寸,强度等级相同的10万块且不超过1000m³的产品为一批,不足10万块亦按一批计。尺寸偏差和外观质量检验的样品从堆场中抽取。其他检验项目的样品用随机抽样法从尺寸偏差和外观质量检验合格的样品中抽取。抽样数量按表11-31进行。

表11-31 蒸压灰砂砖抽样数量

检验项目	抽样数量(块)	检验项目	抽样数量(块)
尺寸偏差和外观质量	50	抗压强度	5
吸水率	3	抗冻性	10
碳化系数	12	软化系数	10
线性干燥收缩率	3	放射性核素限量	2

(4) 蒸压加气混凝土砌块(GB 11968—2006)

同品种、同规格、同等级的砌块,以10000块为一批,不足10000块的亦为一批。随机抽取50块,进行尺寸偏差、外观检验。从外观与尺寸偏差检验合格的砌块中,随机抽取6块砌块制作试件,进行如下项目检验:

① 干密度:3组9块;

② 强度级别:3组9块。

(5) 蒸压粉煤灰砖(JC/T 239—2014)

以同一批原材料、同一生产工艺生产、同一规格型号、同一强度等级和同一龄期的每10万块砖为一批,不足10万块的按一批计。尺寸偏差和外观质量的检验样品用随机抽样法从每一检验批的产品中抽取,其他检验项目的样品用随机抽样法从尺寸偏差和外观质量检验合格的样品中抽取。抽样数量按表11-32进行。

表11-32 蒸压粉煤灰砖抽样数量

检验项目	抽样数量(块)	检验项目	抽样数量(块)
尺寸偏差和外观质量	100($n_1=n_2=50$)	抗冻性	20
强度等级	20	碳化系数	25
吸水率	3	放射性核素限量	3
线性干燥收缩值	3		

(6) 普通混凝土小型砌块(GB/T 8239—2014)

砌块按规格、种类、龄期和强度等级分批验收。以同一批原材料配制成的相同规格、龄期、强度等级和相同生产工艺生产的500m³且不超过3万块为一批,每周生产不足500m³且不超过 3 万块的按一批计。

每批随机抽取 32 块做尺寸偏差和外观质量检验。从尺寸偏差和外观质量合格的检验批中，随机抽取表 11-33 中所示数量进行其他项目检验。

表 11-33　普通混凝土小型砌块抽样数量

检验项目	样品数量(块)	
	$(H/B)\geqslant 0.6$	$(H/B)<0.6$
空心率	3	3
外壁和肋厚	3	3
强度等级	5	10
吸水率	3	3
线性干燥收缩值	3	3
抗冻性	10	20
碳化系数	12	22
软化系数	10	20
放射性核素限量	3	3

注：H/B(高宽比)是指试样在实际使用状态下的承压高度(H)与最小水平尺寸(B)之比。

(7) 轻集料混凝土小型空心砌块(GB/T 15229—2011)

砌块按密度等级和强度等级分批验收。以同一品种轻集料和水泥按同一生产工艺制成的相同密度等级和强度等级的 300m^3 砌块为一批；不足 300m^3 者亦按一批计。

出厂检验时，每批随机抽取 32 块做尺寸偏差和外观质量检验；再从尺寸偏差和外观质量检验合格的砌块中，随机抽取如下数量进行以下项目的检验：

① 强度：5 块；

② 密度、吸水率和相对含水率：3 块。

型式检验时，每批随机抽取 64 块，并在其中随机抽取 32 块进行尺寸偏差、外观质量检验；如尺寸偏差和外观质量合格，则在 64 块中抽取尺寸偏差和外观质量合格的试样按表 11-34 取样进行其他项目检验。

表 11-34　轻集料混凝土小型空心砌块抽样数量

检验项目	抽样数量(块)	检验项目	抽样数量(块)
强度	5	软化系数	10
密度、吸水率、相对含水率	3	碳化系数	12
干燥收缩率	3	放射性	2
抗冻性	10		

11.2 墙体材料的检测试验

11.2.1 砌墙砖试验

11.2.1.1 试验目的

本试验检测砖的各项性能指标，以保证砌墙砖的尺寸、强度等满足工程的要求，保证结构的可靠性、准确性和操作的一致性。

11.2.1.2 编制依据

《砌墙砖试验方法》(GB/T 2542—2012)；

《烧结普通砖》(GB 5101—2017)；

《烧结多孔砖和多孔砌块》(GB 13544—2011)；

《烧结空心砖和空心砌块》(GB 13545—2014)。

11.2.1.3 尺寸测量

(1) 仪器设备

砖用卡尺：分度值为 0.5mm。

(2) 试验步骤

① 长度应在砖的两个大面的中间处分别测量两个尺寸，宽度应在砖的两个大面的中间处分别测量两个尺寸，高度应在两个条面的中间处分别测量两个尺寸。当被测处有缺损或凸出时，可在其旁边测量，但应选择不利的一侧，精确至 0.5mm。

② 其中每一尺寸测量不足 0.5mm 按 0.5mm 计。样本平均偏差是 20 块试样同一方向 40 个测量尺寸的算术平均值减去其公称尺寸的差值；样本极差是抽检的 20 块试样中同一方向 40 个测量尺寸中最大测量值与最小测量值之间差值。

(3) 试验数据处理及判定

每一方向的尺寸以两个测量值的算术平均值表示，尺寸允许偏差应符合相应表要求。

11.2.1.4 外观质量检查

(1) 仪器设备

砖用卡尺：分度值为 0.5mm；

钢直尺：分度值不应大于 1mm。

(2) 缺损测量方法

缺棱掉角在砖上造成的破损程度，以破损部分对长、宽、高三棱边的投影尺寸来度量，称为破坏尺寸。

缺损造成的破坏面，是指缺损部分对条、顶面(空心砖为条、大面)的投影面积。空心砖内壁残缺及肋残缺尺寸，以长度方向的投影尺寸来度量。

两个条面的高度差：测量两个条面的高度，以测得的较大值减去较小值作为测量结果。

(3) 弯曲测量

① 弯曲分别在大面和条面上测量，测量时将砖用卡尺的两只脚沿棱边两端放置，择其弯曲最大处将垂直尺推至砖面。但不应将因杂质或碰伤造成的凹处计算在内。

② 以弯曲中测得的较大者作为测量结果。

(4) 裂纹的检验

① 裂纹分为长度方向、宽度方向、水平方向三种，多孔砖的孔洞与裂纹相通时，则将孔洞包括在裂纹内一并测量，以被测方向的投影长度表示。如果裂纹从一个面延伸到其他面上时，则累计其延伸的投影长度。

② 裂纹长度以在三个方向上分别测得的最长裂纹作为测量结果。

(5) 杂质凸出的测量

杂质在砖面上造成的凸出高度，以杂质距砖面的最大距离表示。测量时将砖用卡尺的两只脚置于凸出两边的砖平面上，以垂直尺测量。

(6) 色差检测

20 块检测试样装饰面朝上随机分两排并列，在自然光下距离砖样 2m 处目测，色差应基本一致。

(7) 垂直度差

砖各面之间构成的夹角不等于 90°时应测量垂直度差，直角尺准确度等级为 1 级。

(8) 结果处理及判定

外观测量结果以 mm 为单位，不足 1mm 者，按 1mm 计。

① 烧结普通砖、烧结空心砖、烧结多孔砖外观质量采用《砌墙砖检验规则》(JC/T 466—1992)二次抽样方案，应根据相应表的质量指标，检查出其中不合格品数 d_1，按下列规则判定：

$d_1 \leqslant 7$ 时，外观质量合格；

$d_1 \geqslant 11$ 时，外观质量不合格；

$7 < d_1 < 11$ 时，需再次从该产品批中抽样 50 块，检查出不合格品数 d_2，按下列规则判定：

$d_1 + d_2 \leqslant 18$ 时，外观质量合格；

$d_1 + d_2 \geqslant 19$ 时，外观质量不合格。

② 粉煤灰砖尺寸偏差和外观质量采用二次抽样方案，首先抽取第一样本($n_1 = 50$)，检查出其中不合格品数 d_1，按下列规则判定：

$d_1 \leqslant 5$ 时，尺寸偏差和外观质量合格；

$d_1 \geqslant 9$ 时，尺寸偏差和外观质量不合格；

$5 < d_1 < 9$ 时，需再次从该产品批中抽样 50 块，检查出不合格品数 d_2，按下列规则判定：

$d_1 + d_2 \leqslant 12$ 时，尺寸偏差和外观质量合格；

$d_1+d_2 \geqslant 12$ 时,尺寸偏差和外观质量不合格。

11.2.1.5 抗压强度试验

扫一扫
普通砖抗压强度试验操作

(1) 仪器设备及试样数量

材料试验机:试验机的示值相对误差不超过±1%,其上、下加压板至少应有一个球铰支座,预期最大破坏荷载应在量程的 20%~80%之间。

钢直尺:分度值不大于 1mm。

振动台、制样模具、搅拌机:应符合《砌墙砖抗压强度试样制备通用要求》(GB/T 25044—2010)的要求。

切割设备。

抗压强度试验用净浆材料:应符合《砌墙砖抗压强度试验用净浆材料》(GB/T 25183—2010)的要求。

试样数量:10 块。

(2) 试样制备

① 一次成型制样

A.一次成型制样适用于采用样品中间部位切割,交错叠加灌浆制成强度试验试样的方式。

B.将试样锯成两个半截砖,两个半截砖用于叠合部分的长度不得小于 100 mm。如果不足 100mm,应另取备用试样补足。

C.将已切割开的半截砖放入室温的净水中浸 20~30min 后取出,在铁丝网架上滴水 20~30min,以断口相反方向装入制样模具中。用插板控制两个半砖间距不应大于 5mm,砖大面与模具间距不应大于 3mm,砖断面、顶面与模具间垫以橡胶垫或其他密封材料,模具内表面涂油或脱模剂。

D.将净浆材料按照配制要求,置于搅拌机中搅拌均匀。

E.将装好试样的模具置于振动台上,加入适量搅拌均匀的净浆材料,振动时间为 0.5~1min,停止振动,静置至净浆材料达到初凝时间(约 15~19min)后拆模。

②二次成型制样

A.二次成型制样适用于采用整块样品上下表面灌浆制成强度试验试样的方式。

B.将整块试样放入室温的净水中浸 20~30min 后取出,在铁丝网架上滴水 20~30min。

C.按照净浆材料配制要求,置于搅拌机中搅拌均匀。

D.模具内表面涂油或脱模剂,加入适量搅拌均匀的净浆材料,将整块试样一个承压面与净浆接触,装入制样模具中,承压面找平层厚度不应大于 3mm。接通振动台电源,振动 0.5~1min,停止振动,静置至净浆材料初凝(约 15~19min)后拆模。按同样方法完成整块试样另一承压面的找平。

③ 非成型制样

A.非成型制样适用于试样无需进行表面找平处理制样的方式。

B.将试样锯成两个半截砖,两个半截砖用于叠合部分的长度不得小于 100mm。如果不足

100mm，应另取备用试样补足。

C.两半截砖切断口相反叠放，叠合部分不得小于100mm，即为抗压强度试样。

(3) 试样养护

① 一次成型制样、二次成型制样在不低于10℃的不通风室内养护4h。

② 非成型制样不需养护，试样在干状态下直接进行试验。

(4) 试验步骤

① 测量每个试样连接面或受压面的长、宽尺寸各两个，分别取其平均值，精确至1mm。

② 将试样(有孔的面)平放在加压板的中央，垂直于受压面加荷，加荷应均匀平稳，不得发生冲击或振动。加荷速度粉煤灰砖、烧结空心砖以2～6kN/s为宜，烧结普通砖以5kN/s±0.5kN/s为宜，直至试样破坏为止，记录最大破坏荷载P。

(5) 试验数据处理

每块试样的抗压强度(R_p)按下式计算：

$$R_p=\frac{P}{L\times B} \tag{11-1}$$

式中 R_p——抗压强度(MPa)；

P——最大破坏荷载(N)；

L——受压面(连接面)的长度(mm)；

B——受压面(连接面)的宽度(mm)。

(6) 结果计算与评定

试验结果以试样的抗压强度的算术平均值和标准值或单块最小值来表示。

评定：烧结普通砖、烧结空心砖以抗压强度的算术平均值和标准值或单块最小值表示；烧结多孔砖以抗压强度的算术平均值和标准值表示；粉煤灰砖以抗压强度的算术平均值和单块最小值表示。

强度等级的试验结果应符合相应表的规定；否则，判不合格。

11.2.1.6 抗折强度试验

(1) 仪器设备及试样数量

材料试验机：试验机的示值相对误差不超过±1%，其上、下加压板至少应有一个球铰支座，预期最大破坏荷载应在量程的20%～80%之间。

抗折夹具：抗折试验的加荷形式为三点加荷，其上压辊和下支辊的曲率半径为15mm，下支辊应有一个为铰接固定。

钢直尺：分度值不应大于1mm。

试样数量：10块。

(2) 试样处理

试样应放在温度20℃±5℃的水中浸泡24h后取出，用湿布拭去表面水分进行抗折强度试验。

(3) 试验步骤

① 测量每个试件的高度和宽度尺寸各两个，分别求出各个方向的平均值，精确至 1mm。

② 调整抗折夹具下支辊的跨距为砖规格长度减去 40mm，但规格长度为 190mm 的砖，其跨距为 160mm。

③ 将试样大面平放在支辊上，试样两端面与下支辊的距离应相同，当试样有裂缝或凹陷时，应使有裂缝或凹陷的大面朝下，以 50～150N/s 的速度均匀加荷，直至试样断裂，记录最大破坏荷载 P。

(4) 试验数据处理

每个试件的抗折强度按下式计算，精确至 0.1MPa：

$$R_c = \frac{3PL}{2BH^2} \tag{11-2}$$

式中 R_c——试件的抗折强度(MPa)；

P——破坏荷载(N)；

L——跨距(mm)；

B——试件宽度(mm)；

H——试件高度(mm)。

试验结果以试样抗折强度的算术平均值和单块最小值表示。

强度等级的试验结果应符合相应表的规定；否则，判不合格。

11.2.1.7 体积密度试验

(1) 仪器设备

电热鼓风干燥箱：最高温度 200℃。

台秤：分度值不应大于 5g。

钢直尺：分度值不应大于 1mm。

砖用卡尺：分度值为 0.5mm。

(2) 试样

试样数量为 5 块，所取试样应外观完整。

(3) 试验步骤

① 清理试样表面，然后将试样置于 105℃±5℃电热鼓风干燥箱中干燥至恒量(在干燥过程中，前后两次称量相差不超过 0.2%，前后两次称量时间间隔为 2h)，称其质量 m，并检查外观情况，不得有缺棱、掉角等破损。如有破损，须重新换取备用试样。

② 按标准规定测量干燥后的试样尺寸各两次，取其平均值计算体积 V。

(4) 试验数据处理及判定

每块试样的体积密度(ρ)按下式计算：

$$\rho=\frac{m}{V}\times 10^{9} \tag{11-3}$$

式中　ρ——体积密度(kg/m^3)；

m——试样干质量(kg)；

V——试样体积(mm^3)。

试验结果以试样体积密度的算术平均值表示。

11.2.1.8　吸水率和饱和系数试验

(1) 仪器设备

电热鼓风干燥箱：最高温度200℃。

台秤：分度值不应大于5g。

蒸煮箱。

(2) 试样

吸水率试样为5块，饱和系数试样为5块(所取试样尽可能用整块试样，如需制取应为整块试样的1/2或1/4)。

(3) 试验步骤

① 清理试样表面，然后置于105℃±5℃电热鼓风干燥箱中干燥至恒重(在干燥过程中，前后两次称量相差不超过0.2%，前后两次称量时间间隔为2h)，除去粉尘后，称其干质量m_0。

② 将干燥试样浸入水中24h，水温10～30℃。

③ 取出试样，用湿毛巾拭去表面水分，立即称量。称量时试样表面毛细孔渗出于秤盘中水的质量也应计入吸水质量中，所得质量为浸泡24h的湿质量m_{24}。

④ 将浸泡24h后的湿试样侧立放入蒸煮箱的篦子板上，试样间距不得小于10mm，注入清水，箱内水面应高于试样表面50mm，加热至沸腾，沸煮3h，饱和系数试验沸煮5h，停止加热冷却至常温。

⑤ 按标准规定称量沸煮3h的湿质量m_3。饱和系数试验称量沸煮5h的湿质量m_5。

(4) 试验数据处理

① 常温水浸泡24h试样吸水率(W_{24})按下式计算：

$$W_{24}=\frac{m_{24}-m_0}{m_0}\times 100 \tag{11-4}$$

式中　W_{24}——常温水浸泡24h试样吸水率(%)；

m_0——试样干质量(kg)；

m_{24}——试样浸水24h的湿质量(kg)。

② 试样沸煮3h吸水率(W_3)按下式计算：

$$W_{3}=\frac{m_{3}-m_0}{m_0}\times 100 \tag{11-5}$$

式中　W_3——试样沸煮3h的吸水率(%)；

m_0——试样干质量(kg)；

m_3——试样沸煮3h的湿质量(kg)。

③ 每块试样的饱和系数(K)按下式计算：

$$K=\frac{m_{24}-m_0}{m_5-m_0} \tag{11-6}$$

式中 K——试样饱和系数；

m_{24}——常温水浸泡24h试样湿质量(kg)；

m_0——试样干质量(kg)；

m_5——试样沸煮5h的湿质量(kg)。

(5) 结果评定

吸水率以试样的算术平均值表示；

饱和系数以试样的算术平均值表示。

11.2.1.9 冻融试验

(1) 仪器设备

冷冻室或低温冰箱：最低温度能达到－20℃或－20℃以下。

水槽：保持槽中水温10～20℃为宜。

台秤：分度值不大于5g。

电热鼓风干燥箱：最高温度200℃。

抗压强度试验设备同11.2.1.5节。

(2) 试验步骤

① 试验结果以抗压强度表示时，试样数量为10块，5块用于冻融试验，5块用于未冻融强度对比试验。以质量损失率计算，试样数量为5块。

② 用毛刷清理试样表面，并按顺序编号。

③ 将试样放入鼓风干燥箱中在105～110℃下干燥至恒重，称其质量，并检查外观。将缺棱掉角和裂纹作标记。

④ 将试样浸在10～20℃的水中，24h后取出，用湿布拭去表面水分，以大于20mm的间距大面侧向立放于预先降温至－15℃以下的冷冻箱中。

⑤ 当箱内温度再次降至－15℃时开始计时，在－15～－20℃下冰冻，烧结砖冻3h；非烧结砖冻5h；然后取出放入10～20℃的水中融化，烧结砖为2h，非烧结砖为3h。如此为一次冻融循环。

⑥ 每5冻融循环检查一次冻融过程中出现的破坏情况，如冻裂、缺棱、掉角、剥落等。

⑦ 冻融循环后，检查并记录试样在冻融过程中的冻裂长度，掉角和剥落结果情况。

⑧ 经冻融循环后试样放入鼓风干燥箱中，按规定干燥至恒重，称其质量m_1。

⑨ 若试件在冻融过程中，发现试样呈明显破坏时，应停止本组样品的冻融试验，并记录冻融次数，判定本组样品的冻融试验不合格。

⑩ 干燥后的试样和未经冻融的强度对比试样按规定进行抗压强度试验。

(3) 结果计算

① 外观结果:冻融循环结束后,检查并记录在冻融过程中的冻裂长度、缺棱、掉角、剥落等破坏情况。

② 强度损失率(P_m)按下式计算:

$$P_m=\frac{P_0-P_1}{P_0}\times 100 \tag{11-7}$$

式中 P_m——强度损失率(%);

P_0——试样冻融前抗压强度(MPa);

P_1——试样冻融后抗压强度(MPa)。

③ 质量损失率(G_m)按下式计算:

$$G_m=\frac{m_0-m_1}{G_0}\times 100 \tag{11-8}$$

式中 G_m——质量损失率(%);

m_0——试样冻融前干质量(kg);

m_1——试样冻融后干质量(kg)。

试验结果以试样冻融后抗压强度或抗压强度损失率、冻融后外观质量或质量损失率表示与评定。

11.2.1.10 石灰爆裂试验

(1) 仪器设备

蒸煮箱;

钢直尺:分度值不大于 1mm。

(2) 试样制备

试样为未经雨淋或浸水,且近期生产的外观完整砖样,数量为 5 块。

(3) 试验步骤

① 试验前检查每块试样,将不属于石灰爆裂的外观缺陷作标记。

② 将试样平行侧立于蒸煮箱内的篦子板上,试样间隔不得小于 50mm,箱内水面低于篦上板 40mm。

③ 加盖蒸 6h 后取出。

④ 检查每块试样上因石灰爆裂(含试验前已出现的爆裂)而造成的外观缺陷,记录其尺寸(mm)。

(4) 试验数据处理及评定

以每块试样石灰爆裂区域的尺寸最大者表示,精确至 1mm。

石灰爆裂试验结果应符合相应的规定;否则,判不合格。

11.2.1.11 试验检测记录及报告

砌墙砖试验检测记录见表 11-35,检测报告见表 11-36。

表 11-35 砖检测记录

受控号：

<table>
<tr><td>委托/合同编号</td><td colspan="7"></td><td>试样名称</td><td></td></tr>
<tr><td>检测编号</td><td colspan="7"></td><td>检测日期</td><td></td></tr>
<tr><td>试样状态描述</td><td colspan="7"></td><td>规格型号</td><td></td></tr>
<tr><td>检测依据</td><td colspan="9"></td></tr>
<tr><td rowspan="3">主要仪器设备及环境条件</td><td colspan="2">设备名称</td><td colspan="2">设备型号</td><td colspan="3">设备运行情况</td><td>温度(℃)</td><td>相对湿度(%)</td></tr>
<tr><td colspan="2"></td><td colspan="2"></td><td colspan="3"></td><td rowspan="2"></td><td rowspan="2"></td></tr>
<tr><td colspan="2"></td><td colspan="2"></td><td colspan="3"></td></tr>
<tr><td rowspan="2">试件编号</td><td rowspan="2">使用部位</td><td colspan="2">实测尺寸(mm)</td><td rowspan="2">受压面积(mm²)</td><td rowspan="2">荷载(kN)</td><td rowspan="2">强度(MPa)</td><td rowspan="2">平均强度(MPa)</td><td rowspan="2">强度标准值(MPa)</td><td rowspan="2">结果</td></tr>
<tr><td>长</td><td>宽</td></tr>
<tr><td>1</td><td rowspan="10"></td><td></td><td></td><td></td><td></td><td></td><td rowspan="10"></td><td rowspan="10"></td><td rowspan="10"></td></tr>
<tr><td>2</td><td></td><td></td><td></td><td></td><td></td></tr>
<tr><td>3</td><td></td><td></td><td></td><td></td><td></td></tr>
<tr><td>4</td><td></td><td></td><td></td><td></td><td></td></tr>
<tr><td>5</td><td></td><td></td><td></td><td></td><td></td></tr>
<tr><td>6</td><td></td><td></td><td></td><td></td><td></td></tr>
<tr><td>7</td><td></td><td></td><td></td><td></td><td></td></tr>
<tr><td>8</td><td></td><td></td><td></td><td></td><td></td></tr>
<tr><td>9</td><td></td><td></td><td></td><td></td><td></td></tr>
<tr><td>10</td><td></td><td></td><td></td><td></td><td></td></tr>
<tr><td>备注</td><td colspan="9"></td></tr>
</table>

检测： 复核： 第 页 共 页

表 11-36　砖检测报告

检测编号：　　　　　　　　　　　　　　　　　　　　报告日期：

<table>
<tr><td>委托单位</td><td colspan="5"></td><td>检测类别</td><td></td></tr>
<tr><td>工程名称</td><td colspan="5"></td><td>委托编号</td><td></td></tr>
<tr><td>监理单位</td><td colspan="5"></td><td>样品编号</td><td></td></tr>
<tr><td>见证单位</td><td colspan="5"></td><td>见证人员</td><td></td></tr>
<tr><td>施工单位</td><td colspan="5"></td><td>收样日期</td><td></td></tr>
<tr><td>生产厂家</td><td colspan="5"></td><td>检测日期</td><td></td></tr>
<tr><td>取样地点</td><td colspan="5"></td><td>检测环境</td><td></td></tr>
<tr><td>检测参数</td><td colspan="7"></td></tr>
<tr><td>检测设备</td><td colspan="7"></td></tr>
<tr><td>使用部位</td><td colspan="7"></td></tr>
<tr><td>检测依据</td><td colspan="7"></td></tr>
<tr><td>样品数量</td><td></td><td>样品名称</td><td colspan="3"></td><td>规格型号</td><td></td></tr>
<tr><td>代表数量</td><td></td><td>样品描述</td><td colspan="3"></td><td>强度级别</td><td></td></tr>
<tr><td>序号</td><td colspan="2">检测参数</td><td>单位</td><td>标准值</td><td colspan="2">检测结果</td><td>单项结论</td></tr>
<tr><td>1</td><td rowspan="2">抗压强度</td><td>平均值</td><td></td><td></td><td colspan="2"></td><td></td></tr>
<tr><td>2</td><td>单块最小值</td><td></td><td></td><td colspan="2"></td><td></td></tr>
<tr><td>3</td><td colspan="2">平均密度</td><td></td><td></td><td colspan="2"></td><td></td></tr>
<tr><td>检测结论</td><td colspan="7"></td></tr>
<tr><td>备 注</td><td colspan="7"></td></tr>
<tr><td>声 明</td><td colspan="7">1.报告无“检测专用章”无效；
2.复制报告未重新加盖“检测专用章”无效；
3.报告无检测、审核、批准人签字无效，报告涂改无效；
4.对本报告若有异议，应于收到报告之日起十五日内向检测单位提出，逾期不予受理；
5.委托检测只对来样负责。</td></tr>
<tr><td colspan="8">批准：　　　　　　　　审核：　　　　　　检测：
检测单位地址：　　　　邮编：　　　　　　电话：
网站：</td></tr>
</table>

11.2.2 墙用砌块试验

11.2.2.1 尺寸偏差和外观质量

(1) 量具

钢直尺或钢卷尺:分度值 1mm。

(2) 尺寸测量

① 外形为完整直角六面体的块材,长度在条面的中间、宽度在顶面的中间、高度在顶面的中间测量。每项在对应两面各测一次,取平均值,精确至 1mm。

② 辅助砌块和异形砌块,长度、宽度和高度应测量块材相应位置的最大尺寸,精确至 1mm。特殊标注部位的尺寸也应测量,精确至 1mm;块材外形非完全对称时,至少应在块材对立面的两个位置上进行全面的尺寸测量,并草绘或拍下测量位置的图片。

③ 带孔块材的壁、肋厚应在最小部位测量,选两处各测一次,取平均值,精确至 1mm。在测量时不考虑凹槽、刻痕及其他类似结构。

(3) 外观质量

① 平面弯曲:测量弯曲面的最大缝隙尺寸。

② 缺棱掉角:缺棱或掉角个数,目测;测量砌块破坏部分在砌块长、宽、高三个方向的投影面积尺寸。

③ 裂纹:裂纹条数,目测;长度以所在面最大的投影尺寸为准,若裂纹从一个面延伸到其另一面,则以两个面上的投影尺寸之和为准。

(4) 测量结果

① 尺寸偏差以实际测量值与规定尺寸的差值表示,精确至 1mm;

② 弯曲、缺棱掉角和裂纹长度的测量结果以最大测量值表示,精确至 1mm。

11.2.2.2 抗压强度

(1) 外形为完整直角六面体的块材,可裁切出完整直角六面体的辅助砌块和异形砌块,其抗压强度试验按《混凝土砌块和砖试验方法》(GB/T 4111—2013)附录 A 进行。

(2) 无法裁切出完整直角六面体的异形砌块,根据块型特点,其抗压强度试验按《混凝土砌块和砖试验方法》(GB/T 4111—2013)附录 B 进行。

① 标识某一块型辅助砌块的抗压强度值时,应将相同配合比和生产工艺、养护龄期相差不超过 48h 的辅助砌块与主块型砌块,分别同时按《混凝土砌块和砖试验方法》(GB/T 4111—2013)附录 B 进行试验得到取芯试件的强度平均值。

② 当辅助砌块取芯试件的强度平均值不小于主块型砌块的取芯试件的强度平均值的 80%(以主块型砌块的平均值为基准)时,可以用主块型砌块按《混凝土砌块和砖试验方法》(GB/T 4111—2013)附录 A 试验方法获得的抗压强度值,来标注辅助砌块的抗压强度值。

(3) 水工护坡砌块、异形干垒挡土墙砌块的抗压强度试验宜按《混凝土砌块和砖试验方法》(GB/T 4111—2013)附录 B 进行。

11.2.2.3 抗折强度

(1) 设备

① 材料试验机

试验机加荷速度应在 100～1000N/s 内可调。试验机的示值误差应不大于 1%，量程选择应能使试件的预期破坏荷载落在满量程的 20%～80%之间。

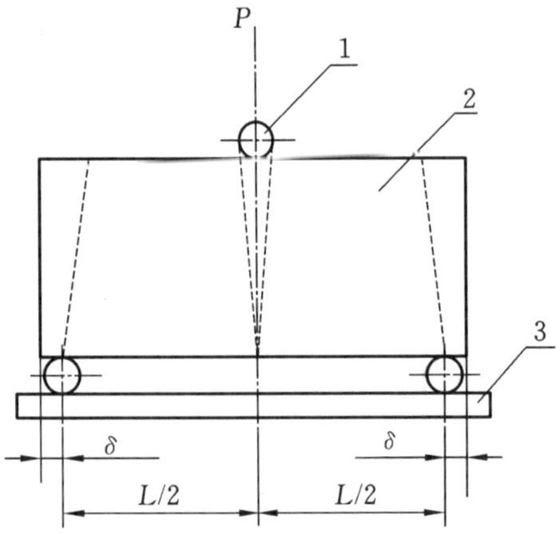

图 11-2 抗折强度试验方法示意图

1—钢棒；2—试件；3—承压板

② 支撑棒和加压棒

支撑棒和加压棒的直径为 35～40mm，长度应满足大于试件抗折断面长度的要求，材料为钢质，数量为 3 根；加压棒应有铰支座。在每次使用前，应在工作台上用水平尺和直角靠尺校正支撑棒和加压棒，满足直线性的要求时方可使用。支撑棒由安放在底板上的两根钢棒组成，其中至少有一根是可以自由滚动的(图 11-2)。

(2) 试件

① 本方法只适用于外形为完整直角六面体的块材，可裁切出完整直角六面体的辅助砌块和异形砌块。

② 试件数量为 5 块。

③ 试样处理、试件制备和养护，按相关规范规定进行。

④ 按标准方法测量每个试件的高度和宽度，分别求出各个方向的平均值。混凝土空心砌块试件还需测量两侧端头的最小肋厚，取平均值，精确到 1mm。

(3) 试验步骤

① 在块材试件的两大面上分别画出水平中心线，再在水平中心的中心点引垂线至上、下底部(试件抹浆面)，分别连接试件上、下底部中心点形成抹浆面的中心线。沿抹浆面中心线与块材底部(图 11-2)棱边向两边画出 $L/2$ 的位置(支座点)，L 为公称长度减一个公称肋厚。

② 将试件置于材料试验机承压板上，调整位置使试件的上部中心线与试验机中心线重合，在试件的上部中心线处放置一根钢棒。可以用试验机自带抗折压头直接替代加压棒使用。试件底部放上两钢棒分别对准试件的两个支座线，形成如图 11-2 所示的结构受力图，使其满足 δ 的取值要求。

③ 使加压棒的中线与试验机的压力中心重合，以 50N/s 的速度加荷至试验机开始显示读数就立即停止加荷。用量具在试件两侧测量图 11-2 中的 L 值、两侧的 δ 值，以及加压棒居中程度。L 值取试件两侧面测量值的平均值，精确至 1mm。加压棒与试件长度方向中心线重叠误差应不大于 1mm、两侧的 δ 值相差应不大于 1mm。有一项超出要求，试验机需卸载，试件重新放置，直至满足要求。

④ 以 250N/s±50N/s 的速度加荷直至试件破坏。记录最大破坏荷载 P。

(4) 结果计算

每个试件的抗折强度按式(11-9)计算，精确至 0.01MPa。抗折强度以五个试件抗折强度的算术平均值和单块最小值表示，精确至 0.1MPa。

$$f_z=\frac{3PL}{2BH^2} \tag{11-9}$$

式中 f_z——试件的抗折强度(MPa)；

P——破坏荷载(N)；

L——抗折两支撑(两钢棒)轴心间距(mm)；

B——试件宽度(mm)；

H——试件高度(mm)。

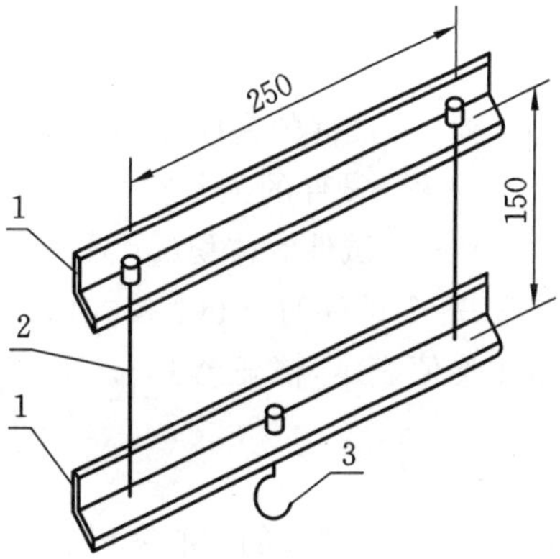

图 11-3 吊架(单位:mm)

1—角钢(30mm×30mm)；2—拉筋；3—钩子(与两端拉筋等距离)

11.2.2.4 块体密度和空心率

(1) 设备

① 电子秤:感量精度 0.005kg。

② 水池或水箱:最小容积应能放置一组试件。

③ 水桶:大小应能悬浸一个块材试件。

④ 吊架:见图 11-3。

⑤ 电热鼓风干燥箱:温控精度±2℃。

(2) 试件数量

试件数量为 3 个。

(3) 试验步骤

① 根据分类，分别按标准方法测量完整块材试件的长度、宽度、高度，分别求出各个方向的平均值，分别用 l、b、h 表示，单位为 mm。

②将试件浸入 15～25℃的水中，水面应高出试件 20mm 以上，24h 后将其分别移到水桶中，称出试件的悬浸质量 m_1，精确至 0.005kg。称取试件的悬浸质量方法:将磅秤置于平稳的支座上，在支座的下方与磅秤中线重合处放置水桶。在磅秤底盘上放置吊架，用铁丝把试件悬挂在吊架上，此时试件应离开水桶的底面且全部浸泡在水中。将磅秤读数减去吊架和铁丝的质量，即为悬浸质量 m_1。

③ 将试件从水中取出，放在铁丝网架上滴水 1min，再用拧干的湿布拭去内、外表面的水，立即称其饱和面干状态的质量 m_2，精确至 0.005kg。

④ 将试件放入电热鼓风干燥箱内，在 105℃±5℃温度下至少干燥 24h，然后每间隔 2h 称量一次，直至两次称量之差不超过后一次称量的 0.2%为止。

⑤ 待试件在电热鼓风干燥箱内冷却至与室温之差不超过 2℃后取出，立即称其绝干质量 m，精确至 0.005kg。

(4) 结果计算

① 每个试件的体积按式(11-10)计算

$$V=l\times b\times h\times 10^{-9} \tag{11-10}$$

式中 V——试件体积(m^3)；

l——试件长度(mm)；

b——试件宽度(mm)；

h——试件高度(mm)。

② 每个试件的密度按式(11-11)计算,精确至$10kg/m^3$。块体密度以三个试件块体密度的算术平均值表示,精确至$10kg/m^3$。

$$\gamma=\frac{m}{V} \tag{11-11}$$

式中 γ——试件的密度(kg/m^3);

m——试件的绝干质量(kg);

V——试件的体积(m^3)。

③ 每个试件的空心率按式(11-12)计算,精确至1%。块材的空心率以三个试件空心率的算术平均值表示,精确至1%。

$$K_\gamma=\left(1-\frac{m_2-m_1}{\rho\times V}\right)\times100 \tag{11-12}$$

式中 K_γ——试件的空心率(%);

m_1——试件的悬浸质量(kg);

m_2——试件饱和面干状态的质量(kg);

V——试件的体积(m^3);

ρ——水的密度,取$\rho=1000kg/m^3$。

11.2.2.5 含水率、吸水率和相对含水率

(1) 设备

① 电热鼓风干燥箱:温控精度±2℃。

② 电子秤:感量精度0.005kg。

③ 水池或水箱:最小容积应能放置一组试件。

(2) 试件数量

试件数量为3个。取样后应立即用塑料袋包装密封。

(3) 试验步骤

① 试件取样后立即用毛刷清理试件表面及孔洞内粉尘,称取其质量m_0。如试件用塑料袋密封运输,则在拆袋前先将试件连同包装袋一起称量,然后减去包装袋的质量(袋内如有从试件中析出的水珠,应将水珠擦拭干或用暖风吹干后再称量包装袋的质量),即得试件在取样时的质量m_0,精确至0.005kg。

② 将试件浸入15~25℃的水中,水面应高出试件20mm以上。24h后取出,按规定称量试件饱和面干状态的质量m_2,精确至0.005kg。

③ 将试件烘干至恒重,称取其绝干质量m。

(4) 结果计算

① 每个试件的含水率按式(11-13)计算,精确至0.1%。块材的含水率以三个试件含水率的算术平均值表示,精确至1%。

$$W_1=\frac{m_0-m}{m}\times100 \tag{11-13}$$

式中 W_1——试件的含水率(%);

m_0——试件在取样时的质量(kg)；

m——试件的绝干质量(kg)。

② 每个试件的吸水率按式(11-14)计算，精确至0.1%。块材的吸水率以三个试件吸水率的算术平均值表示，精确至1%。

$$W_2=\frac{m_2-m}{m}\times 100 \tag{11-14}$$

式中 W_2——试件的吸水率(%)；

m_2——试件饱和面干状态的质量(kg)。

③ 块材的相对含水率按式(11-15)计算，精确至1%。

$$W=\frac{\overline{W}_1}{\overline{W}_2}\times 100 \tag{11-15}$$

式中 W——块材的相对含水率(%)；

$\overline{W}_1$——三个块材含水率的平均值(%)；

$\overline{W}_2$——三个块材吸水率的平均值(%)。

11.2.2.6 抗冻性

(1) 设备

① 冷冻室、冻融试验箱或低温冰箱：最低温度可调至－30℃。

② 水池或水箱：最小容积应能放置一组试件。

③ 毛刷。

④ 抗压强度试验设备。

(2) 试件

抗冻性试验的试件数量为两组10个。所需试样数，需根据产品采用的强度试验规定方法(《混凝土砌块和砖试验方法》(GB/T 4111—2013)附录A或附录B的一种)采用，够制作两组10个强度试件的需要。

(3) 试验步骤

① 分别检查两组10个试件所需试样，用毛刷清除表面及孔洞内的粉尘，在缺棱掉角处涂上油漆，注明编号。将块材逐块放置在实验室内静置48h，块与块之间间距不得小于20mm。

② 将一组5个冻融试件所需块材，均浸入15～25℃的水池或水箱中，水面应高出试样20mm以上，试样间距不得小于20mm。另一组5个对比强度试验所需试样，放置在实验室，室温宜控制在20℃±5℃。

③浸泡4d后从水中取出试样，在支架上滴水1min，再用拧干的湿布拭去内、外表面的水，在2min内立即称量每个块材饱和面干状态的质量m_3，精确至0.005kg。

④ 将冻融试样放入预先降至－15℃的冷冻室或低温冰箱中，试样应放置在断面为20mm×20mm的格栅上，间距不小于20mm。当温度再次降至－15℃时开始计时。冷冻4h后将试样取出，再置于水温为15～25℃的水池或水箱中融化2h。这样一个冷冻和融化的过程即为一个冻融循环。

⑤ 每经5次冻融循环，检查一次试样的破坏情况，如开裂、缺棱、掉角、剥落等，并做出记录。

⑥ 在完成规定次数的冻融循环后，将试样从水中取出，立即用毛刷清除表面及孔洞内已

剥落的碎片，再按③的方法称量每个试样冻融后饱和面干状态的质量 m_4。24h 后与在实验室内放置的对比试样一起，按试样不同的抗压强度试验方法进行抗压强度试件的制备，在温度 20℃±5℃、相对湿度 50%±15%的实验室内养护 24h 后，再按②和③方法进行饱水，然后进行试件的抗压强度试验。试件找平和黏结材料应采用水泥砂浆。

(4) 结果计算

① 报告 5 个冻融试件所需试样的外观检查结果。

② 试件的单块抗压强度损失率按式(11-16)计算，精确至 1%

$$K_i=\frac{f_f-f_i}{f_f}\times 100 \tag{11-16}$$

式中 K_i——试件的单块抗压强度损失率(%)；

f_f——5 个未冻融试件的抗压强度平均值(MPa)；

f_i——单块冻融试件的抗压强度值(MPa)。

③试件平均抗压强度损失率按式(11-17)计算，精确至 1%：

$$K_g=\frac{f_f-f_R}{f_f}\times 100 \tag{11-17}$$

式中 K_g——试件的平均抗压强度损失率(%)；

f_f——5 个未冻融试件的抗压强度平均值(MPa)；

f_R——5 个冻融试件的抗压强度平均值(MPa)。

④ 试件单块质量损失率按式(11-18)计算，精确至 1%：

$$K_m=\frac{m_3-m_4}{m_3}\times 100 \tag{11-18}$$

式中 K_m——试样的质量损失率(%)；

m_3——试样冻融前饱和面干状态的质量(kg)；

m_4——试样冻融后饱和面干状态的质量(kg)。

质量损失率以 5 个冻融试件所需试样质量损失率的平均值表示，精确至 0.1%。

11.2.2.7 抗渗性

(1) 设备

① 抗渗装置

抗渗装置如图 11-4 所示。试件套应有足够的刚度和密封性，在安装试件时不宜破损或变形，材质宜为金属；上盖板宜用透明玻璃或有机玻璃制作，壁厚不小于 6mm。

② 混凝土钻芯机

混凝土钻芯机，内径 100mm；应具有足够的刚度、操作灵活并应有水冷却系统。钻芯机主轴的径向跳动不应超过 0.1mm，工作时噪音不应大于 90dB。钻取芯样时宜采用金刚石或人造金刚石薄壁钻头。钻头胎体不应有肉眼可见的裂缝、缺边、少角、倾斜及喇叭口变形。钻头胎体对钢体的同心度偏差不应大于 0.3mm，钻头的径向跳动不应大于 1.5mm。

③ 支架

支架材质宜为金属，应有足够的刚度。

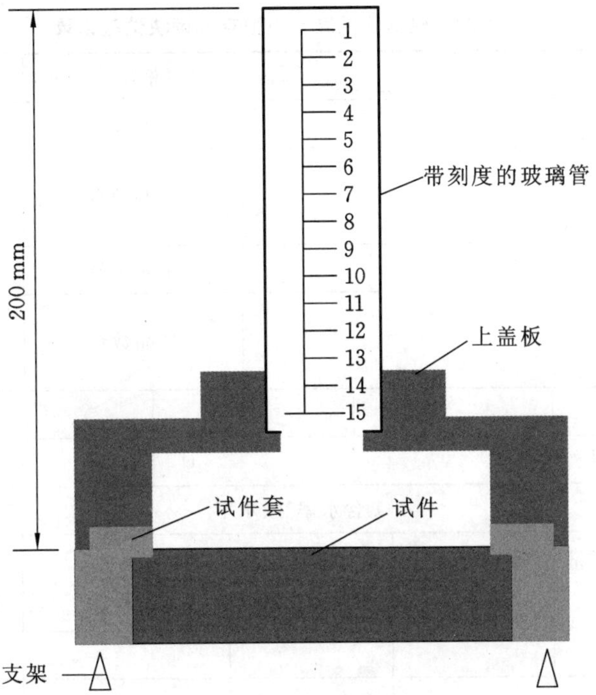

图 11-4 抗渗试验装置示意

(2) 试件

① 试件数量

3 个直径为 100mm 的圆柱体试件。

② 试件制备

在 3 个不同试样的条面上，采用直径为 100mm 的金刚石钻头直接取样；对于空心砌块应避开肋取样。将试件浸入 20℃±5℃的水中，水面应高出试件 20mm 以上，2h 后将试件从水中取出，放在钢丝网架上滴水 1min，再用拧干的湿布拭去内、外表面的水。

(3) 试验步骤

① 试验在 20℃±5℃空气温度下进行。

② 将试件表面清理干净后晾干，然后在其侧面涂一层密封材料(如黄油)，随即旋入或在其他加压装置上将试件压入试件套中，再与抗渗装置连接起来，使周边不漏水。

③ 如图 11-4 所示，竖起已套入试件的试验装置，并用水平仪调平；在 30s 内往玻璃管内加水，使水面高出试件上表面 200mm。

④ 记录自加水时算起，2h 后测量玻璃管内水面下降的高度，精确至 0.1mm。

(4) 试验结果

按 3 个试件测试过程中，玻璃管内水面下降的最大高度来评定，精确至 0.1mm。

11.2.2.8 试验记录及检测报告

轻集料混凝土小型空心砌块试验记录见表 11-37、检测报告见表 11-38；蒸压加气混凝土砌块试验记录见表 11-39、检测报告见表 11-40。

表 11-37　轻集料混凝土小型空心砌块试验记录

<table>
<tr><td>样品名称</td><td colspan="3"></td><td>样品规格尺寸(mm)</td><td colspan="2"></td></tr>
<tr><td>样品编号</td><td colspan="3"></td><td>检测环境</td><td colspan="2">　℃　　%</td></tr>
<tr><td>样品状态</td><td colspan="3"></td><td>检测项目</td><td colspan="2">表观密度、吸水率、相对含水率、抗压强度</td></tr>
<tr><td>委托编号</td><td colspan="3"></td><td>记录编号</td><td colspan="2"></td></tr>
<tr><td>检测依据</td><td colspan="3"></td><td>样品数量</td><td colspan="2"></td></tr>
<tr><td rowspan="2">仪器设备</td><td>设备名称</td><td></td><td></td><td></td><td colspan="2"></td></tr>
<tr><td>设备型号</td><td></td><td></td><td></td><td colspan="2"></td></tr>
<tr><td colspan="7">1.含水率、吸水率</td></tr>
<tr><td>序号</td><td>取样时的质量 m_0(kg)</td><td>绝干质量 m(kg)</td><td>饱和面干状态质量 m_2(kg)</td><td>含水率 W_1(%)</td><td>吸水率 W_2(%)</td><td>平均吸水率 $\overline{W}_2$(%)</td></tr>
<tr><td>1</td><td></td><td></td><td></td><td></td><td></td><td rowspan="3"></td></tr>
<tr><td>2</td><td></td><td></td><td></td><td></td><td></td></tr>
<tr><td>3</td><td></td><td></td><td></td><td></td><td></td></tr>
<tr><td colspan="7">2.表观密度、相对含水率</td></tr>
<tr><td>序号</td><td>砌块体积 V(m^3)</td><td>表观密度 γ(kg/m^3)</td><td>平均表观密度 $\overline{\gamma}$(kg/m^3)</td><td>相对含水率 W(%)</td><td colspan="2">备注</td></tr>
<tr><td>1</td><td></td><td></td><td rowspan="3"></td><td></td><td colspan="2" rowspan="3"></td></tr>
<tr><td>2</td><td></td><td></td><td></td></tr>
<tr><td>3</td><td></td><td></td><td></td></tr>
<tr><td colspan="7">3.抗压强度</td></tr>
<tr><td>序号</td><td>破坏荷载 P(kN)</td><td>受压面面积 S(mm^2)</td><td>单块抗压强度 R(MPa)</td><td>抗压强度平均值 $\overline{R}$(MPa)</td><td colspan="2">备注</td></tr>
<tr><td>1</td><td></td><td></td><td></td><td rowspan="5"></td><td colspan="2" rowspan="5"></td></tr>
<tr><td>2</td><td></td><td></td><td></td></tr>
<tr><td>3</td><td></td><td></td><td></td></tr>
<tr><td>4</td><td></td><td></td><td></td></tr>
<tr><td>5</td><td></td><td></td><td></td></tr>
<tr><td>计算公式</td><td colspan="6">$W_1=\frac{m_0-m}{m}\times 100\%$，　$W_2=\frac{m_2-m}{m}\times 100\%$，　$\gamma=\frac{m}{V}$</td></tr>
</table>

审核：　　　　　　　　检测：　　　　　　　　第　页共　页

表 11-38　轻集料混凝土小型空心砌块检测报告

检测编号：　　　　　　　　　　　　　　　　　　　　报告日期：

委托单位					检测类别	
工程名称					委托编号	
监理单位					样品编号	
见证单位					见证人员	
施工单位					收样日期	
生产厂家					检测日期	
取样地点					检测环境	
检测参数						
检测设备						
使用部位						
检测依据						
样品数量		样品名称			规格型号	
代表数量		样品描述			强度级别	
序号	检测参数		单位	标准值	检测结果	单项结论
1	抗压强度	平均值	MPa	≥5.0		
2		单块最小值	MPa	≥4.0		
3	体积密度		kg/m^3	≤1200		
检测结论						
备　注						
声　明	1.报告无“检测专用章”无效； 2.复制报告未重新加盖“检测专用章”无效； 3.报告无检测、审核、批准人签字无效，报告涂改无效； 4.对本报告若有异议，应于收到报告之日起十五日内向检测单位提出，逾期不予受理； 5.委托检测只对来样负责。					

批准：　　　　　　　　　　　　审核：　　　　　　　　检测：

检测单位地址：　　　　　　　　邮编：　　　　　　　　电话：

网站：

表 11-39　蒸压加气混凝土砌块检验原始记录

样品名称			样品编号		相对湿度	%
样品状态			委托编号			
检测日期			记录编号		温度	℃
检测依据						
仪器设备	设备名称					
	设备型号					

抗压强度							体积密度						
序号	长度（mm）	宽度（mm）	荷载（kN）	抗压强度值（MPa）	抗压强度平均值（MPa）	抗压强度最小值（MPa）	序号	长度（mm）	宽度（mm）	高度（mm）	烘干质量（g）	体积密度（kg/m³）	体积密度平均值（kg/m³）
1—1							1—1						
1—2							1—2						
1—3							1—3						
2—1							2—1						
2—2							2—2						
2—3							2—3						
3—1							3—1						
3—2							3—2						
3—3							3—3						

抗压强度（MPa）	平均值	单组最小平均值	体积密度检验结果（kg/m³）	
备注		结论：		

复核：　　　　检测：　　　　第　页　共　页

表 11-40 蒸压加气混凝土砌块检测报告

检测编号： 报告日期：

委托单位					检测类别	
工程名称					委托编号	
监理单位					样品编号	
见证单位					见证人员	
施工单位					收样日期	
生产厂家					检测日期	
取样地点					检测环境	
检测参数						
检测设备						
使用部位						
检测依据						
样品数量		样品名称			规格型号	
代表数量		样品描述			强度级别	
序号	检测参数		单位	标准值	检测结果	单项结论
1	抗压强度	平均值	MPa	≥5.0		
		单块最小值	MPa	≥4.0		
2	体积密度		kg/m^3	≤725		
3	导热系数		W/(m·K)			
检测结论						
备注						
声明	1.报告无“检测专用章”无效； 2.复制报告未重新加盖“检测专用章”无效； 3.报告无检测、审核、批准人签字无效，报告涂改无效； 4.对本报告若有异议，应于收到报告之日起十五日内向检测单位提出，逾期不予受理； 5.委托检测只对来样负责。					

批准： 审核： 检测：

检测单位地址： 邮编： 电话：

网站：

复习思考题

一、单选题

1. 普通混凝土小型空心砌块的空心率不小于(　　)。

A.25%　　B.20%　　C.15%　　D.30%

2. 烧结普通砖的公称尺寸为(　　)。

A.235mm×115mm×50mm　　B.240mm×115mm×53mm

C.235mm×110mm×53mm　　D.240mm×115mm×50mm

3. 烧结普通砖、空心砖和混凝土普通砖(　　)为一批。

A.10 万　　B.15 万　　C.5 万　　D.3 万

4.混凝土小型空心砌块抗压强度试验应为(　　)。

A.3 块　　B.5 块　　C.9 块　　D.10 块

5. 蒸压灰砂砖和粉煤灰砖(　　)为一批

A.10 万　　B.15 万　　C.5 万　　D.3 万

6. 烧结多孔砖的最低强度等级为(　　)。

A.MU5.0　　B.MU10　　C.MU7.5　　D.MU3.5

7. 烧结多孔砖(　　)为一批

A.10 万　　B.15 万　　C.5 万　　D.3 万

8. 混凝土实心砖抗压强度最低等级为(　　)。

A.MU10　　B.MU15　　C.MU7.5　　D.MU5.0

二、多选题

1. 烧结普通砖按主要原材料分为(　　)。

A.黏土砖　　B.页岩砖　　C.煤矸石砖　　D.粉煤灰砖

2. 蒸压加气混凝土砌块的强度等级有(　　)。

A.MU2.0　　B.MU3.5　　C.MU5.0　　D.MU7.5

3. 普通混凝土小型砌块按使用时砌筑墙体的结构和受力情况分为(　　)。

A.不合格品　　B.承重砌块　　C.非承重砌块　　D.合格品

4. 砌块按生产工艺分为(　　)。

A.烧结砌块　　B.硅酸盐混凝土砌块　　C.蒸压蒸养砌块　　D.实心砌块

5. 蒸压灰砂砖抗压、抗折强度试验分别为(　　)块。

A.10、10　　B.10、5　　C.5、5　　D.5、10

三、判断题

1. 蒸压灰砂砖 MU10 的砖可以用于防潮层的建筑。　　(　　)

2. 烧结空心砖可以用于建筑物的承重部位。　　(　　)

3. 混凝土实心砖和混凝土普通砖只是名称不同,实为同一品种砖。　　(　　)

4. 混凝土多孔砖不可以用于建筑物的承重部位。　　(　　)

5. 蒸压加气混凝土砌块受压方向应与膨胀发气方向垂直。 ( )

6. 蒸压加气混凝土砌块的发气剂为铝粉。 ( )

7. 蒸压加气混凝土砌块抗压强度试验为 3 组 9 块,100mm×100mm×100mm 的标准试样。 ( )

8. 烧结空心砖所送样品中不允许有欠火砖和酥砖。 ( )

9. 装饰砖装饰面层厚度应≥5 mm。 ( )

10. 烧结空心砖的孔洞率≥33%。 ( )

四、问答题

1. 为何要限制烧结黏土砖,发展新型墙体材料?

2. 焙烧温度对砖质量有何影响?如何鉴别欠火砖和过火砖?

3. 多孔砖与空心砖有何异同点?

12 防水卷材及防水涂料检验

12.1 防水材料知识概要

12.1.1 防水材料概述

防水卷材主要是用于建筑工程墙体、屋面以及隧道、公路、垃圾填埋场等处，起到抵御外界雨水、地下水渗漏的一种可卷曲成卷状的柔性建材产品，是整个工程防水的第一道屏障，对整个工程起着至关重要的作用。将沥青类或高分子类防水材料浸渍在胎体上，制作成卷材形式的防水材料产品，称为防水卷材。

防水涂料是由合成高分子聚合物、高分子聚合物与沥青、高分子聚合物与水泥为主要成膜物质，加入各种助剂、改性材料、填充材料等加工制成的溶剂型、水乳型或粉末型的涂料。

12.1.2 防水材料的分类

(1) 防水卷材的分类

防水卷材根据主要组成材料不同，分为沥青防水卷材、高聚物改性沥青防水卷材和合成高分子防水卷材；根据胎体的不同，分为无胎体卷材、纸胎卷材、玻璃纤维胎卷材、玻璃布胎卷材和聚乙烯胎卷材。防水卷材常用品种、类型及适用范围见表 12-1。

表 12-1 防水卷材常用品种、类型及适用范围

序号	材料品种	适用范围					
		屋面	地下	外墙面	厕浴间	垃圾填埋场及人工湖等	说明
1	SBS 或 APP 改性沥青防水卷材(Ⅰ型)	√	×	×	△	×	热熔或热粘法接缝
2	SBS 或 APP 改性沥青防水卷材(Ⅱ型)	√	√	×	△	×	热熔或热粘法接缝
3	自粘聚合物改性沥青聚酯胎防水卷材	√	√	×	△	×	用于屋面时，应为非外露
4	自粘橡胶沥青防水卷材	√	√	×	△	×	
5	改性沥青聚乙烯胎防水卷材	√	√	×	△	×	

续表 12-1

序号	材料品种	适用范围					
		屋面	地下	外墙面	厕浴间	垃圾填埋场及人工湖等	说明
6	沥青防水卷材(油毡)	×	×	×	×	×	常用于屋面作隔离层,不作为防水层使用
7	沥青复合胎柔性防水卷材(油毡)	×	×	×	×	×	
8	三元乙丙橡胶(EPDM)防水卷材	√	√	×	△	△	冷粘法接缝
9	改性三元乙丙橡胶(TPV)防水卷材	√	√	×	△	√	焊接法接缝
10	氯化聚乙烯-橡胶共混防水卷材	√	√	×	△	×	冷粘法接缝
11	聚氯乙烯(PVC)防水卷材	√	√	×	△	△	焊接法接缝
12	氯化聚乙烯(CPE)防水卷材	△	√	×	△	×	冷粘法接缝
13	高密度聚乙烯(HDPE)土工膜	×	√	×	×	√	在初期支护与内衬砌混凝土结构之间作防水层,钉压搭接法施工
14	低密度聚乙烯(LDPE)或乙烯-醋酸乙烯(EVA)土工膜	×	√	×	×	△	
15	钠基膨润土防水毯	×	√	×	×	√	

注:√为首选;△为可选;×为不宜选。

(2) 防水涂料的分类

防水涂料按其成膜物可分为沥青类、高聚物改性沥青类(亦称橡胶沥青类)、合成高分子类(又可再分为合成树脂类、合成橡胶类)、无机类、聚合物水泥类等五大类。按其状态与形式大致可分为溶剂型、反应型、乳液型三大类。防水涂料常用品种、类型及适用范围见表 12-2。

表 12-2 防水涂料品种、类型及适用范围

材料品种	材料类型	适用范围				
		平屋面	地下	外墙面	厕浴间	说明
单组分聚氨酯防水涂料	合成高分子防水涂料—反应固化型	√	√	×	√	一般屋面时应为非外露
双组分聚氨酯防水涂料		√	√	×	△	—
涂刮型聚脲防水涂料		√	√	△	√	外露、非外露均可
喷涂型聚脲防水涂料		√	√	△	√	
高渗透改性环氧防水涂料(KH-2)		△	√	△	√	用于屋面防水时不能单独作为一道防水层

续表 12-2

材料品种	材料类型	适用范围				
		平屋面	地下	外墙面	厕浴间	说明
丙烯酸酯类防水涂料	合成高分子防水涂料—水乳型(挥发固化型)	√	△	√	√	用于外露及非外露工程。用于地下工程防水时耐水性应>80%
聚合物—水泥(JS)防水涂料	有机防水涂料	√	√	√	√	地下防水工程应选用耐水性能>80%的Ⅱ型产品
水泥渗透结晶型防水涂料	无机粉状防水涂料	△	√	×	√	用于屋面防水工程时不能单独作为一道防水涂层
水乳型橡胶沥青微乳液防水涂料	高聚物改性沥青防水涂料—水乳型(挥发固化型)	√	△	×	√	地下防水工程应选用双组分
水乳型阳离子氯丁橡胶沥青防水涂料		√	×	×	√	不能用于Ⅰ级屋面作防水层
溶剂型SBS改性沥青防水涂料	高聚物改性沥青防水涂料—溶剂型(挥发固化型)	√	√	×	△	
非固化橡胶沥青防水涂料	高聚物改性沥青防水涂料—无溶剂永不固化型	√	√	×	√	用于非外露防水,不能用于Ⅰ级屋面作防水层
热熔型橡胶改性沥青防水涂料	热熔型高聚物改性沥青(热熔型)	√	√	×	×	适用于非外露屋面及地下工程的迎水面作防水层

注:(1) √为首选;△为可选;×为不宜选。

(2) 防水涂料只适用于平屋面,不宜用于坡屋面。下文各类防水涂料适用范围中的屋面,均指平屋面。

(3) 应根据防水涂料的低温柔性和耐热性确定其适用的气候分区。

土木工程防水涂料按有害物质含量分为A级和B级。有害物质限量应符合《建筑防水涂料中有害物质限量》(JC 1066—2008)的要求。

12.1.3 防水卷材技术指标

防水卷材技术指标主要包括以下几方面:

(1) 耐水性:是指在水的作用下和被水浸润后其性能基本不变,在压力水作用下具有不透水性，常用不透水性、吸水性等指标表示。例如不透水性，在特定的仪器上，按标准规定的水压、时间检测试样是否透水。该指标主要是检测材料的密实性及承受水压的能力。

(2) 温度稳定性：是指在高温下不流淌、不起泡、不滑动，低温下不脆裂的性能，即在一定温度变化下保持原有性能的能力。常用耐热度、耐热性等指标表示。例如耐热性能，该指标用来表征防水材料对高温的承受力或者是抗热的能力。

(3) 机械强度、延伸性和抗断裂性：是指防水卷材承受一定荷载、应力或在一定变形的条件下不断裂的性能，常用拉力、拉伸强度和断裂延伸率等指标表示。拉伸强度是指单位面积上所能够承受的最大拉力；断裂延伸率指在标距内试样从受拉到最终断裂伸长的长度与原标距的比。这两个指标主要是检测材料抵抗外力破坏的能力，其中断裂延伸率是衡量材料韧性好坏即材料变形能力的指标。

(4) 柔韧性：是指在低温条件下保持柔韧的性能。它对保证易于施工、不脆裂十分重要，常用低温柔性、低温弯折性等指标表示。例如低温柔性，按标准规定的温度、时间检测材料在低温状态下的变形能力。

(5) 大气稳定性：是指在阳光、热、臭氧及其他化学侵蚀介质等因素的长期综合作用下抵抗侵蚀的能力，常用耐老化性、热老化保持率等指标表示。

此外，还有固体含量(产品中含有成膜物质的质量占总产品质量的百分比，也就是产品中除去溶剂后的质量占总产品质量的百分比)等指标。

12.1.3.1 弹性体改性沥青防水卷材技术指标

(1) 定义

弹性体改性沥青防水卷材是以聚酯毡或玻纤毡为胎基，SBS 改性沥青为浸涂层，两面覆以隔离材料制成具有较好低温柔性的防水卷材，简称 SBS 防水卷材，如图 12-1 所示。

图 12-1 改性沥青防水卷材

(2) 规格

幅宽：1000mm；厚度：3mm、4mm、5mm；长度：15m、10m、7.5m。

(3) 适用范围及分类

弹性体改性沥青防水卷材适用于屋面(Ⅰ型、Ⅱ型)和地下(Ⅱ型)工程中作防水层。

依据《弹性体改性沥青防水卷材》(GB 18242—2008)，按物理力学性能分为Ⅰ型和Ⅱ型；按胎基分为聚酯毡(PY)、玻纤毡(G)、玻纤毡增强聚酯毡(PYG)；按上表面隔离材料分为聚乙烯膜(PE)、细砂(S)、矿物粒料(M)；按下表面隔离材料分为细砂(S)、聚乙烯膜(PE)。

(4) 主要物理力学性能

弹性体改性沥青防水卷材主要物理力学性能应符合表 12-3 的规定。

表 12-3　弹性体改性沥青防水卷材主要物理力学性能

<table>
<tr><th colspan="2" rowspan="3">项　　目</th><th colspan="5">指　　标</th></tr>
<tr><th colspan="2">Ⅰ型</th><th colspan="3">Ⅱ型</th></tr>
<tr><th>PY</th><th>G</th><th>PY</th><th>G</th><th>PYG</th></tr>
<tr><td rowspan="4">可溶物含量
(g/m²),≥</td><td>3mm</td><td colspan="4">2100</td><td>—</td></tr>
<tr><td>4mm</td><td colspan="4">2900</td><td>—</td></tr>
<tr><td>5mm</td><td colspan="5">3500</td></tr>
<tr><td>试验现象</td><td>—</td><td>胎基不燃</td><td>—</td><td>胎基不燃</td><td>—</td></tr>
<tr><td rowspan="3">耐热性</td><td>℃</td><td colspan="2">90</td><td colspan="3">105</td></tr>
<tr><td>mm,≤</td><td colspan="5">2</td></tr>
<tr><td>试验现象</td><td colspan="5">无流淌、滴落</td></tr>
<tr><td colspan="2" rowspan="2">低温柔性(℃)</td><td colspan="2">−20</td><td colspan="3">−25</td></tr>
<tr><td colspan="5">无裂缝</td></tr>
<tr><td colspan="2">不透水性 30min</td><td>0.3MPa</td><td>0.2MPa</td><td colspan="3">0.3MPa</td></tr>
<tr><td rowspan="3">拉　力</td><td>最大峰拉力
(N/50mm),≥</td><td>500</td><td>350</td><td>800</td><td>500</td><td>900</td></tr>
<tr><td>次高峰拉力
(N/50mm),≥</td><td>—</td><td>—</td><td>—</td><td>—</td><td>800</td></tr>
<tr><td>试验现象</td><td colspan="5">拉伸过程中,试样中部无沥青涂盖层开裂或胎基分离现象</td></tr>
<tr><td rowspan="2">延伸率</td><td>最大峰时延伸率(%),≥</td><td>30</td><td rowspan="2">—</td><td>40</td><td rowspan="2">—</td><td>—</td></tr>
<tr><td>第二峰时延伸率(%),≥</td><td>—</td><td>—</td><td>15</td></tr>
<tr><td rowspan="2">浸水后质量
增加(%),≤</td><td>PE、S</td><td colspan="5">1.0</td></tr>
<tr><td>M</td><td colspan="5">2.0</td></tr>
<tr><td rowspan="5">热老化</td><td>拉力保持率(%),≥</td><td colspan="5">90</td></tr>
<tr><td>延伸率保持率(%),≥</td><td colspan="5">80</td></tr>
<tr><td>低温柔性(℃)</td><td colspan="2">−15</td><td colspan="3">−20</td></tr>
<tr><td>尺寸变化率(%),≤</td><td colspan="5">无裂缝</td></tr>
<tr><td>质量损失(%)</td><td>0.7</td><td>—</td><td>0.7</td><td>—</td><td>0.3</td></tr>
</table>

12.1.3.2 APP(APAO)防水卷材

(1) 定义

塑性体改性沥青防水卷材是以聚酯毡或玻纤毡为胎基，APP(APAO)改性沥青为浸涂层，两面覆以隔离材料制成具有耐热度较高的防水卷材，简称 APP(APAO)防水卷材，如图 12-2 所示。

图 12-2 APP(APAO)改性沥青防水卷材

(2) 规格

幅宽：1000mm；厚度：3mm、4mm、5mm；长度：15m、10m 和 7.5m。

(3) 适用范围

APP(APAO)防水卷材适用于屋面（Ⅰ型、Ⅱ型）和地下（Ⅱ型）工程中作防水层。

(4) 主要物理力学性能

依据《塑性体改性沥青防水卷材》(GB 18243—2008)，按物理力学性能分为Ⅰ型和Ⅱ型。APP(APAO)防水卷材主要物理力学性能应符合表 12-4 的规定。

表 12-4 APP(APAO)防水卷材主要物理力学性能

项目		指标				
		Ⅰ型		Ⅱ型		
		PY	G	PY	G	PYG
可溶物含量 (g/m^2)，≥	3mm	2100				—
	4mm	2900				—
	5mm	3500				
	试验现象	—	胎基不燃	—	胎基不燃	—
不透水性 30min		0.3MPa	0.2MPa	0.3MPa		
耐热性(℃)	℃	110		130		
	mm，≤	2				
	试验现象	无流淌、滴落				
拉力	最大峰拉力 (N/50mm)，≥	500	350	800	500	900
	次高峰拉力 (N/50mm)，≥	—	—	—	—	800
	试验现象	拉伸过程中，试件中部无沥青涂盖层开裂或胎基分离现象				
延伸率 (%)，≥	最大峰时延伸率	25	—	40	—	—
	第二峰时延伸率	—		—		15

续表 12-4

项目		指标				
		Ⅰ型		Ⅱ型		
		PY	G	PY	G	PYG
低温柔性(℃)		−7		−15		
		无裂纹				
浸水后质量增加(%)，≤	PE、S	1.0				
	M	2.0				
热老化	拉力保持率(%)，≥	90				
	延伸率保持率(%)，≥	80				
	低温柔性(℃)	−2		−10		
		无裂缝				
	尺寸变化率(%)，≤	0.7	—	0.7	—	0.3
	质量损失(%)，≤	1.0				
接缝剥离强度(N/mm)，≥		1.0				
钉杆撕裂强度(N)，≥		—				300
矿物粒料黏附性(g)，≤		2.0				
卷材下表面沥青涂盖层厚度(mm)，≥		1.0				
人工气候加速老化	外观	无滑动、流淌、滴落				
	拉力保持率(%)，≥	80				
	低温柔性(℃)	−2		−10		
		无裂缝				

注：①仅适用于单层机械固定施工方式卷材。

②仅适用于矿物粒料表面的卷材。

③仅适用于热熔施工的卷材。

图 12-3　沥青防水卷材

12.1.3.3　沥青防水卷材

(1) 定义

沥青防水卷材是以低软化点石油沥青浸渍原纸，然后用高软化点石油沥青涂盖油纸两面，再涂或撒隔离材料制成的防水卷材，如图 12-3 所示。

(2) 分类及规格

沥青防水卷材按卷重和物理性能分为Ⅰ型、Ⅱ型、Ⅲ型。

沥青防水卷材幅宽为 1000mm，其他规格可由供需双方商定。

(3) 适用范围

沥青防水卷材仅适用于防水等级为Ⅲ级、Ⅳ级的屋面作“三毡四油”或“两毡三油”防水层。

(4) 主要物理力学性能

依据《石油沥青纸胎油毡》(GB 326—2007)标准，沥青防水卷材主要物理力学性能应符合表 12-5 的规定。

表 12-5 沥青防水卷材主要物理力学性能

项目		指标		
		Ⅰ型	Ⅱ型	Ⅲ型
单位面积浸涂材料总量(g/m^2),≥		600	750	1000
不透水性	压力(MPa),≥	0.02	0.02	0.1
	保持时间(min),≥	20	30	30
吸水率(%),≤		3.0	2.0	1.0
耐热度		85℃±2℃,2h 涂盖层无滑动、流淌和集中性气泡		
拉力/纵向(N/50mm),≥		240	270	340
柔度		18℃±2℃,绕 ϕ20mm 棒或弯板无裂纹		

12.1.3.4 三元乙丙橡胶(EPDM)防水卷材(硫化型)

(1) 定义

三元乙丙橡胶(EPDM)防水卷材(硫化型)是以三元乙丙橡胶为主剂，掺入适量的丁基橡胶和多种化学助剂，经密炼、过滤、挤出成型和硫化等工序加工制成的高弹性防水卷材，如图 12-4 所示。

图 12-4 三元乙丙橡胶(EPDM)防水卷材

(2) 规格

幅宽：1000mm、1200mm 和 3000mm 等；厚度：1.2mm、1.5mm 和 2.0mm 等；长度：20m 以上。

(3) 适用范围

三元乙丙橡胶防水卷材(硫化型)适用于耐久性、耐腐蚀性和对抗变形要求高，防水等级为Ⅰ、Ⅱ级的屋面和地下工程中作防水层。

(4) 主要物理力学性能

依据《高分子防水材料 第一部分：片材》(GB 18173.1—2012)，三元乙丙橡胶防水卷材(硫化型)主要物理力学性能应符合表 12-6 的规定。

表 12-6　三元乙丙橡胶防水卷材(硫化型)主要物理力学性能

项　目		性能指标
拉伸强度(MPa)	常温(23℃),≥	7.5
	高温(60℃),≥	2.3
拉断伸长率(%)	常温(23℃),≥	450
	低温(−20℃),≥	200
撕裂强度(kN/m),≥		25
不透水性(30min)		0.3MPa 无渗漏
低温弯折		−40℃无裂纹
加热伸缩量(mm)		延伸≤2,收缩≤4
热空气老化(80℃×168h)	拉伸强度保持率(%),≥	80
	拉断伸长率保持率(%),≥	70
耐碱性[饱和 $Ca(OH)_2$ 溶液 23℃×168h]	拉伸强度保持率(%),≥	80
	拉断伸长率保持率(%),≥	
人工气候老化	拉伸强度保持率(%),≥	80
	拉断伸长率保持率(%),≥	70
臭氧老化(40℃×168h)	伸长率 40%,500×10^{-8}	无裂纹
	伸长率 20%,200×10^{-8}	—
	伸长率 20%,100×10^{-8}	—
黏结剥离强度(片材与片材)	标准试验条件(N/mm),≥	1.5
	浸水保持率(23℃×168h)(%),≥	70

12.1.3.5　聚氯乙烯(PVC)防水卷材

(1) 定义

聚氯乙烯(PVC)防水卷材是以聚氯乙烯树脂为主要原料,掺入多种化学助剂,经混炼、挤出或压延等工序加工制成的防水卷材(图 12-5),它包括均质的聚氯乙烯防水卷材(H),带纤维背衬的聚氯乙烯防水卷材(L),织物内增强的聚氯乙烯防水卷材(P),玻璃纤维内增强的聚氯乙烯防水卷材(G),玻璃纤维内增强带纤维背衬的聚氯乙烯防水卷材(GL)。

图 12-5　聚氯乙烯(PVC)防水卷材

(2) 规格

幅宽:1000mm 和 2000mm;厚度:1.2mm、1.5mm、1.8mm 和 2.0mm;长度:15m、20m、25m。

(3) 适用范围

一般的 H 类和 L 类 PVC 卷材适用于非外露屋面和地下工程中作防水层，P、G、GL 类且采用柔性高分子聚合物改性的 PVC 卷材适用于外露屋面和地下工程中作防水层。

(4) 主要物理力学性能

依据《聚氯乙烯(PVC)防水卷材》(GB 12952—2011)，PVC 防水卷材主要性能指标应符合表 12-7 的规定。

表 12-7　聚氯乙烯(PVC)防水卷材主要性能指标

序号	项目		指标				
			H	L	P	G	GL
1	中间胎基上面树脂层厚度(mm)		—		0.40		
2	拉伸性能	最大拉力(N/cm)，≥	—	120	250	—	120
		拉伸强度(MPa)，≥	10.0	—	—	10.0	—
		最大拉力时伸长率(%)，≥	—	—	15	—	—
		断裂伸长率(%)，≥	200	150	—	200	100
3	热处理尺寸变化率(%)，≤		2.0	1.0	0.5	0.1	0.1
4	低温弯折性		−25℃无裂纹				
5	不透水性		0.3MPa，2h 不透水				
6	抗冲击性能		0.5kg·m，不渗水				
7	抗静态荷载		—	—	20kg 不渗水		
8	接缝剥离强度(N/mm)，≥		4.0 或卷材破坏		3.0		
9	直角撕裂强度(N/mm)，≥		50	—	—	50	—
10	梯形撕裂强度(N)，≥		—	150	250	—	220
11	吸水率(70℃，168h)(%)	浸水后，≤	4.0				
		晾置后，≥	−0.40				
12	热老化(80℃)	时间(h)	672				
		外观	无起泡、裂纹、分层、黏结和孔洞				
		最大力保持率(%)，≥	—	85	85	—	85
		拉伸强度保持率(%)，≥	85	—	—	85	—
		最大力时伸长率保持率(%)，≥	—	—	80	—	—
		断裂伸长率保持率(%)，≥	80	80	—	80	80
		低温弯折性	−20℃无裂纹				

续表 12-7

序号	项目		指标				
			H	L	P	G	GL
13	耐化学性	外观	无起泡、裂纹、分层、黏结和孔洞				
		最大力保持率(%),≥	—	85	85	—	85
		拉伸强度保持率(%),≥	85	—	—	85	—
		最大力时伸长率保持率(%),≥	—	—	80	—	—
		断裂伸长率保持率(%),≥	80	80	—	80	80
		低温弯折性	−20℃无裂纹				
14	人工气候加速老化	时间(h)	1500				
		外观	无起泡、裂纹、分层、黏结和孔洞				
		最大力保持率(%),≥	—	85	85	—	85
		拉伸强度保持率(%),≥	85	—	—	85	—
		最大力时伸长率保持率(%),≥	—	—	80	—	—
		断裂伸长率保持率(%),≥	80	80	—	80	80
		低温弯折性	−20℃无裂纹				

12.1.3.6 改性沥青聚乙烯胎防水卷材

(1) 定义

改性沥青聚乙烯胎防水卷材是以改性沥青为基料,以高密度聚乙烯膜为胎体,以聚乙烯膜或铝箔为上表面覆盖材料,经滚压、水冷成型制成的防水卷材,如图 12-6 所示。

图 12-6 改性沥青聚乙烯胎防水卷材

(2) 规格

面积:每卷面积 $10m^2$、$11m^2$;幅宽:1000mm、1100mm;厚度:热熔型 3mm 和 4mm,自粘型 2mm、3mm。

(3) 分类

改性沥青聚乙烯胎防水卷材按产品的施工工艺分为热熔型(T)和自粘型(S)两种。

热熔型产品按改性的成分分为改性氧化沥青防水卷材(O)、丁苯橡胶改性氧化沥青防水卷材(M)、高聚物改性沥青防水卷材(P)、高聚物改性沥青耐根穿刺防水卷材(R)四类。

(4) 适用范围

改性沥青聚乙烯胎防水卷材适用于工业与民用建筑的防水工程中作防水层，上表面覆盖聚乙烯膜的卷材仅适用于非外露防水工程，上表面覆盖铝箔的卷材适用于外露防水工程。

(5) 主要物理力学性能

依据《改性沥青聚乙烯胎防水卷材》(GB 18967—2009)，改性沥青聚乙烯胎防水卷材主要物理力学性能应符合表 12-8 的规定。

表 12-8　改性沥青聚乙烯胎防水卷材主要物理力学性能

<table>
<tr><th rowspan="3">序号</th><th rowspan="3" colspan="3">项　目</th><th colspan="5">技术指标</th></tr>
<tr><th colspan="4">T</th><th>S</th></tr>
<tr><th>O</th><th>M</th><th>P</th><th>R</th><th>M</th></tr>
<tr><td>1</td><td colspan="3">不透水性</td><td colspan="5">0.4MPa，30min 不透水</td></tr>
<tr><td rowspan="2">2</td><td rowspan="2" colspan="3">耐热性(℃)</td><td colspan="4">90</td><td>70</td></tr>
<tr><td colspan="4">无流淌，无起泡</td><td>无流淌，无起泡</td></tr>
<tr><td rowspan="2">3</td><td rowspan="2" colspan="3">低温柔性(℃)</td><td>−5</td><td>−10</td><td>−20</td><td>−20</td><td>−20</td></tr>
<tr><td colspan="5">无裂纹</td></tr>
<tr><td rowspan="4">4</td><td rowspan="4">拉伸性能</td><td rowspan="2">拉力(N/50mm)，≥</td><td>纵向</td><td rowspan="2" colspan="3">200</td><td rowspan="2">400</td><td rowspan="2">200</td></tr>
<tr><td>横向</td></tr>
<tr><td rowspan="2">断裂延伸率(%)，≥</td><td>纵向</td><td rowspan="2" colspan="5">120</td></tr>
<tr><td>横向</td></tr>
<tr><td rowspan="2">5</td><td rowspan="2" colspan="2">尺寸稳定性</td><td>℃</td><td colspan="4">90</td><td>70</td></tr>
<tr><td>%，≤</td><td colspan="5">2.5</td></tr>
<tr><td>6</td><td colspan="3">卷材下表面沥青涂盖层厚度(mm)，≥</td><td colspan="4">1</td><td>—</td></tr>
<tr><td rowspan="2">7</td><td rowspan="2" colspan="2">剥离强度(N/mm)，≥</td><td>卷材与卷材</td><td rowspan="2" colspan="4">—</td><td>1.0</td></tr>
<tr><td>卷材与铝板</td><td>1.5</td></tr>
<tr><td>8</td><td colspan="3">钉杆水密性</td><td colspan="4">—</td><td>通过</td></tr>
<tr><td>9</td><td colspan="3">持黏性(min)，≥</td><td colspan="4">—</td><td>15</td></tr>
<tr><td>10</td><td colspan="3">自粘沥青再剥离强度(与铝板)(N/mm)，≥</td><td colspan="4">—</td><td>1.5</td></tr>
<tr><td rowspan="4">11</td><td rowspan="4">热空气老化</td><td colspan="2">纵向拉力(N/50mm)，≥</td><td colspan="3">200</td><td>400</td><td>200</td></tr>
<tr><td colspan="2">纵向断裂延伸率(%)，≥</td><td colspan="5">120</td></tr>
<tr><td rowspan="2" colspan="2">低温柔性(℃)</td><td>5</td><td>0</td><td>−10</td><td>−10</td><td>−10</td></tr>
<tr><td colspan="5">无裂纹</td></tr>
</table>

图 12 7 改性三元乙丙橡胶防水卷材

12.1.3.7 改性三元乙丙橡胶(TPV)防水卷材

(1) 定义

以三元乙丙橡胶为主体,掺入适量的聚丙烯树脂,采用动态全硫化的生产技术进行改性,制成热塑性全交联的弹性体,经挤出压延工艺加工制成的卷材称为改性三元乙丙橡胶(TPV)防水卷材(以下简称 TPV 防水卷材),如图 12-7 所示。

(2) 规格

幅宽:1500mm、2000mm 和 3000mm;厚度:1.2mm、1.5mm 和 2.0mm;长度:20m。

(3) 适用范围

TPV 防水卷材适用于耐久性、耐腐蚀性、耐根穿刺性和对抗变形要求高,防水等级为Ⅰ、Ⅱ级的屋面和地下工程中作防水层。

(4) 主要物理力学性能

TPV 防水卷材现尚无国家标准或行业标准,其主要性能指标应符合表 12-9 的规定。

表 12-9 TPV 防水卷材的主要性能指标

项目		性能指标
断裂拉伸强度(MPa),≥		8.0
拉断伸长率(%),≥		500
撕裂强度(kN/m),≥		30
不透水性(0.3MPa,30min)		不透水
低温弯折(℃),≤		−40
加热伸缩量(mm)	延伸,<	1.5
	收缩,<	3
热空气老化(80℃×168h)	断裂拉伸强度保持率(%),≥	90
	断裂伸长率保持率(%),≥	90
黏合性能	无处理	自基准线的偏移及剥离长度在 5mm 以下,且无有害偏移及异状点
	热处理	
	碱处理	

12.1.3.8 氯化聚乙烯(CPE)防水卷材

(1) 定义

氯化聚乙烯(CPE)防水卷材是以氯化聚乙烯树脂为主要原料,掺入多种化学助剂,经混炼、挤出或压延等工序加工制成的防水卷材(图 12-8),它包括无复合层的(N 类)、纤维单面复合的(L类)及织物内增强的(W类)氯化聚乙烯防水卷材。

(2) 规格

幅宽:1000mm、1100mm 和 1200mm;厚度:1.2mm、1.5mm 和 2.0mm;长度;10m、15m 和 20m。

(3) 适用范围

该类卷材适用于一般土木工程的非外露屋面和地下工程中作防水层。

(4) 主要理化性能

依据《氯化聚乙烯防水卷材》(GB 12953—2003),氯化聚乙烯防水卷材主要理化性能应符合表 12-10 的规定。

图 12-8 氯化聚乙烯(CPE)防水卷材

当外露使用时,应考核卷材人工气候加速老化性能指标,见表 12-11。

表 12-10 氯化聚乙烯防水卷材主要理化性能

项目	性能指标			
	N类卷材		L类及W类卷材	
类型	Ⅰ型	Ⅱ型	Ⅰ型	Ⅱ型
拉伸强度(MPa),≥	5.0	8.0	—	—
拉力(N/cm),≥	—	—	70	120
断裂伸长率(%),≥	200	300	125	250
热处理尺寸变化率(%),≤	3.0	纵向 2.0 横向 1.5	1.0	
低温弯折性(无裂纹)	−20℃	−25℃	−20℃	−25℃
抗穿孔性	不渗水			
不透水性(0.3MPa×2h)	不透水			
剪切状态下的黏合性(N/mm),≥	N类和L类卷材为 3.0 或卷材破坏			
	W类卷材为 6.0 或卷材破坏			

表 12-11 氯化聚乙烯防水卷材人工气候加速老化性能

项目	N类卷材		L类及W类卷材	
	Ⅰ型	Ⅱ型	Ⅰ型	Ⅱ型
拉伸强度变化率(%)	+50、−20	±20	—	—
拉力(N/cm),≥	—	—	55	100
断裂伸长变化率(%)	+50、−20	±20	—	—
断裂伸长率(%),≥	—	—	100	200
低温弯折性(无裂纹)	−15℃	−20℃	−15℃	−20℃

12.1.4 防水涂料技术指标

12.1.4.1 聚氨酯防水涂料

(1) 定义

图 12-9 单组分聚氨酯防水涂料(S 型)

聚氨酯防水涂料是由二异氰酸酯、聚醚等经加成聚合反应而成的含异氰酸酯基的预聚体，配以催化剂、无水助剂、无水填充剂、溶剂等经混合等工序加工制造而成的单组分聚氨酯防水涂料(图 12-9)；或由两个组分或多个组分组成多组分聚氨酯防水涂料。

(2) 分类

按组分分为单组分(S)和多组分(M)两种；按基本性能分为Ⅰ型、Ⅱ型和Ⅲ型；按是否暴露使用分为外露(E)和非外露(N)；按有害物质限量分为 A 类和 B 类。

(3) 适用范围

单组分聚氨酯防水涂料适用于防水等级为Ⅲ、Ⅳ级的非外露屋面防水工程；防水等级为Ⅰ、Ⅱ级的屋面多道防水设防中的一道非外露防水层；地下工程防水设防中防水等级为Ⅰ、Ⅱ、Ⅲ级工程的一道防水层以及厕浴间防水。

多组分聚氨酯防水涂料适用于防水等级为Ⅰ、Ⅱ级的屋面多道防水设防中的一道非外露防水层；防水等级为Ⅲ、Ⅳ级的非外露屋面防水设防；地下防水工程中防水等级为Ⅰ、Ⅱ级的多道防水设防中的一道防水层；厕浴间防水。

(4) 主要技术性能

依据《聚氨酯防水涂料》(GB/T 19250—2013)，聚氨酯防水涂料主要技术性能应符合表 12-12 的规定。

表 12-12 聚氨酯防水涂料主要技术性能

序号	项目		技术指标		
			Ⅰ	Ⅱ	Ⅲ
1	固体含量(%)，≥	单组分	85.0		
		多组分	92.0		
2	表干时间(h)，≤		12		
3	实干时间(h)，≤		24		
4	流平性		20min 时，无明显齿痕		
5	拉伸强度(MPa)，≥		2.0	6.0	12.0
6	断裂伸长率(%)，≥		500	450	250
7	撕裂强度(N/mm)，≥		15	30	40
8	低温弯折性		−35℃，无裂纹		

续表 12-12

序号	项目		技术指标		
			I	II	III
9	不透水性		0.3MPa,120min,不透水		
10	加热伸缩率(%)		−4.0～+1.0		
11	黏结强度(MPa),≥		1.0		
12	吸水率(%),≤		5.0		
13	定伸时老化	加热老化	无裂纹及变形		
		人工气候老化	无裂纹及变形		
14	热处理(80℃,168h)	拉伸强度保持率(%)	80～150		
		断裂伸长率(%),≥	450	400	200
		低温弯折性	−30℃,无裂纹		
15	碱处理[0.1%NaOH+饱和 $Ca(OH)_2$ 溶液,168h]	拉伸强度保持率(%)	80～150		
		断裂伸长率(%),≥	450	400	200
		低温弯折性	−30℃,无裂纹		
16	酸处理(2% H_2SO_4 溶液,168h)	拉伸强度保持率(%)	80～150		
		断裂伸长率(%),≥	450	400	200
		低温弯折性	−30℃,无裂纹		
17	人工气候老化(1000h)	拉伸强度保持率(%)	80～150		
		断裂伸长率(%),≥	450	400	200
		低温弯折性	−30℃,无裂纹		
18	燃烧性能		B_2-E(点火 15s,燃烧 20s,Fs≤150mm,无燃烧滴落物引燃滤纸)		

12.1.4.2 刮涂型聚脲防水涂料

(1) 定义

刮涂型聚脲防水涂料是一种新型的单组分或多组分(甲组分、乙组分、丙组分)的防水材料。

(2) 分类

按主要物理性能指标分类,刮涂型聚脲防水涂料可分为多种型号,形成系列产品、多种颜色,分别适应不同工程需要。

(3) 主要技术性能

刮涂型聚脲防水涂料尚无国家标准或行业标准,其主要技术性能应符合表 12-13 的要求。

表 12-13　刮涂型聚脲防水涂料主要技术性能

项　　目	技术指标
拉伸强度（MPa），≥	5.0
断裂伸长率(%)，≥	450
撕裂强度（N/mm），≥	20
低温弯折性(℃)，≤	－40
不透水性(0.3MPa，30min)	不渗漏
固体含量(%)，≥	99
凝固时间(min)	30
可上人时间(h)，≤	4
潮湿基面黏结强度(MPa)，≥(仅在地下潮湿基面时要求)	0.50

注：当用于地下工程防水时，尚应符合地下工程用防水涂料(有机防水涂料)性能的要求。

12.1.4.3　喷涂聚脲防水涂料

(1) 定义

喷涂聚脲防水涂料是以异氰酸酯类化合物为甲组分、胺类化合物为乙组分，采用喷涂施工工艺使两组分混合，反应生成的弹性防水涂料，属反应固化型防水涂料。

(2) 分类

喷涂聚脲防水涂料按物理性能分为Ⅰ型和Ⅱ型；具有多种颜色。

(3) 主要技术性能

依据《喷涂聚脲防水涂料》(GB/T 23446—2009)：

① 喷涂聚脲防水涂料的基本性能应符合表 12-14 的规定。

表 12-14　喷涂聚脲防水涂料基本性能

项　　目	技术指标	
	Ⅰ型	Ⅱ型
固体含量(%)，≥	96	98
凝胶时间(s)，≤	45	
表干时间(s)，≤	120	
拉伸强度（MPa），≥	10.0	16.0
断裂伸长率(%)，≥	300	450
撕裂强度（N/mm），≥	40	50
低温弯折性(℃)，≤	－35	－40
不透水性	0.4MPa，2h 不透水	

续表 12-14

项目		技术指标	
		Ⅰ型	Ⅱ型
加热伸缩率(%)	伸长,≤	1.0	
	收缩,≤	1.0	
黏结强度(MPa),≥		2.0	2.5
吸水率(%),≤		5.0	

② 喷涂聚脲防水涂料的耐久性能应符合表 12-15 的规定。

表 12-15 喷涂聚脲防水涂料耐久性能

项目		技术指标	
		Ⅰ型	Ⅱ型
定伸时老化	加热老化	无裂纹及变形	
	人工气候老化	无裂纹及变形	
热处理	拉伸强度保持率(%)	80～150	
	断裂伸长率(%),≥	250	400
	低温弯折性(℃),≤	−30	−35
碱处理	拉伸强度保持率(%)	80～150	
	断裂伸长率(%),≥	250	400
	低温弯折性(℃),≤	−30	−35
酸处理	拉伸强度保持率(%)	80～150	
	断裂伸长率(%),≥	250	400
	低温弯折性(℃),≤	−30	−35
盐处理	拉伸强度保持率(%)	80～150	
	断裂伸长率(%),≥	250	400
	低温弯折性(℃),≤	−30	−35
人工气候老化	拉伸强度保持率(%)	80～150	
	断裂伸长率(%),≥	250	400
	低温弯折性(℃),≤	−30	−35

③ 喷涂聚脲防水涂料的特殊性能应符合表 12-16 的规定。特殊性能根据产品特殊用途需要时或供需双方商定需要时测定,指标也可由供需双方另行商定。

表 12-16　喷涂聚脲防水涂料特殊性能

项　　目	技术指标	
	Ⅰ型	Ⅱ型
硬度(邵 A),≥	70	80
耐磨性[(750g/500r)/mg],≤	40	30
耐冲击性(kg·m),≥	0.6	1.0

12.1.4.4　聚合物乳液防水涂料

(1) 定义

图 12-10　丙烯酸酯防水涂料

聚合物乳液防水涂料是以聚合物乳液为主要原料,加入其他添加剂而制得的单组分水乳型防水涂料。其代表有高弹厚质丙烯酸酯防水涂料(图 12-10),它是以改性丙烯酸酯多元共聚物高分子乳液为基料,添加多种助剂、填充剂经科学加工而成的一种厚质单组分水性高分子防水涂膜材料。

(2) 适用范围

丙烯酸酯防水涂料适用于防水等级为Ⅰ、Ⅱ级的屋面多道防水设防中的一道防水层;防水等级为Ⅲ、Ⅳ级的屋面防水设防;外墙防水、装饰工程和厕浴间防水工程。不宜用于地下防水工程。

(3) 主要技术性能

依据《聚合物乳液建筑防水涂料》(JC/T 864—2008),聚合物乳液防水涂料的主要物理力学性能见表 12-17。

表 12-17　聚合物乳液防水涂料主要物理力学性能

项　　目		性能指标	
		Ⅰ	Ⅱ
拉伸强度(MPa),≥		1.0	1.5
断裂伸长率(%),≥		300	
低温柔性(绕 ϕ10mm 棒弯 180°)		-10℃,无裂纹	-20℃,无裂纹
不透水性(0.3MPa,30min)		不透水	
固体含量(%),≥		65	
干燥时间(h)	表干时间,≤	4	
	实干时间,≤	8	

续表 12-17

项目		性能指标	
		Ⅰ	Ⅱ
处理后的拉伸强度保持率(%)	加热处理,≥	80	
	碱处理,≥	60	
	酸处理,≥	40	
	人工气候老化处理	—	80～150
处理后的断裂延伸率(%)	加热处理,≥	200	
	碱处理,≥		
	酸处理,≥		
	人工气候老化处理	—	200
加热伸缩率(%)	伸长,≤	1.0	
	缩短,≤	1.0	

12.1.4.5 硅橡胶防水涂料

(1) 定义

硅橡胶防水涂料是以硅橡胶为主要成膜物,并配以多种助剂以及填料等配制而成的单组分挥发固化型防水涂料(图 12-11)。

图 12-11 硅橡胶防水涂料

(2) 适用范围

硅橡胶防水涂料适用于屋面、厕浴间以及地下防水工程。当用于地下防水工程时,其耐水性等指标还必须满足要求;还适用于迎水面及背水面的防水施工。

(3) 主要技术性能

依据《聚合物乳液建筑防水涂料》(JC/T 864—2008)标准,硅橡胶防水涂料的主要技术性能见表 12-18。

表 12-18 硅橡胶防水涂料主要技术性能

项目	性能指标	项目	性能指标
拉伸强度(MPa),≥	1.0	不透水性(0.3MPa,0.5h)	不透水
断裂伸长率(%),≥	300	固体含量(%),≥	65
低温柔性(ϕ10mm,2h)(℃)	−10	加热伸缩率(%)	0.3
耐热性(℃),≥	80		

12.1.4.6 水乳型橡胶沥青微乳液防水涂料

(1) 定义

水乳型橡胶沥青微乳液防水涂料是以沥青微乳液为主要成分并加入助剂等混配而成的一种稳定的防水涂料。

(2) 适用范围

水乳型橡胶沥青微乳液防水涂料适用于防水等级Ⅲ级、Ⅳ级的屋面防水，也可用作Ⅰ、Ⅱ级屋面以及桥梁、高速公路防水工程中的一道防水设防；双组分水乳型橡胶沥青微乳液防水涂料适用于地下工程的迎水面中作防水层。

(3) 主要技术性能

依据《道桥用防水涂料标准》(JC/T 975—2005)(水性冷施工L型Ⅰ类)，水乳型橡胶沥青微乳液防水涂料的主要技术性能见表12-19。

表12-19 水乳型橡胶沥青微乳液防水涂料主要技术性能

项目	性能指标
固体含量(%)，≥	45
耐热度(℃)	140，无流淌、滑移、滴落
不透水性(0.3MPa，30min)	不透水
低温柔度(℃)	−15，无裂纹
拉伸强度(MPa)，≥	0.50
断裂延伸率(%)，≥	800

12.1.4.7 水乳型阳离子氯丁橡胶沥青防水涂料

(1) 定义

水乳型阳离子氯丁橡胶沥青防水涂料是以沥青乳液为主要成分并加入阳离子氯丁橡胶乳液以及助剂等混配而成稳定的单组分防水涂料(图12-12)。

图12-12 水乳型阳离子氯丁橡胶沥青防水涂料

(2) 类型

产品按性能分为L型和H型。

(3) 适用范围

水乳型阳离子氯丁橡胶沥青防水涂料适用于防水等级Ⅲ、Ⅳ级的屋面防水，也可用作防水等级为Ⅱ级屋面防水工程中的一道防水设防及厕浴间防水；并且适用于迎水面防水施工。

(4) 主要技术性能

依据《水乳型沥青防水涂料》(JC/T 408—2005)，水乳型阳离子氯丁橡胶沥青防水涂料的主要技术性能见表 12-20。

表 12-20 水乳型阳离子氯丁橡胶沥青防水涂料主要技术性能

项　　目	性能指标	
	L	H
固体含量(%),≥	45	
耐热度(℃)	80±2	110±2
	无流淌、滑移、滴落	
不透水性(0.10MPa,30min)	不渗水	
黏结强度(MPa),≥	0.30	
低温柔度(标准条件,℃)	−15	0
断裂伸长率(%),≥	600	

12.1.4.8 水泥基渗透结晶型防水涂料

(1) 定义

水泥基渗透结晶型防水涂料是以水泥、石英砂等为主要基材,并掺入多种活性化学物质的粉状材料,经与水拌和调配而成的有渗透功能的无机型防水涂料(图 12-13)。

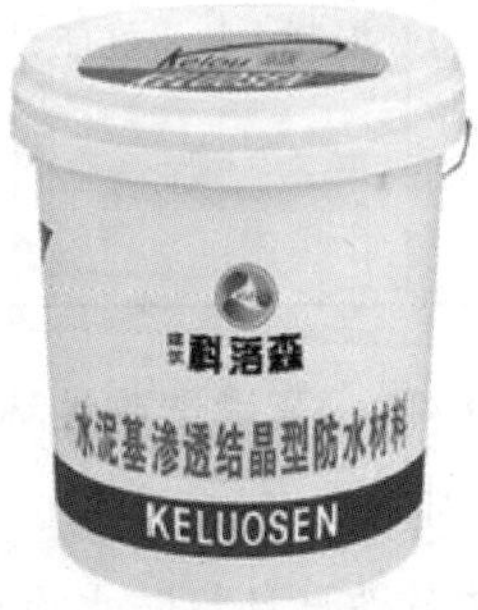

图 12-13 水泥基渗透结晶型防水涂料

(2) 适用范围

水泥基渗透结晶型防水涂料适用于防水等级为Ⅰ、Ⅱ级的混凝土结构屋面多道防水设防中的一道防水层,也可用于防水等级为Ⅰ、Ⅱ级屋面的防水混凝土表面起增强防水和抗渗作用,但不作为一道防水涂层。

(3) 主要技术性能

依据《水泥基渗透结晶型防水涂料》(GB 18445—2012),水泥基渗透结晶型防水涂料的主要技术性能见表 12-21。

表 12-21 水泥基渗透结晶型防水涂料主要技术性能

序号	试验项目	性能指标
1	外观	均匀、无结块
2	含水率(%),≤	1.5
3	细度,0.63mm 筛余(%),≤	5
4	氯离子含量(%),≤	0.1

续表 12-21

序号	试验项目		性能指标
5	施工性	加水搅拌后	刮涂无障碍
		20min	刮涂无障碍
6	抗折强度(MPa),28d,≥		2.8
7	抗压强度(MPa),28d ,≥		15.0
8	湿基面黏结强度(MPa),28d,≥		1.0
9	砂浆抗渗性能	带涂层砂浆的抗渗压力(MPa),28d	报告实测值
		抗渗压力比(带涂层)(%),28d,≥	250
		去除涂层砂浆的抗渗压力(MPa),28d	报告实测值
		抗渗压力比(去除涂层)(%),28d,≥	175
10	混凝土抗渗性能	带涂层砂浆的抗渗压力(MPa),28d	报告实测值
		抗渗压力比(带涂层)(%),28d,≥	250
		去除涂层砂浆的抗渗压力(MPa),28d	报告实测值
		抗渗压力比(去除涂层)(%),28d,≥	175
		带涂层混凝土的第二次抗渗压力(MPa),56d,≥	0.8

12.1.4.9 高渗透改性环氧防水涂料

(1) 定义

高渗透改性环氧防水涂料是以改性环氧树脂为主体材料并加入多种助剂制成的具有优异的高渗透能力和可灌性的双组分防水涂料。

反应固化型渗透性防水涂料颜色为透明暗黄色。

(2) 主要技术性能

高渗透改性环氧防水涂料尚无国家标准或行业标准,其主要技术性能可参考表 12-22 的要求。

表 12-22 高渗透改性环氧防水涂料主要技术性能

序号	项 目	性能指标	
1	密度(g/mL)	1.03+0.05	1.10+0.05
2	初始黏度(MPa・s)	2.6+0.1	5.4+0.1
3	表干时间(h) ≥	4	4

续表 12-22

序号	项目			性能指标	
4	实干时间(h)		≥	8	8
5	固体含量(%)		≥	65	65
6	抗压强度(MPa)		≥	50	50
7	黏结强度(MPa)	干基面	≥	5	5
		湿基面	≥	4	4
8	耐冻融性(%)		≤	4	4
9	耐水性		≤	1	1
10	耐化学介质	耐酸性(%)	≤	1	1
		耐碱性(%)	≤	1	1
11	拉伸强度(MPa)		≥	1.5	1.5
12	低温柔度(℃)			−26	−26
13	断裂伸长率(%)		≥	300	300
14	撕裂强度(N/mm)		≥	14	14
15	不透水性			0.3MPa,30min 不透水	0.3MPa,30min 不透水
16	加热伸缩率(%)	伸长		1.0	1.0
		缩短		1.0	1.0
17	人工加速老化处理	拉伸强度保持率(%)		80～150	80～150
		断裂延伸率(%)	≥	300	300
		低温柔性(℃)		−20	−20
18	混凝土渗透厚度(mm)		≥	2.0	2.0

12.1.4.10 非固化橡胶沥青防水涂料

(1) 定义

非固化橡胶沥青防水涂料是以优质沥青、废橡胶轮胎胶粉和特种添加剂为主体材料，制成的含固量≥99%的黏弹性胶状体涂层材料，它是一种与空气长期接触不固化的防水涂料，属无溶剂型橡胶改性沥青类防水涂料。

(2) 主要组成及颜色

主要组成：优质沥青、特种添加剂和废橡胶轮胎胶粉；颜色：黑色黏弹性体。

(3) 主要技术性能

非固化橡胶沥青防水涂料尚无国家标准和行业标准，其主要技术性能应符合表 12-23 的要求。

表 12-23　非固化橡胶沥青防水涂料主要技术性能

项　　目		指　　标
含固量(%),≥		99
不透水性(0.1MPa,30min)		不透水
黏结强度(MPa),≥		0.30
耐热性(80℃)		无流淌、滑动、滴落
低温柔度(℃)		−15～−20
延伸性(mm)	无处理	25

12.1.4.11　热熔型橡胶改性沥青防水涂料

(1) 定义

热熔型橡胶改性沥青防水涂料是以优质沥青和高聚物为主体材料,并添加其他改性添加剂,制成的含固量 100%、经热熔法施工的橡胶改性沥青防水涂料。

(2) 主要技术性能

热熔型橡胶改性沥青防水涂料尚无国家标准和行业标准,其主要技术性能应符合表 12-24 的要求。

表 12-24　热熔型橡胶改性沥青防水涂料主要技术性能

项　　目		指　　标
外观		黑色均匀块状物,无杂质、无气泡,不流淌
柔韧性(30min)		−25℃无裂纹、无断裂
耐热性(70℃,5h)		无流淌、起泡、滑动
黏结性(MPa)(50mm/min)		> 0.20
不透水性(0.2MPa,30min)		不渗水
断裂伸长率(%)	无处理,≥	800
	碱处理,≥	500
	酸处理,≥	500

12.1.5　防水材料取样频率

防水材料取样频率见表 12-25。

表 12-25　防水材料取样频率

项目	检验依据	验收依据	检测内容	取　样
(1)沥青防水卷材	①《建筑防水卷材试验方法》(GB/T 328.8—2007)(GB/T 328.11—2007)(GB/T 328.14—2007)(GB/T 328.10—2007)等； ②《石油沥青纸胎油毡》(GB 326—2007)； ③《铝箔面石油沥青防水卷材》(JC/T 504—2007)	①《屋面工程质量验收规范》(GB 50207—2012)； ②《地下防水工程质量验收规范》(GB 50208—2011)	①必试：拉力；耐热度；柔度；不透水性； ②其他：—	①以同一生产厂的同一品种、同一等级的产品，不足 $1000m^2$ 的抽样 1 卷；1000～2500 m^2 的抽样 2 卷；2500～5000 m^2 的抽样 3 卷；$5000m^2$ 以上的抽样 4 卷； ②将试样卷材切除距外层卷头 2500mm 后，顺纵向截取 600mm 的 2 块全幅卷材送试
(2)高聚物改性沥青防水卷材	①《改性沥青聚乙烯胎防水卷材》(GB 18967—2009)； ②《弹性体改性沥青防水卷材》(GB 18242—2008)； ③《塑性体改性沥青防水卷材》(GB 18243—2008)	①《屋面工程质量验收规范》(GB 50207—2012)； ②《地下防水工程质量验收规范》(GB 50208—2011)	①必试：拉力；断裂伸长率；不透水性；柔度；耐热度； ②其他：—	①以同一类型、同规格 1000 m^2 为一批，不足 1000 m^2 亦可作为一批； ②每批产品中随机抽取 5 卷进行卷重、面积、厚度及外观检查； ③将试样卷材切除距外层卷头 2500mm 后，顺纵向切取 1000mm 的全幅卷材试样 2 块，一块作物理性能检验用，另一块备用
(3)合成高分子防水卷材(片材)	①《聚氯乙烯(PVC)防水卷材》(GB 12952—2011)； ②《氯化聚乙烯防水卷材》(GB 12953—2003)； ③《高分子防水卷材　第一部分：片材》(GB 18173.1—2012)； ④《高分子防水卷材 第 2 部分：止水带》(GB 18173.2—2014)	①《屋面工程质量验收规范》(GB 50207—2012)； ②《地下防水工程质量验收规范》(GB 50208—2011)	①必试：断裂拉伸强度；断裂伸长率；不透水性；低温弯折性； ②其他：黏结性能	①以连续生产的同品种、同规格的 $5000m^2$ 片材为一批(不足 $5000m^2$ 时，以连续生产的同品种、同规格的片材量为一批，日产量超过 8000 m^2 则以 $8000m^2$ 为一批)，随机抽取 3 卷进行规格尺寸和外观质量检验，在上述检验合格的样品中再随机抽取足够的试样进行物理性能检验。 ②将试样卷材切除距外层卷头 300mm 后，顺纵向切取 1500mm 的全幅卷材 2 块，一块作物理性能检验用，另一块备用

续表 12-25

项目	检验依据	验收依据	检测内容	取　　样
(4)防水涂料	①《聚氨酯防水涂料》(GB/T 19250—2013)	①《屋面工程质量验收规范》(GB 50207—2012); ②《地下防水工程质量验收规范》(GB 50208—2011); ③《色漆、清漆和色漆与清漆用原材料取样》(GB/T 3186—2006)	①必试:固体含量;拉伸强度;断裂伸长率;不透水性;低温柔度;耐热度(屋面用) ②其他:—	①同一类型 15t 为一验收批,不足 15t 也按一批计算(多组分产品按组分配套组批)。 ②在每一验收批中随机抽取两组样品,一组样品用于检验,另一组样品封存备用。每组至少 5kg(多组分产品按组分配比抽取),抽样前产品应搅拌均匀。若采用喷涂方式取样量根据需要抽取
	②《聚合物乳液建筑防水涂料》(JC/T 864—2008)		①必试:固体含量;断裂伸长率;拉伸强度;低温柔性;不透水性; ②其他:加热伸缩率;干燥时间	①对同一原料、配方、连续生产的产品,出产检验以每 5t 为一批,不足 5t 亦可按一批计。 ②产品抽样按《色漆、清漆和色漆与清漆用原材料取样》(GB/T 3186—2006)进行。出厂检验和型式检验产品取样时,总共取 4kg 样品用于检验
	③《聚合物水泥防水涂料》(GB/T 23445—2009)		①必试:固体含量;断裂伸长率;拉伸强度;低温柔性;不透水性; ②其他:抗渗性(背水面);干燥时间;潮湿基面黏结强度	①同一生产厂、同一类型的产品,每 10t 为一验收批,不足 10t 也按一批计。 ②产品的液体组分抽样按《色漆、清漆和色漆与清漆用原材料取样》(GB/T 3186—2006)进行,配套固体组分抽样按《水泥取样方法》(GB/T 12573—2008)中袋装水泥的规定进行,两组分共取 5kg 样品
(5)密封材料	①《建筑石油沥青》(GB/T 494—2010)	①《屋面工程质量验收规范》(GB 50207—2012); ②《地下防水工程质量验收规范》(GB 50208—2011);	①必试:软化点;针入度;延度; ②其他:溶解度;蒸发损失;蒸发后针入度	①以同一产地,同一品种,同一标号,每 20t 为一验收批,不足 20t 也按一批计。每一验收批取样 2kg。 ②在料堆上取样时,取样部位应均匀分布,同时应不少于 5 处,每处取洁净的等量试样共 2kg 作为检验和留样用

续表 12-25

项目	检验依据	验收依据	检测内容	取　　样
(5) 密封材料	②《聚氨酯建筑密封胶》(JC/T 482—2003)	③《色漆、清漆和色漆与清漆用原材料取样》(GB/T 3186—2006)； ④《建筑密封材料试验方法》(GB/T 13477—2017)	①必试：拉伸黏结性；低温柔性； ②其他：密度；恢复率	①同一品种、同一类型的产品每 5t 为一批进行检验，不足 5t 也按一批计。 ②单组分支装产品由该批产品中随机抽取 3 件包装箱，从每件包装箱中随机抽取 2～3 支样品，共取 6～9 支。 ③多组分桶装产品的抽样方法及数量按照《色漆、清漆和色漆与清漆用原材料取样》(GB/T 3186—2006)的规定执行，样品总量为 4kg，取样后应立即密封包装
	③《聚硫建筑密封胶》(JC/T 483—2006)		①必试：拉伸黏结性；低温柔性； ②其他：密度；恢复率	①以同一品种、同一类型产品每 10t 为一验收批，不足 10t 也按一批计。 ②抽样方法及数量按照《色漆、清漆和色漆与清漆用原材料取样》(GB/T 3186—2006)的规定执行，样品总量为 4kg，取样后应立即密封包装
	④《丙烯酸酯建筑密封胶》(JC/T 484—2006)			①以同一品种、同一类型产品每 10t 为一验收批，不足 10t 也按一批计。 ②在该批产品中随机抽取三件包装箱，从每件包装箱中随机抽取 2～3 支样品，共取 6～9 支，散装产品约取 4kg
	⑤《聚氯乙烯建筑防水接缝材料》(JC/T 798—1997)		①必试：拉伸黏结性；低温柔性； ②其他：密度；恢复率	以同一类型、同一型号的产品，每 20t 为一验收批，不足 20t 也按一批计。每一验收批取 3 个试样(每个试样 1kg)，其中 2 个试样备用
	⑥《建筑防水沥青嵌缝油膏》(JC/T 207—2011)		①必试：耐热性；低温柔性；拉伸黏结性；施工性； ②其他：—	①以同一生产厂、同一标号的产品每 20t 为一验收批，不足 20t 也按一批计。 ②每批随机抽取 3 件产品，离表皮大约 50mm 处各取样 1kg，装于密封容器内，一份做试验用，另两份留作备用

续表 12-25

<table>
<tr><th>项目</th><th>检验依据</th><th>验收依据</th><th>检测内容</th><th>取　　样</th></tr>
<tr><td rowspan="3">（5）密封材料</td><td>⑦《建筑用硅酮结构密封胶》（GB 16776—2005）</td><td rowspan="3">③《色漆、清漆和色漆与清漆用原材料取样》（GB/T 3186—2006）
④《建筑密封材料试验方法》（GB/T 13477—2017）</td><td>①必试：拉伸黏结性；表干时间；邵氏硬度；
②其他：下垂度；热老化</td><td>①以同一生产厂、同一类型、同一品种的产品，每 5t 为一验收批，不足 5t 也按一批计。
②随机抽样，抽取量应满足检验需用量（约 0.5kg）。从原包装双组分结构胶中抽样后，应立即另行密封包装</td></tr>
<tr><td>⑧《硅酮和改性硅酮建筑密封胶》（GB/T 14683—2017）</td><td>①必试：挤出性；适用期；表干时间；流动性；拉伸黏结性；
②其他：密度；低温柔性；热-水循环后拉伸黏结性；浸水光照后拉伸黏结性；拉伸-压缩循环性能；恢复率</td><td>①单组分产品以同一等级、同一类型的 3000 支产品为一批，不足 3000 支产品也作一批。双组分产品以同一等级、同一类型的 200 桶产品为一批，不足 200 桶产品也作一批。
②抽样数量见下表：
<table><tr><th>品种</th><th>批量</th><th>第一次抽样数</th><th>第二次抽样数</th></tr><tr><td rowspan="2">单组分</td><td>≤1200 支</td><td>3 支</td><td>3 支</td></tr><tr><td>1201～3000 支</td><td>5 支</td><td>5 支</td></tr><tr><td>双组分</td><td>≤200 桶</td><td>3 桶</td><td>5 桶</td></tr></table>注：双组分产品抽样方法按照《色漆、清漆和色漆与清漆用原材料取样》（GB/T 3186—2006）的规定执行。每组试样数量不少于 1.0kg</td></tr>
<tr><td>⑨《建筑窗用弹性密封胶》（JC/T 485—2007）</td><td>①必试：挤出性；适用期；表干时间；下垂度；拉伸黏结性；
②其他：密度；低温柔性；热-水循环后黏结性能；拉伸-压缩循环性能；恢复率等</td><td>因本标准适用于以硅酮、改性硅酮、聚硫、聚氨酯、丙烯酸、丁基、丁苯、氯丁等合成高分子材料为基础的弹性密封剂。所以，组批、抽样规则按各系列产品的相应规定执行</td></tr>
</table>

续表 12-25

<table>
<tr><th>项目</th><th>检验依据</th><th>验收依据</th><th>检测内容</th><th>取　　样</th></tr>
<tr><td>(6)高分子防水卷材胶粘剂</td><td>《高分子防水卷材胶粘剂》(JC/T 863—2011)</td><td>《建筑胶粘剂试验方法 第1部分：陶瓷砖胶粘剂试验方法》(GB/T 12954.1—2008)</td><td>①必试：剥离强度；
②其他：黏度；适用期剪切状态下的黏合性</td><td>①同一生产厂、同一类型、同一品种的产品，每5t为一验收批，不足5t也按一批计。
②每批产品按下表随机抽样，抽取2kg样品，充分混匀。将样品分为两份，一份检验，一份备用。
<table><tr><th>容器个数</th><th>抽取个数（最小值）</th><th>容器个数</th><th>抽取个数（最小值）</th></tr><tr><td>2～8</td><td>2</td><td>217～343</td><td>7</td></tr><tr><td>9～27</td><td>3</td><td>344～512</td><td>8</td></tr><tr><td>28～64</td><td>4</td><td>513～729</td><td>9</td></tr><tr><td>65～125</td><td>5</td><td>730～1000</td><td>10</td></tr><tr><td>126～216</td><td>6</td><td></td><td></td></tr></table>注：试样和试验材料使用前，在试验条件下放置时间应不少于12h</td></tr>
<tr><td>(7)高分子防水材料止水带</td><td>《高分子防水材料 第2部分：止水带》(GB 18173.2—2014)</td><td></td><td>①必试：拉伸强度；拉断伸长率；橡胶与金属黏结强度（用于有钢边的止水带）；
②其他：防霉性能</td><td>①B类、S类止水带以同标记、连续生产的5000m为一批，从外观质量和尺寸公差检验合格的样品中随机抽取足够的试样，进行橡胶材料的物理性能检验。
②J类止水带以每100m制品所需要的胶料为一批，抽取足够胶料单独制样进行橡胶材料的物理性能检验</td></tr>
<tr><td>(8)水泥基渗透结晶型防水材料</td><td>《水泥基渗透结晶型防水材料》(GB 18445—2012)</td><td></td><td>①必试：受检涂料的性能，包括凝结时间、强度（抗折、抗压）、湿基面黏结强度、抗渗压力；
掺防水剂混凝土的性能，包括抗压强度比、凝结时间差、渗透压力比、泌水率比；
②其他：—</td><td>①连续生产，同一配料、同一工艺条件制得的同一类型产品50t为一批，不足50t也按一批计。
②每批产品随机抽样，抽取10kg样品，充分混匀。取样后，将样品一分为二，一份检验，一份留样备用</td></tr>
</table>

续表 12-25

<table>
<tr><th>项目</th><th>检验依据</th><th>验收依据</th><th>检测内容</th><th>取　　样</th></tr>
<tr><td>（9）玻纤胎沥青瓦</td><td>《玻纤胎沥青瓦》(GB/T 20474—2015)</td><td></td><td>①必试：耐热度；柔度；拉力；
②其他：—</td><td>①以同一类型、同一规格，20000m^2 或每一班产量为一批，不足 20000m^2 也作为一批。
②矿物料粘附性以同一类型、同一规格每月为一批量检验一次。
③在每批产品中随机抽取 5 包进行质量、规格尺寸、外观质量检查。
④在上述检查合格后，从 5 包中，每包抽取同样数量的沥青瓦片 1～4 片并标注编号，抽取量需满足试验要求</td></tr>
<tr><td>（10）混凝土瓦</td><td>《混凝土瓦》(JC/T 746—2007)</td><td></td><td>①必试：吸水率、抗渗性能、承载力；
②其他：抗冻性能</td><td>①试样应随机抽取，且应具有代表性，试样应在成品堆场抽取，其养护龄期不少于 28d。在抽样单上应标明是素瓦还是彩瓦，瓦脊高度及遮盖宽度。
(2) 试样数量见下表：
<table><tr><th rowspan="2">检验项目</th><th colspan="4">检验批量(块)</th></tr><tr><th>2000～50000</th><th>50001～100000</th><th>100001～150000</th><th>>150000</th></tr><tr><td>承载力</td><td>7</td><td>7</td><td>9</td><td>11</td></tr><tr><td>吸水率</td><td>—</td><td>—</td><td>—</td><td>—</td></tr><tr><td>抗渗性</td><td>3</td><td>3</td><td>5</td><td>7</td></tr></table></td></tr>
</table>

12.2 防水材料试验检测

12.2.1 卷材吸水性性能检测

12.2.1.1 试验目的

通过对改性沥青防水卷材和合成高分子防水卷材吸水性的性能检测，判定其是否满足工程需要。

12.2.1.2 编制依据

本试验依据《建筑防水卷材试验方法 第27部分：沥青和高分子防水卷材 吸水性》(GB/T 328.27—2007)制定。

12.2.1.3 取样要求

先将试样在温度23℃±2℃和相对湿度50%±10%的条件下放置至少24h后进行裁取。每组试样沿卷材宽度方向均匀分布裁样，避开卷材边缘100mm以上。把试验的材料用壁纸刀裁剪成100mm×100mm试样共3块。

12.2.1.4 使用仪器设备

(1) 分析天平：精度0.001g，称量范围不小于100g；

(2) 毛刷；

(3) 容器：用于浸泡试件；

(4) 试件架：用于放置试件，避免相互之间表面接触，可用金属丝制成。

12.2.1.5 试验步骤

(1) 取3块试件，用毛刷将试件表面的隔离材料刷除干净，然后进行称量(W_1)。

(2) 将试件浸入23℃±2℃的水中，试件放在试件架上相互隔开，避免表面相互接触，水面高出试件上端20～30mm。若试件上浮，可用合适的重物压下，但不应对试件带来损伤和变形。

(3) 浸泡4h后取出试件用纸巾吸干表面的水分，至试件表面没有水渍为度，立即称量试件质量(W_2)。为避免浸水后试件中水分蒸发，试件从水中取出至称量完毕的时间不应超过2min。

12.2.1.6 数据处理

吸水率按下式计算：

$$H=\frac{W_2-W_1}{W_1}\times 100 \tag{12-1}$$

式中 H——吸水率(%)；

W_1——浸水前试件质量(g)；

W_2——浸水后试件质量(g)。

吸水率取3块试件的算术平均值表示，计算精确到0.1%。

12.2.2 卷材撕裂强度检测

12.2.2.1 试验原理

通过用钉刺穿试件试验测量需要的力，用与钉杆垂直的力进行撕裂。

12.2.2.2 编制依据

本试验依据《建筑防水卷材试验方法 第18部分：沥青防水卷材 撕裂性能（钉杆法）》（GB/T 328.18—2007）和《建筑防水卷材试验方法 第19部分：高分子防水卷材 撕裂性能》（GB/T 328.19—2007）制定。

12.2.2.3 仪器设备

（1）拉伸试验机：应具有连续记录力和对应距离的装置，能够按以下规定速度匀速分离夹具。拉伸试验机有足够的荷载能力（至少2000N）和足够的夹具分离距离，夹具拉伸速度为100mm/min±10mm/min，夹持宽度不少于100mm。

（2）U形装置：一端通过连接件连在拉伸试验机夹具上，另一端有两个臂支撑试件。

12.2.2.4 沥青防水卷材撕裂性能（钉杆法）

（1）试件准备

① 试件需距卷材边缘100mm以上在试样上纵向裁取5个200mm×100mm矩形试件。试件表面的非持久层应去除。

② 试验前试件应在23℃±2℃和相对湿度30%～70%的条件下放置至少20h。

（2）试验步骤

① 试件放入打开的U形头的两臂中，用一直径2.5mm±0.1mm的尖钉穿过U形头的孔位置，同时钉杆位置在试件的中心线上，距U形头中的试件一端50mm±5mm，钉杆距上夹具的距离是100mm±5mm。

② 把该装置试件一端的夹具和另一端的U形头放入拉伸试验机，开动试验机使穿过材料面的钉杆直到材料的末端。拉伸速度100mm/min±10mm/min。

（3）结果表示

试件撕裂性能是记录试验的最大力。每个试件分别列出拉力值，计算平均值，精确到5N，记录试验方向。

12.2.2.5 高分子防水卷材撕裂性能

（1）试件准备

试件形状和尺寸（图12-15）。角度的精度为1°。

卷材纵向和横向分别用模板裁取5个带缺口或割口的试件。

在每个试件上的夹持线位置做好标记。

试验前试件应在23℃±2℃和相对湿度50%±5%的条件下放置至少20h。

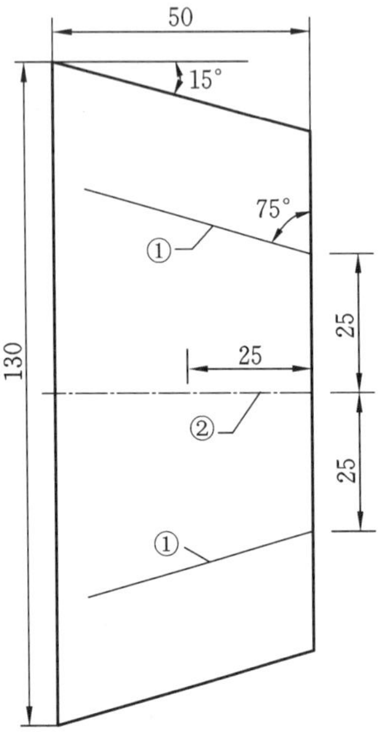

图12-15 试件形状和尺寸

1—夹持线；2—缺口或割口

(2) 试验步骤

① 试件应紧紧地夹在拉伸试验机的夹具中，注意使夹持线沿着夹具的边缘。

② 试件在试验温度为 23℃±2℃，拉伸速度为 100mm/min±10mm/min 的条件下拉伸。

(3) 结果表示

① 记录每个试件的最大拉力。

② 舍去试件从拉伸试验机夹具中滑移超过规定值的结果，用备用件重新试验。

③ 计算每个方向的拉力算术平均值，结果精确到 1N。

12.2.3 卷材低温柔性性能检测

12.2.3.1 试验目的

通过对改性沥青防水卷材低温柔性的性能检测，判定其是否满足工程需要。

12.2.3.2 试验原理

从试样裁取试件，上表面和下表面分别绕浸在冷冻液中的机械弯曲装置上弯曲 180°，弯曲后，检查试件涂盖层存在的裂纹。

12.2.3.3 编制依据

本试验依据《建筑防水卷材试验方法　第 14 部分：沥青防水卷材　低温柔性》(GB/T 328.14—2007)制定。

12.2.3.4 取样要求

先将试样在温度 23℃±2℃下放置 24h 后进行裁取，每组试件在试样宽度方向均匀分布裁取，避开卷材边缘 150mm 以上，试件应从卷材的一边开始做连续的记号，同时标记试件的上表面和下表面。试件尺寸为(150±1)mm×(25±1)mm。

12.2.3.5 仪器设备

(1) 型号为 DWR-2 的低温柔度试验仪，该装置由两个直径 20mm±0.1mm 不旋转的圆筒，一个可升降的圆筒或半圆筒弯曲轴组成。

(2) 低温冰箱。

(3) 小型常用工具：壁纸刀，30cm 钢尺，冷冻液，放大镜，袖珍带光源读数显微镜。

12.2.3.6 试验步骤

(1) 试验前准备工作

① 在开始所有试验前，低温柔度试验仪上两个圆筒的距离应按试件厚度调节，即弯曲轴直径+2mm+两倍试件厚度。然后装置才可以放入已冷却的液体中，并且圆筒上端在冷冻液面下约 10mm，弯曲轴在下面的位置。

弯曲轴直径根据产品不同可以为 20mm、30mm、50mm。

② 试验条件

冷冻液达到规定的试验温度，误差不超过 0.5℃，试件放于支撑装置上，且在圆筒上端，保证冷冻液完全浸没试件。试件放入冷冻液达到规定温度后，开始保持在该温度 1h±5min。半导体温度计的位置靠近试件，检查冷冻液温度，然后开始试验。

（2）低温柔性试验

两组各5个试件，全部试件进行温度处理后，一组是上表面试验，另一组是下表面试验，试验按下述要求进行。

试件放置在圆筒和弯曲轴之间，试验面朝上，然后设置弯曲轴以360mm/min±40mm/min速度顶着试件向上移动，试件同时绕轴弯曲。轴移动的终点在圆筒上面30mm±1mm处。试件的表面明显露出冷冻液，同时液面也因此下降。

在完成弯曲过程10s内，在适宜的光源下用肉眼检查试件有无裂纹，必要时，用辅助光学装置帮助。假如有一条或更多的裂纹从涂盖层深入到胎体层，或完全贯穿无增强卷材，即存在裂缝。一组5个试件应分别试验检查。假若装置的尺寸满足，可以同时试验几组试件。

12.2.3.7　冷弯温度规定

假若沥青卷材的冷弯温度要测定，按12.2.3.6节和下面的步骤进行试验。

冷弯温度的范围（未知）最初测定，从期望的冷弯温度开始，每隔6℃试验每个试件，因此每个试验温度都是6℃的倍数（如－12℃、－18℃、－24℃等）。从开始导致破坏的最低温度开始，每隔2℃分别试验每组5个试件的上表面和下表面。连续地每次2℃的改变温度，直到每组5个试件分别试验后至少有4个无裂纹，这个温度记录为试件的冷弯温度。

12.2.3.8　试验结果判定

（1）规定温度的柔度结果

一个试验面5个试件在规定温度至少4个无裂纹为通过，上表面和下表面的试验结果要分别记录。

（2）冷弯温度测定结果

测定冷弯温度时，要求试验得到的温度应5个试件中至少4个通过，此冷弯温度是该卷材试验面的冷弯温度，上表面和下表面的结果应分别记录（卷材的上表面和下表面可能有不同的冷弯温度）。

12.2.4　卷材耐热性性能检测

12.2.4.1　试验目的

通过对改性沥青防水卷材耐热性的性能检测，判定其是否满足工程需要。

12.2.4.2　试验原理

方法A：从试样裁取的试件，在规定温度分别垂直挂在烘箱中。在规定的时间后测量试件两面涂盖层相对于胎体的位移。平均位移超过2.0mm为不合格。耐热性极限是通过在两个温度结果间插值测定。

方法B：从试样裁取的试件，在规定温度分别垂直挂在烘箱中。在规定的时间后测量试件两面涂盖层相对于胎体的位移及流淌、滴落。

12.2.4.3　编制依据

本试验依据《建筑防水卷材试验方法　第11部分：沥青防水卷材　耐热性》（GB/T 328.11—2007）制定。

12.2.4.4　试件制备

矩形试件尺寸为（115±1）mm×（100±1）mm，试件均匀地在试样宽度方向裁取，长度是卷材的纵向。试件应距卷材边缘150mm以上，试件从卷材的一边开始连续编号，卷材上表面和下表面应标记。去除任何非持久保护层。在试件纵向的横断面一边，上表面和下表面大约15mm一条的涂盖层去除直至胎体。试件在试验前至少在23℃±2℃的平面上放置2h，相互之间不要接触或粘住。有必要时，将试件分别放在硅纸上防止黏结。

12.2.4.5 仪器设备

(1) 方法A

① 鼓风干燥箱(不提供新鲜空气)：在试验范围内最大温度波动±2℃。当门打开30s，恢复温度到工作温度的时间不超过5min。

② 热电偶：连接到外面的电子温度计，在规定范围内能测量精确到±1℃。

③ 悬挂装置(如夹子)至少100mm宽，在宽度方向能夹住整个试件，并被悬挂在试验区域。

④ 光学测量装置(如读数放大镜)：刻度至少0.1mm。

⑤ 金属圆插销的插入装置：内径约4mm。

⑥ 画线装置：画直的标记线。

⑦ 墨水记号：线的宽度不超过0.5mm，白色耐水墨水。

⑧ 硅纸。

(2) 方法B

① 鼓风干燥箱(不提供新鲜空气)：在试验范围内最大温度波动±2℃。当门打开30s，恢复温度到工作温度的时间不超过5min。

② 热电偶：连接到外面的电子温度计，在规定范围内能测量精确到±1℃。

③ 悬挂装置：洁净无锈的铁丝或回形针。

④ 硅纸。

12.2.4.6 试验步骤

(1) 方法A

烘箱预热到规定试验温度，温度通过与试件中心同一位置的热电偶控制。整个试验期间，试验区域的温度波动不超过±2℃。

① 一组3个试件露出的胎体处用悬挂装置夹住。涂盖层不要夹到。必要时，用如硅纸的不粘层包住两面，便于在试验结束时除去夹子。

② 制备好的试件垂直悬挂在烘箱的相同高度，间隔至少30mm。此时烘箱的温度不能下降太多，开关烘箱门放入试件的时间不超过30s。放入试件后加热时间为120min±2min。

③ 加热周期一结束，试件和悬挂装置一起从烘箱中取出，相互间不要接触，在23℃±2℃自由悬挂冷却至少2h。然后除去悬挂装置，在试件两面画第二个标记，用光学测量装置在每个试件的两面测量两个标记底部间最大距离，精确到0.1mm。

④ 结果判定：计算卷材每个面3个试件的滑动值的平均值，精确到0.1mm。

耐热性试验，在此温度卷材上表面和下表面的滑动平均值不超过2.0mm认为合格。

(2) 方法B

① 按规定制备一组3个试件，分别在距试件短边一端10mm处的中心打一小孔，用细铁丝或回形针穿过，垂直悬挂试件在规定温度烘箱的相同高度，间隔至少30mm。此时烘箱的温度不

能下降太多，开关烘箱门放入试件的时间不超过 30s。放入试件后加热时间为 120min±2min。

② 加热周期一结束，试件从烘箱中取出，相互间不要接触，目测观察并记录试件表面的涂盖层有无滑动、流淌、滴落、集中性密集气泡。

③ 结果判定：试件任一端涂盖层不应与胎基发生位移，试件下端的涂盖层不应超过胎基，无流淌、滴落、集中性气泡，为规定温度下耐热性符合要求。

一组 3 个试件都应符合要求。

12.2.5　卷材不透水性性能检测

12.2.5.1　试验目的

通过对改性沥青防水卷材和合成高分子防水卷材的不透水性的性能检测，判定其是否满足工程需要。

12.2.5.2　编制依据

本试验依据《建筑防水卷材试验方法　第 10 部分：沥青和高分子防水卷材　不透水性》(GB/T 328.10—2007)制定。

12.2.5.3　取样要求

先将试样在温度 23℃±2℃下放置 24h 后进行裁取，每组试件在卷材宽度方向均匀分布裁取，避开卷材边缘 100mm 以上。试件尺寸为 150mm×150mm(或直径 130mm 的圆形)。

12.2.5.4　仪器设备

(1) 具有三个透水盘的型号为 DTS-4 型油毡不透水仪，透水盘底座内径 92mm，透水盘金属压盖上有 7 个均匀分布的直径 25mm 透水孔。压力表测量范围为 0～0.6MPa，精度 2.5 级。

(2) 小型常用工具：常见一字螺丝刀，内六角扳手，壁纸刀，30cm 钢尺。

试验在 23℃±5℃条件下进行，产生争议时，在 23℃±2℃、相对湿度 50%±5%条件下进行。

12.2.5.5　试验前准备工作

(1) 在试验前根据试件的试验要求把压力表调整好。调节的方法是：借助一字螺丝刀转动压力表的调节旋钮，调节上限、下限定值。把上限指针拧到试验规定的压力数的位置，下限指针拧到比上限小 0.05MPa 的位置，这样在工作时当压力达到要求时(上限值)自动停止加压。当渗漏或透水使压力下降到一定数值(下限值)时，气泵又自动启动补充压力。

(2) 试验前检查透水盘出水是否畅通：先用内六角扳手把三个透水盘的压圈松开卸下，把注水口的盖拧开，再把放水阀关严，从注水口慢慢注入清水，至容器的 2/3 处，分别拧开"1""2""3"号阀门("0"为放水阀)使中间的进水孔冒出水来，溢满透水盘为止，然后把注水口盖拧紧。

12.2.5.6　试验步骤

(1) 把被测试件的上表面朝下放置在透水盘环形胶圈上，再盖上规定的开缝盘(或 7 孔圆盘)，其中一个缝的方向与卷材纵向平行，放上封盖，慢慢夹紧直到试件夹紧在透水盘上，用布或压缩空气干燥试件的非迎水面，慢慢加压到规定的压力。达到规定压力后，保持压力 24h±1h(7 孔盘保持规定压力 30min±2min)。

(2) 根据试验要求设定试验时间。

(3) 插上电源插头，打开启动开关，气泵开始往容器内注入压力气体，此时加压指示灯亮。

(4) 当压力达到上限值时自动停止加压，此时恒压指示灯亮，按规定时间完成试验后，拧开放水阀，把水放出卸掉压力，再松开压圈取下试件。

12.2.5.7 试验结果判定

所有试件在规定的时间不透水认为不透水性试验通过。

12.2.6 高分子防水卷材尺寸稳定性检测

12.2.6.1 试验原理

测定试件起始纵向和横向尺寸，在规定的温度加热试件到规定的时间，再测量试件纵向和横向尺寸，记录并计算尺寸变化。

12.2.6.2 编制依据

本试验依据《建筑防水卷材试验方法 第 13 部分：高分子防水卷材 尺寸稳定性》(GB/T 328.13—2007)编制。

12.2.6.3 仪器设备

鼓风烘箱、游标卡尺、机械或光学测量装置。

12.2.6.4 试件准备

(1) 取至少三个大约 250mm×250mm(或根据不同产品标准要求)正方形试件，在整个卷材宽度方向均匀分布，最外一个距卷材边缘 100mm。

(2) 在试件纵向和横向的中间作永久标记。

(3) 试验前试件在 23℃±2℃、相对湿度 50%±5%标准条件下至少放置 20h。

12.2.6.5 试验步骤

(1) 测量试件起始的纵向和横向尺寸(L_0 和 T_0)，精确到 0.1mm。

(2) 试件在 80℃±2℃(或根据不同产品标准要求)处理 6h±15min。

(3) 从烘箱中取出试件，在 23℃±2℃、相对湿度 50%±5%条件下恢复至少 60min。再测量试件纵向和横向尺寸(L_1 和 T_1)，精确到 0.1mm。

12.2.6.6 结果计算

对每个试件，按下列公式计算尺寸变化率。

$$\Delta L=\frac{L_1-L_0}{L_0}\times 100 \tag{12-5}$$

$$\Delta T=\frac{T_1-T_0}{T_0}\times 100 \tag{12-6}$$

式中 L_0，T_0——起始尺寸(mm)，测量精度 0.1mm；

L_1，T_1——加热处理后的尺寸(mm)，测量精度 0.1mm；

ΔL，ΔT——尺寸变化率(%)，有正负，修约到 0.1%。

ΔL 和 ΔT 的平均值分别作为样品试验的结果。

12.2.7 高分子防水卷材厚度、单位面积质量检测

12.2.7.1 编制依据

本试验依据《建筑防水卷材试验方法 第 5 部分：高分子防水卷材 厚度、单位面积质量》

(GB/T 328.5—2007)编制。

12.2.7.2 防水卷材厚度测定

(1) 试验原理

用机械测量装置测定厚度。若有表面结构或背衬影响，采用光学测量装置测定厚度。

(2) 仪器设备

机械测量装置：能测量厚度，精确到 0.01mm，测量面平整，直径 10mm，施加在卷材表面的压力为 20kPa。

光学测量装置(用于表面结构或背衬卷材)：能测量厚度，精确到 0.01mm。

(3)试件制备

试件为正方形或圆形，面积 10000^2 mm±100mm^2。在卷材整个宽度方向裁取 x 个试件，最外边的试件距卷材边缘 100mm±10mm(x 至少为 3 个，试件在卷材宽度方向相互之间间隔不超过 500mm)。

(4) 试验步骤

测量前试件在 23℃±2℃和相对湿度 50%±5%条件下至少放置 2h，试验在 23℃±2℃下进行。

试验卷材表面和测量装置的测量面应洁净。

① 机械测量法

A.开始测量前检查测量装置的零点，在所有测量结束后再检查一次。

B.在测量厚度时，测量装置下足应避免材料变形。

② 光学测量法

任何有表面结构或背衬的卷材用光学法测量厚度。

③防水卷材厚度测定结果表示

A.卷材的全厚度取所有试件的平均值。

B.卷材有效厚度取所有试件去除表面结构或背衬厚的平均值。

C.记录所有卷材厚度的结果和标准偏差，精确至 0.01mm。

12.2.7.3 单位面积质量测定

(1) 原理

称量已知面积的试件进行单位面积质量测定(可用已用于测定厚度的同样试件)。

(2) 仪器设备

天平：能称量试件，精确到 0.01g。

(3) 试件制备

正方形或圆形试件，面积 10000mm^2±100mm^2。

在卷材宽度方向均匀裁取 x 个试件，最外端的试件距卷材边缘 100mm±10mm(x 至少为 3 个，试件在卷材宽度方向相互间隔不超过 500mm)。

(4) 步骤

称量前试件在 23℃±2℃和相对湿度 50%±5%条件下放置 20h，试验在 23℃±2℃条件下进行。

称量试件精确到0.01g,计算单位面积质量,单位 g/m^2。

(5) 结果表示

单位面积质量取计算的平均值,单位 g/m^2,修约至5 g/m^2。

12.2.8 防水涂料固体含量的测定

12.2.8.1 编制依据

本试验依据《建筑防水涂料试验方法》(GB/T 16777—2008)和《聚合物水泥防水涂料》(GB/T 23445—2009)制定。

12.2.8.2 仪器设备

(1) 天平:感量0.001g;

(2) 电热鼓风烘箱:控温精度±2℃;

(3) 干燥器:内放变色硅胶或无水氯化钙;

(4) 培养皿:直径60~75mm。

12.2.8.3 制样准备

聚合物水泥防水涂料检测的实验室标准试验条件为:温度23℃±2℃,相对湿度45%~70%。检测前样品及所用器具均应在标准条件下放置至少24h。

试验前应进行外观检查,即用玻璃棒将液体组分和固体组分分别搅拌后目测。液体组分应为无杂质、无凝胶的均匀乳液;固体组分应为无杂质、无结块的粉末。

12.2.8.4 试验步骤

将聚合物水泥防水涂料样品搅拌均匀后,称取6g±1g的试样(足以保证最后试样的干固量)置于已称量的培养皿中并铺平底部,立即称量(m_1)。然后放入干燥箱内在105℃±2℃的温度下干燥3h后取出,放入干燥器中冷却2h,然后称量。然后再将培养皿放入干燥箱内,干燥30min后,再放入干燥器中冷却至室温后称量(m_2)。重复上述操作,直至前后两次称量差不大于0.01g为止(全部称量精确至0.01g)。

12.2.8.5 试验结果计算

固体含量按下式计算:

$$X=\frac{m_2-m}{m_1-m}\times 100 \tag{12-8}$$

式中 X——固体含量(%);

m——培养皿质量(g);

m_1——干燥前试样和培养皿质量(g);

m_2——干燥后试样和培养皿质量(g)。

试验结果取两次平行试验的平均值,每个试样的试验结果计算精确到1%。

12.2.9 防水涂料干燥时间的测定

12.2.9.1 编制依据

本试验依据《建筑防水涂料试验方法》(GB/T 16777—2008)和《聚合物水泥防水涂料》

(GB/T 23445—2009)制定。

12.2.9.2 仪器设备

计时器:分度至少 1min;

铝板:规格[120×50×(1~3)]mm;

线棒涂布器:200μm。

12.2.9.3 制样准备

将在标准试验条件下放置一段时间后的聚合物水泥防水涂料样品按生产厂指定的比例分别称取适量液体组分和固体组分,混合后机械搅拌 5min,然后按产品要求涂刷于铝板上制备涂膜,不允许有空白。涂料用量为(8±1)g,并记录涂刷结束的时间。

12.2.9.4 试验条件

干燥时间的测定项目包括表干时间的测定和实干时间的测定两项。试验条件为温度 23℃±2℃,相对湿度 50%±5%。

12.2.9.5 试验步骤

(1) 表干时间

试验前铝板、工具、涂料应在标准试验条件下放置 24h 以上。

在标准试验条件下,用线棒涂布器将按生产厂的要求混合搅拌均匀的样品涂布在铝板上制备涂膜,涂布面积为 100mm×50mm,记录涂布结束时间,对于多组分涂料从混合开始记录时间。

静置一段时间后,用无水乙醇擦干净手指,在距试件边缘不小于 10mm 范围内用手指轻触涂膜表面,若无涂料黏附在手指上即为表干,记录时间,试验开始到结束的时间即为表干时间。

(2) 实干时间

试件静置一段时间后,用刀片在距试件边缘不小于 10mm 范围内切割涂膜,若底层及膜内均无涂料黏附在刀片上则为实干,记录时间,试验开始到结束的时间即为实干时间。

12.2.9.6 结果评定

平行试验两次,以两次结果的平均值作为最终结果,有效数字应精确到实际时间的 10%。

12.2.10 防水涂料拉伸性能的测定

12.2.10.1 编制依据

本试验依据《建筑防水涂料试验方法》(GB/T 16777—2008)和《聚合物水泥防水涂料》(GB/T 23445—2009)制定。

拉伸性能的测定包括拉伸强度、断裂伸长率和拉伸性能保持率的测定。

12.2.10.2 仪器设备

(1) 拉伸试验机:测量范围为 0~500N,拉伸速度为 0~500mm/min,标尺最小分度值为 1mm。

(2) 切片机:应使用符合《硫化橡胶或热塑性橡胶　拉伸应力应变性能的测定》(GB/T 528—2009)规定的哑铃状Ⅰ型裁刀。

(3) 厚度计:压重 100g±10g,测量面直径 10mm±0.1mm,最小分度值 0.01mm。

(4) 电热鼓风干燥箱：控温精度为±2℃。

(5) 紫外线老化箱：500W直形高压汞灯，灯管与箱底平行，箱体尺寸为600mm×500mm×800mm。

(6) 人工加速气候老化箱：光源为4.5～6.5kW管状氙弧灯，样板与光源(中心)距离为250～400mm。

12.2.10.3 试样的制备

将在标准条件下放置一段时间后的聚合物水泥防水涂料样品按照生产厂指定的比例，分别称取适量液体组分和固体组分，混合后机械搅拌5min，倒入涂膜模具中涂覆，注意勿混入气泡。为了方便脱模，模具表面可用硅油或石蜡进行处理。试样在制备时，应分两次或三次涂覆，后道涂覆应在前道涂层实干后进行，两道间隔时间为12～24h，使试样厚度达到1.5mm±0.2mm。将最后一道涂覆试样的表面刮平后，于标准条件下静置96h，然后脱模。将脱模后的试样反面向上在40℃±2℃干燥箱中处理48h，取出后置于干燥器中冷却至室温。用切片机将试样冲切成拉伸试验所需试件数量和形状。

12.2.10.4 拉伸性能的测定

拉伸性能的测定包括无处理拉伸性能的测定、热处理后拉伸性能的测定、碱处理后拉伸性能的测定、紫外线处理后拉伸性能的测定等4项。

(1) 无处理拉伸性能的测定

将试件在标准条件下放置2h，然后用直尺在试件上画好两条间距为25mm的平行标线，并用厚度计测出试件标线中间和两端三点的厚度，取其算术平均值为试件的试验长度部分平均厚度(D)；将试件装在拉伸试验机夹具之间，夹具间标距为70mm，以200mm/min的拉伸速度拉伸试件至断裂，记录试件断裂时的最大荷载(P)；并量取此时试件标线间距离(L_1)，精确至0.1mm；测试5个试件，若有试件断裂在标线处，则其试验结果无效，应采用备用件补测。

(2) 热处理后拉伸性能的测定

按照无处理拉伸性能的测定方法在试件上画好标线，然后将试件平放在釉面砖上，再一起放入电热鼓风干燥箱内；试件与箱壁间距不得少于50mm；试件的中心应与温度计水银球在同一水平位置上；于80℃±2℃下恒温168h±1h后取出，再按照无处理拉伸性能的测定方法进行试验。

(3) 碱处理后拉伸性能的测定

温度为23℃±2℃时，在《化学试剂　氢氧化钠》(GB/T 629—1997)规定的0.1%化学纯NaOH溶液中，加入氢氧化钙试剂，使之达到饱和状态。在600mL的该溶液之中放入试样，其液面应高出试样表面10mm以上；连续浸泡168h后取出，用水充分冲洗，擦干后放入50℃±2℃的干燥箱中烘4h；取出后冷却至室温，用切片机切成哑铃形试件，再按无处理拉伸性能的测定方法进行试验。

(4) 紫外线处理后拉伸性能的测定

将画好标线的试件平放在釉面砖上，放入紫外线箱内，距试件表面50mm左右的空间温度为45℃±2℃，恒温照射240h。取出后在标准试验条件下放置4h，然后按无处理拉伸性能的测定方法进行试验。

12.2.10.5 试验结果计算

(1) 拉伸强度按下式计算：

$$T_L = \frac{P}{B \times D} \tag{12-9}$$

式中 T_L——拉伸强度(MPa)；

P——最大拉力(N)；

B——试件中间部位宽度(mm)；

D——试件厚度(mm)。

拉伸强度试验结果以5个试件的算术平均值表示，精确至0.1MPa。

(2) 断裂伸长率按下式计算：

$$E = \frac{L_1 - L_0}{L_0} \times 100 \tag{12-10}$$

式中 E——试件断裂时的伸长率(%)；

L_0——试件起始标线间距离，25mm；

L_1——试件断裂时标线间距离(mm)。

断裂伸长率试验结果以5个试件的算术平均值表示，精确至1%。

(3) 拉伸性能保持率按下式计算：

$$R_t = \frac{T_1}{T} \times 100 \tag{12-11}$$

式中 R_t——样品处理后的拉伸性能保持率(%)；

T——样品处理前的平均拉伸强度(MPa)；

T_1——样品处理后的平均拉伸强度(MPa)。

拉伸性能保持率的计算结果精确至1%。

12.2.10.6 试验结果判定

试验结果取3位有效数字，并以5个试件的算术平均值表示。

12.2.11 防水涂料低温柔性的测定

12.2.11.1 编制依据

本试验依据《建筑防水涂料试验方法》(GB/T 16777—2008)制定。

12.2.11.2 仪器设备

(1) 低温冰柜：控温精度±2℃；

(2) 圆棒或弯板：直径10mm、20mm、30mm。

12.2.11.3 试验步骤

按照拉伸性能测定中有关试样的制备方法制备涂膜试样。脱模后切取100mm×25mm的试件3块。将试件和圆棒或弯板一起放入已调节到规定温度的低温冰柜冷冻液中，在规定温度下保持1h，然后在冷冻液中将试件绕圆棒或弯板在3s内弯曲180°，弯曲3个试件立即取出观察试件表面有无裂纹、断裂现象。

12.2.11.4 试验结果判定

应记录试件表面弯曲处有无裂纹或开裂现象。

12.2.12 防水涂料不透水性的测定

12.2.12.1 编制依据

本试验依据《建筑防水涂料试验方法》(GB/T 16777—2008)制定。

12.2.12.2 仪器设备

不透水仪:符合《建筑防水卷材试验方法 第10部分:沥青和高分子防水卷材 不透水性》(GB/T 328.10—2007)中5.2的要求;

金属网:孔径为0.2mm。

12.2.12.3 试验步骤

(1) 试样的制备按照拉伸性能测定中有关试样的制备方法制备涂膜试样。脱模后切取150mm×150mm的试件3块。在标准试验条件下放置2h,试验在温度23℃±5℃下进行,向装置中充水直到满出,彻底排除装置中空气。

(2) 将试件放置在透水盘上,再在试件上加一相同尺寸的金属网,盖上7孔圆盘,慢慢将试件夹紧在盘上,用布或压缩空气干燥试件的非迎水面,慢慢加压到规定的压力。

(3) 达到规定压力后,保持压力30min±2min。试验时观察试件的透水情况。

12.2.12.4 试验结果判定

应记录每一个试件有无渗水现象。

12.2.13 高分子防水涂料潮湿基面黏结强度的测定

12.2.13.1 编制依据

本试验依据《建筑防水涂料试验方法》(GB/T 16777—2008)制定。

12.2.13.2 仪器设备

(1) 拉力试验机:测量值在量程的15%~85%之间,示值精度不低于1%,拉伸速度5mm/min±1mm/min。

(2) "8"字形金属模具。

(3) 黏结基材:"8"字形水泥砂浆块。采用强度等级42.5级的普通硅酸盐水泥,将水泥、中砂按照质量比1∶1加入砂浆搅拌机中搅拌,加水量以砂浆稠度70~90mm为准,倒入模框中振实抹平,然后移入养护室,1d后脱模,水中养护10d后再在50℃±2℃的烘箱中干燥24h±0.5h,取出在标准条件下放置备用,同样制备5对砂浆试块。

(4) 电热鼓风烘箱:控温精度±2℃。

(5) 精度为0.1mm的游标卡尺。

12.2.13.3 试验步骤

试验前制备好的砂浆块、工具、涂料应在标准试验条件下放置24h以上。

对5对砂浆块用2号砂纸清除表面浮浆,必要时先将涂料稀释后在砂浆块的断面上打底,干燥后按生产厂要求的比例将样品混合后搅拌5min涂抹在成型面上,将两个砂浆块断面对接,压紧,砂浆块间涂料的厚度不超过0.5mm。然后将制成的试件按要求养护,不需要脱模,制备5个试件。

将试件安装在试验机上,保持试件表面垂直方向的中线与试验机夹具中心在同一条直线上,以5mm/min±1mm/min的速度拉伸至试件破坏,记录试件的最大拉力。

12.2.13.4 试验结果计算

黏结强度按下式计算：

$$\sigma=\frac{F}{a\times b} \tag{12-12}$$

式中 σ——试件的黏结强度(MPa)；

F——试件破坏时的拉力值(N)；

a——试件黏结面的长度(mm)；

b——试件黏结面的宽度(mm)。

去除表面未被粘住面积超过20%的试件，黏结强度以剩下的不少于3个试件的算术平均值表示，不足3个试件应重新试验，结果精确到0.01MPa。

12.2.14 防水涂料抗渗性的测定

12.2.14.1 主要试验器具

(1) 砂浆渗透试验仪：SS15型；

(2) 水泥标准养护箱(室)：控制范围20℃±1℃，相对湿度不小于90%；

(3) 金属试模：截锥带底圆模，上口直径为70mm，下口直径80mm，高30mm；

(4) 捣棒：直径10mm，长350mm，端部磨圆。

12.2.14.2 试件的制备

(1) 砂浆试件的制备

按照规定确定砂浆的配比和用量，并以砂浆试件在0.3～0.4MPa压力下透水为准，确定水灰比。每组试验制备3个试件，脱模后放入20℃±2℃的水中养护7d。取出待表面干燥后，用密封材料密封装入渗透仪中进行砂浆试件的抗渗试验。水压从0.2MPa开始，恒压2h后增至0.3MPa，以后每隔1h增加0.1MPa，直至3个试件全部透水。

(2) 涂膜抗渗试件的制备

从渗透仪上取下已透水的砂浆试件，擦干试件上口表面水渍，将待测涂料品按生产厂指定的比例分别称取适量的液体组分和固体组分，混合后机械搅拌5min。在3个试件的上口表面均匀涂抹混合好的试样，第一道0.5～0.6mm厚，待涂膜表面干燥后再涂抹第二道，使涂膜总厚度为1.0～1.2mm。待第二道涂膜表干后，将制备好的抗渗试件放入水泥标准养护箱(室)中放置168h，养护条件为：温度20℃±1℃，相对湿度不小于90%。

12.2.14.3 抗渗性的测定

将抗渗试件从水泥标准养护箱(室)中取出，在标准条件下放置，待表面干燥后装入渗透仪，按砂浆试件制备中所述的加压程序进行涂膜抗渗试件的抗渗试验。当3个抗渗试件中有两个试件上表面出现透水现象时，即可停止该组试验，记录下当时的水压。当抗渗试件加压至1.5MPa，恒压1h还未透水，应停止试验。

12.2.14.4 试验结果报告

涂膜抗渗性试验结果应报告3个试件中两个未出现透水时的最大水压力。

12.2.15 相关试验检测记录和检测报告

防水材料的试验检测记录示例见表12-26，检测报告示例见表12-27。

表 12-26 聚氨酯防水涂料检测记录

委托/合同编号		检测日期				
样品编号		样品型号				
检测编号		试样状态描述				
试样名称		检测依据				
主要仪器设备及环境条件	设备名称	设备编号	设备型号	设备运行状况	温度(℃)	相对湿度(%)
外观						

拉伸强度及伸长率	原始标距(25±0.5)(mm)	宽度(6.0+0.6)(mm)	厚度(±0.2)(mm)	断裂时标距(mm)	拉力(N)	拉伸强度(MPa)	断裂伸长率(%)

固体含量	试样质量(g)	培养皿质量(g)	干燥前试样和培养皿质量(g)	干燥后试样和培养皿质量(g)	固体含量(%)	固体含量平均值(%)

硬度	1	2	3	4	5	中位数

黏结强度	试验次数	长度(mm)	宽度(mm)	拉力(N)	黏结强度(MPa)	黏结强度平均值(MPa)
	1					
	2					
	3					
	4					
	5					

不透水性	________ min ________ MPa 尺寸(150mm×150mm)		
	1	2	3
	(不透水) (透水)	(不透水) (透水)	(不透水) (透水)

续表 12-26

加热老化	试验次数	拉伸后标距(mm)	加热温度(80±2)℃	加热时间(h)	有无变形、裂纹
	1	50		168	
	2	50		168	
	3	50		168	
吸水率	试验次数	浸水前试件质量(g)	浸水后试件质量(g)	吸水率(%)	吸水率平均值(%)
	1				
	2				
	3				
表干时间	试验次数	涂膜时间	表干时间	表干计时	表干时间平均值
	1				
	2				
实干时间	试验次数	涂膜时间	实干时间	实干计时	实干时间平均值
	1				
	2				
低温弯折性(100mm×25mm)　温度 －35℃					
1		2		3	
备 注:					

检测:　　　　　　　　　　复核:

表 12-27　聚合物乳液建筑防水涂料检测报告

检测编号:　　　　　　　　　　合同编号:

委托单位		检测类别	
施工单位		见证人	
监理单位		样品数量	
生产单位		规格型号	
工程名称		取样地点	
样品状态		送样日期	
样品名称		检测日期	
使用范围		报告日期	
检测参数			
检测依据			

续表 12-27

检测指标		技术要求		检测结果	单项结论
		Ⅰ型	Ⅱ型		
固体含量(%),≥					
拉伸强度(MPa),≥					
断裂延伸率(%),≥					
低温柔性(℃) (绕 ϕ10mm 棒弯 180°)					
不透水性(0.3MPa,30min)					
干燥时间(h)	表干时间,≤				
	实干时间,≤				
加热伸缩率(%)	伸长,≤				
	缩短,≤				
结论					
备注	1.报告无“检测专用章”无效。 2.复制报告未重新加盖“检测专用章”无效。 3.报告无检测、审核、批准人签字无效;报告涂改无效。 4.对本报告若有异议,应于收到报告之日起十五日内向检测单位提出,逾期不予受理。 5.委托检测仅对来样负责。				
批准:			审核:	检测:	
检测单位地址:			邮编:	电话:	
网站:					

复习思考题

1. 防水材料是如何分类的?防水材料的主要技术指标包括哪些?
2. 简述 SBS 改性沥青防水卷材、APP 改性沥青防水卷材的应用。

参考文献

[1] 赵华玮.建筑材料应用与检测.北京:中国建筑工业出版社,2011.
[2] 徐成君.建筑材料.2版.北京:高等教育出版社,2004.
[3] 纪士斌,纪婕.建筑材料.北京:清华大学出版社,2012.
[4] 张健.建筑材料与检测.2版.北京:化学工业出版社,2007.
[5] 徐惠忠,周明.新型建筑维护材料生产工艺与实用技术.北京:化学工业出版社,2008.
[6] 申淑荣.建筑材料检测实训.北京:北京大学出版社,2013.
[7] 陈宝璠.土木工程材料检测实训.北京:中国建材工业出版社,2009.
[8] 程云虹,陈四利 .土木工程材料.2版.北京:化学工业出版社,2017.
[9] 杨晓东.建筑材料检测.北京:中国建材工业出版社,2018.